JN064488

労働事件ハンドブック　追補

働き方改革関連法

その他 重要改正のポイント

巻頭言

第二東京弁護士会は、個別労働紛争事件の急増や労働審判事件への対応などのため、2011年４月に労働問題検討委員会を設置しました。

委員会では、その活動の一つとして、労働実務、労働法令の改正、重要判例などに関し、労使双方の立場から研究し、その成果を盛り込んだ書籍を発行しております。これまでにも、2012年２月に「新・労働事件法律相談ガイドブック」、2013年２月に追補版（労働契約法・高年法・派遣法の2012年改正）、2015年２月に「労働事件ハンドブック」、2016年２月に追補版（派遣法の2015年改正）、2018年２月に「2018年労働事件ハンドブック」をそれぞれ発行いたしました。なかでも、2018年労働事件ハンドブックは800頁を超える大著で、徹底した実務的視点から書かれていることもあり、大変好評を博し、版を重ねております。

2018年労働事件ハンドブックを発行してから２年しかたっておりませんが、働き方改革関連法など重要な法改正があり、重要な判例も蓄積されております。そこで、2018年労働事件ハンドブックを補完するものとして、この度、働き方改革関連法その他重要な法改正と重要な判例について解説した本書を、2018年労働事件ハンドブックの追補版として出版することといたしました。

これまでのハンドブックや追補と同様、労使双方の弁護士が議論を重ね、現在の実務に対応する有用な本にすべく推敲を重ねました。

本書の特色の詳細については「はしがき」に譲りますが、是非、本書と2018年労働事件ハンドブックを共に手に取っていただき、実務にご活用ください。

2020年２月

第二東京弁護士会
会長　関谷 文隆

はしがき

本書は、働き方改革関連法その他の重要な法改正と最近の重要な判例についての解説書である。2018年労働事件ハンドブックと同様、実務家の視点から実務に役立つ解説という視点を徹底した。

例えば、第１部では、働き方改革関連法のうち、長時間労働の是正と多様で柔軟な働き方の実現等に関連する改正について解説しているが、指針・通達の内容も極力網羅的に取り込み、実務対応上見落としてはならないポイントをこの１冊で全て把握できる内容とした。また、分析を緻密に行い、実務上の疑問にもある程度“踏み込んで”答えるようにした。

第２部では、働き方改革関連法のうち、いわゆる同一労働同一賃金に関する改正について解説している。いわゆる同一労働同一賃金に関するルールは曖昧で実務上も判断に迷うことが多いが、これまでに蓄積された裁判例とガイドライン等を踏まえ、論点ごとに現在の到達点と考え方の道筋をわかりやすく示した。

第３部では、外国人と労働という視点から、入管法改正について取り上げた。新たに創設された「特定技能」在留資格等の制度の概要を解説するとともに、「特定技能雇用契約」に対する民法・労働法の適用関係を検討し、関連する紛争が今後増加するであろうことを念頭に、実務のよすがとなるべき解釈論を提示した。

第４部では、その他の法改正として、債権法改正の労働実務に与える影響、女性活躍推進及びハラスメント対応に関する法改正の内容を詳述するとともに、今後、変化が見込まれる兼業・副業の問題について現状の議論の最先端を紹介した。

第５部では、実務上押さえておくべき最新の最高裁判決のポイントを分かりやすく解説した。また、実務上よく問題となる６つのトピックについて、近時の裁判例をまとめて紹介し、近時の裁判例の傾向が容易に把握できるようにした。その裁判例の判断がどういう事案に対してなされたものであるかにも目配りした。

このように、本書の充実ぶりは類書にないものと自負している。本書のみでも活用いただけるが、2018年労働事件ハンドブックと共に活用していただくと、より一層、本書の実務への「効用」を実感していただけるであろう。本書が、2018年労働事件ハンドブックとともに、労働事件を取り扱う弁護士はもとより、労働実務に関心を持つ多くの方のお役に立てれば幸いである。

2020年２月

編集者を代表して　沢崎 敦一

目　次

第1部　長時間労働の是正と多様で柔軟な働き方の実現等に関する法改正

第1章　長時間労働の是正 …… 2

第1　時間外労働の上限規制の導入 …… 2
1　労基法に盛り込まれた上限規制の内容と施行日 …… 2
2　改正法施行後の三六協定で定めるべき事項 …… 8
3　上限規制の適用除外・適用猶予 …… 22
4　上限規制遵守のための残業手続 …… 23
第2　中小企業における月60時間超の時間外労働に対する割増賃金の見直し …… 24
第3　一定日数の年休の確実な取得 …… 25
1　年休を取得させる義務の内容 …… 25
2　労基法よりも前倒しで付与する場合の付与義務の考え方 …… 31
3　就業規則への規定 …… 32
4　年休管理簿の作成・保存義務 …… 33
5　実務対応 …… 34
第4　勤務間インターバル制度の普及促進等 …… 37
1　労働時間等設定改善法の改正 …… 37
2　勤務間インターバル制度導入の努力義務化 …… 37
3　労働時間等設定改善委員会に関する改正 …… 43
4　取引上配慮すべき事項の追加 …… 45

第2章　多様で柔軟な働き方の実現 …… 46

第1　フレックスタイム制の見直し …… 46
1　フレックスタイム制の概要 …… 46
2　改正の趣旨・概要・施行日 …… 47
3　改正の具体的内容 …… 48
4　時間外労働時間の算定方法（考え方）…… 49
5　時間外労働時間の算定方法（具体例での検討）…… 52
6　その他の運用上の注意点 …… 55

第２　特定高度専門業務・成果型労働制（高度プロフェッショナル制度）の創設 …… 56
1　制度概要 …… 56
2　労使委員会の設置 …… 61
3　労使委員会の決議 …… 65
4　決議の届出 …… 81
5　対象労働者の書面による同意 …… 82
6　高度プロフェッショナル制度の法的効果 …… 83
7　高度プロフェッショナル制度が無効となる場合 …… 83
8　高度プロフェッショナル制度が無効と判断された場合の再適用 … 84
9　罰則との関係 …… 87
10　制度の効果が生じなくなった場合の割増賃金の計算方法 …… 87
11　制度運用上の義務 …… 87
12　その他の実務上の論点 …… 89

第３章　産業医・産業保健機能と面接指導の強化 …… 91

第１　産業医の選任義務 …… 92
第２　産業医・産業保健機能の強化 …… 94
1　改正趣旨 …… 94
2　産業医の辞任・解任時の衛生委員会・安全衛生委員会への報告 … 94
3　産業医の権限の具体化 …… 94
4　産業医の業務内容等の労働者への周知及びその方法 …… 96
5　産業医に対する情報提供 …… 97
6　産業医による勧告 …… 98
7　産業医による衛生委員会等に対する調査審議の求め …… 99
8　安全委員会・衛生委員会・安全衛生委員会の意見等の記録・保存 … 99
9　労働者からの健康相談に適切に対応するために必要な体制の整備等 … 99
10　労働者の心身の状態に関する情報の取扱い …… 100
11　施行日 …… 103
第３　面接指導の強化 …… 103
1　改正趣旨 …… 103
2　面接指導の流れ …… 103
3　面接指導の実施義務の強化 …… 105
4　労働時間の状況の把握 …… 107

5　労働者への労働時間に関する情報の通知 …… 110

第2部　正規・非正規雇用労働者間の待遇格差の是正

第1章　はじめに …… 112

第1　改正の背景と概要 …… 112
第2　「同一労働同一賃金」という用語の注意点 …… 114
第3　施行日 …… 114
第4　記述の順序 …… 114

第2章　均衡・均等待遇に関する規律（パート有期法8条・9条） …… 115

第1　不合理な待遇の禁止（パート有期法8条） …… 115
1　改正法の概要 …… 115
2　要件 …… 116
3　効果 …… 129
第2　差別的取扱いの禁止（パート有期法9条） …… 132
1　改正法の概要 …… 132
2　要件 …… 133
3　効果 …… 137

第3章　待遇ごとの検討 …… 138

第1　ガイドラインについて …… 138
1　ガイドラインと裁判例との関係 …… 138
2　通常の労働者と短時間・有期雇用労働者の賃金の決定基準・ルールの相違がある場合について …… 139
3　定年に達した後に継続雇用された有期雇用労働者の取扱いについて… 139
4　取組手順書及びマニュアルについて …… 140
第2　各種手当 …… 140
1　役職手当 …… 140
2　精皆勤手当 …… 141
3　地域手当 …… 142
4　物価手当 …… 143
5　単身赴任手当 …… 143

6　資格手当 …… 144
7　特殊作業手当 …… 145
8　特殊勤務手当 …… 146
9　上乗せ残業代・休日手当 …… 147
10　住宅手当 …… 150
11　通勤手当・出張旅費 …… 155
12　食事手当 …… 156
13　家族手当・扶養手当 …… 157
第3　基本給・昇給 …… 159
1　基本給の意義 …… 159
2　ガイドライン …… 159
3　裁判例 …… 160
第4　賞与 …… 164
1　賞与の意義 …… 164
2　ガイドライン …… 164
3　裁判例 …… 165
第5　退職金 …… 167
1　性質・目的 …… 167
2　ガイドライン …… 167
3　裁判例 …… 167
第6　福利厚生その他 …… 168
1　法定外休暇 …… 168
2　慶弔休暇並びに健康診断に伴う勤務免除及び当該健康診断を勤務時間中に受診する場合の当該受診時間に係る給与の保障 …… 170
3　病気休暇 …… 171
4　福利厚生施設等 …… 173
5　教育訓練 …… 173
6　安全管理 …… 173
7　その他 …… 174
第4章　説明義務その他の改正点 …… 176
第1　待遇に関する説明義務の強化 …… 176
1　改正の概要 …… 176
2　説明義務を強化する趣旨 …… 177

3　説明の時期と説明内容 …… 178
4　待遇差の内容及び理由について説明するに当たり留意すべきポイント… 180
5　説明義務違反の効果 …… 184
6　不利益取扱いの禁止 …… 185
第２　その他の改正点 …… 185
1　待遇の各論的規定等の改正 …… 185
2　就業規則の作成・変更に関する過半数代表者からの意見聴取努力義務 … 186
3　通常の労働者への転換推進のための措置 …… 186
4　相談のための体制の整備義務 …… 187
5　短時間・有期雇用労働者管理者の選任の努力義務 …… 187
6　苦情の自主的解決の努力義務 …… 188
7　行政による履行の確保措置、裁判外紛争解決手続(行政ADR)の整備 … 188

第５章　その他の論点 …… 191

第１　定年後再雇用者の取扱い …… 191
1　定年後再雇用者とパート有期法８条及び９条 …… 191
2　定年後再雇用者とパート有期法８条 …… 192
3　定年後再雇用者とパート有期法９条 …… 196
4　その他付随する問題 …… 197
第２　正規雇用労働者の待遇の引下げの可否 …… 198
1　問題の所在 …… 198
2　参議院の附帯決議とガイドライン …… 198
3　関連する裁判例（九水運輸商事事件控訴審判決）…… 199
4　検討 …… 200

第６章　派遣法 …… 202

第１　基本的な考え方 …… 202
第２　派遣先均等・均衡方式 …… 203
1　派遣先均等・均衡方式とは …… 203
2　派遣先均等・均衡方式による場合の流れ …… 204
第３　労使協定方式 …… 206
1　労使協定方式とは …… 206
2　労使協定の記載事項 …… 206
3　労使協定の締結の相手方、周知等 …… 208

4　労使協定の遵守 …… 209
5　労使協定方式による場合の流れ …… 209
第4　派遣元が労使協定方式を採用しているか否かの通知、派遣先による確認 …… 210
第5　ガイドライン …… 210
第6　説明義務 …… 211
1　雇入れ時の説明 …… 211
2　派遣時の説明 …… 212
3　派遣労働者から求めがあった場合の説明 …… 212
第7　その他の改正 …… 214
1　派遣元事業主及び派遣先が講ずべき措置 …… 214
2　派遣元事業主が講ずべき措置 …… 214
3　派遣先が講ずべき措置 …… 215
4　裁判外紛争解決手続（行政ADR）の規定の整備 …… 216

第3部　外国人と労働－入管法改正

第1章　入管法改正─在留資格「特定技能」の新設 …… 220

第1　改正の背景 …… 220
第2　在留資格「特定技能」の 概要 …… 221
1　在留資格「特定技能」の基礎構造 …… 221
2　在留資格「特定技能」の種類 …… 222
3　特定技能にかかる省令等 …… 223
4　特定技能外国人の受け入れ手続の概要 …… 225
第3　在留資格「特定技能」の各要素の解説 …… 227
1　特定産業分野とは …… 227
2　特定技能外国人の基準 …… 230
3　特定技能所属機関の基準 …… 233
4　特定技能雇用契約の基準 …… 238
5　１号特定技能外国人支援計画の基準 …… 239
6　登録支援機関とは …… 242
7　届出、助言・指導・報告徴収、改善命令、罰則等 …… 242
第4　他の在留資格との関係について …… 243
1　在留資格「技能実習」 …… 243

2 外国人建設就労者受入事業（在留資格「特定活動」）……………… 244
3 外国人造船就労者受入事業（在留資格「特定活動」）……………… 244
4 EPA（Economic Partnership Agreement）……………………… 245
5 国家戦略特区 …………………………………………………………… 245

第2章 「特定技能」資格を巡る個別の法的論点 ……… 246

第1 特定技能雇用契約を巡る法的問題点 …………………………… 246
1 はじめに …………………………………………………………………… 246
2 入国前の法律関係 ……………………………………………………… 247
3 入国後の法律関係 ……………………………………………………… 252
4 特定技能雇用契約の終了 ……………………………………………… 263
5 その他終了時における留意事項 ……………………………………… 266
第2 特定技能外国人本人の基準に関する法的論点及び留意事項… 266
1 「健康状態が良好であること」の要請………………………………… 266
2 保証金の徴収・違約金契約等の不締結 ……………………………… 267
第3 特定技能所属機関に関する法的論点及び留意事項…………… 268
1 適合基準として、非自発的離職者の不存在が求められている点 … 268
2 1号特定技能外国人支援義務の法的性質 …………………………… 269
3 特定技能雇用契約終了後に発生する1号特定技能外国人支援義務の
法的性質 …………………………………………………………………… 270
第4 登録支援機関の法的位置付け …………………………………… 270

第4部 その他の法改正等

第1章 民法改正と労働契約……………………………………… 274

第1 はじめに ……………………………………………………………… 274
第2 雇用 …………………………………………………………………… 274
1 新旧対照表及び改正のポイント ……………………………………… 274
2 人事労務分野への影響 ………………………………………………… 277
第3 危険負担 ……………………………………………………………… 278
1 新旧対照表及び改正のポイント ……………………………………… 278
2 人事労務分野への影響 ………………………………………………… 279
第4 法定利率・中間利息控除 …………………………………………… 280
1 新旧対照表及び改正のポイント ……………………………………… 280

2　人事労務分野への影響 …… 282
第5　消滅時効 …… 284
1　改正のポイント …… 284
2　人事労務分野への影響 …… 288
第6　錯誤 …… 291
1　新旧対照表及び改正のポイント …… 291
2　人事労務分野への影響 …… 292
第7　定型約款 …… 293
1　新旧対照表及び改正のポイント …… 293
2　人事労務分野への影響 …… 294

第2章　女性の職業生活における活躍の推進及び職場のハラスメント防止対策 …… 295

第1　女性の職業生活における活躍の推進に関する法律等の一部を改正する法律 …… 295
第2　女性活躍推進法の改正 …… 296
1　改正前の女性活躍推進法 …… 296
2　改正の内容 …… 298
第3　均等法の改正ー職場におけるセクシュアルハラスメント及びマタニティハラスメントの防止対策の実効性向上 …… 300
1　改正前均等法における事業主のセクシュアルハラスメント等の防止措置義務 …… 300
2　改正の内容 …… 300
第4　育児介護休業法の改正ー職場における育児介護休業ハラスメント防止対策の実効性向上 …… 302
1　不利益取扱いの禁止 …… 302
2　育児介護休業ハラスメントの防止に関する周知・啓発の努力義務 …… 302
3　紛争解決制度の整備 …… 303
第5　労働施策総合推進法の改正ー職場におけるパワーハラスメント防止対策の創設 …… 303
1　改正の背景・趣旨 …… 303
2　改正の内容 …… 305
3　職場におけるパワーハラスメントに関して雇用管理上講ずべき措置等に関する指針 …… 306

第3章　副業・兼業 323

第1　背景等 323
第2　副業・兼業の許可制・届出制 323
第3　労働時間管理 324

第5部　最新判例の紹介

第1章　最新の最高裁判決 328

第1　イビデン事件・最一小判平30.2.15労判1181号5頁 329
1　事案 329
2　判旨 330
3　実務上のポイント 331
第2　日本ケミカル事件・最一小判平30.7.19労判1186号5頁 332
1　事案 332
2　判旨 333
3　実務上のポイント 333
第3　日本郵便（更新上限）事件・最二小判平30.9.14労判1194号5頁 335
1　事案 335
2　判旨 336
3　実務上のポイント 338
第4　加古川市事件・最三小判平30.11.6労経速2372号3頁 339
1　事案 339
2　判旨 340
3　実務上のポイント 341
第5　平尾事件・最一小判平31.4.25労経速2385号3頁 342
1　事案 342
2　判旨 343
3　実務上のポイント 344

第2章　トピック別・最新裁判例 345

第1　不活動時間の労働時間該当性が問題とされた裁判例 345
1　はじめに 345

2　トラック等の運転手の待機時間 …… 346
3　警備員の不活動仮眠時間 …… 349
第2　固定残業代に関する近時の判例の動向 …… 353
1　固定残業代（定額残業代） …… 353
2　判別要件が問題となった裁判例 …… 354
3　対価性要件が問題となった裁判例 …… 357
4　合意の欠缺・効力が問題となった事件 …… 357
5　就業規則の不利益変更との関係が問題となった事件 …… 361
6　時間数が問題となった裁判例 …… 362
第3　労働者の「自由な意思」が問題とされた裁判例 …… 363
1　はじめに …… 363
2　賃金減額に対する労働者の同意の事案 …… 364
3　配転に対する同意の事案 …… 368
4　契約形態の変更に対する労働者の同意の事案 …… 369
5　賃金控除・相殺、賃金放棄等の事案 …… 369
6　労働者の妊娠・出産等や育児・介護等に伴う使用者の取扱いに対する同意が問題となった裁判例 …… 372
第4　就業規則の不利益変更に関する裁判例 …… 375
1　はじめに …… 375
2　年功序列型賃金体系から成果主義型賃金体系への変更に関する裁判例 …… 375
3　賃金・退職金の額の変更に関する裁判例 …… 377
4　就業規則変更の合理性を部分的に肯定できるかが問題となった裁判例 …… 378
5　登録型派遣労働者の就業規則制定に関する裁判例 …… 380
6　労契法10条ただし書の適用が問題となった裁判例 …… 380
第5　休職・復職 …… 381
1　はじめに …… 381
2　復職の可否の判断に関する裁判例 …… 381
3　リハビリ勤務・トライアル出社等に関する裁判例 …… 384
4　休職中の配慮義務、復職時の職場環境整備義務が問題となった裁判例 …… 386
第6　ハラスメントに関する裁判例 …… 387
1　ハラスメント行為を理由とする懲戒処分 …… 387

2　事実認定 …… 389
3　マタハラに関する裁判例 …… 392

第6部　資料編

働き方改革関連法関係の通達一覧 …… 398
働き方改革関連法関係の政令・省令・告示・公示一覧 …… 401

判例索引 …… 404
事項索引 …… 408

凡 例

1．法令の略称

〈全体〉

働き方改革関連法：働き方改革を推進するための関係法律の整備に関する法律

労働施策総合推進法：労働施策の総合的な推進並びに労働者の雇用の安定及び職業生活の充実等に関する法律

〈長時間労働の是正と多様で柔軟な働き方の実現等関連〉

労基法：労働基準法

労基則：労働基準法施行規則

労働時間等設定改善法：労働時間等の設定の改善に関する特別措置法

労安衛法：労働安全衛生法

労安衛則：労働安全衛生規則

個人情報保護法：個人情報の保護に関する法律

〈正規・非正規雇用労働者間の待遇格差の是正関連〉

労契法：労働契約法

パート法：短時間労働者の雇用管理の改善等に関する法律

パート有期法：短時間労働者及び有期雇用労働者の雇用管理の改善等に関する法律

派遣法：労働者派遣事業の適正な運営の確保及び派遣労働者の保護等に関する法律

〈入管法改正その他の法改正関連〉

入管法：出入国管理及び難民認定法

入管法施行規則：出入国管理及び難民認定法施行規則

上陸基準省令：出入国管理及び難民認定法第七条第一項第二号の基準を定める省令

特定技能基準省令：特定技能雇用契約及び一号特定技能外国人支援計画の基準等を定める省令

技能実習法：外国人の技能実習の適正な実施及び技能実習生の保護に関する法律

民法：民法

女性活躍推進法：女性の職業生活における活躍の推進に関する法律

〈その他〉

労組法：労働組合法

賃確法：賃金の支払の確保等に関する法律

高年法：高年齢者等の雇用の安定等に関する法律
均等法：雇用の分野における男女の均等な機会及び待遇の確保等に関する法律
育児介護休業法：育児休業、介護休業等育児又は家族介護を行う労働者の福祉に関する法律
労災保険法：労働者災害補償保険法
労災保険則：労働者災害補償保険法施行規則
労働保険徴収法：労働保険の保険料の徴収等に関する法律
労働保険審査会法：労働保険審査官及び労働保険審査会法
健保法：健康保険法
職安法：職業安定法
職安則：職業安定法施行規則
国公法：国家公務員法
地公法：地方公務員法
地公災補償法：地方公務員災害補償法
民訴法：民事訴訟法

２．判例・通達の引用例

＊判例
最二小判平28.2.19民集70巻２号123頁：
最高裁平成28年２月19日第二小法廷判決・最高裁民事判例集70巻２号123頁
＊通達
平30.9.7基発0907第１号

３．判例集、雑誌の略称

民集：最高裁判所民事判例集
集民：最高裁判所裁判集民事
労民：労働関係民事裁判例集
労判：労働判例（産労総合研究所）
判時：判例時報（判例時報社）
判タ：判例タイムズ（判例タイムズ社）
労経速：労働経済判例速報（経団連事業サービス）
労旬：労働法律旬報（旬報社）

４．文献の略称

《東京地裁労働部裁判官の著作》

類型別労働関係訴訟の実務：佐々木宗啓ほか編著「類型別労働関係訴訟の実務」青林書院、2017年

労働関係訴訟の実務：白石哲編著「労働関係訴訟の実務（第２版）」商事法務、2018年

《その他の文献》

平成22年版「労働基準法」：厚生労働省労働基準局編「平成22年版　労働基準法　上・下」労務行政、2011年

東大労研「注釈労働基準法」：東京大学労働法研究会編「注釈労働基準法　上・下」有斐閣、2003年

菅野「労働法」：菅野和夫「労働法（第12版）」弘文堂、2019年

荒木「労働法」：荒木尚志「労働法（第３版）」有斐閣、2016年

西谷「労働法」：西谷敏「労働法（第２版）」日本評論社、2013年

土田「労働契約法」：土田道夫「労働契約法（第２版）」有斐閣、2016年

水町「詳解労働法」：水町勇一郎「詳解労働法」東京大学出版会、2019年

水町「同一労働同一賃金」：水町勇一郎「『同一労働同一賃金』のすべて（新版）」有斐閣、2019年

荒木・菅野・山川「詳説 労働契約法」：荒木尚志他「詳説 労働契約法（第２版）」弘文堂、2014年

下井「労働基準法」：下井隆史「労働基準法（第５版）」有斐閣、2019年

2018年労働事件ハンドブック：第二東京弁護士会労働問題検討委員会編「2018年労働事件ハンドブック」労働開発研究会、2018年

一問一答・民法（債権関係）改正：筒井健夫＝村松秀樹「一問一答　民法（債権関係）改正」商事法務、2018年

新注釈民法：山本豊編「新注釈民法（14）債権（７）」有斐閣、2018年

第1部

長時間労働の是正と多様で柔軟な働き方の実現等に関する法改正

第1章

長時間労働の是正

（本章における凡例）

旧限度基準告示	「労働基準法第三十六条第一項の協定で定める労働時間の延長の限度等に関する基準」（平10.12.28労告154号）
Q&A	厚生労働省労働基準局「改正労働基準法に関するQ&A」（平成31年４月）
指針	労働基準法第三十六条第一項の協定で定める労働時間の延長及び休日の労働について留意すべき事項等に関する指針（平30.9.7厚労告323号）
わかりやすい解説（上限規制）	厚生労働省パンフレット 「時間外労働の上限規制　わかりやすい解説」
わかりやすい解説（年休）	厚生労働省パンフレット 「年５日の年次有給休暇の確実な取得　わかりやすい解説」

第1　労働時間の上限規制の導入

1　労基法に盛り込まれた上限規制の内容と施行日

(1)　労基法の労働時間規制の概要

労基法は、労働時間について、原則として１日８時間、１週40時間を超えてはならないと規定している（労基法32条　法定労働時間）。また、休日について、原則として毎週少なくとも１回（就業規則等で変形休日制を採用している事業場では４週４日）は付与しなければならないと規定している（労基法35条　法定休日）。使用者は、法定労働時間を超えて労働時間を延長する場合（法定時間外労働。以下「時間外労働」）や、法定休日に労働させる場合（法定休日労働。以下「休日労働」）には、労基法

36条に基づく労使協定（三六協定）を締結し、これを所轄労基署に届け出なければならない（労基法36条）。三六協定の締結・届出を行わずに時間外・休日労働をさせることは、労基法32条又は35条違反として刑事罰の対象となる（労基法119条１号）（労働時間・休憩・休日については、「2018年労働事件ハンドブック」79～122頁参照）。

⑵　従前の労働時間規制の問題点

改正前労基法36条２項は、厚生労働大臣が、三六協定による労働時間の延長の限度等について基準を定めることができると規定しており、これを受けて、旧限度基準告示が定められていた。

旧限度基準告示は、三六協定による労働時間の延長限度（すなわち、時間外労働の限度。休日労働を含まない。）につき、１か月の上限を45時間、１年の上限を360時間と規定していた（旧限度基準告示３条１項本文、別表第一）。ただし、三六協定において、いわゆる特別条項を定めることにより、上記限度を超えて労働時間を延長することも認められていた（同３条１項但書）。

しかし、旧限度基準告示の上限は、法律上の延長限度ではないため、旧限度基準を超える上限を三六協定で定めても、それが強行的に無効となるわけではなかった（ただし、労基署による行政指導の対象にはなり得る。）。また、旧限度基準告示は、特別条項の発動によって命じることができる延長限度を規定していなかったため、三六協定で過大な延長時間を協定しておくことで、事実上、「青天井」に時間外労働を命じることが可能であった。これらの点が、日本に蔓延する長時間労働の抑止のための規制として不十分であると指摘されていた。

⑶　改正労基法における労働時間の上限規制の導入

ア　改正労基法36条の趣旨

長時間労働が、「健康の確保だけでなく、仕事と家庭生活との両立を困難にし、少子化の原因や、女性のキャリア形成を阻む原因、男性の家庭参加を阻む原因となっている」として（平30.9.7基発0907第１号）、長時間労働の是正のため、労基法36条が改正された。

改正前後において、法定労働時間（労基法32条）及び法定休日（同法35条）の原則には変更がなく、三六協定を締結し所轄労基署に届出をすることで時間外労働及び休日労働が例外的に適法とされるという枠組みに変更はない。

改正労基法36条による大きな変更点は、①旧限度基準告示の定める時間外労働の上限を、労基法という法律の中に書き込むとともに（旧限度基準告示の法律への格上げ）、②臨時的な特別な事情がある場合にも上回ることができない労働時間の絶対的上限規制を導入したことにある。

これによって、①行政指導の根拠に過ぎなかった旧限度基準告示による規制を、法律上の規制として罰則で担保し、また、②日本の労働法史上初めて、特別条項によっても超えることのできない労働時間の絶対的上限を設けて、やはり罰則で担保するに至ったものである。

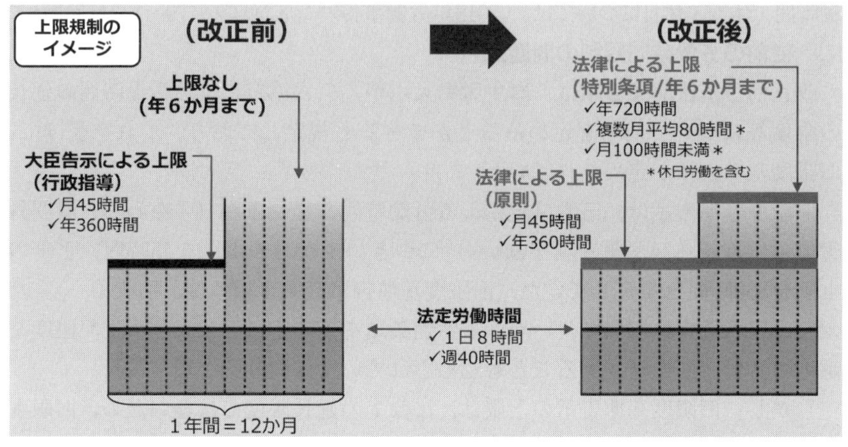

出典：わかりやすい解説（上限規制）４頁

イ　旧限度基準告示の法律への格上げ

改正労基法36条４項は、旧限度基準告示が定めていた時間外労働の上限を法律に格上げし、三六協定で定める時間外労働の限度につき、１か月の上限を45時間、１年の上限を360時間と法定した。これには、休日労働は含まれない。

なお、対象期間が３か月を超える１年単位の変形労働時間制が適用される労働者については、旧限度基準告示４条と同様に、１か月の上限は42時間、１年の上限は320時間とされている。１年単位の変形労働時間制は、あらかじめ業務の繁閑を見込んで効率的に労働時間を配分するための制度であり、恒常的な時間外労働は想定されていないため、上限時間が低く設定されている。

三六協定により延長できる時間外労働の限度時間（原則として月45時間・年360時間。改正労基法36条４項）は、個々の事業場における三六協定の内容を規制するものである（Q&A２-７）。そのため、当該限度時間を個々の労働者に適用するに当たり、転勤により同一企業の他の事業場で労働する場合や、副業・兼業等により異なる他の企業の事業場で労働する場合でも、三六協定が適用される事業場ごとに判断すればよく、他の事業場の時間外労働時間と通算して適用するわけではない。

ウ　特別条項によっても超えることができない労働時間の絶対的上限

改正労基法36条５項は、「当該事業場における通常予見することのできない業務量の大幅な増加等に伴い臨時的に第３項の限度時間を超えて労働させる必要がある場合」において、１か月及び１年のそれぞれについて、延長する時間外労働時間及び休日労働時間を三六協定に定めることができるとしている（以下「特別条項」)。これは、旧限度基準告示３条１項但書の「特別の事情（臨時的なものに限る。）が生じたとき」との文言を改めたものである。

㈠　特別条項で定める労働時間の絶対的上限（事業場単位）

改正労基法36条５項が、三六協定の特別条項の規定内容として求めるルールは以下のとおりである。

①１か月について、時間外労働と休日労働の合計労働時間数を、100時間未満の範囲で定める。
②１年間について、時間外労働の合計時間数を、720時間を超えない範囲で定める。
③特別条項により月45時間を超えて時間外労働をさせることができる月数を、年６か月以内で定める。

①（１か月の上限）と②（１年間の上限）を比較すると、①では、時間外労働のみならず休日労働の時間数を含めてカウントするのに対し、②では時間外労働のみをカウントする。また、①は100時間「未満」である必要があるのに対し、②720時間「以内」であれば許容されることになる。

三六協定に特別条項を設ける場合の１年についての延長時間の上限（720時間。改正労基法36条５項）も、個々の事業場における三六協定の内容を規制するものである（Q&A２-７)。そのため、当該延長時間の上限を個々の労働者に適用するに当たり、三六協定が適用される事業場ごとに判断すればよく、他の事業場の時間外・休日労働時間と通算して適用するわけではない。

上記①～③に反する内容を定めた三六協定は全体として無効であるとされているため（Q&A２-４)、その状態で時間外・休日労働を行わせることは、労基法32条又は35条違反として刑事罰の対象となり得る（労基法119条１号)。

㈡　労働時間の絶対的上限（労働者個人単位）

改正労基法36条６項は、三六協定の内容に関するルールである同条５項とは別に、労働者個人の実労働時間の絶対的上限を設けた。

その内容は、具体的には以下のとおりである。①は、改正前労基法36条１項但書と同一の内容であるため、②と③が新設された内容である。

> ①坑内労働その他厚生労働省令で定める健康上特に有害な業務については、１日の時間外労働が２時間を超えないこと。
> ②１か月について、時間外労働及び休日労働の合計労働時間数が100時間未満であること。
> ③直近２か月～６か月の各期間における時間外労働及び休日労働の合計労働時間数の平均が１か月当たり80時間を超えないこと

②と③は、脳・心臓疾患の労災認定基準を参考にしたという由来から、いずれも時間外労働と休日労働の両方をカウントする。ただし、②では100時間「未満」、③では80時間「を超えない」とされている点に注意が必要である。

また、③における「１か月当たり80時間を超えない」とは、直近「２か月平均」、「３か月平均」、「４か月平均」、「５か月平均」、「６か月平均」の全てについて満たしていなければならない。これは、三六協定の対象期間をまたぐ場合にも適用され、前の対象期間（ただし、改正法施行前の期間や経過措置の期間は除く。）を含めて、直近２か月～６か月平均を見る必要がある（Q&A２-８、２-24）。

改正労基法36条４項や５項と異なり、改正労基法36条６項は、労働者個人の実労働時間の絶対的上限を定めるものであるため、転勤・出向により異なる事業場で労働した場合であっても、労働時間を通算して改正労基法36条６項各号の範囲内かを検討することが必要になる（労基法38条１項、Q&A２-７、同２-19）になる。このため、転勤先・出向先は、転勤元・出向元から、転勤前・出向前の労働者の時間外労働・休日労働時間について、情報を得ておく必要がある。

また、上記の労働時間通算規定（労基法38条１項）における「事業場を異にする場合」とは、事業主を異にする場合をも含むとするのが行政解釈である（昭23.5.14基発769号）。このような行政解釈の立場からすると、転職・転籍や副業・兼業によって異なる使用者の下で労働した場合でも、労働時間を通算して改正労基法36条６項各号の範囲内かを検討することが必要ということになる。自社以外での労働時間の把握方法については、Q&A２-32において、労働者からの自己申告により把握することが考えられるとされている（副業・兼業の場合については、厚労省「副業・兼業の促進に関するガイドライン」も参照）。

なお、事業主を異にする場合の労働時間の通算については、副業・兼業の促進との関係で、見直しの議論も進められている。その内容については、2019年

８月８日公表「副業・兼業の場合の労働時間管理の在り方に関する検討会」報告書を参照。

改正労基法36条６項各号の上限を超えて労働させた場合には、改正労基法36条６項違反として刑事罰の対象になる（改正労基法119条１号）。なお、１か月当たり「100時間未満」の上限を超えて労働させると、同時に三六協定で定められた上限（すなわち、免罰効が生じる範囲）を超えて労働させることになるため、労基法32条違反も成立し、改正労基法36条６項違反とは観念的競合となるものと考えられる。

⑷　施行日・適用日

労働時間の上限規制を定める改正労基法36条の施行日は、2019年４月１日である（働き方改革関連法附則１条）。

ただし、経過措置により、改正労基法36条は2019年４月１日以降の期間のみを定めた三六協定に対して適用され、2019年３月31日を含む期間について定めた三六協定については、当該協定が定める期間の初日から起算して１年を経過するまでの間は、改正前の労基法が適用される（同附則２条）。

さらに、中小事業主に対しては改正労基法36条の適用を１年間猶予する経過措置が設けられている（同附則３条）。

両経過措置を合わせると、例えば、2019年10月１日から2020年９月30日までの期間を対象とする三六協定を締結している中小事業主では、2020年９月30日までの三六協定には改正前の労基法が適用され、その後の期間を対象とする三六協定から上限規制が適用されることになる。

経過措置の対象となる「中小事業主」に該当するか否かは、事業場単位ではなく企業単位で判断され、「資本金の額または出資の総額」又は「常時使用する労働者の数」のいずれかが下表の基準を満たしていれば、上限規制の適用が１年間猶予される中小事業主に該当すると判断される。なお、業種の分類は、日本標準産業分類に従って判断される。

業種	資本金の額 または出資の総額		常時使用する 労働者数
小売業	5,000万円以下	または	50人以下
サービス業	5,000万円以下		100人以下
卸売業	１億円以下		100人以下
その他 （製造業、建設業、運輸業、その他）	３億円以下		300人以下

出典：わかりやすい解説（上限規制）５頁

また、中小事業主については、当分の間、行政官庁が助言及び指導（改正労基法36条９項）を行うに当たっては、中小企業における労働時間の動向、人材確保の状況、取引の実態等を踏まえて行うよう配慮するものとするとされている（同附則３条４項）。

なお、上限規制の導入に伴い、三六協定届の様式が変更されたが、新様式の使用開始時期については、下記２(3)を参照されたい。

2 改正法施行後の三六協定で定めるべき事項

(1) 新たな届出様式

改正法の施行により、三六協定届の様式が変更され、特別条項を設けない場合には様式第９号を、特別条項を設ける場合には様式第９号の２をそれぞれ用いることとなった。改正法施行前は、特別条項の様式は定められていなかったが、特別条項で定める労働時間の絶対的上限が導入された関係で、新たに様式を定めることとしたものであり、特別条項付か否かによって様式が２つに分かれた点に注意が必要である（改正労基則16条）。

厚労省が公開する様式第９号及び様式第９号の２の記載例（以下「記載例」）は、次頁以下のとおりである。それぞれの様式には、「裏面」に「記載心得」及び「備考」が記載されており、三六協定の締結に当たって必ず参照すべきである。

三六協定の様式は、改正労基法36条、改正労基則17条、改正労基法36条７項に基づく指針に基づいて定められている。指針に適合しない三六協定が直ちに無効となるものではないが（Q&A２-９）、行政官庁の助言及び指導の対象となる（改正労基法36条９項・10項）。また、改正労基法36条・改正労基則17条に適合しない三六協定は無効となり得る（その状態で時間外・休日労働を行わせれば、労基法32条違反として刑事罰の対象となる。）。したがって、様式第９号の記載例には、「必要事項の記載があれば、協定届様式以外での形式でも届出できます。」とあるが、協定事項漏れ等を防ぐため、厚労省所定の様式を用いるべきであろう。

三六協定の記載事項の具体的な内容は以下のとおりである。後記(2)クないしサは特別条項を労使協定で定める場合にのみ記載が必要な事項である。厚労省が公表する記載例の内容にも言及しながら主な留意点を解説する。

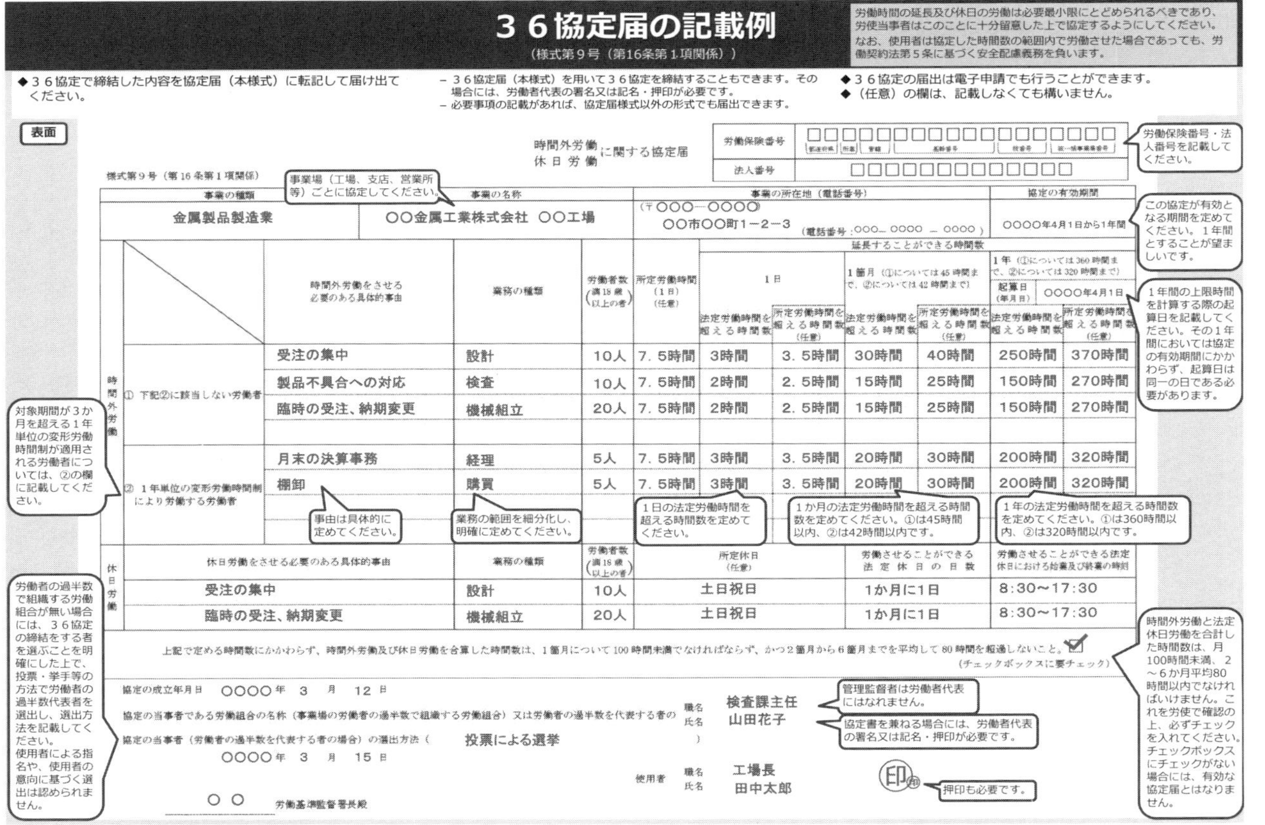

３６協定届の記載例

（様式第９号（第16条第１項関係））

労働時間の延長及び休日の労働は必要最小限にとどめられるべきであり、労使当事者はこのことに十分留意した上で協定するようにしてください。
なお、使用者は協定した時間数の範囲内で労働させた場合であっても、労働契約法第５条に基づく安全配慮義務を負います。

◆３６協定で締結した内容を協定届（本様式）に転記して届け出てください。

－３６協定届（本様式）を用いて３６協定を締結することもできます。その場合には、労働者代表の署名又は記名・押印が必要です。
－必要事項の記載があれば、協定届様式以外の形式でも届出できます。

◆３６協定の届出は電子申請でも行うことができます。
◆（任意）の欄は、記載しなくても構いません。

表面

時間外労働・休日労働に関する協定届

労働保険番号	□□□□□□□□□□□□□□□□□□□（都道府県／所掌／管轄／基幹番号／枝番号／被一括事業場番号）
法人番号	□□□□□□□□□□□□□

様式第９号（第16条第１項関係）

事業の種類	事業の名称	事業の所在地（電話番号）	協定の有効期間
金属製品製造業	○○金属工業株式会社　○○工場	（〒○○○－○○○○）○○市○○町１－２－３（電話番号：○○○－○○○○－○○○○）	○○○○年4月1日から1年間

時間外労働

区分	時間外労働をさせる必要のある具体的事由	業務の種類	労働者数（満18歳以上の者）	所定労働時間（1日）（任意）	1日 法定労働時間を超える時間数	1日 所定労働時間を超える時間数（任意）	1箇月（①については45時間まで、②については42時間まで） 法定労働時間を超える時間数	1箇月 所定労働時間を超える時間数（任意）	1年（①については360時間まで、②については320時間まで）起算日（年月日）○○○○年4月1日 法定労働時間を超える時間数	1年 所定労働時間を超える時間数（任意）
① 下記②に該当しない労働者	受注の集中	設計	10人	7．5時間	3時間	3．5時間	30時間	40時間	250時間	370時間
	製品不具合への対応	検査	10人	7．5時間	2時間	2．5時間	15時間	25時間	150時間	270時間
	臨時の受注、納期変更	機械組立	20人	7．5時間	2時間	2．5時間	15時間	25時間	150時間	270時間
② 1年単位の変形労働時間制により労働する労働者	月末の決算事務	経理	5人	7．5時間	3時間	3．5時間	20時間	30時間	200時間	320時間
	棚卸	購買	5人	7．5時間	3時間	3．5時間	20時間	30時間	200時間	320時間

休日労働

休日労働をさせる必要のある具体的事由	業務の種類	労働者数（満18歳以上の者）	所定休日（任意）	労働させることができる法定休日の日数	労働させることができる法定休日における始業及び終業の時刻
受注の集中	設計	10人	土日祝日	1か月に1日	8:30～17:30
臨時の受注、納期変更	機械組立	20人	土日祝日	1か月に1日	8:30～17:30

上記で定める時間数にかかわらず、時間外労働及び休日労働を合算した時間数は、1箇月について100時間未満でなければならず、かつ２箇月から６箇月までを平均して80時間を超過しないこと。☑
（チェックボックスに要チェック）

協定の成立年月日　○○○○年　3月　12日

協定の当事者である労働組合の名称（事業場の労働者の過半数で組織する労働組合）又は労働者の過半数を代表する者の　職名　検査課主任　氏名　山田花子

協定の当事者（労働者の過半数を代表する者の場合）の選出方法（　投票による選挙　）

○○○○年　3月　15日

使用者　職名　工場長　氏名　田中太郎　㊞

○○　労働基準監督署長殿

出典：厚労省ウェブサイト https://www.mhlw.go.jp/content/000350328.pdf

裏面

様式第９号（第16条第１項関係）（裏面）

（記載心得）

1　「業務の種類」の欄には、時間外労働又は休日労働をさせる必要のある業務を具体的に記入し、労働基準法第36条第６項第１号の健康上特に有害な業務について協定をした場合には、当該業務を他の業務と区別して記入すること。なお、業務の種類を記入するに当たつては、業務の区分を細分化することにより当該業務の範囲を明確にしなければならないことに留意すること。

2　「労働者数（満18歳以上の者）」の欄には、時間外労働又は休日労働をさせることができる労働者の数を記入すること。

3　「延長することができる時間数」の欄の記入に当たつては、次のとおりとすること。時間数は労働基準法第32条から第32条の５まで又は第40条の規定により労働させることができる最長の労働時間（以下「法定労働時間」という。）を超える時間数を記入すること。なお、本欄に記入する時間数にかかわらず、時間外労働及び休日労働を合算した時間数が1箇月について100時間以上となつた場合、及び２箇月から６箇月までを平均して80時間を超えた場合には労働基準法違反（同法第119条の規定により６箇月以下の懲役又は30万円以下の罰金）となることに留意すること。

（1）　「1日」の欄には、法定労働時間を超えて延長することができる時間数であつて、１日についての延長することができる限度となる時間数を記入すること。なお、所定労働時間を超える時間数についても協定する場合においては、所定労働時間を超える時間数を併せて記入することができる。

（2）　「1箇月」の欄には、法定労働時間を超えて延長することができる時間数であつて、「１年」の欄に記入する「起算日」において定める日から１箇月ごとについての延長することができる限度となる時間数を45時間（対象期間が３箇月を超える１年単位の変形労働時間制により労働する者については、42時間）の範囲内で記入すること。なお、所定労働時間を超える時間数についても協定する場合においては、所定労働時間を超える時間数を併せて記入することができる。

（3）　「1年」の欄には、法定労働時間を超えて延長することができる時間数であつて、「起算日」において定める日から１年についての延長することができる限度となる時間数を360時間（対象期間が３箇月を超える１年単位の変形労働時間制により労働する者については、320時間）の範囲内で記入すること。なお、所定労働時間を超える時間数についても協定する場合においては、所定労働時間を超える時間数を併せて記入することができる。

4　②の欄は、労働基準法第32条の４の規定による労働時間により労働する労働者（対象期間が３箇月を超える１年単位の変形労働時間制により労働する者に限る。）について記入すること。なお、延長することができる時間の上限は①の欄の労働者よりも短い（１箇月42時間、１年320時間）ことに留意すること。

5　「労働させることができる法定休日の日数」の欄には、労働基準法第35条の規定による休日（１週１休又は４週４休であることに留意すること。）に労働させることができる日数を記入すること。

6　「労働させることができる法定休日における始業及び終業の時刻」の欄には、労働基準法第35条の規定による休日であつて労働させることができる日の始業及び終業の時刻を記入すること。

7　チェックボックスは労働基準法第36条第６項第２号及び第３号の要件を遵守する趣旨のものであり、「２箇月から６箇月まで」とは、起算日をまたぐケースも含め、連続した２箇月から６箇月までの期間を指すことに留意すること。また、チェックボックスにチェックが無い場合には有効な協定とはならないことに留意すること。

8　協定については、労働者の過半数で組織する労働組合がある場合はその労働組合と、労働者の過半数で組織する労働組合が無い場合は労働者の過半数を代表する者と協定すること。なお、労働者の過半数を代表する者は、労働基準法施行規則第６条の２第１項の規定により、労働基準法第41条第２号に規定する監督又は管理の地位にある者でなく、かつ同法に規定する協定等をする者を選出することを明らかにして実施される投票、挙手等の方法による手続により選出された者であつて、使用者の意向に基づき選出されたものでないこと。これらの要件を満たさない場合には、有効な協定とはならないことに留意すること。

9　本様式で記入部分が足りない場合は同一様式を使用すること。この場合、必要のある事項のみ記入することで差し支えない。

（備考）

1　労働基準法施行規則第24条の２第４項の規定により、労働基準法第38条の２第２項の協定（事業場外で従事する業務の遂行に通常必要とされる時間を協定する場合の当該協定）の内容を本様式に付記して届け出る場合においては、事業場外労働の対象業務については他の業務とは区別し、事業場外労働の対象業務である旨を括弧書きした上で、「所定労働時間」の欄には当該業務の遂行に通常必要とされる時間を括弧書きすること。また、「協定の有効期間」の欄には事業場外労働に関する協定の有効期間を括弧書きすること。

2　労働基準法第38条の４第５項の規定により、労使委員会が設置されている事業場において、本様式を労使委員会の決議として届け出る場合においては、委員の５分の４以上の多数による議決により行われたものである旨、委員会の委員数、委員の氏名を記入した用紙を別途提出することとし、本様式中「協定」とあるのは「労使委員会の決議」と、「協定の当事者である労働組合の名称」とあるのは「委員会の委員の半数について任期を定めて指名した労働組合の名称」と、「協定の当事者（労働者の過半数を代表する者の場合）の選出方法」とあるのは「委員会の委員の半数について任期を定めて指名した者（労働者の過半数を代表する者の場合）の選出方法」と読み替えるものとする。なお、委員の氏名を記入するに当たつては、任期を定めて指名された委員とその他の委員とで区別することとし、任期を定めて指名された委員の氏名を記入するに当たつては、同条第２項第１号の規定により、労働者の過半数で組織する労働組合がある場合においてはその労働組合、労働者の過半数で組織する労働組合が無い場合においては労働者の過半数を代表する者に任期を定めて指名された委員の氏名を記入することに留意すること。

3　労働時間等の設定の改善に関する特別措置法第７条の規定により、労働時間等設定改善委員会が設置されている事業場において、本様式を労働時間等設定改善委員会の決議として届け出る場合においては、委員の５分の４以上の多数による議決により行われたものである旨、委員会の委員数、委員の氏名を記入した用紙を別途提出することとし、本様式中「協定」とあるのは「労働時間等設定改善委員会の決議」と、「協定の当事者である労働組合の名称」とあるのは「委員会の委員の半数の推薦者である労働組合の名称」と、「協定の当事者（労働者の過半数を代表する者の場合）の選出方法」とあるのは「委員会の委員の半数の推薦者（労働者の過半数を代表する者の場合）の選出方法」と読み替えるものとする。なお、委員の氏名を記入するに当たつては、推薦に基づき指名された委員とその他の委員とで区別することとし、推薦に基づき指名された委員の氏名を記入するに当たつては、同条第1号の規定により、労働者の過半数で組織する労働組合がある場合においてはその労働組合、労働者の過半数で組織する労働組合が無い場合においては労働者の過半数を代表する者の推薦に基づき指名された委員の氏名を記入することに留意すること。

様式のダウンロードはこちら　☞検索ワード：　**労働基準関係主要様式**　https://www.mhlw.go.jp/bunya/roudoukijun/roudoujouken01/

ご不明な点やご質問がございましたら、厚生労働省または事業場の所在地を管轄する都道府県労働局、労働基準監督署におたずねください。

➢問合せ先：厚生労働省　労働基準局　労働条件政策課　03-5253-1111（代表）

➢最寄りの都道府県労働局、労働基準監督署は以下の検索ワードまたはQRコードから参照できます。

検索ワード：　**都道府県労働局**　または　**労働基準監督署**

http://www.mhlw.go.jp/kouseiroudoushou/shozaiannai/roudoukyoku/

厚生労働省

(2019.8)

出典：厚労省ウェブサイト https://www.mhlw.go.jp/content/000350328.pdf

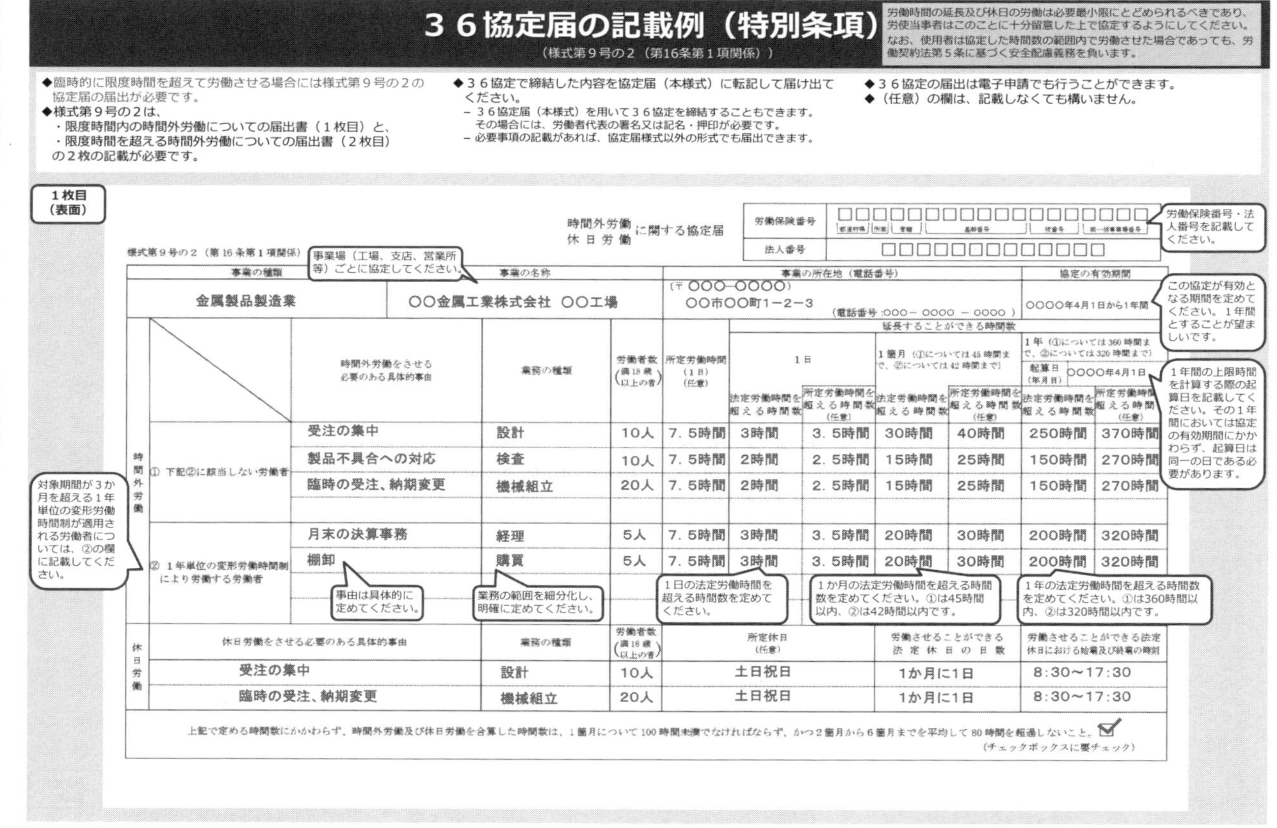

３６協定届の記載例（特別条項）

（様式第９号の２（第16条第１項関係））

労働時間の延長及び休日の労働は必要最小限にとどめられるべきであり、労使当事者はこのことに十分留意した上で協定するようにしてください。なお、使用者は協定した時間数の範囲内で労働させた場合であっても、労働契約法第５条に基づく安全配慮義務を負います。

◆臨時的に限度時間を超えて労働させる場合には様式第９号の２の協定届の届出が必要です。
◆様式第９号の２は、
・限度時間内の時間外労働についての届出書（１枚目）と、
・限度時間を超える時間外労働についての届出書（２枚目）
の２枚の記載が必要です。

◆３６協定で締結した内容を協定届（本様式）に転記して届け出てください。
－３６協定届（本様式）を用いて３６協定を締結することもできます。その場合には、労働者代表の署名又は記名・押印が必要です。
－必要事項の記載があれば、協定届様式以外の形式でも届出できます。

◆３６協定の届出は電子申請でも行うことができます。
◆（任意）の欄は、記載しなくても構いません。

１枚目（表面）

様式第９号の２（第16条第１項関係）

時間外労働・休日労働に関する協定届

労働保険番号	□□□□□□□□□□□□□□
法人番号	□□□□□□□□□□□□□

事業の種類	事業の名称	事業の所在地（電話番号）	協定の有効期間
金属製品製造業	○○金属工業株式会社　○○工場	（〒○○○－○○○○）○○市○○町１－２－３（電話番号：○○○－○○○○－○○○○）	○○○○年４月１日から１年間

	時間外労働をさせる必要のある具体的事由	業務の種類	労働者数（満18歳以上の者）	所定労働時間（１日）（任意）	１日 法定労働時間を超える時間数	１日 所定労働時間を超える時間数（任意）	１箇月（①については45時間まで、②については42時間まで） 法定労働時間を超える時間数	１箇月 所定労働時間を超える時間数（任意）	１年（①については360時間まで、②については320時間まで）起算日（年月日）○○○○年４月１日 法定労働時間を超える時間数	１年 所定労働時間を超える時間数（任意）
① 下記②に該当しない労働者	受注の集中	設計	10人	7．5時間	3時間	3．5時間	30時間	40時間	250時間	370時間
	製品不具合への対応	検査	10人	7．5時間	2時間	2．5時間	15時間	25時間	150時間	270時間
	臨時の受注、納期変更	機械組立	20人	7．5時間	2時間	2．5時間	15時間	25時間	150時間	270時間
② １年単位の変形労働時間制により労働する労働者	月末の決算事務	経理	5人	7．5時間	3時間	3．5時間	20時間	30時間	200時間	320時間
	棚卸	購買	5人	7．5時間	3時間	3．5時間	20時間	30時間	200時間	320時間

休日労働をさせる必要のある具体的事由	業務の種類	労働者数（満18歳以上の者）	所定休日（任意）	労働させることができる法定休日の日数	労働させることができる法定休日における始業及び終業の時刻
受注の集中	設計	10人	土日祝日	1か月に1日	8:30～17:30
臨時の受注、納期変更	機械組立	20人	土日祝日	1か月に1日	8:30～17:30

上記で定める時間数にかかわらず、時間外労働及び休日労働を合算した時間数は、１箇月について100時間未満でなければならず、かつ２箇月から６箇月までを平均して80時間を超過しないこと。☑
（チェックボックスに要チェック）

出典：厚労省ウェブサイト https://www.mhlw.go.jp/content/000350329.pdf

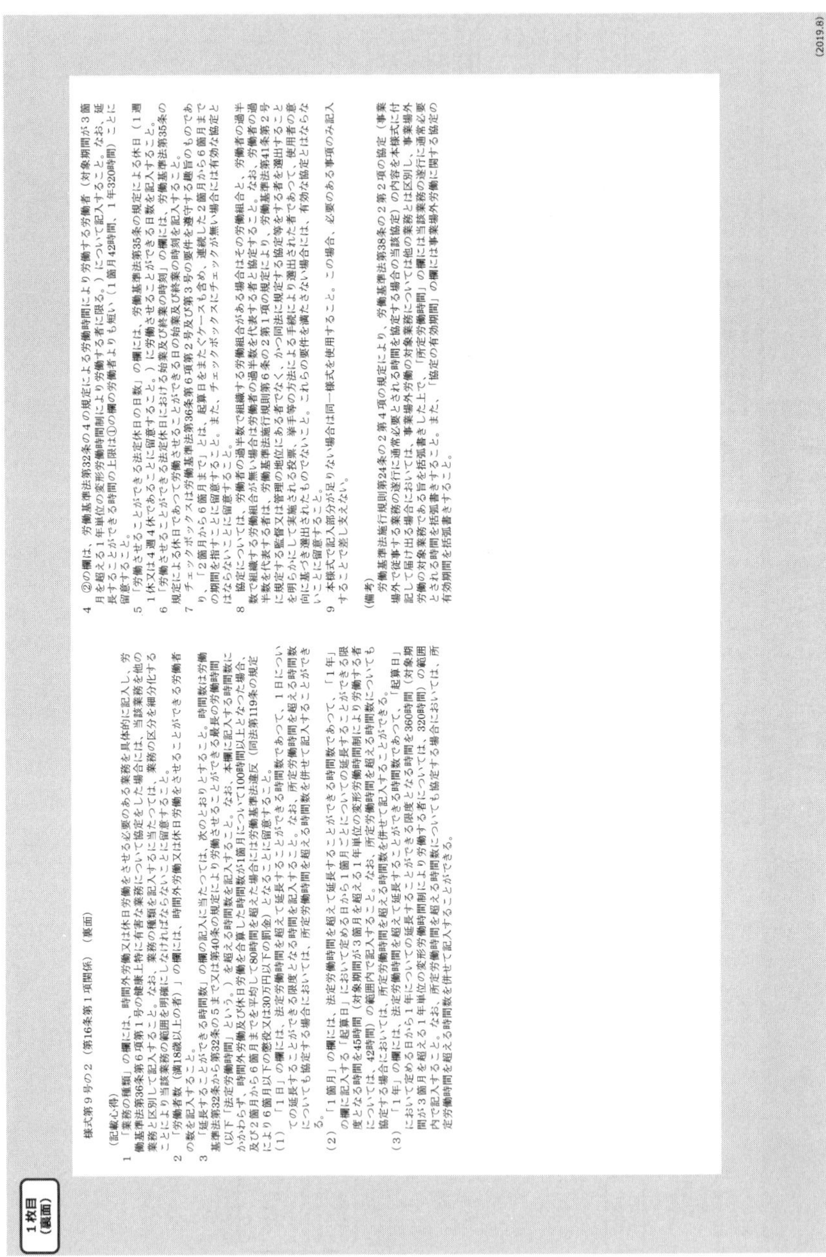

1枚目
（裏面）

様式第９号の２（第16条第１項関係）（裏面）

（記載心得）

1　「業務の種類」の欄には、時間外労働又は休日労働をさせる必要のある業務を具体的に記入し、労働基準法第36条第６項第１号の健康上特に有害な業務について協定をした場合には、当該業務を他の業務と区別して記入すること。なお、業務の種類を記入するに当たつては、業務の区分を細分化することにより当該業務の範囲を明確にしなければならないことに留意すること。

2　「労働者数（満18歳以上の者）」の欄には、時間外労働又は休日労働をさせることができる労働者の数を記入すること。

3　「延長することができる時間数」の欄の記入に当たつては、次のとおりとすること。時間数は労働基準法第32条から第32条の５まで又は第40条の規定により労働させることができる最長の労働時間（以下「法定労働時間」という。）を超える時間数を記入すること。なお、本欄に記入する時間数にかかわらず、時間外労働及び休日労働を合算した時間数が1箇月について100時間以上となつた場合、及び２箇月から６箇月までを平均して80時間を超えた場合には労働基準法違反（同法第119条の規定により６箇月以下の懲役又は30万円以下の罰金）となることに留意すること。

（１）「１日」の欄には、法定労働時間を超えて延長することができる時間数であつて、１日についての延長することができる限度となる時間を記入すること。なお、所定労働時間を超える時間数についても協定する場合においては、所定労働時間を超える時間数を併せて記入することができる。

（２）「１箇月」の欄には、法定労働時間を超えて延長することができる時間数であつて、「１年」の欄に記入する「起算日」において定める日から１箇月ごとについての延長することができる限度となる時間を45時間（対象期間が３箇月を超える１年単位の変形労働時間制により労働する者については、42時間）の範囲内で記入すること。なお、所定労働時間を超える時間数についても協定する場合においては、所定労働時間を超える時間数を併せて記入することができる。

（３）「１年」の欄には、法定労働時間を超えて延長することができる時間数であつて、「起算日」において定める日から１年についての延長することができる限度となる時間を360時間（対象期間が３箇月を超える１年単位の変形労働時間制により労働する者については、320時間）の範囲内で記入すること。なお、所定労働時間を超える時間数についても協定する場合においては、所定労働時間を超える時間数を併せて記入することができる。

4　②の欄は、労働基準法第32条の４の規定による労働時間により労働する労働者（対象期間が３箇月を超える１年単位の変形労働時間制により労働する者に限る。）について記入すること。なお、延長することができる時間の上限は①の欄の労働者よりも短い（１箇月42時間、１年320時間）ことに留意すること。

5　「労働させることができる法定休日の日数」の欄には、労働基準法第35条の規定による休日（１週１休又は４週４休であることに留意すること。）に労働させることができる日数を記入すること。

6　「労働させることができる法定休日における始業及び終業の時刻」の欄には、労働基準法第35条の規定による休日であつて労働させることができる日の始業及び終業の時刻を記入すること。

7　チェックボックスは労働基準法第36条第６項第２号及び第３号の要件を遵守する趣旨のものであり、「２箇月から６箇月まで」とは、起算日をまたぐケースも含め、連続した２箇月から６箇月までの期間を指すことに留意すること。また、チェックボックスにチェックが無い場合には有効な協定とはならないことに留意すること。

8　協定については、労働者の過半数で組織する労働組合がある場合はその労働組合と、労働者の過半数で組織する労働組合が無い場合は労働者の過半数を代表する者と協定すること。なお、労働者の過半数を代表する者は、労働基準法施行規則第６条の２第１項の規定により、労働基準法第41条第２号に規定する監督又は管理の地位にある者でなく、かつ同法に規定する協定等をする者を選出することを明らかにして実施される投票、挙手等の方法による手続により選出された者であつて、使用者の意向に基づき選出されたものでないこと。これらの要件を満たさない場合には、有効な協定とはならないことに留意すること。

9　本様式で記入部分が足りない場合は同一様式を使用すること。この場合、必要のある事項のみ記入することで差し支えない。

（備考）

労働基準法施行規則第24条の２第４項の規定により、労働基準法第38条の２第２項の協定（事業場外で従事する業務の遂行に通常必要とされる時間を協定する場合の当該協定）の内容を本様式に付記して届け出る場合においては、事業場外労働の対象業務については他の業務とは区別し、事業場外労働の対象業務である旨を括弧書きした上で、「所定労働時間」の欄には当該業務の遂行に通常必要とされる時間を括弧書きすること。また、「協定の有効期間」の欄には事業場外労働に関する協定の有効期間を括弧書きすること。

（2019.8）

出典：厚労省ウェブサイト https://www.mhlw.go.jp/content/000350329.pdf

2枚目（表面）

臨時的な特別の事情がなければ、限度時間（月45時間又は42時間・年360時間又は320時間）を超えることはできません。
限度時間を超えて労働させる必要がある場合でも、時間外労働は限度時間にできる限り近づけるように努めてください。

様式第９号の２（第16条第１項関係）

時間外労働 休日労働に関する協定届（特別条項）

臨時的に限度時間を超えて労働させることができる場合	業務の種類	労働者数（満18歳以上の者）	1日（任意） 延長することができる時間数 法定労働時間を超える時間数	所定労働時間を超える時間数（任意）	1箇月（時間外労働及び休日労働を合算した時間数。100時間未満に限る。） 限度時間を超えて労働させることができる回数（6回以内に限る。）	延長することができる時間数及び休日労働の時間数 法定労働時間を超える時間数と休日労働の時間数を合算した時間数	所定労働時間を超える時間数と休日労働の時間数を合算した時間数（任意）	限度時間を超えた労働に係る割増賃金率	1年（時間外労働のみの時間数。720時間以内に限る。） 起算日（年月日）〇〇〇〇年4月1日 延長することができる時間数 法定労働時間を超える時間数	所定労働時間を超える時間数（任意）	限度時間を超えた労働に係る割増賃金率
突発的な仕様変更	設計	10人	6時間	6．5時間	4回	60時間	70時間	35%	550時間	670時間	35%
製品トラブル・大規模なクレームへの対応	検査	10人	6時間	6．5時間	3回	60時間	70時間	35%	500時間	620時間	35%
機械トラブルへの対応	機械組立	20人	6時間	6．5時間	3回	55時間	65時間	35%	450時間	570時間	35%

限度時間を超えて労働させる場合における手続　労働者代表者に対する事前申し入れ

限度時間を超えて労働させる労働者に対する健康及び福祉を確保するための措置　（該当する番号）①、③、⑩　（具体的内容）対象労働者への医師による面接指導の実施　、対象労働者に11時間の勤務間インターバルを設定、職場での時短対策会議の開催

上記で定める時間数にかかわらず、時間外労働及び休日労働を合算した時間数は、１箇月について100時間未満でなければならず、かつ２箇月から６箇月までを平均して80時間を超過しないこと。☑
（チェックボックスに要チェック）

協定の成立年月日　〇〇〇〇年　3月　12日

協定の当事者である労働組合の名称（事業場の労働者の過半数で組織する労働組合）又は労働者の過半数を代表する者の　職名 検査課主任　氏名 山田花子

協定の当事者（労働者の過半数を代表する者の場合）の選出方法（　投票による選挙　）

〇〇〇〇年　3月　15日

使用者　職名 工場長　氏名 田中太郎　印

〇〇　労働基準監督署長殿

（吹き出し）

１年間の上限時間を計算する際の起算日を記載してください。その１年間においては協定の有効期間にかかわらず、起算日は同一の日である必要があります。

事由は一時的又は突発的に時間外労働を行わせる必要のあるものに限り、できる限り具体的に定めなければなりません。「業務の都合上必要なとき」「業務上やむを得ないとき」など恒常的な長時間労働を招くおそれがあるものは認められません。

業務の範囲を細分化し、明確に定めてください。

月の時間外労働の限度時間（月45時間又は42時間）を超えて労働させる回数を定めてください。年６回以内に限ります。

限度時間（月45時間又は42時間）を超えて労働させる場合の、１か月の**時間外労働と休日労働の合計の時間数**を定めてください。**月100時間未満**に限ります。なお、この時間数を満たしていても、**２～６か月平均で月80時間**を超えてはいけません。

限度時間を超えて時間外労働をさせる場合の割増賃金率を定めてください。この場合、法定の割増率（25%）を超える割増率となるよう努めてください。

限度時間（年360時間又は320時間）を超えて労働させる１年の**時間外労働（休日労働は含みません）の時間数**を定めてください。**年720時間以内**に限ります。

限度時間を超えて時間外労働をさせる場合の割増賃金率を定めてください。この場合、法定の割増率（25%）を超える割増率となるよう努めてください。

限度時間を超えて労働させる場合にとる手続について定めてください。

限度時間を超えた労働者に対し、裏面の記載心得１（９）①～⑩の健康確保措置のいずれかの措置を講ずることを定めてください。該当する番号を記入し、右欄に具体的内容を記載してください。

管理監督者は労働者代表にはなれません。

協定書を兼ねる場合には、労働者代表の署名又は記名・押印が必要です。

労働者の過半数で組織する労働組合が無い場合には、３６協定の締結をする者を選ぶことを明確にした上で、投票・挙手等の方法で労働者の過半数代表者を選出し、選出方法を記載してください。
使用者による指名や、使用者の意向に基づく選出は認められません。

押印も必要です。

時間外労働と法定休日労働を合計した時間数は、月100時間未満、２～６か月平均80時間以内でなければいけません。これを労使で確認の上、必ずチェックを入れてください。
チェックボックスにチェックがない場合には、有効な協定届とはなりません。

出典：厚労省ウェブサイト https://www.mhlw.go.jp/content/000350329.pdf

2枚目（裏面）

様式第９号の２（第16条第１項関係）（裏面）

（記載心得）

1　労働基準法第36条第１項の協定において同条第５項に規定する事項に関する定めを締結した場合における本様式の記入に当たつては、次のとおりとすること。

（1）「臨時的に限度時間を超えて労働させることができる場合」の欄には、当該事業場における通常予見することのできない業務量の大幅な増加等に伴い臨時的に限度時間を超えて労働させる必要がある場合をできる限り具体的に記入すること。なお、業務の都合上必要な場合、業務上やむを得ない場合等恒常的な長時間労働を招くおそれがあるものを記入することは認められないことに留意すること。

（2）「業務の種類」の欄には、時間外労働又は休日労働をさせる必要のある業務を具体的に記入し、労働基準法第36条第６項第１号の健康上特に有害な業務について協定をした場合には、当該業務を他の業務と区別して記入すること。なお、業務の種類を記入するに当たつては、業務の区分を細分化することにより当該業務の範囲を明確にしなければならないことに留意すること。

（3）「労働者数（満18歳以上の者）」の欄には、時間外労働又は休日労働をさせることができる労働者の数を記入すること。

（4）「起算日」の欄には、本様式における「時間外労働・休日労働に関する協定届」の起算日と同じ年月日を記入すること。

（5）「延長することができる時間数及び休日労働の時間数」の欄には、労働基準法第32条から第32条の５まで又は第40条の規定により労働させることができる最長の労働時間（以下「法定労働時間」という。）を超える時間数と休日労働の時間数を合算した時間数であつて、「起算日」において定める日から１箇月ごとについての延長することができる限度となる時間を100時間未満の範囲内で記入すること。なお、所定労働時間を超える時間数についても協定する場合においては、所定労働時間を超える時間数と休日労働の時間数を合算した時間数を併せて記入することができる。

「延長することができる時間数」の欄には、法定労働時間を超えて延長することができる時間数を記入すること。「１年」にあつては、「起算日」において定める日から１年についての延長することができる限度となる時間を720時間の範囲内で記入すること。なお、所定労働時間を超える時間数についても協定する場合においては、所定労働時間を超える時間数を併せて記入することができる。

なお、これらの欄に記入する時間数にかかわらず、時間外労働及び休日労働を合算した時間数が1箇月について100時間以上となつた場合、及び２箇月から６箇月までを平均して80時間を超えた場合には労働基準法違反（同法第119条の規定により６箇月以下の懲役又は30万円以下の罰金）となることに留意すること。

（6）「限度時間を超えて労働させることができる回数」の欄には、限度時間（１箇月45時間（対象期間が３箇月を超える１年単位の変形労働時間制により労働する者については、42時間））を超えて労働させることができる回数を６回の範囲内で記入すること。

（7）「限度時間を超えた労働に係る割増賃金率」の欄には、限度時間を超える時間外労働に係る割増賃金の率を記入すること。なお、当該割増賃金の率は、法定割増賃金率を超える率とするよう努めること。

（8）「限度時間を超えて労働させる場合における手続」の欄には、協定の締結当事者間の手続として、「協議」、「通告」等具体的な内容を記入すること。

（9）「限度時間を超えて労働させる労働者に対する健康及び福祉を確保するための措置」の欄には、以下の番号を「（該当する番号）」に選択して記入した上で、その具体的内容を「（具体的内容）」に記入すること。

①　労働時間が一定時間を超えた労働者に医師による面接指導を実施すること。

②　労働基準法第37条第４項に規定する時刻の間において労働させる回数を１箇月について一定回数以内とすること。

③　終業から始業までに一定時間以上の継続した休息時間を確保すること。

④　労働者の勤務状況及びその健康状態に応じて、代償休日又は特別な休暇を付与すること。

⑤　労働者の勤務状況及びその健康状態に応じて、健康診断を実施すること。

⑥　年次有給休暇についてまとまつた日数連続して取得することを含めてその取得を促進すること。

⑦　心とからだの健康問題についての相談窓口を設置すること。

⑧　労働者の勤務状況及びその健康状態に配慮し、必要な場合には適切な部署に配置転換をすること。

⑨　必要に応じて、産業医等による助言・指導を受け、又は労働者に産業医等による保健指導を受けさせること。

⑩　その他

2　チェックボックスは労働基準法第36条第６項第２号及び第３号の要件を遵守する趣旨のものであり、「２箇月から６箇月まで」とは、起算日をまたぐケースも含め、連続した２箇月から６箇月までの期間を指すことに留意すること。また、チェックボックスにチェックが無い場合には有効な協定とはならないことに留意すること。

3　協定については、労働者の過半数で組織する労働組合がある場合はその労働組合と、労働者の過半数で組織する労働組合が無い場合は労働者の過半数を代表する者と協定すること。なお、労働者の過半数を代表する者は、労働基準法施行規則第６条の２第１項の規定により、労働基準法第41条第２号に規定する監督又は管理の地位にある者でなく、かつ同法に規定する協定等をする者を選出することを明らかにして実施される投票、挙手等の方法による手続により選出された者であつて、使用者の意向に基づき選出されたものでないこと。これらの要件を満たさない場合には、有効な協定とはならないことに留意すること。

4　本様式で記入部分が足りない場合は同一様式を使用すること。この場合、必要のある事項のみ記入することで差し支えない。

（備考）

1　労働基準法第38条の４第５項の規定により、労使委員会が設置されている事業場において、本様式を労使委員会の決議として届け出る場合においては、委員の５分の４以上の多数による議決により行われたものである旨、委員会の委員数、委員の氏名を記入した用紙を別途提出することとし、本様式中「協定」とあるのは「労使委員会の決議」と、「協定の当事者である労働組合の名称」とあるのは「委員会の委員の半数について任期を定めて指名した労働組合の名称」と、「協定の当事者（労働者の過半数を代表する者の場合）の選出方法」とあるのは「委員会の委員の半数について任期を定めて指名した者（労働者の過半数を代表する者の場合）の選出方法」と読み替えるものとする。なお、委員の氏名を記入するに当たつては、任期を定めて指名された委員とその他の委員とで区別することとし、任期を定めて指名された委員の氏名を記入するに当たつては、同条第２項第１号の規定により、労働者の過半数で組織する労働組合がある場合においてはその労働組合、労働者の過半数で組織する労働組合が無い場合においては労働者の過半数を代表する者に任期を定めて指名された委員の氏名を記入することに留意すること。

2　労働時間等の設定の改善に関する特別措置法第７条の規定により、労働時間等設定改善委員会が設置されている事業場において、本様式を労働時間等設定改善委員会の決議として届け出る場合においては、委員の５分の４以上の多数による議決により行われたものである旨、委員会の委員数、委員の氏名を記入した用紙を別途提出することとし、本様式中「協定」とあるのは「労働時間等設定改善委員会の決議」と、「協定の当事者である労働組合の名称」とあるのは「委員会の委員の半数の推薦者である労働組合の名称」と、「協定の当事者（労働者の過半数を代表する者の場合）の選出方法」とあるのは「委員会の委員の半数の推薦者（労働者の過半数を代表する者の場合）の選出方法」と読み替えるものとする。なお、委員の氏名を記入するに当たつては、推薦に基づき指名された委員とその他の委員とで区別することとし、推薦に基づき指名された委員の氏名を記入するに当たつては、同条第１号の規定により、労働者の過半数で組織する労働組合がある場合においてはその労働組合、労働者の過半数で組織する労働組合が無い場合においては労働者の過半数を代表する者の推薦に基づき指名された委員の氏名を記入することに留意すること。

様式のダウンロードはこちら　☞検索ワード：　**労働基準関係主要様式**　https://www.mhlw.go.jp/bunya/roudoukijun/roudoujouken01/

ご不明な点やご質問がございましたら、厚生労働省または事業場の所在地を管轄する都道府県労働局、労働基準監督署におたずねください。

➤問合せ先：厚生労働省　労働基準局　労働条件政策課　03-5253-1111（代表）

➤最寄りの都道府県労働局、労働基準監督署は以下の検索ワードまたはQRコードから参照できます。

検索ワード：　**都道府県労働局**　または　**労働基準監督署**

http://www.mhlw.go.jp/kouseiroudoushou/shozaiannai/roudoukyoku/

厚生労働省

(2019.8)

出典：厚労省ウェブサイト https://www.mhlw.go.jp/content/000350329.pdf

⑵　三六協定の記載事項に関する留意点

ア　対象労働者の範囲（改正労基法36条２項１号）

従前のとおり、三六協定には、時間外労働・休日労働をさせることができる労働者の「業務の種類」及び「労働者数」を記載する。指針では、時間外労働・休日労働を行う業務の区分を細分化し、業務の範囲を明確にしなければならないとされている（指針４条）。

業務区分の細分化の程度については、事業の実態、実情を最も熟知する労使の判断が尊重されるが、例えば、労働時間管理を独立して行っている各種の製造工程について、業務の種類を「製造業務」とひとまとめに記載するような場合には、細分化は不十分とされている（平11.3.31基発169号、わかりやすい解説（上限規制）８頁）。記載例では、「設計」、「機械組立」、「検査」などの記載により細分化がなされている。

イ　対象期間（改正労基法36条２項２号）

「対象期間」とは、労基法36条の規定により労働時間を延長し、又は休日に労働させることができる期間をいい、１年間に限られる（改正労基法36条２項２号）。従前は、「有効期間」とは別の「対象期間」という概念は、法令上定められていなかったが、改正法により、「対象期間」が定義された。様式には、対象期間を記載する欄は設けられていないが、「延長することができる時間数」欄の「１年」の欄の下に、１年間の上限時間を計算する際の「起算日」を記載する箇所があり、ここに起算日を定めることによって対象期間が特定される。

なお、三六協定の対象期間と有効期間とは異なる概念であり、詳細は、オで後述する。

ウ　時間外労働や休日労働をさせることができる場合(改正労基法36条２項３号)

従前のとおり、時間外労働又は休日労働をさせる必要のある具体的事由を記載する。例えば、「受注の集中」、「臨時の受注」、「納期の変更、切迫」、「製品不具合への対応」「月末の決算事務」、「棚卸」などといった事由を記載することが想定されている。

エ　1日、1か月、1年の各期間について、時間外労働をさせることができる時間数又は休日労働をさせることができる日数（改正労基法36条２項４号）

従前、「１日及び１日を超える一定の期間についての延長することができる時間又は労働させることができる休日」が必要的協定事項とされていたが（改正前労基則16条１項）、改正労基法36条４項で、１か月について45時間及び１年について360時間の上限規制が設けられた趣旨を踏まえて、従前「１日を超える一定の期間」とだけ規定されていたものについて、「１箇月」及び「１年」

という単位期間が法律上明記された。なお、様式第9号では、各単位期間における「所定労働時間数を超える時間数」や「所定休日」を記載する欄があるが、記載は「任意」（記載しなくても構わない）とされている。

1か月の法定労働時間を超える時間数は45時間以内、1年の法定労働時間を超える時間数は360時間以内（対象期間が3か月を超える1年単位の変形労働時間制が適用される労働者については、月42時間以内、年320時間以内）としなければならない。

この点、様式第9号の記載例では、時間外労働時間数の上限が、1か月30時間、1年で250時間とされており、改正労基法36条4項の定める上限よりも低い時間数が例示されている。時間外・休日労働は必要最小限にとどめられるべきであり、三六協定の当事者は、その点も十分留意した上で三六協定を締結するよう努めなければならないから（指針2条）、労使合意でそのような定めをすることができれば、長時間労働の是正にも望ましいことである。他方で、現場の残業実態にそぐわない上限を設定することは、「残業隠し」を誘発するおそれもある。実務上は、改正労基法36条4項の定める上限を三六協定で定めつつ、運用面で、着実に時間外労働削減の施策を講じていくことも考えられよう。

オ　三六協定の有効期間（改正労基則17条1項1号）

イの対象期間とは別に、三六協定自体の有効期間を定める必要がある。Q&Aによれば、有効期間とは、当該三六協定が効力を有する期間をいう（Q&A 2-1）。そして、対象期間が1年間に限られることから、有効期間は最短で原則として1年間となり、定期的な見直しの必要性から、有効期間は1年間とすることが望ましいとされている（Q&A 2-1）。

なお、三六協定において、2年間や3年間など、1年間を超える有効期間を定めた場合の対象期間は、当該有効期間の範囲内において、カで定める対象期間の起算日から1年ごとに区分した各期間となる（Q&A 2-1）。

カ　対象期間の起算日（改正労基則17条1項2号）

従前は、特段の労使慣行等がない限り、三六協定の有効期間の初日が起算日と解されてきたが、改正法下では、有効期間と対象期間が必ずしも一致するとは限らないことから、対象期間の起算日を定めることとされた。

Q&Aによれば、労働時間の上限規制は厳格に適用すべきことから、対象期間の途中で三六協定を破棄・再締結し、対象期間の起算日を当初の三六協定から変更することは原則として認められない（Q&A 2-5）。なお、複数の事業場を有する企業において、対象期間の起算日を全社的に統一するために三六協定を再締結する場合でも、当初三六協定に定められた対象期間及び再締結後の三六協定に定められた対象期間のそれぞれについて、上限規制を遵守する必要があるとされている（Q&A２-５）。

キ　労働時間の絶対的上限（労働者個人単位）を満たす旨（改正労基則17条１項３号）

前述した労働者個人単位の労働時間の絶対的上限（改正労基法36条６項）については、三六協定届の様式において、「上記で定める時間数にかかわらず、時間外労働及び休日労働を合算した時間数は、１箇月について100時間未満でなければならず、かつ２箇月から６箇月までを平均して80時間を超過しないこと。」というチェックボックスが設けられている。

特別条項付か否かにかかわらず（すなわち、様式９号及び様式第９号の２のいずれにも）、チェックボックスが設けられており、これにチェックをしなければ三六協定は無効であるとされている（平30.9.7基発0907第１号）。

ク　限度時間を超えて労働させることができる場合（改正労基則17条１項４号）

特別条項を使用できる場合について、改正労基法36条５項は、「当該事業場における通常予見することのできない業務量の大幅な増加等に伴い臨時的に第３項の限度時間を超えて労働させる必要がある場合」と定めている。三六協定には、そのような場合をできる限り具体的に定めなければならず、「業務の都合上必要な場合」、「業務上やむを得ない場合」など恒常的な長時間労働を招くおそれがあるものを定めることは認められない（指針５条１項）。

「通常予見することのできない業務量の大幅な増加」は例示の一つであり、結局のところ、「全体として１年の半分を超えない一定の限られた時期において一時的・突発的に業務量が増える状況等により限度時間を超えて労働させる必要がある場合」であればよい（Q&A２-６）。

わかりやすい解説（上限規制）は、特別条項を使用できる場合として、「予算・決算業務」、「ボーナス商戦に伴う業務の繁忙」、「納期のひっ迫」、「大規模なクレームへの対応」、「機械のトラブルへの対応」を例示している。

ケ　限度時間を超えて労働させる労働者に対する健康福祉確保措置（改正労基則17条１項５号）

新設項目として、限度時間を超えて労働させる労働者に対する健康福祉確保措置の協定が必要となった。指針では、労働時間の延長や休日労働は必要最小限にとどめられるべきとされ（指針２条）、特別条項適用時の健康福祉確保措置として次に掲げるもののうちから協定することが望ましいとされている（指針８条）。

①労働時間が一定時間を超えた場合の医師による面接指導
②深夜業の回数制限
③終業から始業までの一定時間以上の継続した休息時間の確保（勤務間インターバル）
④勤務状況及び健康状態に応じた代償休日又は特別な休暇の付与
⑤勤務状況及び健康状態に応じた健康診断
⑥年次有給休暇について連続取得を含めた取得促進
⑦心とからだの健康問題についての相談窓口の設置
⑧勤務状況及び健康状態に配慮し、必要に応じた配置転換の実施
⑨必要に応じて産業医等による助言・指導を受け、又は労働者に産業医等による保健指導を受けさせること

なお、上記④～⑧は、企画業務型裁量労働制の健康福祉確保措置として例示されているもの（平11.12.27労告149号）と同様である。

三六協定届の様式の「記載心得」において､上記①～⑨の該当番号（「その他」の場合は⑩）を記入した上で、その具体的内容を記入することとされている。複数選択することも妨げられない。健康福祉確保措置として勤務間インターバル（③）を導入する場合の制度設計等については、下記「第４章　勤務間インターバル制度の普及促進等」も参照されたい。

使用者は、健康福祉確保措置の実施状況に関する記録を作成し、三六協定の有効期間中及び当該有効期間終了後３年間、保存しなければならない（改正労基則17条２項)。

コ　限度時間を超えた労働に係る割増賃金の率（改正労基則17条１項６号）

指針では、三六協定の当事者の努力義務として、時間外労働の割増賃金率につき､２割５分を超える率とするように努めなければならないとされている(指針５条３項)。

サ　限度時間を超えて労働させる場合における手続（改正労基則17条１項７号）

改正前と同様、特別条項付き三六協定においては、特別条項を発動するための「協議、通告、その他の手続」を定める必要がある。労使が合意している限り､「対象となる労働者への当日の口頭での事前通告」を手続として定めることも、必ずしも違法ではない。

三六協定で定められた手続を履践せずに限度時間を超えて労働時間を延長することは労基法違反となる。また、手続がとられた時期、内容、相手方等につ

いては、書面で明らかにしておく必要がある（平30.9.7基発0907第１号）。

⑶　新様式の使用開始時期

上記１⑷のとおり、経過措置期間中は上限規制が適用されない。したがって、中小事業主であれば、2020年４月１日以降の期間のみを定めた三六協定から、新様式を使用して届出を行えばよい。なお、新様式の記載項目は、旧様式の記載項目を包含しており、旧様式により届け出るべき三六協定を新様式により届け出ることは差し支えない。その際、改正法で導入された労働時間の絶対的上限（労働者個人単位）について協定しない場合には、チェックボックスへのチェックは要しない（Q&A２-11）。

⑷　過半数代表者の選任に関する留意点

ア　改正労基則６条の２の改正

三六協定は、各事業場毎に、労働者の過半数で組織する労働組合が存在する場合には当該労働組合と、これが存在しない場合には「労働者の過半数を代表する者」（以下「過半数代表者」）と締結する必要がある（改正労基法36条１項）。

過半数代表者の要件について、改正労基則６条の２第１項は、以下のとおり規定する。

①労基法41条２号に規定する監督又は管理の地位にある者でないこと。
②労基法に規定する協定等をする者を選出することを明らかにして実施される投票、挙手等の方法による手続により選出された者であって、使用者の意向に基づき選出されたものでないこと。

改正労基則６条の２第１項は、従前の文言から、②に「使用者の意向に基づき選出されたものでないこと」との要件を追加したものであり、従前の行政解釈（平11.1.29基発45号）を労基則に明記したものである。

また、改正労基則６条の２第４項は、「使用者は、過半数代表者が法に規定する協定等に関する事務を円滑に遂行することができるよう必要な配慮を行わなければならない」と新たに規定している。具体的には、過半数代表者が労働者の意見集約等を行うに当たって必要となる事務機器（イントラネットや社内メール等）や事務スペースを提供すること等が想定されている（Q&A５-１）。

なお、過半数代表者が、過半数代表者としての職務を行っている時間には、①労使協定の締結手続や就業規則の変更に対する意見陳述のための時間や、②上記①に向けた事業場の労働者の意見集約のための時間等があり得る。これらは、過半数代表者が使用者の指揮命令を受けて行うものではないため、労働時間には該当しないと解すべきである。ただし、過半数代表者が所定労働時間内に職務を行うことを認め、その時間について労働時間として扱う（賃金控除を行わない）ことは妨げられない。

イ　管理監督者ではないこと

上記①の要件のとおり、管理監督者は過半数代表者となることはできないのが原則である。ただし、管理監督者以外の労働者が存在しない事業場では、任意貯蓄金管理協定（労基法18条２項）、賃金控除協定（同24条１項但書）、年休の時間単位付与協定（同39条４項）、計画年休の協定（同39条６項）、年休取得日の標準報酬日額とする協定（同39条９項）の各締結、及び、就業規則の作成・変更に関する意見聴取（同90条１項）については、上記②の要件を満たせば足りる（改正労基則６条の２第２項）。

ウ　労基法に規定する協定等をする者を選出することを明らかにすること

過半数代表者は、選出目的を明らかにして選出することが原則である。そして、法が想定しているのは、労使協定の締結や、就業規則の作成・変更に対する意見を述べる必要が生じる度に、都度、過半数代表者を選任することである。

もっとも、予め一定期間内に生じ得る選出目的を明示した上で、過半数代表者を任期制により選出することが、一律に否定されるわけではないと解すべきである。

なお、ナック事件・東京高判平30.6.21労経速2369号28頁においては、会社の総務担当者が「○○さんを従業員代表とすることに同意します」とのみ記載された同意書を回覧して、事業場の所属従業員全員がこれに署名押印したことにつき、労使協定を締結する過半数代表者を選出することが明らかにされているかが争点の一つとなった。第一審判決（東京地判平30.1.5労経速2345号３頁）は、何に関する従業員代表かの説明が記載されていないこと等を指摘してこれを否定したが、控訴審判決（東京高判平30.6.21労経速2369号28頁）は、一審原告が、「残業問題に関する協定」であるという限度では認識していた旨を自認しており、そして、会社のコンサルティング事業部が事業場外労働みなし制度を採用していることは、営業社員が所属する各事業場では当然のこととして認識が共有されていたとみることができるため、「残業時間に関する協定」が事業場外労働みなし制度（労基法38条の２第２項）に関する協定を指すことは、一審原告が所属していた各支店においても周知の事実であったとして、労基法に規定する協定等をする者を選出することを明らかにして実施されたと認めた。

エ　投票、挙手等の方法による手続により選出すること

労基則６条の２第１項は、「投票、挙手等の方法」と定めているが、「等」には、労働者の話合い、持ち回り決議等、労働者の過半数が当該者の選任を支持してい

ることが明確になる民主的な手続が該当すると解されている（平11.3.31基発169号）。

近時の裁判例においては、過半数代表者の選出手続が実施されていないとして、選出の有効性、ひいては、当該過半数代表者が締結した労使協定の有効性を否定したものが複数存在する。

乙山彩色工房事件・京都地判平29.4.27労判1168号80頁（確定）は、専門業務型裁量労働制の採用のための労使協定の締結についての事案であり、裁判所は、過半数労働者を選出した際の手段、方法が不明であるとして、適法な選出とは認めず、専門業務型裁量労働制の適用を否定した。

サンフリード事件・長崎地判平29.9.14労判1173号51頁（控訴後和解）は、１年単位の変形労働時間制に関する労使協定の締結についての事案であり、裁判所は、選出手続が行われていないとして、協定の成立を否定した。

オ　使用者の意向に基づき選出されたものでないこと

選出手続が一応実施されていた事案で、使用者の意向に基づき選出されたものであるか否かが争われたものとして、前掲ナック事件・東京高判平30.6.21がある。この事件では、会社の総務担当者が「○○さんを従業員代表とすることに同意します」と記載した同意書を回覧し、「○○さん」の部分は支店長等の意向に基づいて回覧開始時に氏名が既に記入されていた。

第一審判決（東京地判平30.1.5労経速2345号３頁）は、「使用者の意向で代表者又はその候補者を指名することは、労働者から見て、その者以外の者も代表者又はその候補者となりうることが明確にされて、かつ、使用者を指名した者を支持せず、別の者を過半数代表者として支持することで使用者から何らかの不利益な取り扱い（労働基準法施行規則６条の２第３項参照）を受けるおそれがないと信頼するに足る事情が存しない限り、労働者の自主的な判断を妨げる」として、選出の有効性が否定されるとの判断基準を示した。そして、候補者は支店長等の意向に基づいて同意書の回覧開始時に氏名が既に記入されていたこと、上記選出方法の他に過半数代表者の立候補や推薦を募る明確な手続が取られていないこと等を指摘し、使用者（支店長等）の意向によって選出された者であると判断して、選出の有効性を否定した。

これに対し、控訴審判決（東京高判平30.6.21労経速2369号28頁）は、支店長等の意向に基づいて回覧開始時に氏名が記入されていたことを裏付ける証拠がないことを指摘して、過半数代表者の選出の有効性を肯定した。

なお、わかりやすい解説（上限規制）12頁においては、「会社による指名や、社員親睦会の代表が自動的に選出されること等は不適切な選出となります。」と記載されている。

3 上限規制の適用除外・適用猶予

(1) 上限規制の適用除外

旧限度基準告示5条では、①工作物の建設等の事業、②自動車の運転の業務、③新技術、新商品等の研究開発の業務、④季節的要因等により事業活動若しくは業務量の変動が著しい事業若しくは業務又は公益上の必要により集中的な作業が必要とされる業務として厚生労働省労働基準局長が指定するもの、の4種の事業又は業務が、限度基準の適用除外となっていた。

今般の改正では、上記③の「新たな技術、商品又は役務の研究開発に係る業務」のみが上限規制（改正労基法36条3項から5項まで及び6項（2号及び3号に係る部分に限る。））の適用除外とされ、法律に格上げされた（改正労基法36条11項）。そして、Q&Aでは、上記③の業務の範囲について、「専門的、科学的な知識、技術を有する者が従事する新技術、新商品等の研究開発の業務をいい、既存の商品やサービスにとどまるものや、商品を専ら製造する業務などはここに含まれない」とされている（Q&A 2-14）。

ただし、研究開発の業務に従事する労働者についても、法定労働時間（1日につき8時間、1週間につき40時間）を超えて従業員を労働させるためには、一般労働者の場合と同様に三六協定の締結及び届出が必要であり（改正労基法36条1項）、三六協定届の様式は様式第9号の3を用いる。もっとも、上限規制の適用が猶予・除外される対象であっても、改正労基法36条に適合した三六協定を締結することが望ましいとされており、この場合には、様式第9号又は第9号の2を使用することも差し支えないとされている（Q&A 2-10）。

(2) 上限規制の適用猶予

上記(1)記載の①、②、④の工作物の建設等の事業や自動車の運転の業務等は、従前は限度基準の適用除外とされていたが、今般の改正により、5年間の適用猶予の後、上限規制が適用されることとなった（改正労基法139条、140条、142条）。また、医師については、従前から限度基準の適用対象であったものの、その業務の特殊性から、上限規制の適用を5年間猶予することとされた（改正労基法141条。5年後から適用される上限規制に関する議論の内容については、2019年3月29日公表「医師の働き方改革に関する検討会報告書」を参照）。詳細は次頁表のとおりである。

<table>
<tr><th>事業・業務</th><th>猶予期間中の取扱い
（2024年３月31日まで）</th><th>猶予後の取扱い
（2024年４月１日以降）</th></tr>
<tr><td>建設事業</td><td rowspan="3">上限規制は適用されません。</td><td>●災害の復旧・復興の事業を除き、上限規制がすべて適用されます。
●災害の復旧・復興の事業に関しては、時間外労働と休日労働の合計について、
✓月100時間未満
✓２～６か月平均80時間以内
とする規制は適用されません。</td></tr>
<tr><td>自動車運転の業務</td><td>●特別条項付き36協定を締結する場合の年間の時間外労働の上限が年960時間となります。
●時間外労働と休日労働の合計について、
✓月100時間未満
✓２～６か月平均80時間以内
とする規制は適用されません。
●時間外労働が月45時間を超えることができるのは年６か月までとする規制は適用されません。</td></tr>
<tr><td>医師</td><td>具体的な上限時間は今後、省令で定めることとされています。</td></tr>
<tr><td>鹿児島県及び沖縄県における砂糖製造業</td><td>時間外労働と休日労働の合計について、
✓月100時間未満
✓２～６か月平均80時間以内
とする規制は適用されません。</td><td>上限規制がすべて適用されます。</td></tr>
</table>

出典：わかりやすい解説（上限規制）６頁

4　上限規制遵守のための残業手続

改正労基法における労働時間の上限規制を適切に遵守するためには、上長の事前の許可があった場合に限り残業を行うことができるものとするなど、使用者が残業を有効にコントロールすることが重要である。ただし、制度上、上長の事前の許可を要するとしていても、労働者に割り当てられた業務量が過大であるとか、使用者が残業を黙認していたなどという事情があると、使用者による「黙示の残業命令」があったものと認定され、明示の許可のない残業であっても労働時間と認定されることがあり得る。

かんでんエンジニアリング事件・大阪地判平16.10.22労経速1896号３頁は、残業をする場合に、就業規則上、所定の用紙に必要事項を記入して所属長の認印を受けなければならないこととされていた事案である。裁判所は、会社が所定労働時間内に終えることができないような業務を与えていたこと、事前承認ではなく事後に手続を行うことが多かったこと、会社が、労働組合との間で合意した残業の上限時間を目標として設定し、事実上、残業申告を抑制していたこと等を指摘して、労働時間であることを否定すべきではないとした。

ゴムノイナキ事件・大阪高判平17.12.1労判933号69頁は、使用者において、休日出勤・残業許可願を提出せずに残業している従業員の存在を把握しながら、これを放置していたことがうかがわれる事案であり、具体的な終業時刻や従事した職務の内容が明らかでないことをもって、時間外労働の立証が全くされていないと扱うのは相当ではないとして、証拠から概括的に時間外労働時間を認定した。

アールエフ事件・長野地判平24.12.21労判1071号26頁では、労働者が業務上の必要性に基づいて行った業務について、「労働申請とその許可が必要であるとの被告の運用にかかわらず、原告らに対して、業務を止め退出するように指導したにもかかわらず、あえてそれに反して原告らが労働を継続したという事実がない限り」労働時間に該当すると判断された。

クロスインデックス事件・東京地判平30.3.28労経速2357号14頁では、業務量が多く、所定労働時間内に業務を終了させることは困難な状況にあり、時間外労働が常態化していたことから、会社の残業承認制度に従って原告が事前に残業を申請し、会社代表者がこれを承認したか否かにかかわらず、会社の黙示の指示により就業していたとして、労働時間に該当すると判断された。

以上のとおり、残業の事前許可制を導入する場合でも、その運用がルーズだと、明示の残業許可のない時間について、労働時間と認定されるおそれが生じる。①労働者に割り当てる業務量の適切なコントロール、②残業手続の厳格な運用、③残業のための手続を経ない労働者に対するメールや書面による残業禁止命令の発令など、徹底した運用を行う必要がある。

第2　中小企業における月60時間超の時間外労働に対する割増賃金の見直し

平成20年の労基法改正（平成22年４月１日施行）により、１か月60時間を超える時間外労働に対する割増賃金の割増率は「５割以上」に引き上げられた（労基法37条１項但書）。ただし、「中小事業主」については、「当分の間」、労基法37条１項但書の規定を適用しないものとして、猶予措置が設けられていた（改正前労基法138条）。ここでの「中小事業主」は、働き方改革関連法附則３条の「中小事業主」と同義である（上記 第1-1⑷参照）。

改正法により、この猶予措置に係る条文（改正前労基法138条）が削除される結果、中小事業主であっても、１か月60時間を超える時間外労働に対しては50％以上の割増率による割増賃金を支払わなければならないこととなる。

ただし、上記猶予措置の廃止の施行日は、2023年４月１日とされており（働き方改革関連法附則１条３号）、2023年３月31日までは猶予措置が継続することとなる。

第３　一定日数の年休の確実な取得

1　年休を取得させる義務の内容

⑴　改正法の趣旨

日本においては、長年、年次有給休暇（以下「年休」）の取得率が低迷しており、長時間労働の原因の１つとされている。例えば、平成29年の１年間において、企業が付与した年休日数（繰越日数は除く。）は労働者１人平均18.2日、そのうち労働者が取得した日数は9.3日で、取得率は約５割にとどまっている（厚労省「平成30年就労条件総合調査の概況」６頁）。また、いわゆる正社員の約16％が年休を１日も取得しておらず、年休をほとんど取得していない労働者について長時間労働者の比率が高い実態にある（平30.9.7基発0907第１号参照）。

このような状況を受けて、年休取得が確実に進む仕組みを導入するために、改正労基法39条７項及び８項が新設され、年５日の年休を労働者に取得させることが、使用者に義務付けられた（なお、年休の成立要件と付与日数については、「2018年労働事件ハンドブック」122～124頁参照）。

⑵　使用者による時季指定

年休は、労働者が指定した時季に取得させるのが原則であり（労基法39条５項本文）、使用者が、「請求された時季に有給休暇を与えることが事業の正常な運営を妨げる場合」に、例外的に使用者が時季変更権を行使できるに過ぎない（同項但書「2018年労働事件ハンドブック」124～125頁）。改正前において、使用者が時季指定を行うには、労使協定に基づく年休の計画的付与制度（計画年休）を利用する必要があった（労基法39条６項。ただし、労働者が時季指定できる日数を５日残す必要がある。）。

これに対し、改正法では、使用者は、法定の年休の付与日数が10日以上である労働者を対象として、年休の日数のうち年５日については、基準日から１年以内の期間に、労働者ごとにその時季を指定して与えなければならないこととされた（改正労基法39条７項）。ここでの「基準日」とは、「継続勤務した期間を六箇月経過日から一年ごとに区分した各期間（最後に一年未満の期間を生じたときは、当該期間）の初日」をいう。

改正労基法39条７項の条文は、文言上、時季を指定して年休を取得させるという使用者の義務を定めたものであり、使用者が時季を指定した場合に、そのとおりに年休の具体的時期が特定され、当該日について労働義務が消滅するという効果が発生する（すなわち、使用者の時季指定が労働者を拘束する）ことまで文言上明示しているわけではない。しかし、年休取得を確実に進めるという改正法の趣旨からすれば、使用者の時季指定が労働者を拘束すると解すべきである（学説では、土田「労働契約法」382〜383頁が、改正労基法39条７項について、「使用者に時季指定の権限を認めつつ、それに基づく年休付与義務を法定したものである」とし、「使用者に時季指定の権限を認める以上、時季変更権を観念する余地はなく、使用者の時季指定によって年休の具体的時期が特定され、年休権の効果が発生する」と述べる。）。また、Q&Aは、使用者が指定した時季について、労働者が変更することはできない（ただし、後述のとおり、使用者が、労働者に対する意見聴取手続を再度行い、その意見を尊重することにより変更することは可能）としている（Q&A３-５）。

以上から、改正法の下では、使用者は、労働者が自発的に年休を取得しない場合であっても、年休のうち５日の時季を指定して取得させることが可能となり、かつ、その義務を負うこととなった。かかる義務は、使用者が時季指定をしただけでは足りず、労働者に実際に年休を取得させることまで必要である（Q&A３-20）。そのため、使用者が時季指定をしたにもかかわらず、労働者がこれに従わず、自らの判断で出勤し、使用者がその労働を受領した場合には、年休を取得させたことにならない（Q&A３-21）。

なお、使用者の時季指定権限は、労働者が時季指定できる一定の日数を留保する観点から、使用者の義務の対象である年５日の範囲に限られ、年５日を超える日数について、使用者が時季指定することはできない（Q&A３-７）。

⑶　取得させるべき日数からの控除

上記⑵のとおり、使用者は、年休日数のうち年５日について、時季を指定して取得させる義務を負うが、改正労基法39条８項により、労働者による時季指定又は年休の計画的付与制度により労働者に取得させた日数がある場合、当該日数については、時季を指定して取得させることを要しない。また、前年度からの繰越分がある場合、繰越分から年休を消化するものとするのが、労働者の合理的意思であると考えられるが、そのような繰越分の年休取得であっても、当該日数について、使用者が時季を指定して取得させることを要しない（Q&A３-４）。つまり、これらの日数を年５日から控除した日数が、使用者の義務の対象となる。

なお、使用者の時季指定権限は、使用者の義務の範囲で生じるものと解される。すなわち、労働者による時季指定又は年休の計画的付与制度により労働者に取得させた日数がある場合、使用者が時季指定権限を持つのは、これらの日数を年５日から控除した日数の範囲に限られる。さらに、使用者が時季指定を行うよりも前に、労働者自ら請求し、又は計画的付与により具体的な年休日が特定されている場合には、（実際に年休を取得する前であっても、）当該特定されている日数について使用者が時季指定することはできないとされている（Q&A３-７）。

あらかじめ使用者が時季指定した年休日が到来するより前に、労働者が自ら年休を５日取得した場合、当初使用者が時季指定した日に労働者が年休を取得しなくても、改正労基法39条７項違反とはならない。しかし、当初使用者が行った時季指定は、使用者と労働者との間において特段の取決めがない限り、当然には無効とはならない（Q&A３-８）。

また、半日単位年休については、従前から、労基法には定めがないものの、「年次有給休暇の取得促進の観点から、労働者がその取得を希望して時季を指定し、これに使用者が同意した場合であって、本来の取得方法による休暇取得の阻害とならない範囲で適切に運用される限りにおいて、問題がないものとして取り扱う」とされていた（平21.5.29基発0529001号）。これを前提に、まず、労働者が自ら半日単位で指定し取得した半日単位年休については、0.5日として年５日から控除した日数が、使用者の義務の対象になる（Q&A３-11）。これに対し、改正労基法39条７項に基づく使用者の時季指定として、半日単位で指定することができるかは別途問題となる。この点について、Q&Aは、「労働者の意見を聴いた際に半日単位の年次有給休暇の取得の希望があった場合」には、半日単位の時季指定を行うことは差し支えないとしている（Q&A３-３、Q&A３-11）。このようにして、使用者が半日単位の時季指定を行って年休を取得させた場合、半日単位の年休日数を0.5日として年５日から控除した日数が、使用者の義務の対象になる。

他方、改正労基法39条７項は「第一項から第三項までの規定による有給休暇…の日数のうち五日については」と定めているため、時間単位年休（労基法39条４項）については、労働者が自ら時季指定し取得した場合であっても年５日から控除することはできず、また、使用者による時季指定を時間単位で行うことも認められていない（Q&A３-３、Q&A３-11）。

法定の年休以外の特別休暇の取得日数については、使用者が年休を取得させるべき年５日から控除することはできない。ただし、当該休暇が、「法定の年次有給休暇の日数を上乗せするものとして付与されるもの」であれば、その取得日数を年5日から控除した日数が、使用者の義務の対象になる（Q&A 3-12、Q&A 3-34参照）。取得事由・要件、取得時季、取得の効果、未消化分の繰越しの扱い等が法定の年休と同様であれば、法定の年休の「上乗せ」と見ることができるが、たとえば、7～9月に取得すべきとされている夏季休暇は、法定の年休にはない取得時季の限定が付されている点で、法定の年休の「上乗せ」と見ることはできない。

⑷　時季指定の方法・手続（意見聴取）

時季指定は、基準日から1年間の期首に限られず、期間の途中において行うことも可能である（Q&A 3-1）。

使用者が時季指定をして労働者に年休を取得させるに当たっては、時季について当該労働者の意見を聴取しなければならず（改正労基則24条の6第1項）、また、使用者はその意見を尊重するよう努めなければならない（同条2項）。

Q&Aによれば、意見聴取の内容として、改正労基法39条7項の基準日から1年を経過する日までの間の適時に、労働者から年休の取得を希望する時季を申告させることが考えられるとしている（Q&A 3-10）。また、意見の尊重の内容としては、「できる限り労働者の希望に沿った時季を指定するよう努めることが求められる」としている（Q&A 3-10）。

使用者による時季指定について、労働者の意見の尊重は努力義務にとどまるため、労働者の希望と異なる時季を指定することは否定されない。

使用者による時季指定後は、労働者側が時季変更することはできない。労働者から取得日の変更の申出があった場合は、再度意見を聴取し、できる限り労働者の希望に沿った時季とすることが望ましいとされている（Q&A 3-5、Q&A 3-24）。ただし、使用者において変更に応じる義務はない。これに対し、使用者側からの時季変更については、意見聴取の手続を再度行い、その意見を尊重することによって変更することは可能とされている（Q&A 3-5）。

なお、上記⑵及び⑶で述べたとおり、使用者は年5日（ただし、時季指定の時点で、労働者による時季指定又は年休の計画的付与制度により、労働者に取得させた日数又は具体的な年休日が特定されている日数がある場合は、年5日から当該日数を控除した日数）を超える日数について時季指定をすることはできない。

一点注意が必要なのは、たとえば、年10日の年休が付与されている労働者が、年4日しか年休を取得していないため、使用者が12月1日と時季指定をした場合において、労働者が自発的に、それより前の11月25日に年休申請した場合である。この場合、使用者側から見ると、12月1日の時季指定を維持する必要性が必ずしも無いように思われるが、前述のとおり使用者が行った時季指定は、使用者と労働者との間で特段の取決めがない限り、当然には無効にならない（Q&A 3-8）。すなわち、使用者は、時季変更権を行使しない限り11月25日に年休を取得させる必要があり、かつ、労働者との合意をもって12月1日の時季指定を取り消さない限り、12月1日にも年休を取得させる必要があるということになる。

⑸　対象労働者

使用者が時季指定義務を負う対象となるのは、法定の年休の付与日数が「十労働日以上である労働者」である（改正労基法39条7項）。この「十労働日」（10日）には前年度から繰り越した有給休暇の日数は含まれず、当年度に新たに付与された法定の年休の日数が10日以上である者が対象となる。そのため、労基法39条3項の比例付与の対象となる労働者（勤務日数が少ないパートなど）について、前年度繰越分の年休と当年度付与分の年休を合算して初めて10日以上となるものは、「有給休暇の日数が十労働日以上である労働者」に含まれない（Q&A 3-2）。また、使用者が法を上回る措置として10日以上の年休を付与していたとしても、当該労働者の法定付与日数が10日に満たない場合には対象労働者に含まれない（Q&A 3-27）。

対象労働者は正社員に限られず、有期契約労働者やパートタイム労働者も対象とされている。期間中に有期契約労働者から正社員に転換した場合であっても、引き続き基準日から1年以内に5日を取得させる必要がある（Q&A 3-23）。このような雇用形態の切替えによって基準日が前倒しになる場合の扱いについては、下記2を参照。

なお、管理監督者についても対象労働者から除外されない（Q&A 3-25）。

⑹　出向・派遣との関係

出向者・派遣労働者に関して、年5日の有休を取得させる義務を履行すべき主体については、Q&Aにおいて、以下のとおり解説されている（派遣労働者の年休については、「2018年労働事件ハンドブック」450頁も参照）。

まず、在籍出向の場合は、労基法上の規定はなく、出向元、出向先、出向労働者三者間の取り決めによる（Q&A 3-18）。

他方、移籍出向の場合は、労働者と出向先の間にのみ労働契約関係があるため、出向先において年5日の有休を取得させる義務を果たす必要がある。この場合、原則として出向先において新たに基準日が特定されることとなり、また、出向元で取得した年休の日数を出向先の使用者が指定すべき5日から控除することはできない（Q&A 3-18）。ただし、基準日から1年間の期間の途中で労働者を移籍出向させる場合（移籍出向先から出向元に帰任する場合も同様）について、Q&A 3-18では、一定の要件を満たす場合に、出向の前後を通算して５日の年休の時季指定を行うことを認めている。詳細はQ&Aを参照されたい。

労働者が海外企業に出向する場合や出向先で役員となる場合については、一般的には、出向先において労基法が適用されないため、出向期間について、年５日の年休を取得させる義務はない。この場合、出向前の期間において、労働者に年５日の年休を取得させる必要があるが、海外企業に在籍出向する場合は、出向元、出向先、出向労働者の三者間の取り決めにより、出向前の基準日から１年以内の期間において、出向の前後を通算して５日の年休の時季指定を行うことも可能である（Q&A 6-1）。

派遣労働者については、労働契約は派遣元との関係にのみ存在するため、派遣元が年休を取得させる義務の履行や、年次有給休暇管理簿の作成を行う必要がある（Q&A 3-29）。

⑺ 義務の履行が不可能な場合

基準日から１年間の期間の途中に私傷病休職や育児休業等から復職した労働者についても、年５日の年休を取得させる義務がある（Q&A 3-6）。

ただし、使用者にとって義務の履行が不可能な場合はその限りではなく、たとえば、休職している労働者が、基準日からの１年間について、それ以前から休職しており、期間中に一度も復職しなかった場合（Q&A 3-22）や、育児休業から年度途中に復帰した労働者の残りの期間における労働日が、使用者が時季指定すべき年休の残日数より少なく、５日の年休を取得させることが不可能な場合（Q&A 3-6）には、年５日の年休を取得させることができなかったとしても、法違反を問われるものではない。

⑻ 違反に対する罰則

年５日の年休を取得させる義務（改正労基法39条７項）に違反した場合、30万円以下の罰金の対象となる（労基法120条１号）。

この点、Q&Aによれば、年５日の取得ができなかった労働者が１名でもいれば、法違反として取り扱うことにはなるものの、ただちに罰則が科されるわけではなく、原則として、労基署の監督指導において是正に向けて改善を図ることとされている（Q&A 3-19）。

⑼ 施行日

改正法の施行日は、2019年４月１日であり（働き方改革関連法附則１条）、2019年４月１日以後、最初に年10日以上の年休を付与する日（基準日）から年５日の年休を取得させる義務の規定が適用される。労働時間の上限規制のような中小事業主に対する猶予措置は設けられておらず、企業規模にかかわらず、全ての事業場において適用される（Q&A 3-26）。

2 労基法よりも前倒しで付与する場合の付与義務の考え方

上記１が、年５日の有休を取得させる義務の基本的なルールとなるが、法定の「基準日」（上記１⑵参照）よりも前倒しして年休を付与することも、実務上よく見られるところである。たとえば、①労基法上は、４月１日の入社後、継続勤務６か月経過した10月１日に、10日の年休を付与しなければならないが、入社時に前倒しして10日の年休を付与する例がある。また、たとえば、②４月１日に入社した労働者について、10月１日に10日の年休を付与する場合、労基法上の最低基準としては、翌年の10月１日に11日の年休を付与する必要があるが、全労働者について年休付与日を統一する必要から、入社２年目からの付与日を調整し、翌年の４月１日に、前倒しして11日の年休を付与する例もある。このような場合、法定の基準日から起算する１年間の期間と、就業規則の定めに基づく年休付与日から起算する１年間の期間に重複が生じるため、改正労基法39条７項但書及びこれを受けた改正労基則24条の５に調整規定が置かれることとなった。

その内容については、平30.9.7基発0907第１号（第３・２（２））や、わかりやすい解説（年休）８～10頁において、詳しく図解がされているため、それらを参照されたい。

上記で言及した例についてのみ簡単に解説すると、以下のとおりである。

まず、①４月１日の入社時に前倒しして10日の年休を付与する例においては、労基法に基づく通常の付与であれば、10月１日から翌年９月30日までの１年間に５日の年休を取得させるべきことになるが、４月１日から翌年３月31日までの１年間に５日取得させるべきものとされた（改正労基則24条の５第１項）。

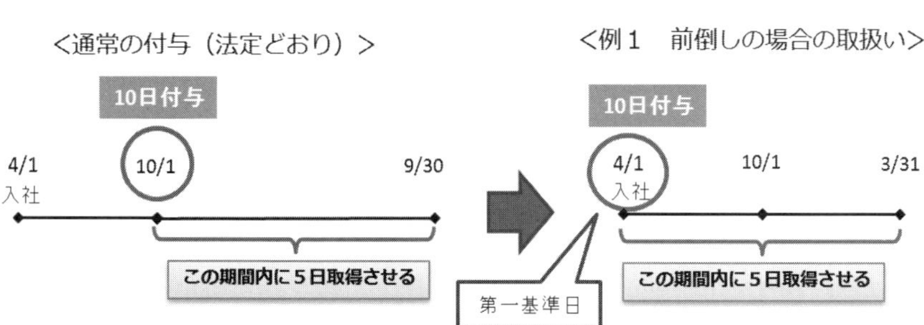

出典：平 30.9.7 基発 0907 第１号

また、②4月1日に入社した労働者について、10月1日に10日の年休を付与した上で、翌年4月1日に、前倒しして11日の年休を付与する例においては、法定どおりの基準日（第一基準日）から起算した1年間（10月1日～翌年9月30日）と、就業規則に定める付与日（第二基準日）から起算した1年間（翌年4月1日～翌々年3月31日）に重複が生じる。

この場合、使用者は、それぞれの期間について、5日の時季指定義務を満たすように時季指定を行う方法もあるが、重複が生じるそれぞれの期間を通じた期間の長さに応じて比例按分した日数（月数÷12×5日で算出）を当該期間に取得させることでもよい（労基則24条の5第2項）。

後者の方法を具体的に当てはめると、10月1日から翌々年3月31日までの月数は18ヶ月であるから、18÷12×5＝7.5日を、10月1日から翌々年3月31日までの間に取得させることとなる。

<例2　重複が生じる場合の取扱い>

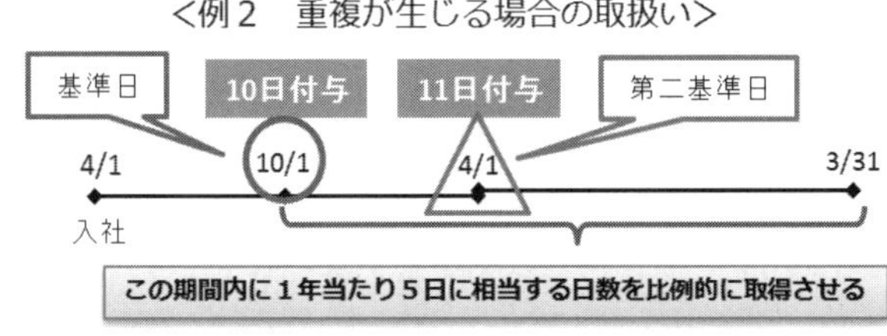

出典：平30.9.7基発0907第1号

なお、第一基準日を始期とし、第二基準日から1年を経過する日を終期とする期間の月数（上記の例では18か月）の算定に端数が生じる場合の処理は、Q&A3-9を参照されたい。

3　就業規則への規定

休暇に関する事項は就業規則の絶対的記載事項とされている（労基法89条1号）。そのため、使用者による時季指定（改正労基法39条7項）を実施する場合は、時季指定の対象となる労働者の範囲及び時季指定の方法等について、就業規則に記載する必要がある（Q&A3-14）。

厚労省が公表するモデル就業規則には、以下のような規定例が挿入されている。

第○条
1～4（略）（厚労省HPのモデル就業規則参照）

> 5　第１項又は第２項の年次有給休暇が10日以上与えられた労働者に対しては、第３項の規定にかかわらず、付与日から１年以内に、当該労働者の有する年次有給休暇日数のうち５日について、会社が労働者の意見を聴取し、その意見を尊重した上で、あらかじめ時季を指定して取得させる。ただし、労働者が第３項又は第４項の規定による年次有給休暇を取得した場合においては、当該取得した日数分を５日から控除するものとする。

この点、改正法に対応した就業規則の改訂が行われないまま施行日を迎えてしまった場合など、使用者による時季指定についての就業規則の定めを欠いている場合に、使用者が時季指定を行う労働契約上の権限を有するのかという問題がある。この点については、労働契約上、使用者の年休を取得させる義務の定めを欠く部分に対して労基法の強行的・直律的効力（労基法13条）が働き、使用者の当該義務が補充されることの効果として、使用者は、私法上の時季指定権限を取得すると解すべきであろう。

4　年休管理簿の作成・保存義務

⑴　義務の内容

使用者は、労働者による時季指定、計画的付与又は使用者による時季指定によって労働者に対して年休を取得させた場合には、時季、日数及び基準日（労基則24条の５に定める「第一基準日」、「第二基準日」を含む。）を労働者ごとに明らかにした書類（年次有給休暇管理簿。以下「年休管理簿」）を作成し、当該年休を与えた期間中及び当該期間の満了後３年間保存しなければならない（改正労基則24条の７）。

上記のとおり、年休管理簿において記載すべき「日数」としては、労働者が自ら請求し取得したもの、使用者が時季を指定し取得したもの又は計画的付与により取得したもののいずれであるかにかかわらず、実際に労働者が年休を取得した日数の全て（半日単位で取得した回数及び時間単位で取得した時間数を含む。）を記載する必要がある（Q&A 3-13）。

年休管理簿は労働者ごとの時季、日数及び基準日を直ちに確認できるものでなければならない。使用者は、年休管理簿、労働者名簿又は賃金台帳をあわせて調製することができるが（改正労基則55条の２）、労働者名簿に「入社日」、賃金台帳に「時季」と「日数」、就業規則に雇入れ後６か月経過日が「基準日」となる旨の記載があったとしても、労働者名簿及び賃金台帳のみでは直ちに労働者ごとの基準日を確認することができないため、年休管理簿を作成したものとは認められない（Q&A 3-31）。

年休管理簿については、2019年４月１日以後の最初の基準日から作成義務が生じる。ただし、基準日よりも前に、10労働日の年休のうち一部を前倒しで付与する場合（分割付与の場合）においては、年休の付与日数や取得状況を適切に管理する観点から、最初に分割付与された日から年次有給休暇管理簿を作成する必要がある（Q&A 3-30）。

⑵　電子機器を用いた調製等

電子機器を用いた磁気ディスク、磁気テープ、光ディスク等による調製については、労働者名簿、賃金台帳と同様の要件を満たした上であれば、差し支えないものとされている（Q&A 3-13）。すなわち、①年休管理簿の必要的記載事項（改正労基則24条の７）を具備したうえで、各事業場ごとに画面に表示し、印字するための装置を備え付ける等の措置を講じ、②労働基準監督官の臨検時等の閲覧･提出が必要とされる場合に、直ちに必要事項が明らかにされ、かつ、写しを提出し得るシステムとなっていればよい（昭和50.10.3基収652号、平7.3.10基収94号）。

年休管理簿を勤怠管理システムで作成する場合等において、システムの制約上、年休の基準日、日数及び時季を同じ帳票に出力することができないとしても、それぞれの帳票を必要な都度出力できるものであれば年休管理簿として認められる（Q&A 3-32）。

5　実務対応

わかりやすい解説（年休）では、①年休を管理しやすくするための方法と、②年５日の確実な取得のための方法が解説されており、参考になる。以下、その内容を簡単に紹介する。

⑴　年休を管理しやすくするための方法

労働者ごとに入社日が異なる事業場では､基準日が労働者ごとに異なるため、誰がいつまでに年休を年５日取得しなければならないのか､管理が煩雑になり、その結果、年休を取得させるための対応漏れも生じ得る。年５日の年休を取得させなければ、直ちに法違反が成立してしまうことから、年休管理事務は簡素化することが望ましい。

わかりやすい解説（年休）では、①人員規模の大きな事業場や新卒一括採用をしている事業場等を念頭に、基準日を年始（１月１日）や年度始め（４月１日）に統一する方法や、②中途採用を行っている事業場や比較的小規模な事業場等を念頭に、基準日を月初などに統一する方法が紹介されている。

⑵　年５日の確実な取得のための方法

ア　年休取得計画表の作成

年休取得の妨げになっている事情の１つとして、職場内の同僚との取得時季の調整の問題がある。そこで、年度別や四半期別、月別などの期間で、労働者ごとの年休取得計画表を作成して、労働者ごとの休暇取得予定を明示することが考えられる。

イ　使用者による時季指定のタイミング

使用者からの時季指定は、基準日から１年以内の適時のタイミングにおいて行うことになるが、社内においてあらかじめ以下のような一定のルールを定めておくことも考えられる。

- 基準日から一定期間が経過したタイミング（半年後など）で年休の請求・取得日数が５日未満となっている労働者に対して、使用者から時季指定する。
- 過去の実績を見て年休の取得日数が著しく少ない労働者に対しては、労働者が年間を通じて計画的に年休を取得できるよう基準日に使用者から時季指定する。

ウ　計画的付与制度の活用

使用者は、労働者の過半数を代表する者又は労働者の過半数で組織する労働組合との協定により年休の取得時季について定めた場合には、年休のうち年５日を超える部分については、その定めにより年休を与えることができる（労基法39条６項）。これに基づき労働者が年休を取得した場合には、改正労基法39条７項により使用者が時季を指定して取得させるべき年５日から控除される（改正労基法39条８項）。

わかりやすい解説（年休）では、①企業や事業場全体の休業による一斉付与方式（例えば、製造業など、操業をストップさせて全労働者を休ませることができる事業場などで活用されているとのことである。）、②班・グループ別の交替制付与方式（例えば、流通・サービス業など、定休日を増やすことが難しい企業・事業場などで活用されているとのことである。）、③年次有給休暇付与計画表による個人別付与方式（夏季、年末年始、ゴールデンウィークのほか、誕生日や結婚記念日など労働者の個人的な記念日を優先的に充てるケースがあるとのことである。）が紹介されている。

(3)　実務対応の際に注意すべきポイント

ア　特別休暇の年休への変更

今回の法改正を機に、特別休暇を廃止し、年休に振り替えることは、法改正の趣旨に沿わないものとされているので注意が必要である（Q&A 3-12)。

なお、特別休暇の廃止及び年休への振替を就業規則の変更の方法により実施する場合、労契法10条の合理性が満たされなければならない（Q&A 3-12)。この点、たとえば、就業規則において7月～9月に5日取得すべきものとされている特別休暇としての夏季休暇を、法定の年休に上乗せする年休に変更する場合、法定の年休10日＋夏季休暇5日の状態から、年休15日（法定分10日＋上乗せ分5日）となる。この場合、夏季休暇に付されていた取得時期の限定が外れる点で、不利益変更には当たらない（あるいは不利益性が軽微であるため合理性が肯定される）という指摘もある（経営法曹会議「経営法曹」200号94～95頁参照)。そうすると、就業規則の変更のとおり労働条件の内容が変更され、かつ、従前の夏季休暇分の日数を取得させることで、改正労基法39条7項違反にならないと解し得る。

ただし、このような対応を検討する企業では、年休として付与している日数から年5日を取得させることが難しいことを背景にしているものと思われるが、そのような年休を取得しにくい職場では、長時間労働の問題が起こっていることが多く、職場環境自体を改善しない限り、労災や安全配慮義務違反などの法的リスクと隣り合わせである。年休の確実な消化を推進する方向で対応すべきである。

イ　所定休日の労働日への変更

所定休日の一部を労働日に変更したうえで、当該労働日を年休として時季指定することについては、「実質的に年次有給休暇の取得の促進につながっておらず、望ましくない」と指摘されている（Q&A 3-17。なお、このような変更により所定労働時間が1週40時間を超える場合には、労基法32条違反となり、40時間を超える所定労働時間を定める部分が無効となる点には注意が必要である。)。

また、所定休日の労働日への変更を就業規則の変更の方法で実施する場合、不利益変更に当たるため、労契法10条の合理性が満たされなければならない。フェデラルエクスプレスコーポレーション事件・東京地判平24.3.21労判1051号71頁は、所定休日4日間（5月1日、12月25日、12月30日、誕生日）を休日から除外した就業規則の変更が問題となった事案であるが、裁判所は、所定休日が廃止されれば年間所定労働時間が増加し、約2％の賃金カットと同様の効果が生じることになるとして高度の必要性に基づく合理性を要求し、代償措置がないこと、労働組合等との交渉が不十分であること等を理由に、合理性を否定している。

第４　勤務間インターバル制度の普及促進等

1　労働時間等設定改善法の改正

労働時間等設定改善法が改正され（2019年４月１日施行）、勤務間インターバル制度の導入や、他の企業との取引に当たって短納期発注や発注内容の頻繁な変更を行わないことが、事業主の努力義務とされた。

2　勤務間インターバル制度導入の努力義務化

(1)　勤務間インターバル制度とは

勤務間インターバル制度とは、１日の勤務終了後、翌日の始業までの間に、一定時間以上の休息時間（インターバル時間）を設ける制度であり[1]、労働者の十分な生活時間や睡眠時間を確保することを目的とするものである。

改正労働時間等設定改善法１条の２第２項の定める「労働時間等の設定」の定義に「終業から始業までの時間」が追加され、「事業主は、その雇用する労働者の労働時間等の設定の改善を図るため、…健康及び福祉を確保するために必要な終業から始業までの時間の設定…その他の必要な措置を講ずるように努めなければならない」と定められた（改正労働時間等設定改善法２条１項）。

(2)　勤務間インターバル制度の意義

厚労省が2018年12月に公表した「勤務間インターバル制度普及促進のための有識者検討会報告書」（以下、本項において「検討会報告書」という[2]。）には、勤務間インターバル制度の意義について、要旨以下のように記されている。

・働き方改革関連法によって改正された労働基準法においては、時間外労働の上限規制等が定められた一方で、企業における労働時間制度の状況についてみると、必要に応じて、変形労働時間制をはじめ、フレックスタイム制、裁量労働制などの弾力的な労働時間制度を採用しながら、企業の実態

1)　改正労働時間等設定改善法に基づく労働時間等設定改善指針（通称「労働時間等見直しガイドライン」、平成20年３月24日厚労省告示第108号、平成30年10月30日同告示第375号により最終改正、平成31年４月１日適用）では、「勤務間インターバル」は「前日の終業時刻と翌日の始業時刻の間に一定時間の休息を確保すること」と定義付けられている（同指針２（1）ト（ロ））。

2)　検討会報告書には、「勤務間インターバル制度導入に向けたポイント」が別添されている。別添部分も併せて、「検討会報告書」とする。

に即した労働時間制度が導入されている。

・その中においては、業務の繁忙期などにより、特定の時期に労働時間が集中する場合や、夜勤・交替制勤務といった勤務体系において勤務間隔が短い場合など、終業時刻から次の始業時刻までの間に十分な休息時間をとることができない場合も生じうる。

・労働者の終業時刻から次の始業時刻の間に一定時間の休息を設定する勤務間インターバル制度は、そのような際に、労働者が十分な睡眠時間や生活時間を確保し、ワーク・ライフ・バランスを保ちながら働き続けることができる魅力ある職場づくりを可能とする制度である。

・建設事業、自動車運転業務、医師など時間外労働の上限規制の適用が猶予されている事業や業務についても、労働者の健康を確保するために有効な機能を果たすことが期待されるところである。

また、検討会報告書は、導入のメリットとして、以下を挙げている。

・健康維持に向けた睡眠時間の確保につながる[3]。

・生活時間の確保によりワーク・ライフ・バランスの実現に資する。

・魅力ある職場づくりにより人材確保・定着につながり、離職率を逓減し、企業の利益率や生産性を高める可能性がある。

⑶　勤務間インターバル制度の導入事例

厚生労働省は、勤務間インターバル制度に関する特設サイト[4]を設け、その中で、導入事例集（2016年度版及び2018年度版）を公表している。次頁表は、導入事例集（2018年度版）からの抜粋である。同導入事例集記載の導入企業からのインタビューによると、勤務間インターバル制度を導入することにより従業員間に健康確保、時間意識の改革に対する意識が浸透し、深夜作業や付き合い残業を減らす効果が得られるとともに、十分な睡眠時間を確保することにより仕事の能率が上がり、結果として時間外労働が減少するという効果が得られている等と述べている企業が多い。

このように、業種や規模等の異なる複数の企業での導入例が制度導入による効果とともに掲載されており、勤務間インターバル制度の導入を検討している企業にとって参考になると思われるので、参照されたい。

3）　帰宅途中での過労による交通事故死（過労事故死）に対する使用者の安全配慮義務違反が問われたグリーンディスプレイ（和解勧告）事件・横浜地川崎支決平30.2.8労判1180号6頁では、使用者（被告）側は、事故発生後、長時間労働の是正・再発防止のための施策の一つとして「11時間のインターバルを取ることを就業規則に明記して周知徹底を図ること」を実施している。

4）　https://www.mhlw.go.jp/seisakunitsuite/bunya/koyou_roudou/roudoukijun/jikan/interval/index.html

企業名 （従業員数）	業種	インターバル 時間	対象範囲	根拠規定	効果
㈱スナップショット (20名)	情報 通信業	11時間	全従業員	就業規則	時間外労働が 約30％減少
㈱岩田屋三越 (1,412名)	卸売業、 小売業	11時間	全従業員	就業規則	労働時間の 短縮
㈱ニトリ ホールディングス (29,520名)	小売業	10時間	パートタイム 従業員を含む 全非管理職	全従業員が閲覧 可能な就業規則 の補足資料 (勤怠マニュアル) に明記	無駄な時間外労 働がなくなった (従業員の声)
㈱東邦銀行 (2,167名)	金融業	11時間	全従業員	就業規則の フレックス制規程 の中に規定	時間外・休日 労働の減少

(4)　勤務間インターバル制度の導入プロセス

検討会報告書の別添「勤務間インターバル制度導入に向けたポイント」では、導入プロセスについて以下のとおり示されている。

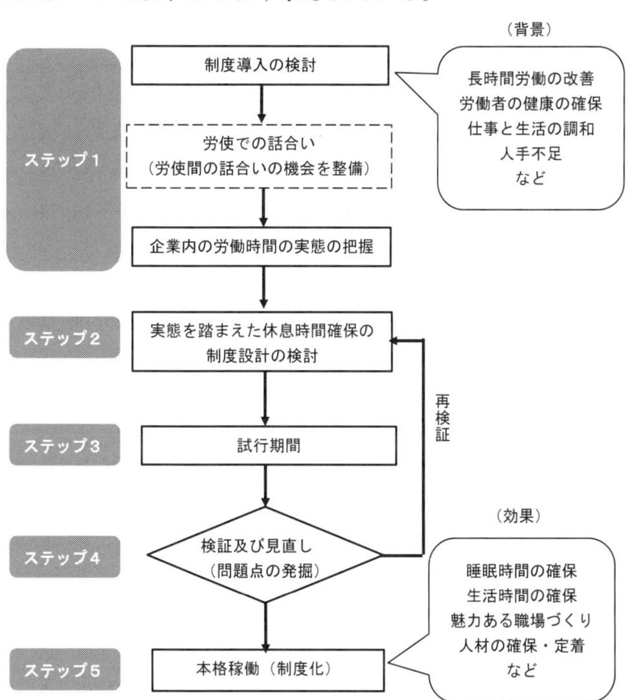

出典：https://www.mhlw.go.jp/content/11201250/000462016.pdf

なお、労使での話し合いの機会については、企業に労働組合が存在しない場合は、後述する労働時間等設定改善委員会の活用が考えられる。

(5)　勤務間インターバル導入時の制度設計

ア　インターバル時間の長さ

インターバル時間について、労働時間等設定改善指針では、「一定時間を設定するに際しては、労働者の通勤時間、交替制勤務等の勤務形態や勤務実態等を十分に考慮し、仕事と生活の両立が可能な実効性ある休息が確保されるよう配慮すること」（同指針２（１）ト（ロ））とされるに留まり、望ましい時間数等は明示されていない。

厚労省は、2019年度は中小企業向けに時間外労働等改善助成金（勤務間インターバル導入コース）の支給を行っており、そこでは、９時間以上のインターバル時間を確保する企業を助成金の支給対象としている（11時間以上とすると助成金額がより高くなる。）。

海外では、EU諸国において勤務間インターバル導入は原則として義務化されており、EU指令においては、EU加盟国の全ての労働者に、24時間ごとに、最低でも連続11時間の休息期間を確保するために必要な措置を設けることとしている。

検討会報告書では、「時間数の設定の方法には、８時間、９時間、10時間、11時間及び12時間など一律に時間数を設定する方法や、職種によってインターバル時間数を設定する方法、義務とする時間数と健康管理のための努力義務とする時間数を分けて設定する場合」があると紹介されている。

これらを参考に、無理のない範囲で現実的なインターバル時間を設定し試行するとよいであろう。

イ　インターバル時間の確保により翌日の始業時刻が所定始業時刻を過ぎる場合の取扱い

インターバル時間の確保により翌日の始業時刻が所定始業時刻を過ぎる場合（インターバル時間が翌日の所定労働時間と重複する場合）が生じうる。この場合の取扱いは、大きく以下の２通りが考えられる（以下の図は検討会報告書より引用。）。

A：労働したものとみなす（所定始業・終業時刻は変更しない）場合

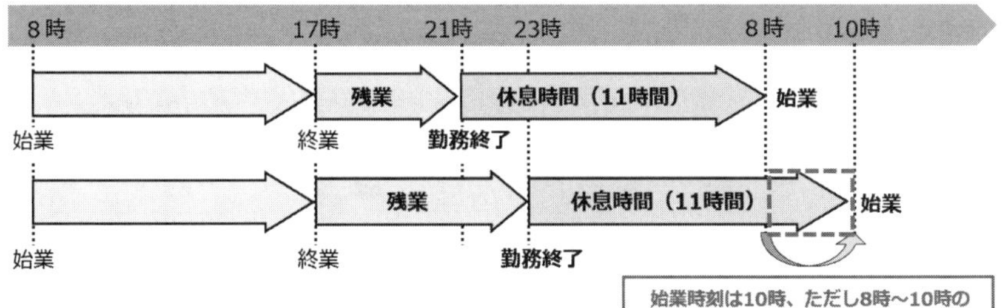

出典：https://www.mhlw.go.jp/content/11201250/000462016.pdf

就業規則の規定例

第○条　いかなる場合も、労働者ごとに1日の勤務終了後、次の勤務の開始までに少なくとも、○時間の継続した休息時間を与える。

2　前項の休息時間の満了時刻が、次の勤務の所定始業時刻以降に及ぶ場合、翌日の始業時刻から満了時刻までの時間は労働したものとみなす。

「労働したものとみなす」という効果が具体的に何を意味するのか、すなわち、①勤怠管理上勤務ありとして扱うという趣旨か、②みなした時間について賃金を控除しないという趣旨を含むのか（制度の趣旨に照らせば控除しないとの取扱いが望ましいであろう。）、③労働時間のカウントにあたり、みなした時間を実労働時間として含めるのか、④労働したものとみなす日の割増賃金の取扱い（割増賃金が発生する範囲）をどのようにするか等についても、混乱が生じないよう、就業規則や賃金規程等で明記しておくべきである。

B：所定始業時刻を繰り下げる場合

所定始業時刻を繰り下げる場合は、それに伴って所定終業時刻をも繰り下げる場合と、所定終業時刻は繰り下げない場合の2パターンが考えられる。

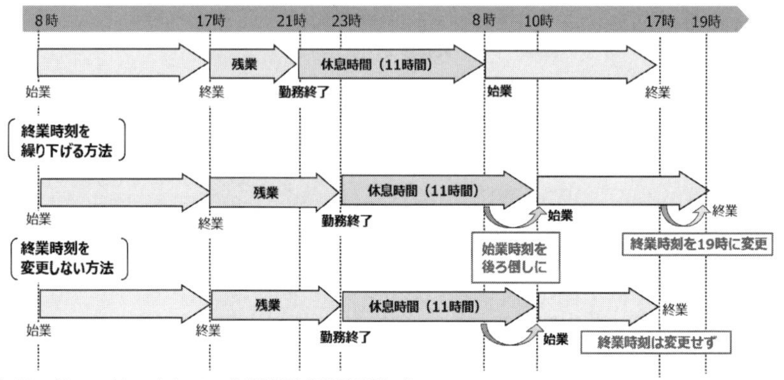

出典：https://www.mhlw.go.jp/content/11201250/000462016.pdf

就業規則の規定例

－始業時刻及び終業時刻を繰り下げる場合

> 第○条　いかなる場合も、労働者ごとに1日の勤務終了後、次の勤務の開始までに少なくとも○時間の継続した休息時間を与える。
> 2　前項の休息時間の満了時刻が、次の勤務の所定始業時刻以降に及ぶ場合、翌日の始業時刻は、前項の休息時間の満了時刻まで繰り下げる。
> 3　前項の場合、翌日の終業時刻は、原則として、始業時刻を繰り下げた時間分繰り下げる。

－始業時刻を繰り下げ、終業時刻は繰り下げない場合

> 第○条　いかなる場合も、労働者ごとに1日の勤務終了後、次の勤務の開始までに少なくとも○時間の継続した休息時間を与える。
> 2　前項の休息時間の満了時刻が、次の勤務の所定始業時刻以降に及ぶ場合、翌日の始業時刻は、前項の休息時間の満了時刻まで繰り下げる。
> 3　前項の場合、翌日の終業時刻は所定終業時刻とし、繰り下げないものとする。

所定終業時刻を繰り下げる場合は、割増賃金の取扱い（特に、1日の実労働時

間数ではなく、時刻に着目して割増率を定めている場合等）を確認する必要がある。

ウ　対象労働者の範囲

勤務間インターバル制度の適用対象とする労働者の範囲は自由に決めることができる。検討会報告書では、全従業員とする場合、管理職を除く全従業員とする場合、交替制勤務を行っている従業員に限定する場合の３つが一例として紹介されている。上記の助成金は、事業場に所属する労働者の半数を超える労働者を対象とする制度を支給対象としている。

エ　適用除外の設定

一定の業務や場面を適用除外とすることも考えられる。検討会報告書は、適用除外の例として以下を挙げている。

・重大なクレーム（品質問題・納入不良等）に対する業務
・納期の逼迫、取引先の事業による納期前倒しに対応する業務
・突発的な設備のトラブルに対応する業務
・予算、決算、資金調達等の業務
・海外事案の現地時間に対応するための電話会議、テレビ会議
・労基法33条の規定に基づき、災害その他避けることのできない事由によって臨時の必要がある場合

3　労働時間等設定改善委員会に関する改正

(1)　労働時間等設定改善委員会とは

労働時間等設定改善委員会とは、使用者と従業員を代表する者を構成員とし、労働時間等の設定の改善を図るための措置その他労働時間等の設定の改善に関する事項を調査審議し、使用者に対し意見を述べることを目的とする委員会で、以下の要件を満たすものをいう（改正労働時間等設定改善法６条、７条）。労働時間等設定改善委員会は、原則として、事業場単位で設置されることが予定されている（後記(2)を参照）。

①委員の半数は、当該事業場の過半数労働組合又は過半数代表者の推薦に基づき指名されていること。
②委員会の議事について、委員会開催の都度、議事録が作成され、かつ、３年間保存されていること。
③委員の任期及び委員会の招集、定足数、議事その他委員会の運営について必要な事項に関する規程が定められていること。

労働時間等設定改善委員会の委員の５分の４の多数による議決により、その議決をもって、労基法が定める以下に関する労使協定に代替でき、また、時間外・休日労働に関する議決（三六協定に代わる議決）を除き、労基署への届出も免除される（同法７条、同法施行規則２条、３条）。

決議で代替できる労使協定	・１週間・１か月・１年単位の変形労働時間制 ・フレックスタイム制 ・一斉休憩の適用除外 ・時間外・休日労働の条件（三六協定） ・時間外割増賃金の代替休暇 ・事業場外労働におけるみなし時間 ・専門業務型裁量労働制 ・年次有給休暇の時間単位取得 ・年次有給休暇の計画的付与

(2)　労働時間等設定改善委員会に関する改正点

改正前労働時間等設定改善法は、労安衛法18条１項の規定により設置された衛生委員会のうち一定の要件を満たすものを労働時間等設定改善委員会とみなす規定（７条２項）を設けていたが、労働時間等の設定の改善を図るための措置についての調査審議機会をより適切に確保する観点から、当該規定は廃止された。

(3)　労働時間等設定改善企業委員会の新設とその議決による労使協定の代替

事業場単位ではなく企業単位で設置された（つまり、企業全体を通じて一つの）労働時間等設定改善委員会を「労働時間等設定企業委員会」とし（上記①～③の要件を満たすことが必要である。）、その委員の５分の４以上の多数の決議がなされたときは、当該決議をもって、以下の労使協定に代替することができる特例が新設された（改正労働時間等設定改善法７条の２）。企業全体としての取組みを促進する趣旨によるものといえる。

・時間外割増賃金の代替休暇（労基法37条３項）
・年次有給休暇の時間単位付与（労基法39条４項）
・年次有給休暇の計画的付与（労基法39条６項）

4 取引上配慮すべき事項の追加

(1) 改正内容

改正労働時間等設定改善法は、事業主が他の事業主との取引を行う場合において配慮するように努めなければならない事項として、「著しく短い期限の設定及び発注の内容の頻繁な変更を行わないこと」を追加した（改正労働時間等設定改善法２条４項）。

(2) 改正の趣旨

改正前労働時間等設定改善法においても、取引上配慮すべき事項として、「他の事業主の講ずる労働時間等の設定の改善に関する措置の円滑な実施を阻害することとなる取引条件を付けない」ことを明示的に定めていた。しかし、依然として取引先からの短納期発注や頻繁な仕様変更等により長時間労働を余儀なくされている実態が、特に中小企業において認められ、その回避は、事業主自身の努力だけでは限界があることから、上記のとおり配慮事項が追加された。

第2章 多様で柔軟な働き方の実現

第1　フレックスタイム制の見直し

（本項における凡例）

Q&A	厚生労働省労働基準局「改正労働基準法に関するQ&A」（平成31年４月）
手引き	厚生労働省パンフレット「フレックスタイム制のわかりやすい解説＆導入の手引き」

1　フレックスタイム制の概要

フレックスタイム制は、一定の清算期間における総労働時間を労使協定で定め、その総労働時間の範囲内で、各日の始業・終業時刻の決定を労働者に委ねる制度である（労基法32条の３）。これは、始業・終業時刻が就業規則の絶対的記載事項（労基法89条１号）とされ、所定労働時間と併せて使用者がこれを決定することの例外であるとともに、１日８時間、１週40時間という法定労働時間（労基法32条）の例外でもある。このような制度が設けられた趣旨は、労働者が仕事と生活の調和を図りながら効率的に働くことを可能とし、労働時間の短縮を実現することにある（昭63.1.1基発１号、平11.3.31基発168号）。

フレックスタイム制の導入要件は、①就業規則その他これに準ずるものにより、一定範囲の労働者につき、始業・終業時刻を各労働者の決定に委ねる旨を定めること（改正労基法32条の３第１項柱書）、②労使協定において、(a)対象となる労働者の範囲（同項１号）、(b)清算期間（同項２号）及びその起算日（労基則12条の２第１項)、(c)清算期間における総労働時間[1]（改正労基法32条の３第１項３号)、(d)標準となる１日の労働時間（同項４号、改正労基則12条の３第１項１号)、(e)労働者が労働しなければならない時間帯（コアタイム）を定める場合にはその時間帯の開始及び終了の時刻（同項２号)、(f)労働者がその選択により労働することができる時間帯（フレキシブルタイム）に制限を設ける場合には、その時間帯の開始及び終了の時刻（同項３号）を定めることである（ただし、１か月を超える清算期間を定める場合については、下記３(1)ウ記載のとおり、労使協定の届出が必要となる。)。

これらの要件を満たし適法にフレックスタイム制を導入した場合には、その適用労働者が１日８時間・１週40時間の法定労働時間（労基法32条）を超えて働いたとしても、以下の算式によって求められる清算期間における法定労働時間の総枠に収まる限りは時間外労働とならず、使用者は割増賃金の支払義務を負わないという効果が発生する[2]。

清算期間における法定労働時間の総枠	＝	１週間の法定労働時間（40時間）	×	清算期間の暦日数 / 7日

2　改正の趣旨・概要・施行日

厚労省による2018（平成30）年就労条件総合調査によれば、同制度を採用する企業は全体では5.6％、適用労働者は7.8％にとどまっている。フレックスタイム制の普及が進まない要因の一つとして、清算期間が１か月とされていたため、労働時間の調整の幅が１か月しかなく、月をまたいで繁忙期と閑散期がある場合等の調整の融通が利かず柔軟な働き方をすることが制度上困難となっている点が指摘されていた。そこで、子育てや介護、自己啓発など様々な生活上のニーズと仕事との調和を図りつつ､効率的な働き方を一層可能にするため、働き方改革関連法による労基法改正により、清算期間の上限が３か月に延長され、かつ、過重労働の防止のための規定等が導入されることとなった。

1）「清算期間における総労働時間」とは、いわば清算期間における総所定労働時間であり、清算期間を平均して1週間あたりの労働時間が40時間以内でなければならない（改正労基法32条の3第1項2号参照）。

2）特例措置対象事業場については、週の法定労働時間が44時間となるため、１週間の法定労働時間を44時間として計算する。ただし、清算期間が1か月を超える場合には、特例措置対象事業場であっても、週平均40時間を超えて労働させる場合には、三六協定の締結・届出と、割増賃金の支払が必要となる（改正労基則25条の2第4項）（手引き5頁、9頁）。

この改正の施行日は、企業の規模を問わず、2019（平成31）年4月1日である。

3　改正の具体的内容

(1)　清算期間の上限の延長に関する規定

ア　清算期間の上限の延長

清算期間とは、フレックスタイム制において労働者が労働すべき時間を定める期間のことである（手引き9頁）。この清算期間の上限が3か月に延長された（改正労基法32条の3第1項2号）。

イ　週平均50時間を超える労働時間に対する割増賃金の支払い

清算期間の上限が3か月に延長されたことにより、各月における労働時間の長短の幅が大きくなり、一部の月に長時間労働が集中する恐れがある。そのため、対象労働者の過重労働防止の観点から、1か月を超える清算期間とする場合は、当該清算期間を1か月ごとに区分した各期間（最後に1か月未満の期間を生じたときには、当該期間）ごとに当該各期間を平均し、1週あたりの労働時間が50時間を超えた労働時間については、清算期間の途中であっても、当該月における割増賃金の支払対象としなければならないこととなった（改正労基法32条の3第2項、平30.12.28基発1228第15号）。

ウ　清算期間が1か月を超える場合の労使協定届の提出

制度の適正な実施を担保するために、清算期間が1か月を超える場合には、上記1の導入要件に加えて、労使協定において有効期間を定める（改正労基則12条の3第1項4号）とともに、様式第3号の3の労使協定届を用いて、フレックスタイム制に係る労使協定を所轄の労働基準監督署長に届け出なければならない（改正労基法32条の3第4項、同32条の2第2項、改正労基則12条の3第2項）。届出義務違反には刑事罰（30万円以下の罰金）が科されうる（改正労基法120条1号）。

エ　実際のフレックスタイム制の適用期間が労使協定で定めた清算期間よりも短い場合の割増賃金の算定方法

清算期間の途中で入社・退職があった場合等、実際のフレックスタイム制の適用期間が労使協定で定めた清算期間よりも短い場合の割増賃金の算定方法に関し、清算期間が1か月を超える場合には、実際の適用期間を平均して1週当たりの労働時間が週の法定労働時間を超える時間（既に時間外労働として割増賃金を支払っている時間を除く。）を時間外労働として割増賃金の支払対象とすることが定められた（改正労基法32条の3の2）。

⑵　完全週休２日制の場合の法定労働時間の総枠の設定

完全週休２日制の下では、曜日のめぐり次第で、清算期間における総労働時間が、清算期間における法定労働時間の総枠を超えてしまうという不都合があった。例えば、清算期間１か月、１か月の暦日数が31日、そのうち所定労働日数が23日、１日の所定労働時間が７時間45分（7.75時間）の場合、清算期間における法定労働時間の総枠は177.1時間（40時間×31日/７日）であるが、所定労働時間×所定労働日数が178.25時間（7.75時間×23日）となり、所定労働時間の稼働で1.15時間の時間外労働が生じる。

この点について、従前は行政解釈による対処がされていたが（平9.3.31基発228号参照）、この度の改正により、完全週休２日制の事業場においては、労使協定により、所定労働日数に８時間を乗じた時間数を法定労働時間の総枠に設定できるようになった（改正労基法32条の３第３項）。上記の例では、労使協定を締結すれば、清算期間における所定労働日数×８時間、すなわち23日×８時間＝184時間を清算期間における法定労働時間の総枠とすることができる（手引き８頁）。

4　時間外労働時間の算定方法（考え方）

⑴　時間外労働の考え方

フレックスタイム制のもとでは、時間外労働時間の算定方法が一般の労働時間制度とは異なるので注意が必要となる。

まず、清算期間が１か月を超えるかどうかにかかわらず、清算期間における法定労働時間の総枠を超えて労働した時間が時間外労働となる（昭63.1.1基発１号、平11.3.31基発168号）。

さらに、清算期間が１か月を超える場合には、上記３⑴イのとおり、当該清算期間を１か月ごとに区分した各期間（最後に１か月未満の期間を生じたときには、当該期間）ごとに当該各期間を平均し、１週あたりの労働時間が50時間を超えた労働時間が時間外労働となる。

清算期間内において１か月ごとに区分した期間の中で１週平均50時間を超え、かつ、清算期間における法定労働時間の総枠を超過する労働時間が存在する場合には、時間外労働時間を重複して算定することを避けるため、１週平均50時間を超える労働時間を、清算期間を通じて法定労働時間の総枠を超える労働時間から除外して処理をする（手引き13頁）。

したがって、清算期間が１か月を超える場合の、フレックスタイム制における時間外労働は以下のとおりとなる。

①1か月ごとに、1週平均50時間を超えた労働時間
②清算期間を通じて、法定労働時間の総枠を超えた労働時間（ただし、①でカウントした労働時間を除く。）

なお、清算期間を1か月ごとに区分した各期間のうち、最終の期間以外の期間においては、同期間の実労働時間のうち1週平均50時間を超えた労働時間のみが時間外労働としてカウントされるが、最終の期間においては、同期間の実労働時間のうち1週平均50時間を超えた労働時間と清算期間を通じて法定労働時間の総枠を超えた労働時間の双方が時間外労働としてカウントされることになるので注意が必要となる（ただし上記のとおり重複算定はしない。）。

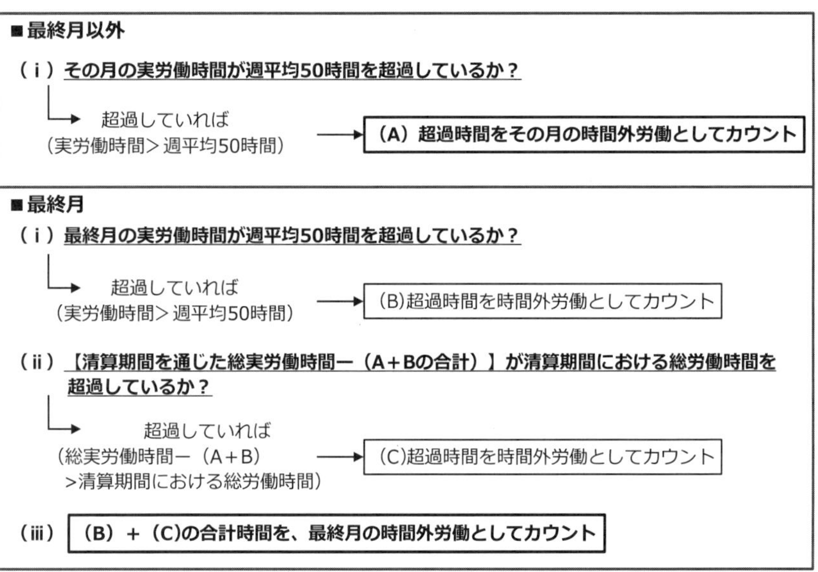

出典：手引き16頁　(https://www.mhlw.go.jp/content/000476042.pdf)

⑵　三六協定の締結・届出

フレックスタイム制を採用する場合に三六協定の締結・届出が必要となるのは、①清算期間を通じた法定労働時間の総枠を超えて労働させる場合、又は、②清算期間が1か月を超える場合に、清算期間内において1か月ごとに区分した期間の中で1週平均50時間を超えて労働させる場合、である。ただし、フレックスタイム制では、清算期間を単位として時間外労働の有無を判断するため、三六協定において「1日」の延長期間について協定する必要はなく、「1か月」

及び「１年」の延長時間を協定すればよい（Q&A１-２）。

⑶　法定休日労働の扱い

フレックスタイム制を採用する場合であっても、労基法35条に基づいて、週１日又は４週４日の法定休日を付与する必要がある。フレックスタイム制の適用労働者が、法定休日労働を行った場合の取扱いは、下図のとおり、清算期間における総労働時間や時間外労働には含まれず、別個のものとして取り扱われる（Q&A１-５）。

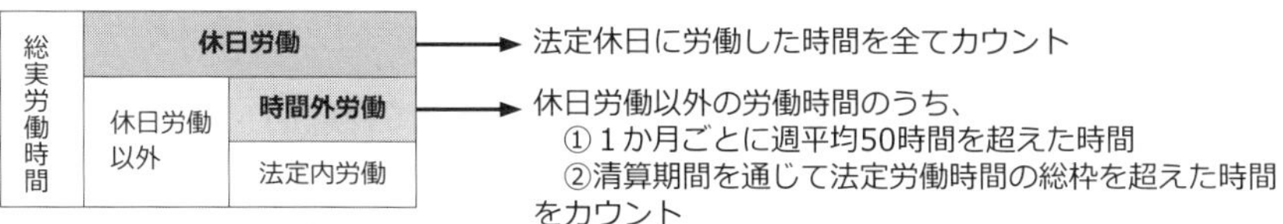

出典：手引き 17 頁　(https://www.mhlw.go.jp/content/000476042.pdf)

⑷　月60時間超の時間外労働に対する特別割増率の適用

時間外労働の時間が、１か月について60時間を超えた場合、60時間を超える部分については50％以上という特別の割増率で計算された割増賃金を支払わなければならない[3)]（労基法37条１項但書）。

この特別割増率は、１か月以上の清算期間を定めた場合のフレックスタイム制では、以下のように適用される（平30.12.28基発1228第15号・第１・答３、手引き21頁）。

まず、清算期間を１か月ごとに区分した各期間のうち、最終の期間以外の期間については、週平均50時間を超えて労働させた時間の合計のうち、60時間を超えた部分について、特別割増率の適用対象となる。さらに、清算期間を１か月ごとに区分した各期間の最終の期間においては、①当該最終の期間を平均して１週間当たり50時間を超えて労働した時間と、②清算期間を通じて、法定労働時間の総枠を超えて労働した時間の合計のうち、60時間を超えた部分について、特別割増率の適用対象となる。

当該解釈に従った場合、清算期間を１か月ごとに区分した各期間の最終の期間においては、時間外労働の時間が60時間を超過しやすく、結果として特別割増率が適用されやすくなっている。

⑸　時間外労働の上限規制との関係

働き方改革関連法による新たな時間外労働の上限規制（詳しくは第１章参照）

3)　中小事業主については、改正法により、従前の適用猶予措置（改正前労基法138条）が廃止されることとなったが、同改正の施行日が2023（令和5）年4月1日とされているため、同年3月31日まで適用猶予措置が継続する。詳しくは、第1部第1章・第2（24頁）を参照。

は、フレックスタイム制を採用する場合であっても遵守しなければならない。上限規制は、上記(1)の考え方による時間外労働及び上記(3)の法定休日労働に対して適用される。

特に、清算期間が1か月を超える場合は、清算期間を1か月ごとに区分した各期間の最終の期間において、①当該最終の期間を平均して1週間当たり50時間を超えて労働させた時間と、②清算期間を通じて法定労働時間の総枠を超えた労働した時間の合計が、時間外労働時間として算定されることで、上限規制を逸脱しやすくなっているため、注意が必要である（手引き18頁参照）。

5 時間外労働時間の算定方法（具体例での検討）

例題：清算期間を3か月（4月1日～6月30日）とするフレックスタイム制を適用した労働者について、実労働時間が4月は240時間、5月は150時間、6月は290時間、計680時間だった場合の時間外労働時間の算定

(1) 清算期間における法定労働時間の総枠及び週平均50時間となる月間の労働時間数の確認

ア まず、清算期間における法定労働時間の総枠を以下の式に基づいて計算する。

清算期間における法定労働時間の総枠	=	1週間の法定労働時間（40時間）	×	清算期間の暦日数 / 7日

例題では、暦日数が91日となるため、清算期間における法定労働時間の総枠は520時間となる。

【計算式】

$$520\text{時間} = 40\text{時間} \times \frac{91\text{日}}{7\text{日}}$$

1か月単位		2か月単位		3か月単位	
清算期間の暦日数	法定労働時間の総枠	清算期間の暦日数	法定労働時間の総枠	清算期間の暦日数	法定労働時間の総枠
31日	177.1時間	62日	354.2時間	92日	525.7時間
30日	171.4時間	61日	348.5時間	91日	520.0時間
29日	165.7時間	60日	342.8時間	90日	514.2時間
28日	160.0時間	59日	337.1時間	89日	508.5時間

出典：手引き10頁 (https://www.mhlw.go.jp/content/000476042.pdf)

イ　次に、1か月ごとに、各月の週平均労働時間が50時間となる月間の労働時間数を以下の式に基づいて計算する。

週平均50時間となる月間の労働時間数	=	50時間	×	各月の暦日数／7日

出典：手引き14頁（https://www.mhlw.go.jp/content/000476042.pdf）

週平均50時間となる月間の労働時間数は、各月の暦日数によって、以下の表のとおり決まる。

		週平均50時間となる月間の労働時間数
月の暦日数	31日	221.4時間
	30日	214.2時間
	29日	207.1時間
	28日	200.0時間

出典：手引き14頁（https://www.mhlw.go.jp/content/000476042.pdf）

例題では、4月は214.2時間、5月は221.4時間、6月は214.2時間となる。

⑵　最終の期間以外の時間外労働時間の算定

清算期間を1か月ごとに区分した各期間のうち、最終の期間以外は、各月の実労働時間のうち、各期間を平均し1週間当たり50時間を超えて労働させた時間が時間外労働となる。

したがって、4月については、実労働時間240時間から、週平均労働時間が50時間となる月間の労働時間数である214.2時間を減じた、25.8時間が当該月の時間外労働となり、4月分の割増賃金の支払日に、この部分に対応する割増賃金を支払わなければならない。

【計算式】

25.8時間（4月時間外労働時間）	=	240時間（4月実労働時間）	−	214.2時間（週平均50時間となる月間の労働時間）

5月については、実労働時間が、週平均労働時間が50時間となる月間の労働時間数を下回るため、時間外労働はない。

⑶　最終の期間の時間外労働時間の算定

清算期間を1か月ごとに区分した最終の期間である6月について、以下のように時間外労働が算定される。

ア まず、当該月の実労働時間である290時間から、週平均労働時間が50時間となる月間の労働時間数である214.2時間を減じた75.8時間が時間外労働となる。

【計算式】

75.8 時間	=	290 時間	−	214.2 時間
（週平均 50 時間となる月間の労働時間数を超える労働時間）		（6 月実労働時間）		（週平均 50 時間となる月間の労働時間）

イ 次に、以下の式に基づいて、清算期間を通じて、法定労働時間の総枠を超えて労働した時間を算定する。

清算期間を通じて、法定労働時間の総枠を超えた時間外労働	=	清算期間を通じた実労働時間	−	各月において、週平均50時間超過分として清算した時間外労働の合計	−	清算期間における法定労働時間の総枠

出典：手引き 15 頁 （https://www.mhlw.go.jp/content/000476042.pdf）

例題では、清算期間を通じた実労働時間680時間から、4月の週平均50時間超過分の時間外労働25.8時間と6月の週平均50時間超過分の時間外労働75.8時間の合計101.6時間を減じ、さらに、清算期間における法定労働時間の総枠520時間を減じた、58.4時間が、法定労働時間の総枠を超えて労働した時間となる。

【計算式】

58.4 時間	=	680 時間	−	(25.8 時間 + 75.8 時間)	−	520 時間

ウ したがって、6月の時間外労働は、当該月の週平均50時間超過分の時間外労働75.8時間と法定労働時間の総枠を超えて労働した時間である58.4時間の合計である、134.2時間となる。

【計算式】

134.2 時間	=	75.8 時間	+	58.4 時間
（6 月時間外労働時間）		（週平均 50 時間となる月間の労働時間数を超える労働時間）		（法定労働時間の総枠を超えて労働した時間）

この6月の時間外労働時間134.2時間のうち、60時間を超える、74.2時間の部分には、50%超えの特別割増率が適用される（労基法37条1項但書）。

さらに、1か月の時間外労働時間が100時間を超えることになるため、時間外労働の上限規制（改正労基法36条6項2号）にも違反することになる。

以上のとおり、使用者としては、1か月を超えるフレックスタイム制を導入した場合には、清算期間を1か月ごとに区分した各期間のうち、最終の期間において、特別割増率の適用や上限規制の違反のリスクが高まる点に注意が必要となる。

 その他の運用上の注意点

・清算期間が1か月を超える場合には、対象労働者が自らの各月の時間外労働数を把握しにくくなる恐れがあるから、使用者は、対象労働者の各月の労働時間数の実績を対象労働者に通知することが望ましいとされている（平30.9.7基発0907第1号）。

・労使協定が異なる事業場に異動した場合には、清算期間が同一であっても、異動前後で労働時間を合算して取り扱うことはできず、それぞれの事業場で労働した期間について賃金精算を行う必要がある（これは清算期間が1か月を超える場合に限られない）（Q&A 1-8）。

・清算期間が1か月を超える場合に、清算期間の途中で昇給があった場合には、昇給後においては、昇給後の賃金額を基礎として割増賃金を算定する（Q&A 1-9）。

・フレックスタイム制のもとで年次有給休暇を取得した場合には、協定で定めた「標準となる1日の労働時間」の時間数を労働したものとして取り扱う。これは賃金精算に当たって、実労働時間に、「年次有給休暇を取得した日数×標準となる一日の労働時間」を加えて計算することを意味するものとされている（Q&A 1-7）。しかし、時間外労働の上限規制や産業医による面接指導義務の労働時間の算定において、年次有給休暇を取得した時間を実労働時間として取り扱うことまでは意味しない。

第2　特定高度専門業務・成果型労働制（高度プロフェッショナル制度）の創設

（本項における凡例）

高プロ指針	労働基準法第41条の２第１項の規定により同項第１号の業務に従事する労働者の適正な労働条件の確保を図るための指針
令元.7.12通達	令元.7.12基発0712第２号・雇均発0712第２号「「働き方改革を推進するための関係法律の整備に関する法律による改正後の労働基準法関係の解釈について」の一部改正について」
わかりやすい解説	厚生労働省パンフレット「高度プロフェッショナル制度わかりやすい解説」（平成31年４月）

1　制度概要

(1)　制度趣旨

この度の働き方改革関連法による労基法改正により、高度な専門的知識等を有する労働者の自律的で創造的な働き方を実現するという目的から、特定高度専門業務・成果型労働制（以下「高度プロフェッショナル制度」という。）が新設された（改正労基法41条の２）。同制度は、高度の専門的知識等を有し、職務の範囲が明確で一定の年収要件を満たす労働者を対象として、労使委員会の決議及び労働者本人の同意を前提として、年間104日以上の休日確保措置や健康管理時間の状況に応じた健康福祉確保措置等を講ずることにより、労基法に定められた労働時間、休憩、休日及び深夜の割増賃金に関する規定を適用しないとする制度である。

高度化した労働は、必ずしも労働時間と成果が比例せず、労働時間の量を評価するのではなく、むしろ職務に対する成果を評価することがふさわしい場合があり、時間ではなく成果で評価される働き方を希望する労働者のニーズに応え、その意欲や能力を十分に発揮できるようにすることが本制度の趣旨である。

この趣旨からすれば、本制度においては、自律的に効率よく成果を上げ、その成果に見合った賃金を使用者に対して要求することができる、強い交渉力のある労働者が適用対象として想定されている。

他方、使用者としては、本制度の導入を通じて対象労働者に対して定額の年収を支払うことで、残業による割増賃金という変動コストを考慮することなく、プロフェッショナルな労働者から一定の成果が得られることを想定することができるため、事業を運営するためのコスト管理が容易になるという利点がある。

(2)　裁量労働制との比較

労働の質や成果に応じた処遇を目的とした労働時間制度としては、従来、専門業務型裁量労働制（労基法38条の３）や企画業務型裁量労働制（労基法38条の４）[4]が利用されてきた。

裁量労働制は、実際の労働時間にかかわらず、労使協定において事前に定めた時間数を労働したものとみなす制度である。同制度は、法定労働時間の特則を定めたものであり、休憩（労基法34条）、休日（労基法35条）、時間外・休日・深夜労働（労基法36条、37条）の法規制は適用される。

これに対して、高度プロフェッショナル制度は、高度な専門的知識を有する労働者が自律的で創造的な働き方を行う上で、より適合した労働時間制度を実現するという目的から、労働時間、休憩、休日及び深夜の割増賃金の規定等の労働時間規制の適用そのものが除外される制度であるという点で、裁量労働制と異なる（従来の労働時間制度と高度プロフェッショナル制度との違いについて、次頁の図表参照。）。

なお、本制度を利用する際、割増賃金支払の基礎としての労働時間を把握する必要はないが、後述のとおり、健康確保の観点から、使用者は、健康管理時間（本制度の対象労働者が「事業場内にいた時間」と「事業場外において労働した時間」の合計時間のこと。改正労基法41条の２第１項３号）を把握する必要があるため、本制度においても、使用者による労働者が実際に働いた時間の把握・管理の一切が不要となるわけではない。

4)　働き方改革関連法の当初の法律案では、企画業務型裁量労働制の対象業務について、①事業の運営に関する事項について繰り返し、企画、立案、調査及び分析を主として行うとともに、これらの成果を活用し、当該事業の運営に関する事項の実施状況の把握及び評価を行う業務、及び②法人である顧客の事業の運営に関する事項についての企画、立案、調査及び分析を主として行うとともに、これらの成果を活用し、当該顧客に対して販売又は提供する商品又は役務を専ら当該顧客のために開発し、当該顧客に提案する業務（主として商品の販売又は役務の提供を行う事業場において当該業務を行う場合を除く。）の追加が検討されたが、法案の基礎となった労働時間データの不備から成立には至らなかった。

	通常の労働時間制	管理監督者	変形労働時間制	フレックスタイム制
適用条項（労基法）	法32条	法41条	法32条の２（１か月） 法32条の４（１年） 法32条の５（１週間）	法32条の３
対象労働者	限定なし	労働条件の決定、その他労務管理について経営者と一体的な立場にある者（S22.9.13発基17号、S63.3.14基発150号）	限定なし	限定なし
労働時間に関する指揮命令の可否	可	不可	可	コアタイムを設けることはできるが、始業・終業時刻について、具体的指示不可
時間外労働規制の及ぶ範囲	１日８時間、１週40時間の法定労働時間を超える部分	適用除外	①１日８時間又は１週40時間を超える所定労働時間が定められた週又は日については所定労働時間を超えて労働した時間、それ以外の日は１日８時間又は１週40時間を超えて労働した時間と②変形期間における法定労働時間の総枠を超えて労働した時間（①でカウントした労働時間を除く。）の合計	①１か月ごとに、１週平均40時間（１か月を超える場合には50時間）を超えた労働時間と②清算期間を通じて、法定労働時間の総枠を超えた労働時間（ただし①でカウントした労働時間を除く。）の合計
休日労働規制	適用	適用除外	適用	適用
深夜労働規制	適用	適用	適用	適用
個別労働者の同意	不要	不要	不要	不要
労使協定（但し労使委員会の委員の４／５以上の多数決決議で代替可。法38条の４第５項）	不要（ただし三六協定の締結は必要）	不要	1か月単位：就業規則又は就業規則に準ずるものがない場合には必要（法32条の2第1項） 1年単位、1週間単位：必要（法32条の4第1項、32条の5第1項）	必要（法32条の３第１項）
労使委員会の委員の４／５以上の多数決決議	不要	不要	不要	不要
労使協定又は労使委員会の決議の届出の要否	不要（ただし三六協定の届出は必要。届出は効力要件）	不要	必要（法32条の2第2項、法32条の4第4項、32条の5第3項）但し効力要件ではない	清算期間が 1か月以内：不要 1か月を超える：必要（法32条の３第４項） 但し効力要件ではない
健康福祉確保措置・苦情処理措置の定めと実施	不要	不要	不要	不要
実施後の定期報告	不要	不要	不要	不要

事業場外みなし労働時間制	専門業務型裁量労働制	企画業務型裁量労働制	高度プロフェッショナル制度
法38条の２	法38条の３	法38条の４	法41条の２
事業場外労働で労働時間を算定し難いとき	新商品・新技術の研究開発、情報処理システムの分析・設計等（19業種）の専門職（対象業務は限定列挙）（則24条の２の２第２項、第６項、H9.2.14厚労省告示７号）	事業の運営に関する事項についての企画・立案・調査・分析の業務（対象業務は限定列挙）（法38条の４第１項１号、H15.10.22厚労省告示353号）	高度な専門的知識を必要とする業務（対象業務は限定列挙）であり、年収1075万円以上（法41条の２第１項１号・２号）
労働時間を管理する指示を与えること不可	業務の遂行の手段及び時間配分の決定等につき具体的指示は不可		対象業務に従事する時間に関する裁量を失わせるような「具体的な指示」は不可
みなし労働時間が１日８時間を超える部分、及び休日労働をした場合には１週40時間を超える部分	みなし労働時間が１日８時間を超える部分、及び休日労働をした場合には１週40時間を超える部分	みなし労働時間が１日８時間を超える部分、及び休日労働をした場合には１週40時間を超える部分	適用除外
適用	適用	適用	適用除外
適用	適用	適用	適用除外
不要	不要	必要（法38条の４第１項６号）	必要（法41条の２第１項本文）
原則不要。但し、当該業務を遂行するために通常所定労働時間を超えて労働することが必要となり、協定で定める時間を業務の遂行に通常必要とされた時間とする場合には必要（法38条の２第２項）	必要（法38条の３第１項）	不要	不要
不要	不要	必要（法38条の４第１項）	必要（法41条の２第１項本文）
原則不要。但し、労使協定にて通常必要時間を定める場合には、労使協定の届出（効力要件ではない）が必要（法38条の２第３項）。	必要（法38条の３第２項）但し効力要件ではない	必要（法38条の４第１項）効力要件	必要（法41条の２第１項本文）効力要件
不要	必要（法38条の3第1項4号、5号）	必要（法38条の4第1項4号、5号）	必要（法41条の2第1項6号、8号）
不要	不要	必要（法38条の４第４項）	必要（法41条の２第２項）

(3)　導入手順の概要

本制度は、高度な専門的知識等を有する労働者が自律的で創造的な働き方を実現することを目的とし、多様な働き方の選択肢を用意するものであるが、他方で、本制度では、対象労働者について、労働時間規制が適用除外となる結果、長時間労働を抑制する歯止めがなくなり、健康を害する程の過剰な長時間労働を招く危険がある。

そのため、本制度では、趣旨に則した適正な利用を確保し、濫用されることを防止するため、厳格な手続き・要件が定められている。

【高度プロフェッショナル制度の導入手順の概要】

①対象となる事業場において労使委員会を設置する。

②労使委員会の5分の4以上の多数による議決により以下の事項につき決議をする（改正労基法41条の2第1項、以下の号数は同項のもの）。

(i)　対象業務（1号）

(ii)　対象労働者の範囲（2号）

(iii)　対象労働者の健康管理時間を把握すること及びその把握方法（3号）

(iv)　対象労働者に年間104日以上、かつ、4週間を通じ4日以上の休日を与えること（4号）

(v)　対象労働者に対する選択的措置（5号）

(vi)　対象労働者の健康管理時間の状況に応じた健康・福祉確保措置（6号）

(vii)　対象労働者の同意の撤回に関する手続（7号）

(viii)　対象労働者の苦情処理措置を実施すること及びその具体的内容（8号）

(ix)　同意をしなかった労働者に不利益な取扱いをしてはならないこと（9号）

(x)　その他厚生労働省令で定める事項（決議の有効期間等）（10号）

③労使委員会の決議を労働基準監督署長に届け出る。

④対象労働者の同意を書面で得る。

⑤対象労働者を対象業務に就かせる。

⑥実施状況を労働基準監督署長に定期報告する、要件に該当する者に面接指導を行う等の制度導入後の対応を行う。

(4)　導入に当たっての留意点

以上の手順に従い、適正に高度プロフェッショナル制度を導入・運用した場合には、対象労働者につき、労働時間、休憩、休日及び深夜の割増賃金に関する規制の適用除外の効果が発生する（改正労基法41条の２第１項柱書本文）。

しかし、労使委員会における決議や手続に違法があった場合や、使用者が決議内容に基づいて対象労働者の健康管理時間を把握すること（同項３号）を怠った場合、法が要求する休日確保措置（同項４号）ができなかった場合、労使委員会で定めた選択的措置（同項５号）を実施しなかった場合には、高度プロフェッショナル制度の法律上の効果が生じなくなり、対象労働者に対して通常の労働時間規制が及ぶことになる（同項柱書但書）。

そして、その場合には、高額な割増賃金が発生したり、罰則の対象となる（下記９・10参照）ため、本制度を導入する場合には、これらのリスクについて十分な注意が必要となる。

さらに、働き方改革関連法成立時の参議院の附帯決議において、「高度プロフェッショナル制度を導入する全ての事業場に対して、労基署は立入調査を行い、法の趣旨に基づき、適用可否をきめ細かく確認し、必要な監督指導を行うこと。」とされている点についても、十分な留意が必要である。

以上、高度プロフェッショナル制度の概要について述べたが、同制度の現実の導入・運用については、使用者側の負担が重く、導入のメリット・デメリットについて慎重な検討が必要となっており、実際、2019年９月末時点において、所轄労基署において受理された、労使委員会による決議の届出の件数は、累計で６件、労働者数353人に留まっている（厚労省「高度プロフェッショナル制度に関する届出状況（令和元年度）」）。

2　労使委員会の設置

労使委員会とは、賃金、労働時間その他の当該事業場における労働条件に関する事項を調査審議し、事業主に対し当該事項について意見を述べることを目的とする労使それぞれの代表からなる委員会である（改正労基法41条の２第１項柱書本文）。

労使委員会の設置要件は下記(1)～(3)のとおりである。労使委員会の設置要件及び労使委員会において高度プロフェッショナル制度に係る決議以外に決議をすることができる事項については企画業務型裁量労働制における規定が準用されている（改正労基法41条の２第３項、労基法38条の４第２項、平31.3.25基発0325第１号）。

なお、労使委員会の設置に先立って、設置日程や手順、使用者による一定の便宜の供与がなされる場合はその在り方等について労使で十分に話し合い、定めておくことが望ましいとされている（高プロ指針第４・１）。その際、下記(1)

の労働者代表委員の指名の手続を適切に実施できるようにする観点から話合いがなされることが望ましいとされている（高プロ指針第4・1）。

(1) 委員の指名

労使委員会は、労働者を代表する委員（以下「労働者代表委員」という。）と、使用者を代表する委員（以下「使用者代表委員」という。）で構成され、労働者代表委員が半数を占めていなければならない（改正労基法41条の2第3項、労基法38条の4第2項1号）。したがって、労使各1名の計2名からなるものは、労使委員会として認められない（高プロ指針第4・1）。

労働者代表委員は、当該事業場に、労働者の過半数で組織する労働組合がある場合においてはその労働組合（以下「過半数組合」という。）、過半数組合がない場合においては労働者の過半数を代表する者（以下「過半数代表者」という。なお、労基則第6条の2第1項各号に則り適正に選出される必要がある。）から、厚生労働省令で定めるところにより任期を定めて指名を受ける（改正労基法41条の2第3項、同38条の4第2項1号、改正労基則34条の2の3、同24条の2の4第1項）。労働者代表委員に管理監督者（労基法41条2号）を指名することはできない（改正労働法38条の4第2項1号、改正労基則34条の2の3、同24条の2の4第1項）[5)]。

使用者代表委員は使用者が指名する。

過半数代表者が適正に選出されていない場合や管理監督者が委員に指名された場合には、当該労使委員会による決議は無効となり（高プロ指針第4・1）、高度プロフェッショナル制度の効果は生じないこととなるため注意を要する。

また、使用者は、労働者が労働者代表委員であること等を理由として不利益な取扱いをしてはならない(改正労基則34条の2の3、同24条の2の4第6項)。

(2) 議事録の作成・保存・周知

使用者は、労使委員会の開催の都度、議事録を作成し、当該事業場の労働者に対して周知するとともに、開催日から3年間保存しなければならない（改正労基法41条の2第3項、同38条の4第2項2号、改正労基則34条の2の3、同24条の2の4第2項）。

(3) 運営規程の作成

使用者は、労使委員会の招集、定足数、議事その他労使委員会の運営について必要な事項に関する運営規程を定めなければならない（改正労基則34条の2

---

5) 労働者代表委員に高度プロフェッショナル制度の対象労働者になり得る労働者やその上司を指名することは可能であるが、これらの者が労働者代表委員になったことを当該対象労働者になり得る労働者の本人同意の判断に影響させてはならない（令元.7.12通達・問3）。

の3、同24条の2の4、高プロ指針第4・2（1））。また、運営規程の作成・変更に当たっては、労使委員会の同意を得ることが必要となる（改正労基則34条の2の3、同24条の2の4第5項）。

運営規程には、以下の事項を定める必要がある。

ア　労使委員会の招集、定足数、議事に関する事項

まず、労使委員会の招集、定足数、議事に関する事項を定める。招集に関する事項としては、定例として予定されている委員会（決議の調査審議のための委員会、決議に係る有効期間中における制度の運用状況の調査審議のための委員会等）の開催に関すること、及び必要に応じて開催される委員会の開催に関すること等を定め、議事に関する事項としては、議長の選出に関すること及び決議の方法に関すること等を定める。

なお、定足数を定める際には、全委員に係る定足数のほか、労使を代表する委員それぞれについて一定割合又は一定数以上の出席を必要とし、これらを満たさない場合には議決できないことを定めることが適当とされている（高プロ指針第4・2（2））。

イ　その他労使委員会の運営について必要な事項

(ア)　使用者が開示すべき情報の範囲、開示手続、開示が行われる労使委員会の開催時期

労使委員会は、高度プロフェッショナル制度の設計及び運営の中心となる組織であり、当該組織の委員は、調査審議・決議を行う前提として、高度プロフェッショナル制度に係る情報を十分に把握している必要がある。

具体的には、労使委員会において改正労基法41条の2第1項に規定する決議が適切に行われるための調査審議をする場合には、委員が、高度プロフェッショナル制度の適用を受ける対象労働者に適用される評価制度及びこれに対応する賃金制度の内容に加え、高度プロフェッショナル制度が適用されることとなった場合における対象業務の具体的内容を十分理解していることが重要な前提となる。また、同制度の運用状況についての調査審議をする場合には、当該対象事業場における高度プロフェッショナル制度の実施状況に関する情報を十分に把握していることが必要となる。

したがって、使用者は、労使委員会に対して、対象労働者に適用される評価制度及びこれに対応する賃金制度の内容に加え、高度プロフェッショナル制度が適用されることとなった場合における対象業務の具体的内容、及び健康管理時間の状況、休日確保措置の実施状況、選択的措置の実施状況、健康・福祉確保措置の実施状況、苦情処理措置の実施状況及び労使委員会の開催状況といった高度プロフェッショナル制度の設計及び運営に必要な情報を労使委員会に対して開示しなければならない（高プロ指針第３･11、同第４･３（１）及び（２））。

そのため、運営規程において、使用者が開示すべき情報の範囲、開示手続、開示が行われる労使委員会の開催時期等必要な事項を定めておく必要がある（高プロ指針第４･３（３））。

なお、使用者が開示すべき情報の範囲を定めるに当たっては、健康管理時間の状況や休日確保措置の実施状況に関し使用者が開示すべき情報の範囲について、対象労働者全体の平均値だけではなく、その分布を示すなど対象労働者の個別の状況が明らかになるようにすることが適当であり（高プロ指針第４･３（３））、また、対象労働者からの苦情の内容及びその処理状況を労使委員会に開示するに当たっては、使用者は対象労働者のプライバシーの保護に十分留意することが必要とされている（高プロ指針第４･３（２））。

(イ)　労働組合や、労働条件に関する事項を調査審議する労使協議機関がある場合の、労使委員会の調査審議事項の範囲についての定め

労使委員会は、賃金、労働時間その他の当該事業場における労働条件に関する事項を調査審議することが認められた組織である（改正労基法41条の２第１項）が、この労働条件に関する事項についての労使委員会による調査審議は、同項の決議に基づく高度プロフェッショナル制度の適正な実施を図る観点から行われるものであり、労働組合の有する団体交渉権を制約するものではない。

このため、運営規程においては、労使委員会と労働組合又は労働条件に関する事項を調査審議する労使協議機関との関係を明らかにしておくため、それらと協議の上、労使委員会の調査審議事項の範囲を定めておくことが適当とされている（高プロ指針第４･４（１））。

ウ　労使委員会が労使協定に代えて決議を行うことができる規定の範囲についての定め

労使委員会において、委員の５分の４以上の多数による議決により労基法38条の４第５項に掲げる規定（以下「特定条項」という。）において労使協定に委ねられている事項について決議した場合には、当該労使委員会の決議をもって特定条項に基づく労使協定に代えることができることとされている（改正労基法41条の２第３項、同38条の４第５項）。このため、運営規程においては、労使委員会と特定条項に係る労使協定の締結当事者となり得る労働組合又は過半数代表者との関係を明らかにしておくため、これらと協議の上、労使委員会が特定条項のうち労使協定に代えて決議を行うこととする規定の範囲を定めておくことが適当であるとされている（高プロ指針第４･４（２））。

 労使委員会の決議

労使委員会では、以下の決議事項について、委員の５分の４以上の多数の議決により決議することが必要である。

⑴　対象業務（改正労基法41条の２第１項１号）

ア　要件

まず、労使委員会においては、高度プロフェッショナル制度の対象となる業務について決議する必要がある。この「対象業務」とは、高度の専門的知識等を必要とし、その性質上従事した時間と従事して得た成果との関連性が通常高くないと認められるものとして厚生労働省令で定める業務のうち、労働者に就かせることとする業務をいう（改正労基法41条の２第１項１号、改正労基則34条の２第３項）。また、この「対象業務」は、当該業務に従事する時間に関し使用者から「具体的な指示」を受けて行うものであってはならず、働く時間帯の選択や時間配分等について自らが決定できる広範な裁量が労働者に認められていなければならない（改正労基則34条の２第３項柱書）[6)]。

イ　使用者から「具体的な指示」を受けて行うものではないこと

「具体的な指示」とは、労働者から対象業務に従事する時間に関する裁量を失わせるような指示をいう（高プロ指針第３·１（１）イ（イ））。これには、業務量に比して著しく短い期限の設定その他の実質的に当該業務に従事する時間に関する指示と認められるものが含まれる（改正労基則34条の２第３項柱書）。

例えば以下のようなものが「具体的な指示」に該当する（高プロ指針第３·１（１）イ（イ））。

- 出勤時間の指定等始業・終業時間や深夜・休日労働等労働時間に関する業務命令や指示
- 対象労働者の働く時間帯の選択や時間配分に関する裁量を失わせるような成果・業務量の要求や納期・期限の設定
- 特定の日時を指定して会議に出席することを一方的に義務付けること
- 作業工程、作業手順等の日々のスケジュールに関する指示

なお、高度プロフェッショナル制度が適用されている場合であっても、当該具体的な指示に該当するもの以外については、使用者は、対象労働者に対して必要な指示をすることは可能である。例えば、使用者が対象労働者に対し業務の開始時に当該業務の目的、目標、期限等の基本的事項を指示することや、中

---

6)　使用者が、労働者に対して時間に関する具体的な指示を行わないことをもって、労働者に対する安全配慮義務を免れるものではないことは当然である。

途において経過の報告を受けつつこれらの基本的事項について所要の変更の指示をすることは「具体的な指示」に該当しない（わかりやすい解説8頁）。

ウ　厚生労働省令で定める業務

高度プロフェッショナル制度の対象となる業務は、改正労基則34条の2第3項各号に列挙された以下の①～⑤の業務に限られる。これらの各業務については、高プロ指針第3・1（1）イ（ロ）において、その解釈・具体例が示されている。

①金融工学等の知識を用いて行う金融商品の開発の業務

当該業務は、金融取引のリスクを減らしてより効率的に利益を得るため、金融工学のほか、統計学、数学、経済学等の知識をもって確率モデル等の作成、更新を行い、これによるシミュレーションの実施、その結果の検証等の技法を駆使した新たな金融商品の開発の業務をいう。ここでいう「金融商品」とは、金融派生商品（金や原油等の原資産、株式や債券等の原証券の変化に依存してその値が変化する証券）及び同様の手法を用いた預貯金等をいう。

②資産運用（指図を含む。以下この②において同じ。）の業務又は有価証券の売買その他の取引の業務のうち、投資判断に基づく資産運用の業務、投資判断に基づく資産運用として行う有価証券の売買その他の取引の業務又は投資判断に基づき自己の計算において行う有価証券の売買その他の取引の業務

当該業務は、金融知識等を活用した自らの投資判断に基づく資産運用の業務又は有価証券の売買その他の取引の業務をいう。

③有価証券市場における相場等の動向又は有価証券の価値等の分析、評価又はこれに基づく投資に関する助言の業務

当該業務は、有価証券等に関する高度の専門知識と分析技術を応用して分析し、当該分析の結果を踏まえて評価を行い、これら自らの分析又は評価結果に基づいて運用担当者等に対し有価証券の投資に関する助言を行う業務をいう。ここでいう「有価証券市場における相場等の動向」とは、株式相場、債券相場の動向のほかこれらに影響を与える経済等の動向をいい、「有価証券の価値等」とは、有価証券に投資することによって将来得られる利益である値上がり益、利子、配当等の経済的価値及び有価証券の価値の基盤となる企業の事業活動をいう。

④顧客の事業の運営に関する重要な事項についての調査又は分析及びこれに基づく当該事項に関する考案又は助言の業務

当該業務は、企業の事業運営についての調査又は分析を行い、企業に対して事業・業務の再編、人事等社内制度の改革など経営戦略に直結する業務改革案等を提案し、その実現に向けてアドバイスや支援をしていく業務をいう。

ここでいう「調査又は分析」とは、顧客の事業の運営に関する重要な事項について行うものであり、顧客から調査又は分析を行うために必要な内部情報の提供を受けた上で、例えば経営状態、経営環境、財務状態、事業運営上の問題点、生産効率、製品や原材料に係る市場の動向等について行う調査又は分析をいう。

⑤新たな技術、商品又は役務の研究開発の業務

当該業務は、新たな技術の研究開発、新たな技術を導入して行う管理方法の構築、新素材や新型モデル・サービスの研究開発等の業務をいい、専門的、科学的な知識、技術を有する者によって、新たな知見を得ること又は技術的改善を通じて新たな価値を生み出すことを目的として行われるものをいう。

エ　労使委員会の決議時の留意点

労使委員会は、対象業務について決議するに当たり、個々の事業場で行われる個別の業務の実態を踏まえた上で、決議に係る業務の具体的な範囲及び当該業務が改正労基則34条の２第３項各号に掲げる業務のいずれに該当するかを明らかにする必要がある[7]（令元.7.12通達・問15）。その際、次頁に掲げる対象業務となり得る業務の例及び対象業務となり得ない業務の例について十分留意することが必要である。

なお、改正労基則34条の２第３項各号に規定された業務は限定列挙と解されているため、これらの全部又は一部に該当しない業務を労使委員会において対象業務として決議したとしても、当該業務に従事する労働者に関し、高度プロフェッショナル制度の効果は生じない。

したがって、要件該当性については慎重に判断をすることが必要となる。

7)　対象業務は、部署が所掌する業務全体ではなく、対象となる労働者に従事させることとする業務である。したがって、対象業務の語句（例えば、「研究」、「開発」）に対応する語句をその名称に含む部署（例えば、「研究開発部」）において行われる業務の全てが対象業務に該当するものではなく、対象労働者が従事する業務で判断する（高プロ指針第３・１（２）イ）。

対象業務となり得る業務の例(○)	対象業務となり得ない業務の例（×）
①金融工学等の知識を用いて行う金融商品の開発の業務	
○ 資産運用会社における新興国企業の株式を中心とする富裕層向け商品（ファンド）の開発の業務	× 金融商品の販売、提供又は運用に関する企画立案又は構築の業務
	× 保険商品又は共済の開発に際してアクチュアリーが通常行う業務
	× 商品名の変更や既存の商品の組合せのみをもって行う金融商品の開発の業務
	× 専らデータの入力又は整理を行う業務
②資産運用（指図を含む。以下同じ。）の業務又は有価証券の売買その他の取引の業務のうち、投資判断に基づく資産運用の業務、投資判断に基づく資産運用として行う有価証券の売買その他の取引の業務又は投資判断に基づき自己の計算において行う有価証券の売買その他の取引の業務	
○ 資産運用会社等における投資判断に基づく資産運用の業務（いわゆるファンドマネージャーの業務）	× 有価証券の売買その他の取引の業務のうち、投資判断を伴わない顧客からの注文の取次の業務
○ 資産運用会社等における投資判断に基づく資産運用として行う有価証券の売買その他の取引の業務（いわゆるトレーダーの業務）	× ファンドマネージャー、トレーダー、ディーラーの指示を受けて行う業務
○ 証券会社等における投資判断に基づき自己の計算において行う有価証券の売買その他の取引の業務（いわゆるディーラーの業務）	× 金融機関における窓口業務
	× 個人顧客に対する預金、保険、投資信託等の販売・勧誘の業務
	× 市場が開いている時間は市場に張り付くよう使用者から指示され、実際に張り付いていなければならない業務
	× 使用者から指示された取引額・取引量を処理するためには取引を継続し続けなければならない業務
	× 金融以外の事業を営む会社における自社資産の管理、運用の業務
③有価証券市場における相場等の動向又は有価証券の価値等の分析、評価又はこれに基づく投資に関する助言の業務	
○ 特定の業界の中長期的な企業価値予測について調査分析を行い、その結果に基づき、推奨銘柄について投資判断に資するレポートを作成する業務	× 一定の時間を設定して行う相談業務
	× 専ら分析のためのデータ入力又は整理を行う業務
④顧客の事業の運営に関する重要な事項についての調査又は分析及びこれに基づく当該事項に関する考案又は助言の業務	
○ コンサルティング会社において行う顧客の海外事業展開に関する戦略企画の考案の業務	× 調査又は分析のみを行う業務
	× 調査又は分析を行わず、助言のみを行う業務
	× 専ら時間配分を顧客の都合に合わせざるを得ない相談業務
	× 個人顧客を対象とする助言の業務
	× 商品・サービスの営業・販売として行う業務
	× 上席の指示やシフトに拘束され、働く時間帯の選択や時間配分に裁量が認められない形態でチームのメンバーとして行う業務
	× サプライヤーが代理店に対して行う助言又は指導の業務
⑤新たな技術、商品又は役務の研究開発の業務	
○ メーカーにおいて行う要素技術の研究の業務	× 作業工程、作業手順等の日々のスケジュールが使用者からの指示により定められ、そのスケジュールに従わなければならない業務
○ 製薬企業において行う新薬の上市に向けた承認申請のための候補物質の探索や合成、絞り込みの業務	× 既存の商品やサービスにとどまり、技術的改善を伴わない業務
○ 既存の技術等を組み合わせて応用することによって新たな価値を生み出す研究開発の業務	× 既存の技術等の単なる組合せにとどまり、新たな価値を生み出すものではない業務
○ 特許等の取得につながり得る研究開発の業務	× 他社のシステムの単なる導入にとどまり、導入に当たり自らの研究開発による技術的改善を伴わない業務
	× 専門的、科学的な知識、技術がなくても行い得る既存の生産工程の維持・改善の業務
	× 完成品の検査や品質管理を行う業務
	× 研究開発に関する権利取得に係る事務のみを行う業務
	× 生産工程に従事する者に対する既知の技術の指導の業務
	× 上席の研究員の指示に基づく実験材料の調達や実験準備の業務

留意点

・使用者は、対象労働者の上司に対し、業務に従事する時間に関し具体的な指示を行うことはできないこと等高度プロフェッショナル制度の内容に関し必要な管理者教育を行うことが必要であること。
・「対象業務となり得る業務の例」に該当する業務であっても、業務に従事する時間に関し使用者から具体的な指示を受けて行うものは、対象業務とならないこと。

出典：わかりやすい解説9頁より抜粋（https://www.mhlw.go.jp/content/000497408.pdf）

⑵　対象労働者の範囲（改正労基法41条の２第１項２号）

ア　決議内容

労使委員会は、高度プロフェッショナル制度の対象となる労働者の範囲（一定の職務経験年数や資格、年収等）を決議で決定しなければならない（改正労基法41条の２第１項２号）。その際には、事業場の実態や対象業務の性質等に応じて当該範囲を定めることが適当であるとされる。例えば、当該範囲を一定の職務経験年数や資格を有する労働者に限ることを決議で定めることや、改正労基則34条の２第６項に定める額よりも高い額を年収要件として決議で定めることも可能である（高プロ指針第３・２（２）ロ）。

なお、対象労働者が従事する具体的な「職務」については使用者と労働者の個別の合意により、当該決議の後に決定されることになる。

イ　対象労働者の要件

「対象労働者」に該当するためには、以下の２つの要件を満たす必要がある（改正労基法41条の２第１項第２号イロ、高プロ指針第３・２（２）ロ）。

①使用者との間の合意に基づき職務が明確に定められていること
②労働契約により使用者から支払われると見込まれる賃金額が基準年間平均給与額の３倍の額を相当程度上回る水準として厚生労働省令で定める額以上であること（以下「年収要件」という。）

なお、高度プロフェッショナル制度の対象業務を定めた改正労基則第34条の２第３項は限定列挙であり、対象労働者は、「対象業務に常態として従事していること」が必要となる（高プロ指針第３・２（１）ロ、令元.7.12通達・問18）。

①－１　使用者との間の合意に基づき「職務が明確に定められている」こと

「職務が明確に定められている」とは、当該対象労働者の業務の内容、責任の程度及び職務において求められる成果その他の職務を遂行するに当たって求められる水準（以下「職務の内容」という。）が具体的に定められており、当該対象労働者の職務の内容とそれ以外の職務の内容との区別が客観的になされていることをいう（高プロ指針第３・２（１）イ（イ））。

具体的には、以下の３つの要件を全て満たしている必要がある（高プロ指針第３・２（１）イ（イ）、令元.7.12通達・問13）。

⒜　業務の内容、責任の程度及び職務において求められる成果その他の職

務を遂行するに当たって求められる水準が具体的に定められており、対象労働者の職務の内容とそれ以外の職務の内容との区別が客観的になされていること
(b)　業務の内容が具体的に定められており、使用者の一方的な指示により業務を追加することができないこと
(c)　働き方の裁量を失わせるような業務量や成果を求めるものではないこと

上記(a)の要件に関しては、対象労働者が従事する業務の内容が改正労基則34条の２第３項の対象業務の複数に該当する場合であっても、同条同項の対象業務に該当する限り、決議の内容及び職務に関する合意を前提に、高度プロフェッショナル制度を適用することは可能である（令元.7.12通達・問17)。ただし、対象労働者は「対象業務に常態として従事していること」が必要であるため、対象業務以外の業務にも常態として従事することになる者は対象労働者には該当しないこととなるため注意が必要である（令元.7.12通達・問16、問18)。

また、対象業務に付随して対象業務とならないその他の業務を行う場合には、対象業務に関連する情報・資料の収集、整理、加工等のように、対象業務を遂行する上で当然に付随する業務は、それらも含めて全体が対象業務となるものである（令元.7.12通達・問16)。

上記(b)の要件に関しては、対象労働者には、働く時間帯の選択や時間配分について自らが決定できる広範な裁量が認められている必要があり、使用者は、対象労働者に対し、一定の日に業務に従事するよう指示を行うことはできないが、対象労働者に休日を確実に取得させるため、働く時間帯の選択や時間配分についての裁量を阻害しない範囲において一定の日に休日を取得するよう求めることは可能である。また使用者が、全社的な所定労働日などを参考として伝えることは妨げられないが、対象労働者はそれに従う必要はない（令元.7.12通達・問19)。

①－２　使用者との合意の方法

使用者は、(a)業務の内容、(b)責任の程度、(c)職務において求められる成果その他の職務を遂行するに当たって求められる水準の内容を書面（以下「合意するための書面」という。）にて明らかにした上で、その書面に労働者の署名を受けることにより、職務の範囲について労働者の合意を得なければならない[8)]。

8)　合意するための書面は、「当該書面に記載すべき事項を記録した電磁的記録の提供を受ける方法」によることもできる。具体的には、当該書面に対象労働者本人が署名その他必要事項を記載したものをPDFファイルに読み込み、電子メール等に添付し送信させる方法をいう（令元.7.12通達・問12)。後述の「同意による書面」についても同様の方法によることが認められている（改正労基則34条の２第２項柱書)。

使用者と労働者は、職務を定めるに当たり、職務において求められる成果その他の職務を遂行するに当たって求められる水準を客観的なものとすることが望ましい（高プロ指針第３·２（２）イ）。

なお、使用者と対象労働者との「職務」に関する合意は、労使委員会の決議の後に、使用者と対象労働者との間で個別に行うものであり（改正労基法41条の２第１項２号イ）、使用者が個別の対象労働者について定めた「職務」について、労使委員会においてその内容を事前にチェックすることは想定されていない。もっとも、事業場独自の取組として、使用者が労働者に提示する改正労基則34条の２第４項に規定する合意するための書面の案について、労使委員会において、業務量が適切か等について事前にチェックすることは可能とされている（令元.7.12通達・問７）。

また、一度決定した、職務の内容を変更する場合には、再度、対象労働者から合意を得ることが必要であり、その場合であっても職務の内容の変更は対象業務の範囲内に限られる（令元.7.12通達・問14）。

② 年収要件

対象労働者に対して、労働契約により使用者から支払われると見込まれる賃金額は、基準年間平均給与額の３倍の額を相当程度上回る水準として厚生労働省令で定める額以上である必要がある。

この「基準年間平均給与額」は、厚労省において作成する毎月勤労統計における毎月きまって支給する給与の額の１月分から12月分までの各月分の合計額をいい（改正労基則34条の２第５項）、「基準年間平均給与額の３倍の額を相当程度上回る水準として厚生労働省令で定める額」は、1,075万円とされている（改正労基則34条の２第６項）。

したがって、対象労働者の見込み年収は1,075万円以上でなければならない。ここで、「労働契約により使用者から支払われると見込まれる賃金」とは、個別の労働契約又は就業規則等において、名称の如何にかかわらず、あらかじめ具体的な額をもって支払われることが約束され、支払われることが確実に見込まれる賃金をいうとされている（高プロ指針第３·２（１）イ（ロ））。つまり、一定の具体的な額をもって支払うことが約束されている手当は見込み年収の中に含まれるが、支給額が減少し得る手当については含まれないこととなる。

例えば、「１か月の定期券代相当の額」など、一定の具体的な額や最低保障額が定められておらず、労働契約締結後の事情の変化等により支給額が変動し得る手当は含まれない（令元.7.12通達・問20）。

次に、労働者の勤務成績、成果等に応じて支払われる賞与や業績給等、その支給額があらかじめ確定されていない賃金は、基本的には、見込み年収には含まれないが、業績に関わらず、賞与や業績給において支払われることが確実に見込まれる最低保障額が定められている場合には、その最低保障額はこれに含まれることになる（令元.7.12通達・問21）。

また、高度プロフェッショナル制度の適用を受ける期間が１年未満の対象労働者については、高度プロフェッショナル制度が適用される期間に確実に支払われることが見込まれる賃金を１年間当たりの賃金の額に換算し、その額が1,075万円以上となる必要がある（令元.7.12通達・問22）[9)]。

⑶　健康管理時間の把握（改正労基法41条の2第1項3号）

健康管理時間とは、対象労働者が事業場内にいた時間と事業場外において労働した時間との合計の時間をいう。対象労働者の健康管理の観点から、労使委員会において健康管理時間の把握方法を決議し、決議した内容に従って、対象労働者の健康労働時間を把握する措置を実施することが義務づけられている（改正労基法41条の２第１項第３号）。

ア　事業場内にいた時間の把握方法

事業場内にいた時間については、出退勤時刻又は入退室時刻を、タイムカード、パソコンのログイン・ログアウト記録、ICカードによる出退勤時刻又は事業場への入退場時刻の記録等の客観的な方法により把握することが必要となる（改正労基則34条の２第８項本文、高プロ指針第３・３（１）イ）。なお、事業場内にいた時間については、労使委員会が、休憩時間その他対象労働者が労働していない時間を除くことを決議したときは、当該決議に係る時間を事業場内にいた時間から除くことができる（改正労基法41条の２第１項３号、改正労基則34条の２第７項）[10)]。

イ　事業場外において労働した時間の把握方法

事業場外における労働時間についても、客観的な方法により把握することが原則であるが、やむを得ない理由がある場合には、対象労働者による自己申告によることができる（改正労基則34条の２第８項但書）。

ここでいう「やむを得ない理由」について、高プロ指針第３・３（１）ロにおいて、以下の例が挙げられている。

---

9)　換算の計算は、按分により行う。例えば、高度プロフェッショナル制度の適用対象としようとする期間が6か月であり、確実に支払われる賃金が500万円である場合には、500万円×12/６=1,000万円となり、要件を満たさない。なお、按分した結果1円未満の端数が生じた場合は、すべて切り捨てなければならない。

10)　健康管理時間から労働時間以外の時間を除くことを決議する場合は、その時間の内容や性質を具体的に明らかにして、客観的な方法で把握する必要がある。なお、除くこととする時間に手待ち時間を含めることや一定時間を一律に除くことは認められない（高プロ指針第3・3（1）ハ）。

・顧客先に直行直帰し、勤怠管理システムへのログイン・ログアウト等もできないこと。
・事業場外において、資料の閲覧等パーソナルコンピュータを使用しない作業を行うなど、勤怠管理システムへのログイン･ログアウト等もできないこと。
・海外出張等勤怠管理システムへのログイン・ログアウト等が常時できない状況にあること。

ウ　健康管理の視点からの留意事項

㈠　１か月あたりの健康管理時間の把握

健康管理時間を把握するに当たっては、対象労働者ごとに、日々の健康管理時間の始期及び終期並びにそれに基づく健康管理時間の時間数が記録されており、改正労安衛法第66条の８の４第１項の規定による医師の面接指導を適切に実施するため、使用者は、少なくとも１か月当たりの健康管理時間の時間数の合計を把握しなければならない。また、対象労働者による自己申告により、複数の日についてまとめて把握する場合であっても、日々及び１か月当たりの健康管理時間は明らかにされなければならない（高プロ指針第３･３（１）二)。

㈡　健康管理時間の記録の開示

健康管理時間の記録について、使用者は、対象労働者から求めがあれば、開示することが必要である。このため、健康管理時間の開示の手続を労使委員会において決議することが必要である（高プロ指針第３･３（２）ロ)。

㈢　健康状態の把握

使用者は、対象労働者の健康管理時間の状況を把握する際、対象労働者からの健康状態についての申告、健康状態についての上司による定期的なヒアリング等に基づき、対象労働者の健康状態を把握することが望ましい。このため、委員は、休日確保措置（改正労基法41条の２第１項４号)、選択的措置（同項５号)、健康福祉確保措置（同項６号）に規定する措置を講ずる前提として、使用者が対象労働者の健康管理時間の状況と併せてその健康状態を把握することを決議に含めることが望ましい（高プロ指針第３･３（２）ハ)。

エ　その他留意事項

健康管理時間について、労使委員会で休憩時間を除くことを決議していたが、実際には始業時刻と終業時刻しか把握しておらず、休憩時間を把握していなかった場合は、健康管理時間が把握されていないこととなり、高度プロフェッショナル制度の法律上の効果は生じない。なお、逆に、休憩時間を除くことを決議していないにもかかわらず、休憩時間を除いた時間を健康管理時間としていた場合にも、健康管理時間の把握が適切になされているとはいえない（令元.7.12

通達・問24)。

健康管理時間の把握（改正労基法41条の２第１項第３号)、休日確保措置（改正労基法41条の２第１項第４号)、選択的措置(同５号)を講じているかどうかは、対象労働者ごとに判断されるものであるため、高度プロフェッショナル制度の対象労働者が複数いる場合において、一人の対象労働者に対してこれらの措置が講じられていない場合であっても、他の対象労働者に対してはこれらの措置が講じられているのであれば、それらの対象労働者については高度プロフェッショナル制度の適用は否定されない（令元.7.12通達・問25)。

⑷ 休日確保措置（改正労基法41条の2第1項4号）

使用者は、対象業務に従事する対象労働者に対して、１年間を通じ104日以上、かつ、４週間を通じ４日以上の休日を、労使委員会の決議及び就業規則その他これに準ずるもので定めるところにより与えなければならない（改正労基法41条の２第１項第４号）[11]。

上記決議に際しては、対象労働者の休日の取得の手続の具体的内容を明らかにすることが必要とされている（高プロ指針第３の４（１）イ)。なお、１年間を通じ104日以上の休日及び４週間を通じ４日以上の休日の起算日は、高度プロフェッショナル制度の適用の開始日である(高プロ指針第３・４（１）ロ)。

高度プロフェッショナル制度の対象労働者は、休日の取得についても使用者の具体的な指示を受けないものであり、取得予定日と異なる日に休日を取得したとしても、年間104日以上かつ４週間を通じ４日以上の休日が確保されていれば、高度プロフェッショナル制度は有効である。ただし、年次有給休暇（労基法39条）や事業場において独自に設けられた特別休暇は、改正労基法41条の２第１項４号の休日には含まれない（令元.7.12通達・問28)。

なお、疲労の蓄積を防止する観点から、休日を確実に取得するため、労働者本人が年間を通じた取得予定を決定して使用者に通知すること及び休日の取得状況を使用者に明らかにし、使用者としても、長期間の連続勤務とならないよう休日を適切に取得することが重要であることについて、あらかじめ対象労働者に周知することが望ましいとされている(高プロ指針第３・４(２)イ及びロ)。

---

11) 本人同意の対象となる期間が1年未満の場合は、本人同意の対象となる期間に応じて、104日を按分した日数について休日を与えなければならない。例えば、本人同意の対象となる期間が6か月の場合には、104×6/12=52日となる。なお、按分した結果1日未満の端数が生じた場合は、端数は1日に繰り上げなければならない。

⑸　選択的措置（改正労基法41条の２第１項５号）

ア　選択的措置の内容

使用者は、次のいずれかに該当する措置を労使委員会の決議で定め、実施しなければならない（改正労基法41条の２第１項５号）。また、当該決議に際しては、いずれの措置をどのように講ずるかを具体的に明らかにしなければならない（高プロ指針第３の５（１））。なお、いずれの措置を講ずるかについては、対象となり得る労働者の意見を聴くこと（高プロ指針第３・５（１））、また対象事業場に複数の対象業務が存在する場合は、対象業務の性質等に応じて、対象業務ごとに選択的措置を決議することが望ましいとされている（高プロ指針第３・５（１））。

①勤務間インターバルの確保（始業から24時間を経過するまでに11時間以上の休息期間を確保すること）、かつ、深夜業の回数を１か月当たり４回以内とすること（改正労基法41条の２第１項５号イ）
②健康管理時間につき、１週間当たり40時間を超えた時間について、１か月について100時間以内又は３か月について240時間以内とすること（同号ロ）
③１年に１回以上の連続２週間の休日を与えること（本人が請求した場合は連続１週間×２回以上）（同号ハ）
④１週間当たり40時間を超えた健康管理時間が１か月当たり80時間を超えた労働者又は申出があった労働者を対象として臨時の健康診断を実施すること（同号ニ）

イ　留意事項

本人同意の対象となる期間が１年未満の場合に、選択的措置について、２週間の連続休日（③）を決議したときは、当該休日について按分して与えることはできず、２週間連続の休日を確実に取得させなければならない（令元.7.12通達・問31）。

連続２週間の休日と年次有給休暇との関係については、改正労基法41条の２第１項第５号ハ括弧書きにおいて、「使用者が当該期間において、第三十九条の規定による有給休暇を与えたときは、当該有給休暇を与えた日を除く。」とあるのは、年次有給休暇を与えた日については休日を与える必要はない旨を規定したものであるため、連続２週間の休日については、年次有給休暇を取得した日も含めて休日を確保することで足りる（令元.7.12通達・問32）。

臨時の健康診断の実施（④）を選択的措置として決議した場合[12]には、使用者は、これを労働者に確実に受けさせるようにするとともに、健康診断の結果の記録、健康診断の結果に基づく当該対象労働者の健康を保持するために必要な措置に関する医師の意見の聴取、当該医師の意見を勘案した適切な措置等を講ずることが必要である（高プロ指針第3・5（2）ハ）。また、臨時の健康診断の実施時期については、決議及び就業規則その他これに準ずるもので定めるところによる。なお、1か月の健康管理時間を算定した日又は労働者からの申出があった日から1か月以内に実施することが適当である（令元.7.12通達・問33）。

以上の選択的措置は、対象労働者ごとに別々の措置を講じること、また、対象労働者に対し、複数選択して実施することは、決議において定めればいずれも可能である（令元.7.12通達・問29）。ただし、選択的措置を複数選択して実施することを決議した場合、決議した措置のうち1つでも実施できなかったときは、改正労基法41条の2第1項5号に違反することとなり、当該措置が実施されなかった対象労働者については、当該措置が実施されなかった時点から、高度プロフェッショナル制度の法律上の効果は生じないこととなるので注意を要する（令元.7.12通達・問30）。

⑹ 健康管理時間の状況に応じた健康・福祉確保措置（改正労基法41条の2第1項6号）

ア 健康・福祉確保措置の内容

使用者は、対象業務に従事する対象労働者の健康管理時間の状況に応じた対象労働者の健康及び福祉を確保するための措置（以下「健康・福祉確保措置」という。）として、次の中から労使委員会の決議において選択し、実施しなければならない（改正労基法41条の2第1項6号、改正労基則34条の2第14項）。なお、決議に際しては、いずれの措置をどのように講ずるかを具体的に明らかにすることが必要となる（高プロ指針第3・6（1）イ）。

①5号の選択的措置のうち、5号の措置として決議した措置以外のもの（改正労基則34条の2第14項1号）
②健康管理時間が一定時間を超える場合の医師による面接指導（同項2号）

12） 労安衛則44条1項3号及び8号から11号までに掲げる項目（同項3号に掲げる項目にあっては、身長の検査に限る。）について、本人同意の対象となる期間中に当該項目に係る臨時の健康診断を実施している場合には、当該事業場で選任した産業医又は労働者の健康管理等を行うのに必要な知識を有する医師の判断により、対象労働者の健康状態に応じて、項目ごとに実施を省略することとしても差し支えない。

③代償休日又は特別な休暇の付与（同項３号）
④心とからだの健康問題についての相談窓口の設置（同項４号）
⑤適切な部署への配置転換（同項５号）
⑥産業医等による助言若しくは指導又は保健指導（同項６号）

②について、当該措置を決議する場合においては、対象労働者の健康管理時間をどのような期間について評価し、どのような要件に該当した対象労働者を当該措置の対象とするかも含め、事業場の実情に応じ、労使委員会で決議することが必要である。なお、「一定時間」の時間数について、１週間当たりの健康管理時間が40時間を超えた場合におけるその超えた時間について１か月当たり100時間（改正労安衛法66 条の８の４、改正労安衛則52条の７の４第１項）を超えることは法の趣旨から認められないとされている（令元.7.12通達・問37）。

また、健康・福祉確保措置として実施した面接指導の事後措置について、産業医から健康管理時間を短縮するように意見が出され、必要な措置が実施された場合においても、そのことをもって直ちに対象労働者について、時間に関する裁量が失われるものではなく、個別の事案に応じて判断される必要がある（令元.7.12通達・問38）。

③について、代償休日とは、長時間にわたって労働したことに対する代償措置として、年次有給休暇、年間104日以上、かつ、４週間を通じ４日以上の休日（改正労基法41条の２第１項４号）、選択的措置の一つである連続２週間の休日（同項第５号ハ）とは別に付与することが求められるものである。また、代償休日を付与したことを理由に対象労働者の賃金を減額することは認められない（令元.7.12通達・問39）。

④について、健康・福祉確保措置について、心とからだの健康問題についての相談窓口を設置すること（改正労基則34条の２第 14 項４号）を決議した場合において、仮に労働者の相談がなかった場合であっても、当該相談窓口を設置していれば、措置を実施したこととなる（令元.7.12通達・問40）。

⑥について、「産業医等による助言若しくは指導」とは、使用者又は衛生管理者等が、産業医等から、対象労働者の健康管理について、助言・指導を受けることをいう（令元.7.12通達・問42）。また、「保健指導」とは、対象労働者に対して産業医等が実施するものであり、保健指導の方法としては、面談による個別指導、文書による指導等の方法があり、保健指導の内容としては、日常生活面での指導、健康管理に関する情報の提供、再検査又は精密検査の受診の勧

奨、医療機関で治療を受けることの勧奨等がある（令元.7.12通達・問41）。

イ 留意事項

健康管理時間の状況に応じた健康・福祉確保措置に関して、把握した対象労働者の健康管理時間及びその健康状態に応じて、対象労働者への高度プロフェッショナル制度の適用について必要な見直しを行うことを決議することが望ましいとされている（高プロ指針第3・6（2））。

また、臨時の健康診断の結果や面接指導の結果に基づく医師の意見を勘案した当該対象労働者への措置の内容について、労安衛法に基づく定期健康診断や医師による面接指導の場合に準じて、当該事業場で選任された産業医又は労働者の健康管理等を行うのに必要な知識を有する医師に対して情報提供することが望ましいとされている（令元.7.12通達・問43）。

なお、対象労働者については、使用者が対象業務に従事する時間に関する具体的な指示を行わないこととされているが、使用者は、このために当該対象労働者について、労契法5条の規定に基づく安全配慮義務を免れるものではないことは当然である（高プロ指針第3・6（1）ロ）。

(7) 同意の撤回に関する手続（改正労基法41条の2第1項7号）

高度プロフェッショナル制度においては、対象労働者は、同意の対象となる期間中はいつでも同意を撤回でき、本人同意の撤回を申し出た対象労働者については、その時点から高度プロフェッショナル制度の法律上の効果は生じないとされている。なお、使用者からは高度プロフェッショナル制度の有効期間中は一方的に本人同意を解除することはできないものとされている（高プロ指針第2・6）。

労使委員会においては、この対象労働者の同意の撤回に関する手続についてあらかじめ決議して定めておく必要がある（改正労基法第41条の2第1項7号）。

決議に際しては、撤回の申出先となる部署及び担当者、撤回の申出の方法等その具体的内容を明らかにする必要がある（高プロ指針第3・7（1）イ）。

また、高度プロフェッショナル制度では、本人同意の撤回が認められているが、使用者は、対象労働者の同意の撤回を妨げてはならず、さらに同意を撤回した場合の配置及び処遇について、そのことを理由として不利益に取り扱ってはならない（高プロ指針第3・7（1）ロ）。そのため、労使委員会で、本人同意を撤回した場合の撤回後の配置及び処遇又はその決定方法について、あらかじめ決議で定めることが望ましいとされている。また、当該撤回後の配置及び処遇又はその決定方法については、使用者が意図的に制度の要件を満たさなかった場合等本人同意の撤回に当たらない場合には適用されないよう定めることが適当である（高プロ指針第３・７（２））。

なお、同意の撤回に関する手続及び苦情処理措置に関して、決議に当たり定めることとされている事項のうち、申出先となる「担当者」とは個人名まで特定する必要があるのかについては、当該担当者を特定できる職名を決議することで足りる（令元.7.12通達・問44）。

⑻　苦情処理措置（改正労基法41条の２第１項８号）

労使委員会においては、対象労働者からの苦情の処理に関する措置を使用者が実施すること及びその具体的内容についても決議しなければならない（改正労基法41条の２第１項８号）。

決議に際しては、苦情の申出先となる部署及び担当者、取り扱う苦情の範囲、処理の手順、方法等その具体的内容を明らかにする必要がある（高プロ指針第３･８（１））。

このうち苦情の申出先となる部署及び担当者を決議するに当たっては、委員は、使用者や人事担当者以外の者を申出先となる担当者とすること等の工夫により、対象労働者が苦情を申し出やすい仕組みとすることが適当である（高プロ指針第３･８（２）イ）。

また、取り扱う苦情の範囲について決議するに当たっては、労使委員会の委員は、高度プロフェッショナル制度の実施に関する苦情のみならず、対象労働者に適用される評価制度及びこれに対応する賃金制度等高度プロフェッショナル制度に付随する事項に関する苦情も含むものとすることが適当である（高プロ指針第３･８（２）ロ）。

なお、苦情処理措置として、労使委員会が事業場において実施されている苦情処理制度を利用することを決議した場合には、使用者は、対象労働者にその旨を周知するとともに、当該実施されている苦情処理制度が高度プロフェッショナル制度の運用の実態に応じて機能するよう配慮することが適当である（高プロ指針第３･８（２）ハ）。

⑼　不利益取扱いの禁止（改正労基法41条の２第１項９号）

労使委員会においては、同意をしなかった労働者の配置及び処遇について、そのことを理由として使用者は不利益な取扱いをしてはならない旨を決議しなければならない（改正労基法41条の２第１項９号）。

⑽　その他厚生労働省令で定める事項（改正労基法41条の２第１項10号）

労使委員会においては、厚生労働省令で規定された以下の事項についても決議しなければならない（改正労基法41条の２第１項10号、改正労基則34条の２第15項）。

①決議の有効期間の定め[13]及び当該決議は再度決議をしない限り更新されないこと。
②労使委員会の開催頻度及び開催時期（労使委員会の開催頻度及び開催時期は、少なくとも６か月に１回、労働基準監督署長への定期報告を行う時期に開催することが必要である。）
③常時50人未満の事業場である場合には、労働者の健康管理等を行うのに必要な知識を有する医師を選任すること。
④次の記録を決議の有効期間中及びその満了後３年間保存すること。
―労働者の同意及びその撤回、合意に基づき定められた職務の内容、支払われると見込まれる賃金の額、健康管理時間の状況、休日確保措置、選択的措置、健康・福祉確保措置及び苦情処理措置の実施状況に関する対象労働者ごとの記録並びに③の選任に関する記録

なお、決議時点では予見し得なかった事情の変化に対応するため、委員の半数以上から決議の変更等のための労使委員会の開催の申出があった場合は、決議の有効期間の途中であっても決議の変更等のための調査審議を行うことを決議で定めることが適当である（高プロ指針第３・10（２）ロ）。

⑾　労使委員会での決議にあたっての留意事項

ア　使用者による労使委員会に対する事前説明

労使委員会が決議を行うに当たっては、労使委員会の委員が、高度プロフェッショナル制度の適用を受ける対象労働者に適用される評価制度及びこれに対応する賃金制度の内容を十分理解した上で行うことが重要である。

このため、労使委員会が決議を行うに先立ち、使用者は、対象労働者に適用される評価制度及びこれに対応する賃金制度の内容について、労使委員会に対し、十分に説明することが適当である。また、委員は、使用者がこれらの制度を変更しようとする場合にあっては労使委員会に対し事前に変更内容の説明をするものとすることを労使委員会において決議することが適当である（高プロ指針第３・11）。

イ　本人同意を得る時期、方法等の手続

高度プロフェッショナル制度を適用するためには、使用者は、労使委員会の決議に従い、対象労働者本人の同意を得なければならないが（改正労基法41条

13）決議の有効期間は１年とすることが望ましい（高プロ指針第3・10（1）イ）。

の２第１項)、労働者本人の同意を得るにあたっては、その時期、方法等の手続をあらかじめ労使委員会の決議の中で具体的に明らかにしておくことが適当であるとされている（高プロ指針第２・１）

ウ　労使委員会の再決議と本人同意

労使委員会の決議について、その有効期間中に内容を変更するため再決議をした場合、再決議における決議の内容の変更点が、改正労基則34条の２第２項に規定する「同意を得るための書面」、又は合意するための書面（同条４項）において、個々の対象労働者が同意又は合意した事項に係るものである場合は、対象労働者本人の同意又は合意を取り直す必要がある。変更点がそれ以外の点にとどまる場合には、対象労働者本人から同意又は合意を取り直す必要まではないが、変更した決議の内容について当該個々の対象労働者に書面で明示するとともに、対象労働者は本人同意の撤回ができる旨を周知することが適当である（令元.7.12通達・問２）。

エ　決議の有効期間と本人同意の対象となる期間

労使委員会の決議の有効期間と本人同意の対象となる期間が一致していない場合、決議の有効期間満了時に再決議がされ、決議の有効期間が継続される場合であっても、対象労働者の同意を取り直す必要がある。本人同意の対象となる期間中であっても、決議の有効期間満了時に再決議を行わない場合は、当該決議の有効期間満了をもって、高度プロフェッショナル制度は適用されなくなる（令元.7.12通達・問６）。

オ　決議の有効期間中の廃止・再決議

決議の有効期間の途中で労使委員会の委員の５分の４以上の決議により、決議を廃止することは可能である。その上で、決議を廃止した日以降の新たな有効期間を定めて決議することも可能である。

この場合、再決議における決議の内容の変更点が、個々の対象労働者が同意又は合意した事項に係るものである場合には、対象労働者本人の同意又は合意を取り直す必要がある。変更点がそれ以外の点にとどまる場合には、対象労働者本人から同意又は合意を取り直す必要まではないが、変更した決議の内容について当該個々の対象労働者に書面で明示するとともに、対象労働者は本人同意の撤回ができる旨を周知することが適当である（令元.7.12通達・問８）。

4　決議の届出

労使委員会の決議は、所定の様式（様式第14号の２）により所轄の労基署長に届け出る必要がある。使用者が決議を届け出なければ、高度プロフェッショナル制度を導入することはできない（改正労基法41条の２第１項柱書)。

労使委員会の決議の届出は、高度プロフェッショナル制度の効力の発生要件であることから、労使委員会の決議内容の変更のため再決議する場合や再決議で決議内容が変更されず同内容だった場合にも、当該決議を再度、所轄労基準署長に届け出る必要がある（令元.7.12通達・問１)。

5　対象労働者の書面による同意

⑴　対象労働者の書面による同意の獲得

高度プロフェッショナル制度を適用するためには、使用者は、労使委員会の決議に従い、対象労働者本人の同意を得なければならない（改正労基法41条の２第１項)。

⑵　事前の説明

同意を得るに当たっては、対象労働者の検討時間を確保するため、あらかじめ労働者本人に以下の事項を書面で明示することが適当である（高プロ指針第２・２、令元.7.12通達・問10)。

・高度プロフェッショナル制度の概要
・当該事業場における労使委員会の決議の内容
・同意した場合に適用される評価制度及びこれに対応する賃金制度
・同意をしなかった場合の配置及び処遇並びに同意をしなかったことに対する不利益取扱いは行ってはならないものであること
・同意の撤回ができること及び同意の撤回に対する不利益取扱いは行ってはならないものであること

⑶　同意の対象となる期間

対象労働者本人の同意の対象となる期間は、１年未満の期間の定めのある労働契約を締結している労働者については当該労働契約の期間、期間の定めのない労働契約又は１年以上の期間の定めのある労働契約を締結している労働者については長くとも１年間とし、当該期間が終了するごとに、必要に応じ、改正労基法41条の２第１項２号に掲げる労働者の範囲に属する対象労働者に適用される評価制度及びこれに対応する賃金制度等について見直しを行った上で、改めて本人同意を得ることが適当である。なお、これらの見直しを行う場合には、使用者は、労使委員会に対し事前にその内容について説明することが適当である。

また、本人同意の対象となる期間を１か月未満とすることは、労働者が対象業務に従事する時間に関する裁量を発揮しがたいこととなるため認められない

（高プロ指針第２・４）。

⑷　交付を受ける書面の内容

使用者は、対象労働者本人から、次に掲げる事項を明らかにした書面（同意を得るための書面）[14] への署名を受け、当該書面の交付を受ける必要がある（改正労基則34条の２第２項）。

・同意をした場合には、労基法第４章に定められた労働時間、休憩、休日及び深夜の割増賃金に関する規定の規定が適用されないこととなること
・同意の対象となる期間
・同意の対象となる期間中に支払われると見込まれる賃金の額

6　高度プロフェッショナル制度の法的効果

高度プロフェッショナル制度適用の効果は、同制度が適用された対象労働者については、労基法第４章に定められた労働時間、休憩、休日及び深夜の割増賃金に関する規定が適用除外となるということにある（改正労基法41条の２第１項柱書）。

高度プロフェッショナル制度の導入後は、使用者は、健康・福祉確保措置や苦情処理措置の実施、行政官庁への実施状況の報告等、法令及び決議に従った対応をとる必要がある。また、対象労働者は、高度プロフェッショナル制度の実施についてはいつでも同意を撤回することができ、同意の撤回を申し出た対象労働者については、その時点から高度プロフェッショナル制度の法律上の効果は生じない。

7　高度プロフェッショナル制度が無効となる場合

改正労基法41条の２第１項柱書但書では、「第３号から第５号までに規定する措置のいずれかを使用者が講じていない場合は、この限りではない」と規定されていることから、高度プロフェッショナル制度の要件のうち、健康管理時間を把握する措置（同項３号）、休日確保措置（同項４号）、選択的措置（同項５号）については、これらの措置が適法に実施されていない場合には、その時点を

14）　この書面と合意するための書面（改正労基則34条の２第４項）を一つの書面にまとめることができるかという点については、合意するための書面は、使用者と対象労働者との間で、具体的な業務内容等について合意するためのものであるのに対し、「同意を得るための書面」は、使用者が対象労働者に対し、高度プロフェッショナル制度が適用された場合には、労働時間、休憩、休日及び深夜の割増賃金に関する規定が適用されないこと等について同意を得るものであることからして、これらの書面は紛れることのないよう別個の書面とすることが望ましいとされている。ただし、一つの書面にまとめる場合でも、改正労基則34条の２第２項各号に掲げる事項について対象労働者が同意し、かつ、同条第４項各号に掲げる事項について対象労働者と合意したことがそれぞれ明らかとなっていれば差し支えない（令元.7.12通達・問9）。

もって、高度プロフェッショナル制度の法律上の効果は生じないこととなる。

8　高度プロフェッショナル制度が無効と判断された場合の再適用

高度プロフェッショナル制度の効果が生じなくなった場合であっても、一定の場合には、本人同意を取得し直すことで、高度プロフェッショナル制度を再度適用することが認められている（令元.7.12通達・問11）。

なお、再適用の効果は将来に向けてのみ有効であり、無効であった期間を遡及して有効にするものではないので注意を要する。

⑴　健康管理時間を把握する措置が実施されていなかった場合

使用者が健康管理時間を把握する措置（改正労基法41条の２第１項３号）を履行していなかった結果、高度プロフェッショナル制度の法律上の効果が生じないと判断された場合には、決議の有効期間中であれば、使用者による健康管理時間を把握する措置を確保できるよう、必要な措置を検討し、当該効果が生じないと判断された労働者に対し、当該効果が生じないと判断された事実の内容を具体的に十分に説明した上で本人同意を取り直し、当該措置を使用者が講ずる場合には高度プロフェッショナル制度を再適用することが可能である。ただし、前述のとおり、再適用の効果は将来に向かって発生するに過ぎない。

この場合において、必要な措置を検討した結果、決議の内容を変更するため再決議した場合には、変更点が個々の対象労働者が同意又は合意した事項に係るものである場合は、対象労働者本人の同意又は合意を取り直す必要がある。

変更点がそれ以外の点にとどまる場合には、対象労働者本人から同意又は合意を取り直す必要まではないが、変更した決議の内容について当該個々の対象労働者に書面で明示するとともに、対象労働者は本人同意の撤回ができる旨を周知することが適当である（令元.7.12通達・問11、問２）。

⑵　休日確保措置が実施されていなかった場合

１年間を通じ104日以上の休日（改正労基法41条の２第１項４号）について、対象労働者に与えることができないことが確定した時点から、高度プロフェッショナル制度の法律上の効果は生じなくなる。同様に、４週間を通じ４日以上の休日を確保できなかった場合についても、確保できなくなることが確定した時点から高度プロフェッショナル制度の法律上の効果は生じないこととなる（改正労基法41条の２第１項柱書但書）。なお、１年間を通じ104日以上の休日及び４週間を通じ４日以上の休日の起算日は、高度プロフェッショナル制度の適用の開始日である（高プロ指針第３・４（１）ロ）。

この場合に、本人同意の再取得により同制度を再適用することが可能かについては、年間104日の休日を取得できないことが確定した場合には、決議の有効期間の残りの期間において、再度高度プロフェッショナル制度を適用することはできないとされている（令元.7.12通達・問11）。

他方、同じく休日確保措置につき、４週間を通じ４日以上の休日を確保できなかった場合については、当該４週間の期間中には、再度、本人同意を得ることはできないが、当該４週間の経過後は本人同意を再取得し、高度プロフェッショナル制度を再適用することが可能とされている（令元.7.12通達・問27）。

⑶　選択的措置が履行されていなかった場合

使用者が決議で決定された選択的措置（改正労基法41条の２第１項５号）を実施しなかった場合、高度プロフェッショナル制度の法律上の効果は生じない。

この場合にも、使用者が選択的措置の実施を確保できるよう、必要な措置を検討し、当該効果が生じないと判断された労働者に対し、当該効果が生じないと判断された事実の内容を具体的に十分に説明した上で本人同意を取り直し、当該措置を使用者が講ずる場合には高度プロフェッショナル制度を適用することは可能であるが、実施すべきであった選択的措置によって、高度プロフェッショナル制度の法律上の効果が生じなくなる時期が異なり、それに伴い再度本人同意を取ることが可能となる時期が異なる。

各選択的措置について、高度プロフェッショナル制度の法律上の効果が生じなくなる時期、及びその場合に再度本人同意をとることができる時期は以下のとおりである（令元.7.12通達・問35）。

ア　勤務間インターバルの確保、かつ、深夜業の回数を１か月あたり４回以内とする措置（改正労基法41条の２第１項５号イ）を実施していなかった場合

休息時間の確保がなされていないと判断される時点及び深夜業の回数制限については決議で定められた回数を超えた日から、高度プロフェッショナル制度の法律上の効果は生じない。また、決議で定めた深夜業の回数制限を超えた場合については、当該回数を超えた月中は、再度、本人同意を得ることはできない。

イ　健康管理時間につき、１週間当たり40時間を超えた時間について、１か月について100時間以内又は３か月について240時間以内とする措置（改正労基法41条の２第１項５号ロ）を実施していなかった場合

１週間当たりの健康管理時間が40時間を超えた場合におけるその超えた時間について、１か月又は３か月について決議で定めた上限を超えたときから、高度プロフェッショナル制度の法律上の効果は生じない。また、決議で定めた１か月又は３か月の上限を超えた場合については、当該１か月又は３か月の期間中は、再度、本人同意を得ることはできない。

ウ　1年に1回以上の連続2週間の休日を与える措置（改正労基法41条の2第1項5号ハ）を実施していなかった場合

連続2週間について休日を確保できないことが確定した日から高度プロフェッショナル制度の法律上の効果は生じない。また、この場合については、本人同意の対象となる期間中に再度、本人同意を得ることはできない。

エ　1週間当たり40時間を超えた健康管理時間が1か月当たり80時間を超えた労働者又は申出があった労働者を対象として臨時の健康診断を実施する措置（改正労基法41　条の2第1項5号ニ）を実施していなかった場合

臨時の健康診断については、1か月の健康管理時間を算定した日又は労働者からの申出があった日から決議及び就業規則その他これに準ずるもので定める期間内に実施していなかったときから、高度プロフェッショナル制度の法律上の効果が生じない。また、臨時の健康診断を実施するまでは、再度、本人同意を得ることはできない。

なお、以上の各選択的措置の実施を怠った際に本人同意を再取得する場合においても、健康管理時間を把握する措置を実施しなかった場合と同様、必要な措置を検討した結果、決議の内容を変更するため再決議した場合には、変更点が個々の対象労働者が同意又は合意した事項に係るものである場合は、対象労働者本人の同意又は合意を取り直す必要がある。

変更点がそれ以外の点にとどまる場合には、対象労働者本人から同意又は合意を取り直す必要まではないが、変更した決議の内容について当該個々の対象労働者に書面で明示するとともに、対象労働者は本人同意の撤回ができる旨を周知することが適当である（令元.7.12通達・問11、問2）。

オ　行政指導の対象となるにとどまる場合

改正労基法41条の2第1項柱書但書では、「第3号から第5号までに規定する措置のいずれかを使用者が講じていない場合は、この限りではない」と規定されているため、健康・福祉確保措置の実施を定める第6号については、高度プロフェッショナル制度の効力要件から除外されている。したがって、当該健康・福祉確保措置を怠ったとしても、直ちに高度プロフェッショナル制度の適用が排除されるものではなく、行政指導の対象となるにとどまる[15]。

15）　健康・福祉確保措置として、改正労基法41条の2第1項第5号に規定する措置のうち選択的措置として決議したもの以外の措置を決議し、当該措置を実施しなかったとしても、高度プロフェッショナル制度の法律上の効果に影響しない。もっとも、そうであるとしても、法令及び決議に基づき、労使委員会における決議事項である健康・福祉確保措置が適切に講じられる必要がある（令元.7.12通達・問36）。

また、同項8号の苦情処理措置についても、健康・福祉確保措置と同様、高度プロフェッショナル制度の効力要件から除外されているため、苦情処理措置が実施されていなかったとしても、行政指導の対象となるにとどまる。

9 罰則との関係

高度プロフェッショナル制度の要件を満たさず、制度の法律上の効果が生じなくなったときは、通常の労働時間制度が適用されることになる。その結果、労基法32条、同37条等の規定に違反する場合には、それらの規定に係る罰則の対象となる。

労使委員会の決議を周知していない場合には、労基法106条1項の違反となり、労基法120条1号の罰則の対象となる。

また、労使委員会の決議は、労基法109条に規定する「その他労働関係に関する重要な書類」に該当するため、これを3年間保存していない場合は、同条に違反することとなり、労基法120条1号の罰則の対象となる（令元.7.12通達・問45）。

10 制度の効果が生じなくなった場合の割増賃金の計算方法

高度プロフェッショナル制度の法律上の効果が生じなくなった場合における労基法37条の割増賃金の計算方法については、高度プロフェッショナル制度の法律上の効果が生じなくなった月に支払われる賃金（労基法37条5項及び労基則21条に規定する割増賃金の基礎となる賃金に算入しないものを除く。）及び一般労働者の所定労働時間を基礎として算定する（令元.7.12通達・問51）。

11 制度運用上の義務

以上で述べた高度プロフェッショナル制度の導入に必要な要件を満たし、手続きを履践した場合、高度プロフェッショナル制度の効力が発生するが、使用者は同制度の効果発生後も、以下の義務を負う。

(1) 行政官庁への報告義務

使用者は、労使委員会による決議が行われた日から起算して6か月以内ごとに、所定の様式（様式第14号の3）により、対象労働者の健康管理時間の状況、休日確保措置、選択的措置、健康管理時間の状況に応じた健康・福祉確保措置の各実施状況等について、所轄労働基準監督署長に報告しなければならない(改正労基法41条の2第2項、改正労基則34条の2の2第1項)。

改正労基則第34条の2の2第1項において、定期報告は、決議が行われた日から起算して6か月以内ごとにしなければならないとされており、決議の有効期間中であれば、対象期間中に高度プロフェッショナル制度の適用を受けた労働者の有無にかかわらず、報告が必要である。

なお、当該報告を怠ったとしても、罰則はなく、高度プロフェッショナル制度の効力に対する影響はない。

⑵　対象労働者に対する労働安全衛生法の措置

使用者は、1週間当たりの健康管理時間が40時間を超えた場合におけるその超えた時間が1か月当たり100時間を超える労働者に対し、労働者の申出がなくとも、医師による面接指導を実施しなければならない（改正労安衛法66条の8の4、改正労安衛則52条の7の4）[16]。実施していない場合は、労安衛法の罰則の対象となる（労安衛法120条7号）。また、面接指導を行う対象労働者以外の労働者から申出があった場合には、使用者は面接指導を実施するよう努めなければならない（改正労安衛法66条の9、改正労安衛則52条の8第1項、同3項）。

使用者は、産業医に対して、健康管理等に必要な情報として、①対象労働者に対する面接指導実施後の措置又は講じようとする措置の内容に関する情報、②1週間当たりの健康管理時間が40時間を超えた場合におけるその超えた時間が1か月当たり80時間を超えた労働者の氏名及び当該労働者に係る当該超えた時間に関する情報（該当者がいない場合には該当者がいない旨の情報）について提供しなければならない（改正労安衛則14条の2第1項2号）。

健康管理時間の超過時間が1か月当たり100時間を超えた高度プロフェッショナル制度対象労働者に対する面接指導の費用については、法が事業者に面接指導の実施の義務を課している以上、当然、事業者が負担する必要がある。なお、改正労安衛法第66条の9に基づく必要な措置として行う面接指導の費用についても、同様に、事業者が負担する必要がある。

16)　健康管理時間の算定期間中に、高度プロフェッショナル制度対象労働者ではなくなり、一般の労働者となった場合の面接指導については、当該労働者が、①高度プロフェッショナル制度対象労働者ではなくなる日までに算定した健康管理時間に基づき、1週間当たりの健康管理時間が40時間を超えた場合におけるその超えた時間が1か月当たり100時間を超える場合、②当該労働者が高度プロフェッショナル制度対象労働者でなくなった日から算定した労働時間の状況に基づき、時間外・休日労働時間が1か月当たり80時間を超え、かつ疲労の蓄積が認められる者に該当する場合に当該労働者の申出に基づいて面接指導が必要となる。さらに、①又は②に該当しない場合においても、それぞれの時間を通算した時間に基づき、改正安衛法66条の8第1項若しくは同法66条の8の2第1項に規定する面接指導又は改正安衛法66条の9に基づく必要な措置に準じた措置を講じることが適当であるとされている。なお、労働時間の状況の算定期間中に、一般の労働者が高度プロフェッショナル制度対象労働者となった場合についても基本的な考え方は同様である（厚労省解説リーフ「働き方改革関連法により2019年4月1日から『産業医・産業保健機能』と『長時間労働者に対する面接指導等』が強化されます」10頁）。

また、労働時間規制が適用除外となることから過重労働による健康被害の防止のために面接指導が義務化された高度プロフェッショナル制度においては、その面接指導の実施に要する時間は、当然実施されなければならない事業の遂行にあたるものとして健康管理時間に含まれる。

改正労安衛法第66条の９に基づく必要な措置として行う面接指導についても、同様である（厚労省解説リーフ「働き方改革関連法により2019年４月１日から『産業医・産業保健機能』と『長時間労働者に対する面接指導等』が強化されます」11頁）。

12　その他の実務上の論点

(1)　繁忙期のみに高度プロフェッショナル制度を適用することの可否

毎年、１年間を通じて繁忙期の数か月間についてのみ、労働者に高度プロフェッショナル制度を適用して、対象業務に就かせるという利用方法が可能かどうかについては，対象業務は、働く時間帯の選択や時間配分について自らが決定できる広範な裁量が労働者に認められている業務でなければならず、当該特定の繁忙期が生じる業務がそもそも対象業務となりうるかについては、業務の実情に応じて慎重な判断が必要であるとされており、仮に、法令の要件を満たした場合であったとしても、そのような利用方法は、望ましくないとされている（令元.7.12通達・問47）。

(2)　有期労働契約を締結している労働者への適用

高プロ指針第２・４において、「本人同意の対象となる期間を１か月未満とすることは、労働者が対象業務に従事する時間に関する裁量を発揮しがたいこととなるため認められない。」とされていることから、１か月未満の有期労働契約（契約を反復更新して１か月を超える場合を除く）を締結する労働者に高度プロフェッショナル制度を適用することは認められない（令元.7.12通達・問48）。

(3)　派遣労働者への適用

派遣法44条第５項において、改正労基法41条の２の規定について、派遣先の使用者が対象労働者を対象業務に就かせた場合も含めて適用する旨の規定は設けておらず、派遣労働者に高度プロフェッショナル制度を適用することはできない（令元.7.12通達・問49）。

(4)　新卒者への適用

法令の要件を満たす限り、新卒者について高度プロフェッショナル制度を適用することは可能である。ただし、高プロ指針第３・２に定められているとおり、対象労働者の範囲を一定の職務経験年数を有する労働者に限ることを労使委員会の決議で定めることも可能であり、仮に決議で新卒者には適用しないこととしている場合には、適用することはできない（令元.7.12通達・問50)。

なお、年少者に対して高度プロフェッショナル制度の適用はできない（改正労基法60条1項)。

(5) 年次有給休暇に係る使用者による時季指定の取扱い

高度プロフェッショナル制度の対象労働者についても労基法39条7項の規定（使用者による年次有給休暇の時季指定義務）は適用される。

なお、対象労働者が年間の休日の取得予定を決定するときに、併せて年次有給休暇の取得時季があらかじめ予定されていることが望ましい（令元.7.12通達・問52)。

(6) 母性保護規定との関係

労基法上の母性保護関係の規定が対象労働者について適用されるかという点については、労基法66条1項（変形労働時間制の適用制限）及び同条2項（時間外労働及び休日労働の制限）並びに同67条（育児時間）の規定は適用されないが、それ以外の規定については適用される（令元.7.12通達・問53）[17]。

17) したがって、厚労省の解釈に従った場合、深夜業の禁止（労基法66条3項）の規定は高度プロフェッショナル制度の対象労働者に適用される。

第3章

産業医・産業保健機能と面接指導の強化

本章では、産業医・産業保健機能と長時間労働者に対する面接指導を強化するために行われた、働き方改革関連法による労働安全衛生法（労安衛法）及び労働安全衛生規則（労安衛則）の改正点を中心に解説する。

（本章における凡例）

略称	発出日/時期	通達番号	表題
平30.9施行通達	平30.9.7	基発0907第２号	働き方改革を推進するための関係法律の整備に関する法律による改正後の労働安全衛生法及びじん肺法の施行等について
平30.12解釈通達	平30.12.28	基発1228第16号	働き方改革を推進するための関係法律の整備に関する法律による改正後の労働安全衛生法及びじん肺法関係の解釈等について（※）
平31.3解釈通達	平31.3.29	基発0329第２号	「働き方改革を推進するための関係法律の整備に関する法律による改正後の労働安全衛生法及びじん肺法関係の解釈等について」の一部改正について（※）
平18.2施行通達	平18.2.24	基発第0224003号	労働安全衛生法等の一部を改正する法律（労働安全衛生法関係）等の施行について
情報取扱指針	平30.9.7	指針公示第１号	労働者の心身の状態に関する情報の適正な取扱いのために事業者が講ずべき措置に関する指針
手引き	平31.3	−	事業場における労働者の健康情報等の取扱規程を策定するための手引き
解説パンフ	平31.3	−	「働き方改革関連法により2019年４月１日から「産業医・産業保健機能」と「長時間労働者に対する面接指導等」が強化されます」

（※）平30.12解釈通達と平31.3解釈通達は、問答形式により労安衛法等の解釈を示している。平31.3解釈通達は、高度プロフェッショナル制度（以下「高プロ」という。）対象労働者に対する面接指導等が2019年４月１日から施行されることに伴って、主に高プロに関する問答を平30.12解釈通達に全部又は一部追加したものである（平31.3解釈通達第１・問/答５〔一部追加〕、第２・問/答２〔一部追加〕、問/答11〔一部追加〕、問/答16 ～ 20〔全部追加〕）。ただし、高プロとは関連しない部分の追加・修正も若干なされているため（同第１・問/答２〔答の一部表現修正〕、問/答11〔問答の追加〕、第２・問/答８〔前同〕）、本章での引用は、問/答の内容に変更がない場合であっても、平31.3解釈通達のみ記載する。

第1　産業医の選任義務

職場において労働者の健康管理等を効果的に行うためには、医学に関する専門的な知識が不可欠なことから、常時使用する労働者数（事業場単位）に応じて、以下のとおり産業医の選任義務が課されている（労安衛法13条１項、労安衛法施行令５条）[1]。選任義務違反に対しては、50万円以下の罰金が予定されている（労安衛法120条１号）。

常時使用する労働者数（事業場単位）			
1～49人	50～999人	1000～3000人	3001人～
選任義務なし（医師又は保健師による健康管理等の努力義務、労安衛法13条の２第１項、労安衛則15条の２第１項）	１人以上の産業医（嘱託（非専属）可、ただし有害業務に500人以上の労働者を従事させる事業場を除く）	１人以上の産業医（専属）	２人以上の産業医（専属）

産業医は、医師であって、以下のいずれかの要件を備えた者から選任しなければならない（労安衛法13条２項、労安衛則14条２項）。

・労働者の健康管理等（労安衛法13条１項、改正労安衛則14条１項）を行うのに必要な医学に関する知識についての研修であって厚労大臣の指定する者が行うものを修了した者
・産業医科大学その他の大学であって厚労大臣が指定するものにおいて当該課程を修めて卒業した者であって、その大学が行う実習を履修したもの
・労働衛生コンサルタント試験の合格者で、その試験の区分が保健衛生であるもの
・大学において労働衛生に関する科目を担当する教授、准教授又は講師（常時勤務する者に限る。）の職にあり、又はあった者
・前各号に掲げる者のほか、厚労大臣が定める者

産業医は、法令上、労働者の健康管理等を行うのに必要な医学に関する知識に基づいて、誠実にその職務を行わなければならないこと（改正労安衛法13条３項）、労働者の健康管理等を行うために必要な医学に関する知識及び能力の

1)　産業医の選任義務の内容に関しては、働き方改革関連法による改正事項はないが、本章での解説の前提知識として触れる。

維持向上に努めなければならないこと（改正労安衛則14条７項）が義務づけられている。

産業医に関する裁判例として、産業医賠償命令事件・大阪地判平23.10.25労経速2128号３頁・判例時報2138号81頁がある。これは、産業医が、自律神経失調症により休職中であった労働者との面談において「それは病気やない、それは甘えなんや。」、「薬を飲まずに頑張れ。」等と発言したことについて、「産業医として勤務している勤務先から、自律神経失調症により休職中の職員との面談を依頼されたのであるから、面談に際し、主治医と同等の注意義務までは負わないものの、産業医として合理的に期待される一般的知見を踏まえて、面談相手である原告の病状の概略を把握し、面談においてその病状を悪化させるような言動を差し控えるべき注意義務を負っていた」、「産業医には、メンタルヘルスにつき一通りの医学的知識を有することが合理的に期待されるものというべきである。してみると、（中略）自律神経失調症の患者に面談する産業医としては、安易な激励や、圧迫的な言動、患者を突き放して自助努力を促すような言動により、患者の病状が悪化する危険性が高いことを知り、そのような言動を避けることが合理的に期待される」などとして不法行為の成立を認め、慰謝料30万円及び復職が遅れたことによる減収分30万円の支払を産業医に対して命じたものである。

第2　産業医・産業保健機能の強化

1　改正趣旨

長時間労働やメンタルヘルス不調などにより健康リスクが高い状況にある労働者を見逃さないため、産業医による面接指導や健康相談等が確実に実施されるようにし、産業保健機能を強化するとともに、産業医の独立性や中立性を高めるなどにより、産業医等が産業医学の専門的立場から労働者一人ひとりの健康確保のためにより一層効果的な活動を行いやすい環境を整備するために産業医の在り方の見直しを行うものである（平30.9施行通達　第1・1）。

2　産業医の辞任・解任時の衛生委員会・安全衛生委員会への報告

産業医を辞任・解任したときは、その旨と理由を遅滞なく（概ね1か月以内、解説パンフ1頁）、衛生委員会[2)]又は安全衛生委員会[3)]に報告しなければならない（改正労安衛則13条4項）。これは、産業医の身分の安定性や職務遂行の独立性・中立性の確保を目的とするものである。

辞任又は解任の理由が産業医自身の健康上の問題であるなど、産業医にとって機微な内容である場合は、産業医の意向を確認した上で「一身上の都合により」、「契約期間の満了により」などと報告することも許される（平31.3解釈通達　第1・問/答4）。

3　産業医の権限の具体化

(1)　産業医の権限の内容

事業者[4)]は、産業医に対し、以下の権限を与えなければならない（改正労安衛則14条の4、同14条1項）。

---

2)　労安衛法18条（全業種における常時使用する労働者が50人以上の事業場）。

3)　労安衛法19条。安全委員会（労安衛法17条）及び衛生委員会の両方を設けなければならないときは、それぞれの委員会の設置に代えて、安全衛生委員会を設置することができる。

4)　事業を行う者で、労働者を使用するもの（労安衛法2条3号）。労安衛法は、事業経営の利益の帰属主体そのものを義務主体として捉えており、法人企業であれば当該法人（法人の代表者ではない。）、個人企業であれば事業経営主が「事業者」となる（昭47.9.18発基91号）。ただし、労安衛法違反があった場合の罰則の適用は、法違反の実行行為者たる自然人に対してなされるほか、事業者たる法人または人に対しても各法条の罰金刑が科せられる（同通達、労安衛法122条）。これに対し、労安衛法上の「労働者」の定義は、労基法と同一（同居の親族のみを使用する事業又は事務所に使用される者及び家事使用人を除く。）である（同条2号）。

	産業医の権限	備考
①	健康診断の実施及びその結果に基づく労働者の健康を保持するための措置に関すること。	
②	長時間労働者に対する面接指導及び改正労安衛法66条の９に規定する必要な措置の実施とこれらの結果に基づく労働者の健康を保持するための措置に関すること。	改正労安衛法66条の９は、面接指導対象労働者以外の、健康への配慮が必要な労働者への措置である。
③	ストレスチェックの検査の実施、高ストレス者への面接指導の実施、その結果に基づく労働者の健康を保持するための措置に関すること。	
④	作業環境の維持管理に関すること。	
⑤	作業の管理に関すること。	
⑥	①～⑤のほか労働者の健康管理に関すること。	
⑦	健康教育、健康相談その他労働者の健康の保持増進を図るための措置に関すること。	
⑧	衛生教育に関すること。	
⑨	労働者の健康障害の原因の調査及び再発防止のための措置に関すること。	
⑩	事業者又は総括安全衛生管理者（労安衛法10条）に対して意見を述べること。	改正労安衛則14条の４第２項１号により追加
⑪	①～⑨に掲げる事項を実施するために必要な情報を労働者から収集すること。	改正労安衛則14条の４第２項２号により追加
⑫	労働者の健康を確保するため緊急の必要がある場合において、労働者に対して必要な措置をとるべきことを指示すること。	改正労安衛則14条の４第２項３号により追加

①～⑨は従前どおりであり、働き方改革関連法により産業医がこれらの権限を有することが明確化されたに留まる。⑩～⑫は、①～⑨の権限には⑩～⑫の権限が含まれることの明確化、という趣旨である（平30.9施行通達　第１・２（３））。

⑫の「労働者の健康を確保するため緊急の必要がある場合」とは、たとえば、保護具等を使用せずに有害な化学物質を取り扱うことにより労働災害が発生する危険のある場合や、熱中症等の徴候があり健康を確保するために緊急の措置が必要と考えられる場合などである（平31.3解釈通達　第１・問/答３、解説パンフ２頁）。

(2)　⑪労働者からの情報の収集の方法・留意点

産業医が労働者から情報を収集する方法には、作業場等の巡視の際に対面により収集する方法のほか、事業者から提供された情報等を勘案して選定した労働者を対象に、職場や業務の状況に関するアンケート調査を実施するなど、文書により必要な情報を収集する方法等がある（平31.3解釈通達　第1・問/答1、解説パンフ2頁）。

産業医が収集した情報が、労働者の同意なしに、事業者、人事担当者、上司等に伝達されることは、適正な情報の取扱い等が阻害されることとなるため、産業医は、情報収集の対象労働者の人事上の評価・処遇等において、事業者が不利益を生じさせないようにしなければならない（平31.3解釈通達　第1・問/答2、解説パンフ2頁）。

産業医が労働者から情報を収集する際の情報の具体的な取扱い（対象労働者の選定方法、情報の収集方法、情報を取り扱う者の範囲、提供された情報の取扱い等）について、あらかじめ衛生委員会や安全衛生委員会において審議し、決定しておくことが望ましい（平31.3解釈通達　第1・問/答2、解説パンフ2頁）。

4　産業医の業務内容等の労働者への周知及びその方法

産業医を選任した事業者は、①事業場における産業医の業務の具体的な内容、②産業医に対する健康相談の申出の方法、③産業医による労働者の心身の状態に関する情報の取扱い方法を、以下のいずれかの方法により労働者に周知しなければならない（改正労安衛法101条2項、改正労安衛則98条の2第2項、同3項、解説パンフ5頁）。

・常時各作業場の見やすい場所に掲示し、備え付けること。
・書面を労働者に交付すること。
・磁気テープ、磁気ディスクその他これらに準ずる物に記録し、かつ、各作業場に労働者が当該記録の内容を常時確認できる機器を設置すること。

①の「事業場における産業医の業務の具体的な内容」とは、産業医が事業場において遂行している業務を指す（平31.3解釈通達　第1・問/答9、解説パンフ5頁）。産業医の権限（上記3(1)）をベースに、各事業場において産業医が行っている実際の業務の具体的内容を周知することになる。周知内容を検討する際に、産業医に与え漏れている権限がないかを確認するとよいであろう。業務の内容については、産業医の権限（上記3(1)）に含まれる職務と対比できるようにしておくとわかりやすいので、そのようにしておくことが適当であるとされている（平31.3解釈通達　第1・問/答9、解説パンフ5頁）。

産業医に対する情報提供

産業医を選任した事業者は、産業医に対し、労働時間に関する情報その他の産業医が労働者の健康管理等を適切に行うために必要な以下の情報を提供しなければならない（改正労安衛法13条４項、改正労安衛則14条の２）[5]。これは、産業医が、産業医学の専門的立場から労働者の健康の確保のためにより一層効果的な活動を行いやすい環境を整備するためのものである。働き方改革関連法による改正前も、産業医に対する情報提供に関する規定は随所に設けられていたが、改正により一つの条文に集約され、かつ、提供すべき情報の範囲が拡大された。

	情報の内容（改正労安衛則14条の２第１項）		提供時期（同条第２項）
1号	以下の①～③について既に講じた措置の内容に関する情報		①、②又は③による医師又は歯科医師からの意見聴取を行った後、遅滞なく（①：労安衛法66条の4、②：同66条の８第4項、③：同66条の10第５項）
	以下の①～③について講じようとする措置の内容に関する情報		
	以下の①～③について措置を講じない場合にあってはその旨・理由		
	①	健康診断実施後の措置（労安衛法66条の５第１項）	
	②	長時間労働者に対する面接指導実施後の措置（労安衛法66条の８第５項並びに同項が準用される研究開発業務従事者及び高プロ適用者を含む）	
	③	ストレスチェックの結果に基づく面接指導実施後の措置（労安衛法66条の10第６項）	
2号	週40時間超の実労働時間（高プロ適用者については健康管理時間）が月80時間を超えた労働者の氏名・週40時間超の実労働時間（研究開発業務従事者及び高プロ適用者を含む）		週40時間超の時間の算定が月80時間を超えた後、速やかに（＝概ね２週間以内）
3号	労働者の業務に関する情報であって産業医が労働者の健康管理等を適切に行うために必要と認めるもの―例えば ①労働者の作業環境、②労働時間、③作業態様、④作業負荷の状況、⑤深夜業等の回数・時間数など（平31.3解釈通達　第１・問/答６）		産業医から情報の提供を求められた後、速やかに（＝概ね２週間以内）

産業医への情報提供の方法は、書面の交付のほか、メールやデータ記録媒体による提供でもよいが、あらかじめ産業医との間で取決めをしておくことが望

5)　産業医の選任義務のない事業場については、医師又は保健師に健康管理等の全部又は一部を行わせる場合に（労安衛法13条の2第1項）、医師又は保健師への情報提供が努力義務とされている（同条第2項）。

ましい。また、提供した情報は、事業者において、記録・保存しておくことが望ましい（以上、平31.3解釈通達　第1・問/答7、解説パンフ3頁）。

2号に関して、月80時間超の労働者がいない場合であっても、「該当者がいない」という情報を産業医に提供する必要がある（平31.3解釈通達　第1・問/答5、解説パンフ3頁）。

3号に関して、産業医が必要と認めるものについては、事業場ごとにあらかじめ事業者と産業医とで相談しておくことが望ましい。また、産業医が必要と認めた場合であっても、健康管理との関連性が不明であれば、事業者は産業医に対して個別に説明を求めたり、確認をしたりすることが望ましい（以上、平31.3解釈通達　第1・問/答6、解説パンフ3頁）。

2号及び3号に関して、「速やかに」とは概ね2週間以内である（平30.9施行通達　第1・2（6）、解説パンフ2頁）。

6　産業医による勧告

産業医は、労働者の健康を確保するために必要があると認めるときは、事業者に対し、労働者の健康管理等について必要な勧告をすることができる（改正労安衛法13条5項）。このことは従前から定められていたが、この勧告について、事業者は、①当該勧告を尊重しなければならないこと（同項第2文）、②勧告の内容等を衛生委員会又は安全衛生委員会に報告しなければならないこと（同条6項）が加わった。また、産業医側の義務として、勧告をしようとするときは、あらかじめ、当該勧告の内容について事業者の意見を求めなければならないことも加わった（改正労安衛則14条の3第1項）。

これらは、産業医の勧告が、その趣旨も含めて事業者に十分に理解され、かつ、適切に共有されることにより、労働者の健康管理等のために有効に機能することを目的とする改正事項である（平30.9施行通達　第1・2（7）、解説パンフ3頁）。

上記②に関して、報告事項は、㋐勧告の内容及び㋑勧告を踏まえて講じた措置又は講じようとする措置の内容（措置を講じない場合にあっては、その旨及び理由）であり（改正労安衛則14条の3第4項）、勧告を受けた後遅滞なく報告をしなければならない（同条第3項）。また、事業者は、勧告を受けたときは、㋐及び㋑の記録を作成し3年間保存しなければならない（同条第2項）。この作成・保存は、電磁的方法により行うことができる。

産業医による衛生委員会等に対する調査審議の求め

産業医は、衛生委員会又は安全衛生委員会に対して労働者の健康を確保する観点から必要な調査審議を求めることができる（改正労安衛則23条５項）。これは、働き方改革関連法による改正により新たに加わったものである。

産業医が調査審議を発議するときは、発議の趣旨等を産業医から他の委員に説明する必要があるため、産業医は、衛生委員会等に出席しなければならない（平31.3解釈通達　第１・問/答13、解説パンフ４頁）。

8 安全委員会・衛生委員会・安全衛生委員会の意見等の記録・保存

事業者は、安全委員会[6]、衛生委員会又は安全衛生委員会（以下、３つ合わせて「委員会」という。）を毎月１回以上開催しなければならない（労安衛則23条１項）。また、事業者は、委員会開催の都度、遅滞なく、委員会における議事の概要を労働者に周知させなければならない（同条３項）。これらには働き方改革関連法による改正点はない。

もっとも、従前は、事業者は、委員会における議事で「重要なものに係る記録」を作成し、３年間保存しなければならないものとされていたが、働き方改革関連法による改正により、記録の作成・保存の対象が、①委員会の意見及び当該意見を踏まえて講じた措置の内容、及び、②①のほか委員会における議事で重要なもの、の２つに具体化された（改正労安衛則23条４項）。

委員会の議事録に、意見や意見を踏まえて講じた措置の内容等が具体的に記載されている場合には、その議事録を保存することでも構わない（平31.3解釈通達　第１・問/答12、解説パンフ４頁）。

9 労働者からの健康相談に適切に対応するために必要な体制の整備等

事業者は、産業医等による労働者の健康管理等の適切な実施を図るため、産業医等が労働者からの健康相談に応じ、適切に対応するために必要な体制の整備その他の必要な措置を講ずるよう努めなければならない（改正労安衛法13条の３）。「産業医等」には、産業医のほか、労働者数50人未満の事業場において、労働者の健康管理等を行うのに必要な医学に関する知識を有する医師又は保健師を選任した場合（労安衛法13条の２第１項、なお、この選任は努力義務であ

6)　労安衛法17条（特定の業種における常時使用する労働者が50人又は100人以上の事業場）。

る。本章第1の表を参照。）の、その医師又は保健師が含まれる。

必要な措置の具体的内容は、産業医による健康相談の申出方法（健康相談の日時・場所等を含む。）、産業医の業務の具体的な内容、事業場における労働者の心身の状態に関する情報の取扱方法を労働者に周知することである。また、保健指導、面接指導、健康相談等は、プライバシーを確保できる場所で実施できるように配慮するとともに、その結果については、情報取扱指針に基づき事業場ごとに策定された取扱規程（後記10⑶・⑷参照）により、適切に取り扱う必要がある（以上、平31.3解釈通達　第1・問/答8、解説パンフ4頁）。なお、この体制の整備義務は努力義務として規定されているが、産業医の選任義務を負う事業場では、産業医の業務の具体的な内容や事業場における労働者の心身の状態に関する情報の取扱方法についての周知は、他の条文（改正労安衛法101条2項:産業医の業務の具体的な内容の周知について上記4参照、同104条:心身の状態に関する情報の取扱方法の周知について後記10参照。）により法的義務とされている内容と重なることになるであろう。

10　労働者の心身の状態に関する情報の取扱い

⑴　条文の追加

労働者の心身の状態に関する情報の取扱いに関し、改正労安衛法104条として、以下の条文が追加された。なお、じん肺法にも同様の条文が追加されている（じん肺法35条の3）。

1項	事業者は、この法律又はこれに基づく命令の規定による措置の実施に関し、労働者の心身の状態に関する情報を収集し、保管し、又は使用するに当たっては、労働者の健康の確保に必要な範囲内で労働者の心身の状態に関する情報を収集し、並びに当該収集の目的の範囲内でこれを保管し、及び使用しなければならない。ただし、本人の同意がある場合その他正当な事由がある場合は、この限りでない。
2項	事業者は、労働者の心身の状態に関する情報を適正に管理するために必要な措置を講じなければならない。
3項	厚生労働大臣は、前二項の規定により事業者が講ずべき措置の適切かつ有効な実施を図るため必要な指針を公表するものとする。
4項	厚生労働大臣は、前項の指針を公表した場合において必要があると認めるときは、事業者又はその団体に対し、当該指針に関し必要な指導等を行うことができる。

3項の指針として、情報取扱指針が策定された。

本条は、労働者の心身の状態に関する情報には、労働者にとって機微なものが多く含まれているところ、労働者が雇用管理において不利益な取扱いを受ける不安なく、安心して産業医等による健康相談等を受けられるようにするとともに、事業者が必要な心身の状態に関する情報を収集して、労働者の健康確保措置を十全に行えるようにするために、事業者において情報の適正な取扱いの明確化を図ることを目的としている（情報取扱指針第１項）[7]。

⑵　労働者の心身の状態に関する情報とは

適正な取扱いの対象となる労働者の心身の状態に関する情報とは、健康診断（労安衛法66条１項）、長時間労働者を対象とした医師による面接指導（労安衛法66条の８以下）及びストレスチェック（労安衛法66条の10）に関する情報のほか、任意に行う労働者の健康管理活動を通じて得た情報であり[8]、そのほとんどが個人情報保護法２条３項の「要配慮個人情報」に該当する機微な情報である（情報取扱指針第１項）。また、要配慮個人情報に該当するものについては、「雇用管理分野における個人情報のうち健康情報を取り扱うに当たっての留意事項について」（平29.5.29基発0529第３号）の「健康情報」と同義である（情報取扱指針第４項①）。

⑶　労働者の心身の状態に関する情報を適正に管理するために必要な措置

改正労安衛法104条２項の「労働者の心身の状態に関する情報を適正に管理するために必要な措置」は、以下の内容である（情報取扱指針第３項（１））。

・心身の状態の情報を必要な範囲において正確・最新に保つための措置
・心身の状態の漏洩、滅失、改ざん等の防止のための措置（心身の状態の情報の取扱いに係る組織的体制の整備、正当な権限を有しない者からのアクセス防止のための措置等）
・保管の必要がなくなった心身の状態の情報の適切な消去等
・以上をふまえた当該事業場における心身の状態の情報の適正な取扱いのための規程（以下「情報取扱規程」という。）の策定

これらの措置は、事業場の規模を問わず行わなければならない。産業医の選任義務の有無を問わない。ただし、小規模事業場では、事業場の体制に応じて合理的な措置を講じれば足り、情報取扱規程も、目的の達成に必要な範囲で定めればよい（情報取扱指針第２項（10）参照）。情報取扱指針では、「本指針に示す内容

7)　労働者の心身の状態に関する情報の取扱いについての改正内容や、個人情報保護法との関係性については、厚労省「労働者の心身の状態に関する情報の取扱いの在り方に関する検討会」委員として情報取扱指針等の策定に加わった三柴丈典教授と岡村久道弁護士の対談録「平成30年改正労働安全衛生法による労働者の心身の状態に関する情報の保護（上）（下）」（NBL1147号19頁～、1149号29頁～、以下本章において「NBL対談録」という。）で詳解されている。NBL対談録では、改正労安衛法104条は、労働安全衛生分野における特色を踏まえた個人情報保護法の特則として位置づけるべきとされている（NBL1147号21頁、岡村弁護士発言）。
8)　心身の状態の情報は、情報取扱指針２（９）及び手引き５頁以下で分類が示されている。

は、事業場における心身の状態の情報の取扱いに関する原則である。このため、事業者は、当該事業場の状況に応じて、心身の状態の情報が適切に取り扱われるようその趣旨を踏まえつつ、本指針に示す内容とは異なる取扱いを行うことも可能である。」とされている（情報取扱指針第1項）。小規模事業場であることは、異なる取扱いする合理的理由となるであろう。なお、情報取扱指針と異なる取扱いをする場合は、その理由を労働者に説明する必要がある（情報取扱指針第1項）。

(4) 情報取扱規程の策定

情報取扱規程の策定に関し、厚労省は2019年3月、手引きを公表した。手引きには、情報取扱規程の雛形やQ&Aを含め、詳細な情報が掲載されている。

情報取扱規程に定めるべき情報は、以下のとおりである（情報取扱指針第2項（3））。

①	心身の状態の情報を取り扱う目的及び取扱方法	
②	心身の状態の情報を取り扱う者及びその権限並びに取り扱う心身の状態の情報等の範囲	部署や職種ごとに定めることが適切
③	①の通知方法及び本人同意の取得方法	
④	心身の状態の情報の適正管理の方法	
⑤	心身の状態の情報の開示、訂正等（追加及び削除を含む。以下同じ。）及び使用停止等（消去及び第三者への提供の停止を含む。以下同じ。）の方法	
⑥	心身の状態の情報の第三者提供の方法	
⑦	事業承継、組織変更に伴う心身の状態の情報の引継ぎに関する事項	
⑧	心身の状態の情報の取扱いに関する苦情の処理	
⑨	情報取扱規程の労働者への周知の方法	

情報取扱規程の策定にあたっては、衛生委員会等を活用して労使関与の下で検討するとともに（事業場単位ではなく、企業単位でもよい。）、策定したものは周知して労働者と共有しなければならない（情報取扱指針）。

なお、手引き10頁では、要配慮個人情報に該当するものを含む心身の状態の情報（健康情報等）について、その取扱いについて労使で十分に話し合い、取得方法・利用目的等の合理性を確認した上で情報取扱規程を策定し、その内容が全労働者に認識される合理的かつ適切な方法により周知され、周知後、個々の労働者からの求めに応じて、情報取扱規程の作成又は変更の趣旨や内容等について丁寧に説明するという手順を経ている場合には、「労働者本人が当該健康情報等を本人の意思に基づき提出したことをもって、当該健康情報等の取扱いに関する労働者本人からの同意の意思が示されたと解されます」とされている。

11　施行日

以上に紹介した法改正は、企業の規模を問わず、2019年４月１日施行である。

第３　面接指導の強化

1　改正趣旨

長時間労働やメンタルヘルス不調などにより健康リスクが高い状況にある労働者を見逃さないため、医師による面接指導[9]が確実に実施されるようにし、労働者の健康管理を強化するものである（平30.9施行通達　第２・１）。

2　面接指導の流れ

長時間労働者（高プロ適用者を除く。）に対する医師による面接指導の仕組みは、以下の流れである（下線が働き方改革関連法による主な改正部分である）。

労働時間の状況の把握 （改正労安衛法66条の８の３、改正労安衛則52条の７の３）

▼

時間外・休日労働時間*が月80時間を超過 （労安衛法66条の８、改正労安衛則52条の２第１項）

（＊休憩時間を除き１週間当たり40時間を超えて労働させた場合におけるその超えた時間。労安衛則52条の２第１項本文より。以下、本項における「時間外・休日労働時間」は、この意味で用いる。後記３⑵も参照。）

▼（速やかに：超過労働者について改正労安衛則52条の２第３項、産業医について同14条の２第２項２号）

9）　問診その他の方法により心身の状況を把握し、これに応じて面接により必要な指導を行うこと（労安衛法66条の８第１項）。

事業者 → 超過労働者：超過時間に関する情報の通知
（改正労安衛則52条の２第３項）
事業者 → 産業医：超過した労働者の氏名及び時間に関する情報の提供
（改正労安衛法13条４項、改正労安衛則14条の２第１項２号）

▼

産業医 → 超過労働者：面接指導の申出を勧奨可（労安衛則52条の３第４項）

▼

超過労働者からの申出（労安衛法66条の８第１項）

▼（遅滞なく：労安衛則52条の３第３項）

産業医が面接指導を実施
（面接指導を受ける義務：労安衛法66条の８第２項本文）
（面接指導時の産業医による確認事項
①勤務の状況、②疲労の蓄積の状況、③心身の状況：労安衛則52条の４）

▼（遅滞なく：労安衛則52条の７）

事業者 → 産業医：当該労働者の健康を保持するために必要な措置に関する意見聴取（労安衛法66条の８第４項、労安衛則52条の７）

▼

事業者による面接指導の結果及び産業医の意見の記録の作成及び５年間保存（労安衛法66条の８第３項、改正労安衛則52条の６）

事業者は、産業医の意見を勘案し、必要があると認めるときは、就業上の措置を講ずる：就業場所の変更、作業の転換、労働時間の短縮、深夜業の回数の減少等
＋産業医の意見を安全衛生委員会等へ報告する等の適切な措置を講ずる
（労安衛法66条の８第５項）

3 面接指導の実施義務の強化

(1) 医師による面接指導の対象となる労働者の要件

医師による面接指導の対象となる労働者の要件の全体像は、下表のとおりである。

	根拠条文（改正労安衛法/改正労安衛則）		対象労働者の範囲	対象労働者の要件	実施時期
①	66条の8	52条の2	高プロ適用者以外の全労働者	時間外・休日労働時間が月80時間を超え、かつ、疲労の蓄積が認められる者	対象労働者からの申出後遅滞なく
②	66条の8の2	52条の7の2	研究開発業務従事者（改正労基法36条11項）	時間外・休日労働時間が月100時間を超えた者	100時間を超えた月の終了後遅滞なく
③	66条の8の4	52条の7の4	高プロ適用者	週40時間を超える健康管理時間が月100時間を超えた者	100時間を超えた月の終了後遅滞なく

働き方改革関連法による改正により、上表①について月100時間から月80時間へ引き下げるとともに、上表②と上表③が新設された[10]。上表①について、対象労働者からの申出が面接指導の前提となることは、改正前と同様である（平30.9施行通達　第２・２（１））。また、上表①には、研究開発業務従事者も含まれるため（平30.9施行通達　第２・２（３））、研究開発業務従事者に関しては、月80時間を超えた場合は対象労働者からの申出があれば面接指導を実施し（上表①）、月100時間を超えた場合は労働者からの申出がなくとも面接指導を実施することになる（上表②）。

「遅滞なく」とは、概ね１か月以内[11]を指す（平18.2施行通達　Ⅳ第２・12（２）オ参照）。上表②・③の面接指導の実施義務違反に対しては、50万円以下の罰金刑が予定されている（労安衛法120条１号）。

10)　高プロ適用者については第１部第２章第２に譲る。健康管理時間の把握については同3(3)（本書72頁～）、労安衛法上の面接指導については11(2)（本書88頁～）を参照。

11)　海外派遣された労働者について、遅滞なく面接指導を実施することが困難な場合は、「書面やメール等により派遣中の労働者の健康状態を可能な限り確認し、必要な措置を講じることが適当であり、この場合には、帰国後面接指導の実施が可能な状況となり次第、速やかに実施する必要」があるとされている（平31.3解釈通達　第2・問/答2、解説パンフ9頁）。

⑵　「月80時間」「月100時間」の捉え方（高プロ適用者以外）

面接指導の要件である時間外・休日労働時間の「月80時間」や「月100時間」は、以下の計算式によって算出される（平18.2施行通達　Ⅳ第２・12（１）ア）。

> １か月の総労働時間数（労働時間数 ＋ 延長時間数 ＋ 休日労働時間数）
> －（計算期間［１か月間］の総暦日数 ÷ ７）× 40

所定労働時間が法定労働時間（1日8時間）よりも短く設定されている場合（解説パンフ8頁）や、変形労働時間制やフレックスタイム制を導入している場合（平18.2施行通達　Ⅳ第2・12（1）ア参照）も上記の計算式を用いて算出する[12]。1か月の始期については、「毎月1回以上、一定期日を定めて行わなければならない」（労安衛則52条の2第2項）こと以外の規制はないため、事業場の判断で自由に定めることができ、賃金締切日と合わせるなどしてもよい（平18.2施行通達　Ⅳ第2・12（1）キ）。

後記4のとおり、改正労安衛法により「労働時間の状況」の把握が義務づけられたが、面接指導の要件該当性は原則として実労働時間をベースに判断するものと解される。平31.3解釈通達でも「面接指導の要否については、休憩時間を除き１週間当たり40時間を超えて労働させた場合におけるその超えた時間（時間外・休日労働時間）により、判断することとなる。」とされている（第2・問/答10）。ただし、「なお、個々の事業場の事情により、休憩時間等を除くことができず、休憩時間等を含めた時間により、労働時間の状況を把握した労働者については、当該時間をもって、判断することとなる。」ともされている（同）。これによれば、管理監督者やみなし労働時間制が適用される場合のように、労基法上、時間外・休日割増賃金との関係で実労働時間把握を要しない場合には、例外的に「労働時間の状況」の把握をベースとすることも許容されるということになるのではないかと思われる。いずれにしても、割増賃金算定のための時間と面接指導のための時間について、どのような時間を使うのかを理解、整理しておく必要があるであろう。

⑶　面接指導の実施に要する時間の取扱い等

面接指導の実施に要する時間は、労働時間とすべきか。これに関して、解説パンフ９頁は、月100時間超の場合の研究開発業務従事者に対する面接指導について、「事業者がその事業の遂行に当たり、当然実施されなければならない性格のものであり、所定労働時間内に行われる必要」がある、「面接指導の実

12）　そのため、残業代の支払のために把握する時間とは差異が生じることがある。

施に要する時間は労働時間と解されるので、当該面接指導が時間外に行われた場合には、当然、割増賃金を支払う必要」があるとしている（平31.3解釈通達第２・問/答８も同旨）。

これに対し、月80時間超の場合の面接指導に関しては、平30.9施行通達、平30.12解釈通達、平31.3解釈通達及び解説パンフでは言及がないが、2005（平成17）年の労安衛法改正（2006（平成18）年４月１日施行）により面接指導が義務化された際に発出された平18.2施行通達では、「面接指導を受けるのに要した時間に係る賃金の支払いについては、当然、事業者の負担すべきものではなく、労使協議して定めるべきものであるが、労働者の健康の確保は、事業の円滑な運営の不可欠な条件であることを考えると、面接指導を受けるのに要した時間の賃金を事業者が支払うのが望ましいこと」（Ⅰ７（1）ア（エ））とされている。今般の労安衛法改正は、月100時間を月80時間に引き下げるにすぎないから、労働時間該当性に関する解釈に変更はないものと理解できる。

なお、面接指導にかかる費用については、いずれの面接指導も、法が事業者に対して面接指導の実施の義務を課している以上、当然、事業者が負担すべきものと解される（平18.2施行通達　Ⅰ７（1）ア（ウ）、解説パンフ９頁）。

⑷　改正法施行日（経過措置）

月100時間超の研究開発業務従事者に対する面接指導は、改正労基法36条６項に基づく新様式の三六協定を適用するまで適用が猶予される（平30.9施行通達　第３、解説パンフ９頁）。これ以外は、2019年４月１日施行である。

4　労働時間の状況の把握

⑴　趣旨及び改正法施行日

面接指導を確実に実施するため、労働時間の状況の把握が義務づけられた（改正労安衛法66条の８の３、改正労安衛則52条の７の３第１項、同第２項。なお、義務違反に対する罰則は予定されていない。）。

改正法施行日は、企業の規模を問わず、2019年４月１日である。

⑵　「労働時間の状況」とは

「労働時間の状況」とは、「労働者の健康確保措置を適切に実施する観点から、労働者がいかなる時間帯にどの程度の時間、労務を提供し得る状態にあったか」という概念である（平31.3解釈通達　第２・問/答９、解説パンフ６頁）。「労務を提供し得る状態にあった」時間を把握するもので、現実に労務を提供していた時間（労働時間）よりも広い。要は、在社時間と事業場外での労働時間とを合算したものであり、休憩時間等を厳密に把握する必要はない。在社時間は、労働者に貸与しているパソコンのログや事業場への入退館記録が根拠資料となる。

改正労安衛法で「労働時間の状況」という幅のある概念が用いられているのは、後述のとおり、把握すべき対象労働者に、管理監督者やみなし労働時間制の適用者が含まれるからであろう。これら以外の、通常の労働時間制度が適用され、労働時間に応じた割増賃金の支払の対象となる労働者については、従前どおり、労働時間そのものの把握をもって、労働時間の状況の把握とすることができる。

(3)　把握すべき対象労働者

高プロ適用者以外、全員である（平31.3解釈通達　第2・問/答11、解説パンフ6頁）。すなわち、管理監督者、事業場外みなし労働時間制の適用者、裁量労働制の適用者、研究開発業務従事者、派遣先が受け入れている派遣労働者等も含まれる。派遣労働者については、派遣先が労働時間の状況を把握し（派遣法45条3項による改正労安衛法66条の8の3の読替え）、それに基づき、派遣元が医師による面接指導を実施する。

労働時間の把握は、改正労安衛法施行前から、平成29年1月20日策定の「労働時間の適正な把握のために使用者が講ずべき措置に関するガイドライン」(以下、本項において「ガイドライン」という。）により規律されているところであるが、改正労安衛法では、管理監督者や事業場外みなし労働時間制の適用者、裁量労働制の適用者も対象に含まれる点がガイドラインとの相違点である。上記のとおり、労働時間の状況の把握は、面接指導の確実な実施が目的であるため、改正労安衛法上で面接指導の対象とされている労働者（ただし、高プロ適用者を除く。）が全て、労働時間の状況の把握の対象者となる。割増賃金の支払要否等とはリンクしないため、注意が必要である。

(4)　把握の方法

ア　労働時間の状況は、労働日ごとに、原則として、タイムカード、パソコンの使用時間（ログインからログアウトまでの時間）の記録、事業者の現認等の客観的な方法により把握し記録しなければならない（改正労安衛則52条の7の3第1項)。

例外は、やむを得ず客観的な方法により把握し難い場合である（平31.3解釈通達　第2・問/答13)。たとえば、直行直帰などにより労働日における労働を全て事業場外で行う場合であるが、事業場外からでも社内システムにアクセスできる場合や、管理職が同行する場合は含まれない。すなわち、客観的に見て、労働時間の状況を客観的に把握する手段がない場合だけが例外に該当する。この場合は、「その他の適切な方法」として自己申告による把握が許されるが、自己申告による場合は以下の措置を全て講じなければならない（平30.12.28労安衛

法解釈通達　第２問/答12）。また、自己申告により把握する場合であっても、把握は日々の労働日ごとに行わなければならないが、宿泊を伴う出張中など、労働日ごとの把握が困難な場合は、後日一括して全労働日分を自己申告させることも許される（平31.3解釈通達　第２・問/答14、以上について解説パンフ６～７頁）。

①自己申告制の対象となる労働者に対して、労働時間の状況の実態を正しく記録し、適正に自己申告を行うことなどについて十分な説明を行うこと。
②実際に労働時間の状況を管理する者に対して、自己申告制の適正な運用を含め、講ずべき措置について十分な説明を行うこと。
③自己申告により把握した労働時間の状況が実際の労働時間の状況と合致しているか否かについて、必要に応じて実態調査を実施し、所要の労働時間の状況の補正をすること。
④自己申告した労働時間の状況を超えて事業場内にいる時間又は事業場外において労務を提供し得る状態であった時間について、その理由等を労働者に報告させる場合には、当該報告が適正に行われているかについて確認すること。その際に、休憩や自主的な研修、教育訓練、学習等であるため労働時間の状況ではないと報告されていても、実際には、事業者の指示により業務に従事しているなど、事業者の指揮命令下に置かれていたと認められる時間については、労働時間の状況として扱わなければならないこと。
⑤自己申告制は、労働者による適正な申告を前提として成り立つものである。このため、事業者は、労働者が自己申告できる労働時間の状況に上限を設け、上限を超える申告を認めないなど、労働者による労働時間の状況の適正な申告を阻害する措置を講じてはならないこと。
また、時間外労働時間の削減のための社内通達や時間外労働手当の定額払等労働時間に係る事業場の措置が、労働者の労働時間の状況の適正な申告を阻害する要因となっていないかについて確認するとともに、当該阻害要因となっている場合においては、改善のための措置を講ずること。
さらに、労基法の定める法定労働時間や三六協定により延長することができる時間数を遵守することは当然であるが、実際には延長することができる時間数を超えて労働しているにもかかわらず、記録上これを守っているようにすることが、実際に労働時間の状況を管理する者や労働者等において、慣習的に行われていないかについても確認すること。

以上に述べたところは、ガイドラインを参考にして設定されており、概ねガイドラインと同一の内容である（平30.9施行通達　第２・２（４））。

イ　把握した労働時間の状況は、記録を作成し、３年間保存するための必要な措置を講じなければならない（改正労安衛則52条の７の３第２項）。電磁的媒体による記録･保存も許される（平31.3解釈通達　第２･問/答15、解説パンフ７頁）。

5　労働者への労働時間に関する情報の通知

事業者は、ある労働者（高プロ適用者を除く。）の週40時間を超える実労働時間が月80時間を超えた場合は、その超えた時間に関する情報を産業医に提供するとともに（改正労安衛法13条４項、改正労安衛則14条の２第１項２号、上記第２-５参照）、当該労働者にも通知しなければならない（改正労安衛則52条の２第３項）。改正前は、産業医への情報提供のみが義務づけられていたが、改正により労働者への通知義務が追加された。

この通知は、疲労の蓄積が認められる労働者の面接指導の申出を促すことを目的としている。通知すべき情報は、時間外・休日労働時間数であるが、面接指導の実施方法・時期等の案内も併せて行うことが望ましいとされている（平31.3解釈通達　第２・問/答３）。

通知は、月80時間を超えたことを把握してから速やかに（概ね２週間以内に）、書面やメール等で行う。ただし、給与明細に時間外・休日労働時間数が記載されている場合には、それをもって代えることができる（平31.3解釈通達　第２・問/答４、同５）。

改正法施行日は、企業の規模を問わず、2019年４月１日である。

第2部

正規・非正規雇用労働者間の待遇格差の是正

第1章

はじめに

（第2部における凡例）

平24.8.10通達	「労働契約法の施行について」（平24.8.10基発0810第2号）
短時間・有期雇用労働者指針	「事業主が講ずべき短時間労働者及び有期雇用労働者の雇用管理の改善等に関する措置等についての指針」（平19.10.1厚生労働省告示326号）
改正告示	「事業主が講ずべき短時間労働者の雇用管理の改善等に関する措置等についての指針の一部を改正する件」（平30.12.28厚生労働省告示429号）
ガイドライン	「短時間・有期雇用労働者及び派遣労働者に対する不合理な待遇の禁止等に関する指針」（平30.12.28厚生労働省告示430号）
平31.1.30通達	「短時間労働者及び有期雇用労働者の雇用管理の改善等に関する法律の施行について」（平31.1.30基発0130第1号・職発0130第6号・雇均発0130第1号・開発0130第1号）
派遣元指針	「派遣元事業主が講ずべき措置に関する指針」（平11.11.17労働省告示第137号）
労使協定Q&A	「労使協定方式に関するQ&A」（令1.8.19公表）
労使協定Q&A（第2集）	「労使協定方式に関するQ&A【第2集】」（令1.11.1公表）

第1　改正の背景と概要

日本では、現在、非正規雇用労働者が全雇用者の約4割を占めるが、正規雇用労働者との間に大きな待遇の格差が存在するといわれている。例えば、「ニッポン一億総活躍プラン」(平成28年6月2日閣議決定)は、パートタイム労働者(短時間労働者)の賃金水準は、欧州諸国においては正規雇用労働者に比べ2割低い状況であるが、日本では4割低くなっていると指摘する(同2)。そのような状況の中、正規か非正規かにかかわらず、仕事ぶりや能力が適正に評価され、意欲をもって働けるよう、同一企業・団体におけるいわゆる正規雇用労働者(無期フルタイム労働者)と非正規雇用労働者(有期雇用労働者、パートタイム労働者、派遣労働者)との間の不合理な待遇差を解消することが政策課題となり(「働き方改革実行計画」(平成29年3月28日働き方改革実現会議決定)の2(1))、2018年に成立したいわゆる働き方改革関連法の一環として、正規・非正規雇用労働者間の待遇格差の是正に関する法令(労契法20条、パート法、派遣法)が改正された。

これまで、有期雇用労働者と正規雇用労働者との間の労働条件の格差については労契法が、パートタイム労働者と正規雇用労働者との間の待遇の格差についてはパート法が、それぞれ若干異なる内容で規律していた。しかし、今般の改正により、正規雇用労働者との間の労働条件・待遇の格差については、有期雇用労働者との間のものか、パートタイム労働者との間のものかにかかわらず、パート法の改正法であるパート有期法(正式名称は「短時間労働者及び有期雇用労働者の雇用管理の改善等に関する法律」)が定める同じ内容の規律に服することとなった(これに伴い労契法20条は廃止される。)。主要な改正点としては、①不合理な待遇の禁止の内容がより明確化されたこと(パート有期法8条)、②差別的な取扱いの禁止は、これまでパートタイム労働者のみを対象としていたが、有期雇用労働者とパートタイム労働者の双方を対象とすることとなったこと(同9条)、③事業主の説明義務についても、これまでパートタイム労働者のみを対象としていたが、有期雇用労働者とパートタイム労働者の双方を対象とすることとなり、かつ、事業主の説明義務に待遇の相違の内容と理由が加えられたこと(同14条2項等)、④行政による履行確保措置と裁判外紛争解決手続が有期雇用労働者にも拡充されたこと(同18条、22条以下)などが挙げられる。

また、派遣法における均衡を考慮した待遇の確保に関する規定(改正前派遣法30条の3)が改正され、①不合理な待遇の禁止(改正派遣法30条の3第1項)、②差別的(不利益)な取扱いの禁止(同30条の3第2項)、③労使協定方式(同30条の4)、④派遣先の情報提供義務(同26条7項から10項)、⑤派遣元事業主の説明義務(同31条の2)、⑥裁判外紛争解決手続(同47条の5以下)などが定められた。

第2　「同一労働同一賃金」という用語の注意点

正規・非正規雇用労働者間の待遇格差の是正との関係で、「同一労働同一賃金」という用語が用いられることが多い。「同一労働同一賃金」とは、一般的に、職務内容が同一又は同等の労働者に対し、同一の賃金を支払うべきという考え方をいうとされている（水町勇一郎「同一労働同一賃金の推進について」（一億総活躍国民会議 第5回資料））。しかし、日本の正規・非正規雇用労働者間の待遇格差の是正の文脈における「同一労働同一賃金」は、同一の事業主に雇用される通常の労働者と短時間・有期雇用労働者との間の不合理と認められる待遇の相違及び差別的取扱いの解消並びに派遣先に雇用される通常の労働者と派遣労働者との間の不合理と認められる待遇の相違及び差別的取扱いの解消を目指すものである（ガイドライン 第1）。そこでは、「賃金」に限らず待遇一般が対象となっており、また、職務内容が同じ場合でも、職務の内容及び配置の変更の範囲の違いやその他の事情に照らして不合理といえない限り、待遇格差は是認されるといった点で、上記の一般的な意義での「同一労働同一賃金」とは異なる。また、不合理な待遇の禁止や差別的な取扱いの禁止に関する条文の解釈を離れて、「同一労働同一賃金」という概念から何らかの法的な結論が導き出せるものでもない。いわゆる「同一労働同一賃金」に関する法令を読み解く前提として、これらの点には注意が必要である。

第3　施行日

正規・非正規雇用労働者間の待遇格差の是正に関する法改正（労契法20条、パート法、派遣法の改正）は、いわゆる働き方改革関連法の一環として、2018年7月6日に公布された。これらのうち、有期雇用労働者とパートタイム労働者（短時間労働者）に関する法改正の施行日は、大企業の場合2020年4月1日、中小企業の場合2021年4月1日である。他方、派遣法の改正については、企業規模を問わず2020年4月1日に施行される。なお、大企業及び中小企業の意義については、第1部第1章（7頁～）を参照されたい。

第4　記述の順序

以下では、パート有期法について第2章（115頁～）から第5章（191頁～）まで、改正派遣法について第6章（202頁～）において述べることとする。

第２章

均衡・均等待遇に関する規律（パート有期法８条・９条）

まず、正規・非正規雇用労働者間の待遇格差の是正に関する規律の中核をなす、不合理な待遇の禁止（いわゆる均衡待遇規定）と差別的取扱いの禁止（いわゆる均等待遇規定）について説明する。

第１　不合理な待遇の禁止（パート有期法８条）

1　改正法の概要

(1)　本改正前の状況

不合理な待遇（労働条件）の禁止については、本改正前においても、パート法８条及び改正前労契法20条がそれぞれ規律していた。

すなわち、パート法８条は、「事業主が、その雇用する短時間労働者の待遇を、当該事業所に雇用される通常の労働者の待遇と相違するものとする場合においては、当該待遇の相違は、当該短時間労働者及び通常の労働者の業務の内容及び当該業務に伴う責任の程度（以下「職務の内容」という。）、当該職務の内容及び配置の変更の範囲その他の事情を考慮して、不合理と認められるものであってはならない」と定め、短時間労働者と正規雇用労働者との間の不合理な待遇格差を禁止していた。

また、改正前労契法20条も、「有期労働契約を締結している労働者の労働契約の内容である労働条件が、期間の定めがあることにより同一の使用者と期間の定めのない労働契約を締結している労働者の労働契約の内容である労働条件と相違する場合においては、当該労働条件の相違は、労働者の業務の内容及び当該業務に伴う責任の程度（以下この条において「職務の内容」という。）、当該職務の内容及び配置の変更の範囲その他の事情を考慮して、不合理と認められるものであってはならない」と定め、有期雇用労働者と正規雇用労働者との間の不合理な労働条件格差を禁止していた。

これらの規定は、正規雇用労働者との間で待遇（労働条件）に相違があり得ることを前提に、職務の内容、当該職務の内容及び配置の変更の範囲その他の事情を考慮して、その相違が不合理と認められるものであってはならないとするものであり、職務の内容等の違いに応じた均衡のとれた処遇を求める規定であると解されていた（改正前労契法20条が均衡待遇規定であることについて、ハマキョウレックス事件上告審判決・最二小判平30.6.1民集72巻2号88頁参照）。

⑵　パート有期法8条

これに対して、パート有期法8条は、「事業主は、その雇用する短時間・有期雇用労働者の基本給、賞与その他の待遇のそれぞれについて、当該待遇に対応する通常の労働者の待遇との間において、当該短時間・有期雇用労働者及び通常の労働者の業務の内容及び当該業務に伴う責任の程度（以下「職務の内容」という。）、当該職務の内容及び配置の変更の範囲その他の事情のうち、当該待遇の性質及び当該待遇を行う目的に照らして適切と認められるものを考慮して、不合理と認められる相違を設けてはならない」と定め、短時間労働者及び有期雇用労働者の双方について、正規雇用労働者との間の不合理な待遇格差を禁止している。

本改正に伴い、有期雇用労働者について不合理な労働条件格差を禁止した改正前労契法20条は削除された。もっとも、パート有期法8条と改正前労契法20条とで細かな文言の違いはあるものの、パート有期法8条は、改正前労契法20条と同趣旨の規定であり、改正前労契法20条に関する裁判例や解釈論は、パート有期法8条の下でも同様に妥当すると考えられる。そこで、以下では、パート有期法8条の理解に必要な限度で、改正前労契法20条に関する裁判例や解釈論についても適宜言及することとする（改正前労契法20条に関する裁判例については、第3章（138頁〜）も参照されたい）。

2　要件

⑴　概要

パート有期法8条の要件は、以下のとおりである。

①待遇の相違の存在＝「事業主…の雇用する短時間・有期雇用労働者の基本給、賞与その他の待遇のそれぞれについて、当該待遇に対応する通常の労働者の待遇との間において…相違」が存在していること

②当該待遇の相違の不合理性＝当該待遇の相違が、「当該短時間・有期雇用

労働者及び通常の労働者の…職務の内容…、当該職務の内容及び配置の変更の範囲その他の事情のうち、当該待遇の性質及び当該待遇を行う目的に照らして適切なものを考慮して、不合理と認められる」こと

なお、改正前労契法20条では、「期間の定めがあることにより」との要件が存在していたところ、これは、有期契約労働者と無期契約労働者との労働条件の相違が期間の定めの有無に関連して生じたものであることをいうとされていた（前掲ハマキョウレックス事件上告審判決・最二小判平30.6.1)。「関連して生じたものである」とは、期間の定めがあることと労働条件の相違との間に因果関係が必要であるとの見解に立ちつつ、因果関係があることを緩やかに認める趣旨によるものと解される（中島崇・村田一広「最高裁時の判例」ジュリスト1525号（有斐閣、2018年）116頁)。

これに対し、パート有期法８条では、条文上、当該要件に相当する要件は存在しない。その理由について、行政解釈では、パート有期法８条の不合理性の判断の対象となるのは、待遇の「相違」であり、この待遇の相違は、「短時間・有期雇用労働者であることに関連して生じた待遇の相違」であるが、パート有期法は短時間・有期雇用労働者について通常の労働者との均衡のとれた待遇の確保等を図ろうとするものであり、パート有期法第８条の不合理性の判断の対象となる待遇の相違は、「短時間・有期雇用労働者であることに関連して生じた」待遇の相違であることが自明であることから、その旨が条文上は明記されていないと説明されており（平31.1.30通達　第３の３⑵)、「短時間・有期雇用労働者であることに関連して生じた」待遇の相違であることが要件としては存在するが、それが条文上明記されていないだけであると解しているように読める。これに対し、学説上は、このような要件はそもそも求められていない（その他の理由の有無・内容等は待遇差の「不合理性」の判断のなかで考慮されるべきものである）とする見解がある（水町「同一労働同一賃金」83～84頁。菅野「労働法」363頁も同旨か)。

⑵ 「待遇」

ア　改正前労契法20条における解釈

改正前労契法20条は、「労働条件」という文言を用いていた。行政解釈では、改正前労契法20条の「労働条件」には、賃金や労働時間等の狭義の労働条件のみならず、労働契約の内容となっている災害補償、服務規律、教育訓練、付随義務、福利厚生等労働者に対する一切の待遇を包含するものであるとされていた（平24.8.10通達　第５の６（２）イ)。裁判例では、附属病院受診の際の医療費補助措置は、恩恵的な措置というべきであって、「労働条件」には含まれ

ないとしたもの（大阪医科薬科大学事件控訴審判決・大阪高判平31.2.15労判1199号５頁）や、祝金（記念年度等において，決算状況等に鑑み，従業員に対する祝儀の趣旨で支給されることがあるもの）は、専ら会社の裁量に基づき支給されるものであるとして、「労働条件」にはあたらないとしたもの（北日本放送事件・富山地判平30.12.19労経速2374号18頁）などがあった。

また、改正前労契法20条の下では、解雇、配転、出向、昇進、降格、懲戒処分などの人事の個別的な措置が「労働条件」に含まれるかについて、争いがあった。学説上は、肯定説と否定説が対立していた。

肯定説は、配置や業務の配分、業務にかかる権限の付与、昇進、降格、職種や就業の場所は、賃金額の決定ないしその前提となる人事考課に大きな影響を及ぼす可能性のある事項であり、その段階で無期契約労働者と別異に取り扱われていれば、支払われる賃金の差となって現れるとして、これらの措置も「労働条件」に含まれるとしていた。また、退職の勧奨や整理解雇において、無期契約労働者に先んじて、有期契約労働者に対してそれらの措置が行われる場合にも、別異の取扱いであるとして、「労働条件相違」要件に該当するとしていた（緒方桂子「改正労働契約法20条の意義と解釈上の課題」季刊労働法（労働開発研究会、2013年）22～23頁）。

これに対し、否定説は、解雇、配転、出向の基準・手続、服務規律・懲戒基準・手続も労働契約の内容となる限りは「労働条件」に含まれるとしつつも、改正前労契法20条は労働契約の内容である労働条件に対する法的介入であるので、労働契約の内容として定められる性質のものではない人事の個別的な措置は、「労働条件」に入らず、それぞれについて既に存在する規制法理（解雇権濫用法理、配転命令権濫用法理、懲戒権濫用法理等）に委ねられるとしていた（荒木・菅野・山川「詳説 労働契約法」233頁）。

イ　パート有期法８条における解釈

これに対し、パート有期法８条は、「待遇」という文言を用いている。行政解釈では、「待遇」には、基本的に、全ての賃金、教育訓練、福利厚生施設、休憩、休日、休暇、安全衛生、災害補償、解雇等の全ての待遇（ただし、短時間・有期雇用労働者を定義付ける労働時間及び労働契約の期間を除く。）が含まれるとされている（平31.1.30通達　第３の３（６））。

また、人事の個別的な措置が「待遇」に含まれるかという問題は、パート有期法８条の下でも残るのではないかと考えられる。学説上は、個別的な措置を本条の規制の対象外とすると本条の趣旨が損なわれること、本条は、「労働契約の内容である労働条件」ではなく、雇用管理上の「待遇」一般を広く規制対象とする性格のものであることを理由に、人事の個別的な措置も「待遇」に含まれるものと解すべきであるとの見解がある（水町「同一労働同一賃金」80頁）。

⑶　「通常の労働者」

短時間・有期雇用労働者と「通常の労働者」との間の待遇の相違の不合理性を検討する際には、比較対象となる「通常の労働者」の範囲を確定する必要がある。なお、後述するとおり、待遇差に関する説明（パート有期法14条２項）に際して比較対象とする「通常の労働者」は、パート有期法８条における「通常の労働者」とは異なるとされていることに注意が必要である（第４章（176頁以下）参照）。

ア　「通常の労働者」の一般的な意義

行政解釈によれば、「通常の労働者」とは、社会通念に従い、比較の時点で当該事業主において「通常」と判断される労働者をいい、ケースに応じて個別に判断をすべきものである。具体的には、「通常の労働者」とは、いわゆる正規型の労働者及び事業主と期間の定めのない労働契約を締結しているフルタイム労働者（以下「無期雇用フルタイム労働者」という。）をいう。

また、「通常」の判断は、業務の種類ごとに行う。この場合において、いわゆる正規型の労働者とは、労働契約の期間の定めがないことを前提として、社会通念に従い、当該労働者の雇用形態、賃金体系等（例えば、長期雇用を前提とした待遇を受けるものであるか、賃金の主たる部分の支給形態、賞与、退職金、定期的な昇給又は昇格の有無）を総合的に勘案して判断する。また、無期雇用フルタイム労働者は、その業務に従事する無期雇用労働者（事業主と期間の定めのない労働契約を締結している労働者をいう。）のうち、１週間の所定労働時間が最長の労働者のことをいう。このため、いわゆる正規型の労働者の全部又は一部が、無期雇用フルタイム労働者にも該当する場合がある（平31.1.30通達　第１の２（３））。

イ　「通常の労働者」の場所的範囲

「通常の労働者」の範囲を事業所単位で判断するのか、同一の使用者単位で判断するのかについて、本改正前は、パートタイム労働者か、有期雇用労働者かで違いがあった。すなわち、パート法８条では、「通常の労働者」の範囲が「当該事業所」単位で定まるとされていた。他方、改正前労契法20条では、比較対象の無期契約労働者は、「同一の使用者」単位で判断するとされていた。

これに対して、パート有期法８条は、短時間・有期雇用労働者いずれについても、「通常の労働者」の範囲を「事業主」単位で定めるとしている。すなわち、パート有期法８条は、事業主が、短時間・有期雇用労働者と同一の事業所に雇用される通常の労働者や職務の内容が同一の通常の労働者との間だけでなく、その雇用する全ての通常の労働者との間で、不合理と認められる待遇の相違を設けることを禁止したものである（平31.1.30通達　第3の3（3））。

ウ　比較対象となる「通常の労働者」

どの短時間・有期雇用労働者の労働条件とどの「通常の労働者」の労働条件を比較すべきかという問題がある。

この点につき、改正前労契法20条の下では、無期雇用労働者との関係で自分の労働条件の適正さにつき不満をもつ有期雇用労働者が、自分が同じ労働条件を享受すべきであると考える無期雇用労働者（そのグループ）を選び出して同条の適用を主張することになるとする学説があった（荒木・菅野・山川「詳説労働契約法」232頁）。パート有期法8条についても、働き方改革関連法をめぐる衆議院厚生労働委員会での審議の過程において、加藤勝信厚生労働大臣（当時）が、非正規雇用労働者は、不合理な待遇差の是正を求める際には、通常の労働者の中でどの労働者との待遇差について争うのか、選ぶことができる旨の答弁をしている（5月16日委員会：高橋千鶴子委員〔日本共産党〕の質問に対する加藤勝信厚生労働大臣答弁）。

もっとも、下記のように、改正前労契法20条の下では、訴訟の場面において、原告が主張する労働者が比較対象となる無期雇用労働者となるか否かについて、裁判所の見解は分かれていたように見える。理論的にどう整理されるべきか、今後の動向に注目する必要がある。

㋐　原告が主張する労働者とする立場

メトロコマース事件控訴審判決・東京高判平31.2.20労判1198号5頁（上告・上告受理申立てがなされている）は、改正前労契法20条が比較対象とする無期契約労働者を具体的にどの範囲の者とするかについてはその労働条件の相違が不合理と認められると主張する無期契約労働者（ママ）において特定して主張すべきものであり、裁判所はその主張に沿って当該労働条件の相違が不合理と認められるか否かを判断すれば足りるとした上で、契約社員である原告らが、契約社員と比較対照すべき無期契約労働者を、正社員全体ではなく、売店業務に従事している正社員に限定していたため、これに沿って両者の労働条件の相違が不合理と認められるか否かを判断した。

また、前掲北日本放送事件・富山地判平30.12.19は、「原告は，自身が正社員であった平成27年度の基本給と再雇用社員となった現在の基本給の相違が不合理である旨主張しているから，基本給に関する相違の検討においては，原告と，被告における無期契約労働者のうち定年退職前の原告に相当する61歳で職能等級が５等級の正社員を検討の対象とする」と判示しており、原告の主張に沿って比較対象を決定している。

その他、この立場を採っていると解される裁判例として、五島育英会事件・東京地判平30.4.11労経速2355号３頁、日本ビューホテル事件・東京地判平30.11.21労判1197号55頁（いずれも、不合理性の有無の判断にあたっては、原告が措定する、有期契約労働者と無期契約労働者とを比較対照するとする。）がある。

(イ)　客観的に定まるとする立場

これに対し、前掲大阪医科薬科大学事件控訴審判決・大阪高判平31.2.15は、比較対象者は客観的に定まるものであって、有期契約労働者側が選択できる性質のものではないとした。

また、日本郵便（東京）事件第１審判決・東京地判平29.9.14労判1164号５頁において、原告は、郵便外務事務・郵便内務事務等に従事する時間制契約社員と労働条件を比較すべき無期労働者として、(i)新人事制度においては、地域基幹職、(ii)旧人事制度においては、担当者及び主任とすべきである旨主張していたのに対し、裁判所は、(i)新人事制度においては、新一般職（郵便内務・郵便外務等の標準的な業務に従事し、役職層への登用はなく、勤務地は原則として転居を伴う転勤がない範囲とするもの）、(ii)旧人事制度においては、旧一般職（郵便局に配属される職員で、１級：担当者、２級：主任、３級：課長代理、４級：総括課長／課長、の４等級を有するもの）であるとした。裁判所は、(i)について、担当業務や異動等の範囲が時間制契約社員と類似することのほか、新一般職や地域基幹職等のコース別制度が採用され、当該コース間では昇格昇任や配置転換等において大きな差異があり、かつコース間の変更が原則として認められないため、異なるコースの職種を一体とすることは相当でないことを理由として挙げている。また、(ii)については、旧一般職内部の４等級において、昇任昇格が事実上限定されていたり人事異動の範囲が限定されたりするようなグループは存在しないから、ある等級の従業員のみを取り出すのではなく、旧一般職を全体として比較対象すべきとしている（日本郵便（東京）事件控訴審判決・東京高判平30.12.13労判1198号45頁も第１審の判示を引用）。この判決も、原告の主張を排斥し、裁判所が独自に比較対象者を決定していることに鑑みると、「通常の労働者」は客観的に定まるとする立場を採っていると解される。

その他、この立場を採っていると解される裁判例として、日本郵便（大阪）事件第１審判決・大阪地判平30.2.21労判1180号26頁（原告らは，旧人事制度においては一般職のうちの担当者及び主任，新人事制度においては新一般職とを比較対照すべきであると主張したのに対し、裁判所は、旧人事制度においては旧一般職全体，新人事制度においては新一般職とを比較対照するのが相当とした。日本郵便（大阪）事件控訴審判決・大阪高判平31.1.24労判1197号５頁も第１審の判示を引用）がある。

エ　「通常の労働者」は待遇ごとに変わりうるか

「通常の労働者」は、待遇ごとに変わりうるのか、常に一定かという論点がある。原告が主張する労働者を「通常の労働者」とする立場によれば、待遇ごとに変わりうるであろうし、「通常の労働者」は客観的に定まるとする立場によれば、常に一定ということになると考えられる。なお、原告となる労働者の選択により、待遇ごとに変わりうるとする見解として、水町「同一労働同一賃金」81～82頁がある。

⑷　待遇の相違の比較方法

改正前労契法20条の下では、労働条件の相違の不合理性を検討する際には、個別の労働条件を比較して相違の不合理性を検討するのか（個別比較説）、労働条件全体を比較して相違の不合理性を検討するのか（全体比較説）、という問題があった。行政解釈は、不合理性の判断は個々の労働条件ごとに判断されるとして､個別比較説に立っていた（平24.8.10通達　第５の６（２）オ）。また、最高裁も、有期契約労働者と無期契約労働者との個々の賃金項目に係る労働条件の相違が不合理と認められるものであるか否かを判断するに当たっては、両者の賃金の総額を比較することのみによるのではなく、当該賃金項目の趣旨を個別に考慮すべきものと解するのが相当であるとして、個別比較説に立つことを明らかにした（長澤運輸事件・最二小判平30.6.1民集72巻２号202頁）。

これに対して、パート有期法８条は、「待遇のそれぞれについて」との文言を用いており、個別比較説に立つことが条文上明確となった。

ただし、前掲長澤運輸事件・最二小判平成30.6.1は、「ある賃金項目の有無及び内容が、他の賃金項目の有無及び内容を踏まえて決定される場合もあり得るところ、そのような事情も、有期契約労働者と無期契約労働者との個々の賃金項目に係る労働条件の相違が不合理と認められるものであるか否かを判断するに当たり考慮されることになるものと解される」と判示した上で、嘱託乗務員に対して能率給及び職務給が支給されないことついて、正社員と異なる賃金体系を採用するに当たり、職種に応じて額が定められる職務給を支給しない代わりに、基本賃金の額を定年退職時の基本給の水準以上とすることによって収入の安定に配慮するとともに、歩合給に係る係数を能率給よりも高く設定することによって労務の成果が賃金に反映されやすくなるように工夫している以上、嘱託乗務員に対して能率給及び職務給が支給されないこと等による労働条件の相違が不合理と認められるものであるか否かの判断に当たっては、嘱託乗務員の基本賃金及び歩合給が、正社員の基本給、能率給及び職務給に対応するものであることを考慮する必要がある等とした。

また、前掲日本郵便（東京）事件第１審判決・東京地判平29.9.14も、労使交渉において個別の労働条件を交渉する場合においても、基本給と手当のように密接に関連する労働条件については、最終的に賃金の総額を見据えた交渉が行われるのが通例であることや、手当や待遇の中には共通の趣旨を含むものがあることもままみられることも公知の事実であり、個別の労働条件ごとに相違の不合理性を判断する場合においても、個々の事案におけるそのような事情を「その他の事情」として考慮した上で、人事制度や賃金体系を踏まえて判断することになるとした。

このように、改正前労契法20条の下では、個別比較説を採りつつも、ある労働条件相違の不合理性を判断するにあたって、他の労働条件の有無及び内容も考慮されることがあったところ、このような考え方は、同じく個別比較説を採るパート有期法８条の下でも妥当すると考えられるため、注意を要する。

⑸　当該待遇の相違の不合理性の判断

ア　不合理性の意義及び立証責任

改正前労契法20条にいう「不合理と認められるもの」とは、有期契約労働者と無期契約労働者との労働条件の相違が不合理であると評価することができるものであることをいう（前掲ハマキョウレックス事件上告審判決・最二小判平30.6.1、前掲長澤運輸事件・最二小判平30.6.1）。

また、労働条件の相違が不合理であるか否かの判断は規範的評価を伴うものであるから、当該相違が不合理であるとの評価を基礎付ける事実については当該相違が同条に違反することを主張する者が、当該相違が不合理であるとの評価を妨げる事実については当該相違が同条に違反することを争う者が、それぞれ主張立証責任を負う（前掲ハマキョウレックス事件上告審判決・最二小判平30.6.1）。

これらの解釈は、パート有期法８条の下でも同様に妥当すると解される（平31.1.30通達　第３の３（８）参照）。

イ　不合理性判断の諸要素

パート有期法８条は、待遇の相違の不合理性を判断するにあたっては、「職務の内容」、「職務の内容及び配置の変更の範囲」、及び「その他の事情」のうち、「当該待遇の性質及び当該待遇を行う目的に照らして適切と認められるもの」を考慮すると定める。

(ア) 「職務の内容」

「職務の内容」とは、「業務の内容及び当該業務に伴う責任の程度」をいう。「職務の内容が同一である」とは、個々の作業まで完全に一致していることを求めるものではなく、それぞれの労働者の職務の内容が「実質的に同一」であることを意味するものである。したがって、具体的には、「業務の内容」が「実質的に同一」であるかどうかを判断し、次いで「責任の程度」が「著しく異なって」いないかを判断する。

「業務」とは、職業上継続して行う仕事である。まず、第一に、業務の内容が「実質的に同一」であることの判断に先立って、「業務の種類」が同一であるかどうかをチェックする。これは、「厚生労働省編職業分類」の細分類を目安として比較し、この時点で異なっていれば、「職務内容が同一でない」と判断することとなる。

他方、業務の種類が同一であると判断された場合には、次に、比較対象となる通常の労働者及び短時間・有期雇用労働者の職務を業務分担表、職務記述書等により個々の業務に分割し、その中から「中核的業務」と言えるものをそれぞれ抽出する。通常の労働者と短時間・有期雇用労働者について、抽出した「中核的業務」を比較し、同じであれば、業務の内容は「実質的に同一」と判断し、明らかに異なっていれば、業務の内容は「異なる」と判断することとなる。

ここまで比較した上で業務の内容が「実質的に同一である」と判断された場合には、最後に、両者の職務に伴う責任の程度が「著しく異なって」いないかどうかをチェックする。

「責任の程度」とは、業務に伴って行使するものとして付与されている権限の範囲・程度等をいい、具体的には、授権されている権限の範囲（単独で契約締結可能な金額の範囲、管理する部下の数、決裁権限の範囲等)、業務の成果について求められる役割、トラブル発生時や臨時・緊急時に求められる対応の程度、ノルマ等の成果への期待の程度等を指す。また、責任の程度を比較する際には、所定外労働も考慮すべき要素の一つであるが、これについては、例えば、通常の労働者には所定外労働を命ずる可能性があり、短時間・有期雇用労働者にはない、といった形式的な判断ではなく、実態として業務に伴う所定外労働が必要となっているかどうか等を見て、判断することとなる。例えば、トラブル発生時、臨時・緊急時の対応として、また、納期までに製品を完成させるなど成果を達成するために所定外労働が求められるのかどうかを実態として判断する。

以上の判断手順を経て、「業務の内容」及び「責任の程度」の双方について、通常の労働者と短時間・有期雇用労働者とが同一であると判断された場合が、「職務の内容が同一である」こととなる（平31.1.30通達　第１の４（２）ロ）。

(イ)「職務の内容及び配置の変更の範囲」

「職務の内容及び配置の変更の範囲」については、転勤、昇進を含むいわゆる人事異動や本人の役割の変化等の有無や範囲を総合判断する。「職務の内容の変更」と「配置の変更」は、現実にそれらが生じる際には重複が生じ得る。つまり、「職務の内容の変更」とは、配置の変更によるものであるか、そうでなく業務命令によるものであるかを問わず、職務の内容が変更される場合を指す。他方、「配置の変更」とは、人事異動等によるポスト間の移動を指し、結果として職務の内容の変更を伴う場合もあれば、伴わない場合もある。それらの変更の「範囲」とは、変更により経験する職務の内容又は配置の広がりを指す（平31.1.30通達　第１の４（２）ハ（イ）①）。

職務の内容及び配置の変更が「同一の範囲」であるとの判断に当たっては、一つ一つの職務の内容及び配置の変更の態様が同様であることを求めるものではなく、それらの変更が及び得ると予定されている範囲を画した上で、その同一性を判断する。ただし、この同一性の判断は、「範囲」が完全に一致することまでを求めるものではなく、「実質的に同一」と考えられるかどうかという観点から判断する（平31.1.30通達　第１の４（２）ハ（イ）②）。

変更の範囲の同一性については、まず、通常の労働者と短時間・有期雇用労働者について、配置の変更に関して、転勤の有無が同じかどうかを比較する。この時点で異なっていれば、「職務の内容及び配置が通常の労働者の職務の内容及び配置の変更の範囲と同一の範囲内で変更されることが見込まれない」と判断することとなる。

次に、転勤が双方ともあると判断された場合には、全国転勤の可能性があるのか、エリア限定なのかといった転勤により移動が予定されている範囲を比較する。この時点で異なっていれば、「職務の内容及び配置が通常の労働者の職務の内容及び配置の変更の範囲と同一の範囲内で変更されることが見込まれない」と判断することとなる。

転勤が双方ともない場合、及び双方ともあってその範囲が「実質的に」同一であると判断された場合には、事業所内における職務の内容の変更の態様について比較する。まずは、職務の内容の変更（事業所内における配置の変更の有無を問わない。）の有無を比較し、この時点で異なっていれば、「職務の内容及び配置が通常の労働者の職務の内容及び配置の変更の範囲と同一の範囲内で変更されることが見込まれない」と判断することとなる。同じであれば、職務の内容の変更により経験する可能性のある範囲も比較し、異同を判断する（平31.1.30基発0130第１号の通達　第１の４（２）ハ（ロ））。

この見込みについては、事業主の主観によるものではなく、文書や慣行によって確立されているものなど客観的な事情によって判断される（平31.1.30基発0130第1号の通達　第１の４（２）ハ（イ））。

なお、「パートタイム労働法の概要（平成31年４月版）」（厚生労働省都道府県労働局雇用環境・均等部（室）、2019年）３頁に、「職務の内容」及び「職務の内容及び配置の変更の範囲」の同一性の有無を判断するにあたってのフローチャート図が掲載されている。（次頁参照）。同文書は、パート法８条及び９条に関して作成されたものではあるが、パート有期法８条及び９条の下でも同様に妥当すると考えられ、参考になる。

㈦　「その他の事情」

「その他の事情」については、職務の内容並びに職務の内容及び配置の変更の範囲に関連する事情に限定されるものではない（平31.1.30通達　第３の３（５）、前掲長澤運輸事件・最二小判平30.6.1参照）。

行政解釈によれば、職務の成果、能力、経験、合理的な労使の慣行、事業主と労働組合との間の交渉といった労使交渉の経緯などの諸事情が「その他の事情」として想定されるとされている（平31.1.30通達　第３の３⑸）。この点について、前掲長澤運輸事件・最二小判平成30.6.1は、「労働者の賃金に関する労働条件の在り方については、基本的には、団体交渉等による労使自治に委ねられるべき部分が大きい」と述べており（前掲日本郵便（大阪）事件控訴審判決・大阪高判平31.1.24も同旨）、労使の関与の程度を「その他の事情」として重視しているようにも読める。もっとも、学校法人産業医科大学控訴審事件・福岡高判平30.11.29労判1198号63頁は、「団体交渉等による労使自治により、労働条件の改善が図られていたということができない事情」があったことも考慮しており、労使の合意があったことから直ちに労働条件相違の不合理性が否定されているわけではないことに注意を要する。

また、行政解釈によれば、パート有期法14条２項に基づく待遇の相違の内容及びその理由に関する説明を十分にしなかったと認められる場合には、その事実も「その他の事情」に含まれ、不合理性を基礎付ける事情として考慮されうるとされている（平31.1.30通達　第３の３（５））。

なお、定年後再雇用者であることが「その他の事情」として考慮されるか否かについて、前掲長澤運輸事件・最二小判平成30.6.1は、(i)定年制の下における無期契約労働者の賃金体系は、当該労働者を定年退職するまで長期間雇用

「職務の内容が同じ」かどうか

職務の内容とは、業務の内容及び当該業務に伴う責任の程度をいいます。職務の内容が同じかどうかについては、次の手順にしたがって判断します。

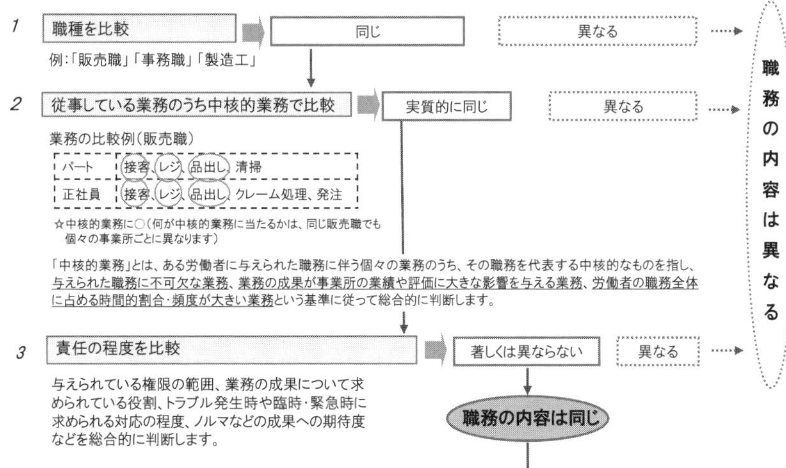

「職務の内容・配置の変更の範囲（人材活用の仕組みや運用など）が同じ」かどうか

通常の労働者とパートタイム労働者の職務の内容・配置の変更の範囲が同じかどうかについては、次の手順に従って判断します。

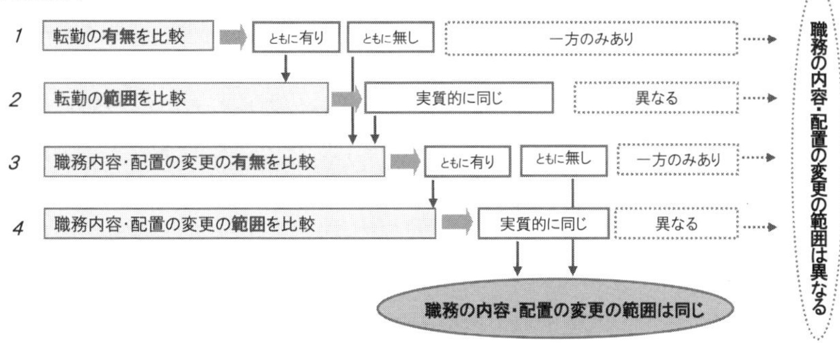

出典：「パートタイム労働法の概要（平成 31 年４月版）」（厚生労働省都道府県労働局雇用環境・均等部（室）、2019 年）３頁

することを前提に定められたものであることが少なくないと解されるのに対し、使用者が定年退職者を有期労働契約により再雇用する場合、当該者を長期間雇用することは通常予定されていないこと、(ii)定年退職後に再雇用される有期契約労働者は、定年退職するまでの間、無期契約労働者として賃金の支給を受けてきた者であり、一定の要件を満たせば老齢厚生年金の支給を受けることも予定されていること、(iii)このような事情は、定年退職後に再雇用される有期

契約労働者の賃金体系の在り方を検討するに当たって、その基礎になるものであるということができることを理由に、これを肯定している。また、ガイドラインにおいても、「有期雇用労働者が定年に達した後に継続雇用された者であることは、通常の労働者と当該有期雇用労働者との間の待遇の相違が不合理と認められるか否かを判断するに当たり、短時間・有期雇用労働法第８条のその他の事情として考慮される事情に当たりうる。定年に達した後に有期雇用労働者として継続雇用する場合の待遇について、様々な事情が総合的に考慮されて、通常の労働者と当該有期雇用労働者との間の待遇の相違が不合理と認められるか否かが判断されるものと考えられる。したがって、当該有期雇用労働者が定年に達した後に継続雇用された者であることのみをもって、直ちに通常の労働者と当該有期雇用労働者との間の待遇の相違が不合理ではないと認められるものではない」とされている（ガイドライン　第３の１（注）２）。

㈡　「当該待遇の性質及び当該待遇を行う目的に照らして適切と認められるもの」

上記のとおり、パート有期法８条は、職務の内容、当該職務の内容及び配置の変更の範囲、及びその他の事情のうち、「当該待遇の性質及び当該待遇を行う目的に照らして適切と認められるもの」を考慮すると定めている。この文言は、上記３つの判断要素（特に「その他の事情」）の考慮の仕方（比重のかけ方）を、問題となっている待遇の性質・目的に照らして適切に行うことを要請している（菅野「労働法」364頁）。したがって、待遇の相違の不合理性を判断するにあたっては、当該待遇の性質・目的をどのように考えるかが重要となる。

ガイドラインでは、「当該待遇の性質及び当該待遇を行う目的に照らして適切と認められるもの」の具体例として、例えば、①基本給であって、労働者の能力・経験に応じて支給するものについては、短時間・有期雇用労働者の有する能力・経験が（第３の１（１））、②賞与であって、会社の業績等への労働者の貢献に応じて支給するものについては、短時間・有期雇用労働者の貢献の程度が（第３の２）、③役職手当であって、役職の内容に対して支給するものについては、短時間・有期雇用労働者の就く役職の内容が（第３の３（１））、④福利厚生施設（給食施設、休憩室及び更衣室）については、短時間・有期雇用労働者の働く事業所が（第３の４（１））、⑤教育訓練であって、現在の職務の遂行に必要な技能又は知識を習得するために実施するものについては、短時間・有期雇用労働者の職務の内容が（第３の５（１））、それぞれ挙げられている（水町「同一労働同一賃金」89〜90頁、95〜112頁も参照）。

このように、それぞれの待遇の不合理性を判断するにあたっては、当該待遇の性質・目的に照らして適切と認められる考慮要素を抽出して、それとの関係で待遇の不合理性を判断することが求められている。さまざまな要素をランダムにピックアップして、それらの事情を総合的に考慮し、不合理性を総合的・相対的に決定するという手法はとられていない（水町「同一労働同一賃金」90頁）。詳細は、第３章（138頁～）を参照されたい。

ウ　不合理性判断の具体例

「第３章　待遇ごとの検討」（138頁～）を参照されたい。

3　効果

(1)　行政法上の効果

事業主がパート有期法８条に違反した場合、事業主の事業所の所在地を管轄する都道府県労働局長による報告の徴収、助言、指導、勧告の対象となる（パート有期法18条１項、３項、同法施行規則８条）。なお、パート有期法８条については、同条に違反することが明確な場合を除き、助言、指導、勧告の対象としないものとされている（平31.1.30通達　第３の14（１）ハ）。

(2)　民事法上の効果

ア　強行的効力

改正前労契法20条は強行規定であり、これに違反する労働条件の相違を設ける部分は無効となると解されていた（前掲ハマキョウレックス事件上告審判決・最二小判平30.6.1）。

かかる解釈は、パート有期法８条の下でも同様に妥当すると解される（平31.1.30通達　第３の３（７）参照）。

イ　補充的効力

不合理と認められて無効となった短時間・有期雇用労働者の待遇が、通常の労働者の待遇に当然に代替されるのかという点は、争いがある。いわゆる補充的効力の有無の問題である。

改正前労契法20条の下では、有期契約労働者と無期契約労働者との労働条件の相違が同条に違反する場合であっても、同条の効力により当該有期契約労働者の労働条件が比較の対象である無期契約労働者の労働条件と同一のものとなるものではないとして、補充的効力は否定されていた（前掲ハマキョウレックス事件上告審判決・最二小判平30.6.1）。

また、改正前労契法20条の下では、補充的効力が否定された場合でも、就業規則の合理的な解釈として、無期契約労働者の就業規則が、有期契約労働者に適用される結果、有期契約労働者の労働条件が、無期契約労働者の労働条件に代替される場合があり得るか否かについても、争いがあった。

前掲長澤運輸事件・最二小判平30.6.1は、(i)嘱託乗務員について、従業員規則とは別に嘱託社員規則を定め、嘱託乗務員の賃金に関する労働条件を、従業員規則に基づく賃金規定等ではなく、嘱託社員規則に基づく嘱託社員労働契約によって定めることとしていること、(ii)嘱託社員労働契約の内容となる再雇用者採用条件は、精勤手当について何ら定めておらず、嘱託乗務員に対する精勤手当の支給を予定していないことに鑑みれば、嘱託乗務員が精勤手当の支給を受けることのできる労働契約上の地位にあるものと解することは、就業規則の合理的な解釈としても困難であるとして、これを否定した。

また、前掲ハマキョウレックス事件上告審判決・最二小判平30.6.1は、正社員に適用される就業規則と、契約社員に適用される就業規則とが、別個独立のものとして作成されていること等にも鑑みれば、両者の労働条件の相違が同条に違反する場合に、正社員の就業規則の定めが契約社員に適用されることとなると解することは、就業規則の合理的な解釈としても困難であるとしていた。

かかる解釈は、パート有期法８条の下でも同様に妥当すると解される（平31.1.30通達　第３の３（７）参照)。したがって、これらの判例に鑑みれば、通常の労働者の就業規則の定めが短時間・有期雇用労働者に適用されることを防止するためには、両者の就業規則を別個独立のものとして作成することが一つの方法となり得よう。

ウ　不法行為責任

改正前労契法20条に違反する取扱いは、不法行為を構成すると解されていた(前掲ハマキョウレックス事件上告審判決・最二小判平30.6.1参照)。かかる解釈は、パート有期法８条の下でも同様に妥当すると解される（平31.1.30通達第３の３（７）参照)。

ただし、不法行為責任をめぐっては、以下のような論点が存在する。

(ア)　過失

前掲メトロコマース事件控訴審判決・東京高判平31.2.20において、被告は、改正前労契法20条違反となる契約社員に対する取扱いについては、過失の有無についても改めて検討する必要があるとした上で、本件の事情の下では、過失は認められない旨主張していた。これに対し、裁判所は、(i)被告が改正前労契法20条の内容を認識してから、同条の施行までに７か月以上の期間があったこと、(ii)同条の内容が公布される前から、組合から契約社員の待遇改善を求められていたのであるから、準備期間は一層あったこと、(iii)にもかかわらず、漫然と従前の労働条件を墨守していたことに鑑みれば、被告に過失があったことは否定することができないとした。

また、前掲日本郵便（東京）事件控訴審判決・東京高判平30.12.13においても、被告は、改正前労契法20条の不合理性が認められたとしても、それによって当然に過失が具備されるものではないとした上で、(i)当時、改正前労契法20条の解釈適用については、確立した判例や学説が存在しないことや、(ii)改正前労契法20条が定める労働条件の相違の「不合理」性は規範的要件であり、各考慮事情を踏まえた裁判所による認定を経てはじめて判断ができるものであることを踏まえると、過失は存しない旨主張していた。これに対し、裁判所は、不法行為の成否について法的評価は行為者が自らの責任で行うべきところ、(i)改正前労契法20条の公布から７か月以上の期間があったこと、(ii)同条の施行前後に組合から時給制契約社員等について処遇改善を求められていたこと等に照らせば、過失が認められるとした。

これらの裁判例に鑑みると、パート有期法８条の下でも、同条違反が認められる場合に、使用者側の過失の存在を否定することは困難といえよう。

(イ)　損害

通常は、無期労働者に対する手当等との差額全額が損害となる。例えば、前掲日本郵便（東京）事件第１審判決・東京地判平29.9.14は、無期労働者と同一内容の労働条件でないことをもって直ちに不合理である労働条件の場合は、無期労働者に対する手当等との差額全額が損害となるとしている。また，前掲ハマキョウレックス事件上告審判決・最二小判平30.6.1や，前掲長澤運輸事件・最二小判平成30.6.1でも，問題となった手当に係る差額相当額全額が損害と認定されている。

これに対し、有期雇用労働者に労働条件が全く付与されていなかったり、無期労働者との間の給付の質や量の差異をもって不合理である場合には、裁判所の判断は分かれている。前掲日本郵便（東京）事件第１審判決・東京地判平29.9.14は、このような場合、①人事制度全体との整合性、②昇任昇格経路や配置転換等の範囲の違い、③労使間の個別的集団的交渉の経緯等を踏まえてあるべき労働条件を決定し、これとの差額を損害と認めるべきこととなるが、このような損害の認定は裁判所にはきわめて困難であるため、結局、裁判所は、民訴法248条に従って、相当な損害額を認定することになるとした上で、年末年始勤務手当の８割相当額及び住宅手当の６割相当額を損害と認めるのが相当であるとした。これに対し、前掲日本郵便（東京）事件控訴審判決・東京高判平30.12.13は、民訴法248条を用いることなく、端的に、年末年始勤務手当の差額全額及び住居手当の差額全額を損害と認定している。その他に、前掲メトロコマース事件控訴審判決・東京高判平31.2.20では、退職金額の４分の１相当額が、前掲大阪医科薬科大学事件控訴審判決・大阪高判平31.2.15では、賞与の60％相当額が損害となるとされたが、これらの裁判例でも、（少なくとも判文上は）民訴法248条は用いられていない。

他方、当該損害の賠償が行われれば、労働条件の不合理な相違による精神的苦痛は慰藉されるのが通常であるから、これによってもなお償うことができない精神的苦痛を生ずる特段の事情がない限り、慰謝料は発生しない（前掲メトロコマース事件第１審判決・東京地判平29.3.23。前掲メトロコマース事件控訴審判決・東京高判平31.2.20も同旨。）。

㈦　消滅時効

不法行為に基づく損害賠償請求権であるため、「損害及び加害者を知った時から３年」の消滅時効期間に服し（民法724条１号）、賃金等に関する２年の短期消滅時効（労基法115条）が適用されるわけではない（前掲メトロコマース事件・東京地判平29.3.23。前掲メトロコマース事件控訴審判決・東京高判平31.2.20も同旨。）。

第2　差別的取扱いの禁止（パート有期法９条）

1　改正法の概要

⑴　本改正前の状況

パートタイム労働者との関係では、2007年改正パート法の下で既に通常の労働者と同視すべき短時間労働者について差別的取扱いの禁止に関する規定（均等待遇規定）が設けられていた（旧パート法８条）。旧パート法８条の下では、通常の労働者と同視すべき短時間労働者に該当するためには、①職務内容が通常の労働者と同一の短時間労働者であること、②期間の定めのない労働契約を締結していること（または有期労働契約の反復更新により無期労働契約と同視することが相当と認められること）、③雇用関係の全期間において職務の内容・配置が通常の労働者と同一の範囲で変更されると見込まれることの３つの要件を満たさなければならなかった。しかし、その後、2014年改正の際に、旧パート法８条が改正され②の要件が落とされた。その結果、本改正直前の時点では、パート法９条において、「事業主は、職務の内容が当該事業所に雇用される通常の労働者と同一の短時間労働者（第11条第１項において「職務内容同一短時間労働者」という。）であって、当該事業所における慣行その他の事情からみて、当該事業主との雇用関係が終了するまでの全期間において、その職務の内容及び配置が当該通常の労働者の職務の内容及び配置の変更の範囲と同一の範囲で変更されると見込まれるもの（次条及び同項において「通常の労働者と同視すべき短時間労働者」という。）については、短時間労働者であることを理由として、賃金の決定、教育訓練の実施、福利厚生施設の利用その他の待遇について、差別的取扱いをしてはならない」と定められていた。

他方、改正前労契法その他の法令において、有期雇用労働者について、差別的取扱いの禁止に関する規定は設けられていなかった。

⑵　パート有期法９条

これに対して、パート有期法９条は、「事業主は、職務の内容が通常の労働者と同一の短時間・有期雇用労働者（第11条第１項において「職務内容同一短時間・有期雇用労働者」という。）であって、当該事業所における慣行その他の事情からみて、当該事業主との雇用関係が終了するまでの全期間において、その職務の内容及び配置が当該通常の労働者の職務の内容及び配置の変更の範囲と同一の範囲で変更されることが見込まれるもの（次条及び同項において「通常の労働者と同視すべき短時間・有期雇用労働者」という。）については、短時間・有期雇用労働者であることを理由として、基本給、賞与その他の待遇のそれぞれについて、差別的取扱いをしてはならない」と定め、通常の労働者と同視すべき短時間労働者と有期雇用労働者の双方について、差別的取扱いを禁止している。

本改正の意義は、改正前労契法において、差別的取扱いの禁止規定が設けられていなかった有期雇用労働者について、差別的取扱いの禁止規定を設けた点ある。また、パート有期法９条は、旧パート法８条やパート法９条と同趣旨の均等待遇規定であり、これらに関する裁判例や解釈論は、パート有期法９条の下でも同様に妥当すると考えられる。そこで、以下では、パート有期法９条の理解に必要な限度で、旧パート法８条やパート法９条に関する裁判例や解釈論についても適宜言及することとする。

2　要件

⑴　概要

パート有期法９条の要件は、以下のとおりである。

①「職務の内容が通常の労働者と同一の短時間・有期雇用労働者」であって、「当該事業所における慣行その他の事情からみて、当該事業主との雇用関係が終了するまでの全期間において、その職務の内容及び配置が当該通常の労働者の職務の内容及び配置の変更の範囲と同一の範囲で変更されることが見込まれる」こと

②「短時間・有期雇用労働者であることを理由として」

③「基本給、賞与その他の待遇について、差別的取扱い」をすること

⑵　要件①について

ア　「職務の内容」、「職務の内容及び配置の変更の範囲」の同一性

上記第1-2⑸イ㈠㈡（124頁～）を参照されたい。なお、本条では、パート有期法8条と異なり、「当該事業所における慣行その他の事情からみて、当該事業主との雇用関係が終了するまでの全期間において、その職務の内容及び配置が当該通常の労働者の職務の内容及び配置の変更の範囲と同一の範囲で変更されることが見込まれる」ことが要件として加重されている点で、注意を要する。

イ　裁判例（いずれも旧パート法8条下での裁判例である）

ニヤクコーポレーション事件・大分地判平25.12.10労判1090号44頁は、タンクローリーの運転業務に従事し、1年間の期間の定めのある労働契約を計6回にわたり更新してきた短時間労働者について、職務内容が正社員ドライバーと同一であることについては当事者間に争いがなく、かつ、転勤・出向（転勤・出向は短時間労働者にはなかったが、正社員ドライバーでも転勤・出向の例が年間数名と少なく、九州管内では2002年以降例がなかった）や、チーフ等の重要な役職への任命（短時間労働者でもチーフ等に就く例があった）、職系転換（ドライバーから事務職へ）の有無（短時間労働者にはないが、正社員ドライバーで事務職へ職系転換した者は全国で年間数名でありその人数は正社員ドライバーの総数に比べて非常に少なく事務職への職系転換は正社員ドライバーにとってもごく例外的な扱いと認められ正社員の通常の配置とは認められない）等の点について、当該事業主との雇用関係が終了するまでの全期間において、職務の内容及び配置が当該通常の労働者の職務の内容及び配置の変更の範囲と同一の範囲で変更されると見込まれるものに該当すると判断した。

京都市立浴場運営財団ほか事件・京都地判平29.9.20労判1167号34頁は、京都市立浴場の管理運営を目的とする一般社団法人に雇用され、1年間の期間の定めのある労働契約を5～13回にわたり更新してきた嘱託職員（短時間労働者）について、同法人の正規職員と業務内容及び責任の程度が同一であることについては当事者間に争いがなく、嘱託職員であっても主任になる者もおり、他浴場への異動が予定されていたかどうか等正規職員と嘱託職員との間で人材活用の仕組みや運用が異なっていたわけではなく、嘱託職員の職務の内容は恒常的なものであり、契約の更新手続も、契約内容の交渉もなく同法人が用意した文書に嘱託職員が押印して提出する等、形骸化していたと評価しうる程度に至っており、過去に雇止めをされた嘱託職員がいるといった事情もなく、同法人は

経費削減を図るため正規職員を減らし嘱託職員との契約を繰り返し更新していた等の事情を認定して、当該事業主との雇用関係が終了するまでの全期間において、職務の内容及び配置が当該通常の労働者の職務の内容及び配置の変更の範囲と同一の範囲で変更されると見込まれるものに該当すると判断した。

⑶　要件②について

パート有期法9条で禁止されるのは、「短時間・有期雇用労働者であることを理由とし」た差別的取扱いである。正社員と短時間・有期雇用労働者との間で制度的に異なる取扱いをしていること（正社員には賞与や福利厚生給付を支給しているのに、短時間・有期雇用労働者にはそれを支給していない、または、低額の支給しかしていない場合等）や、平均的な属性・特徴に基づく差別的取扱（短時間・有期雇用労働者は一般的に勤続年数が短いことから正社員に支給している退職金を支給しない場合等）は、「短時間・有期雇用労働者であることを理由とし」た差別的取扱いにあたる。これに対し、短時間・有期雇用労働者であること以外の具体的な理由（職業経験・能力、業績・成果、勤続年数等）に基づくものであると認められる場合には、「短時間・有期雇用労働者であることを理由とし」た差別的取扱いにはあたらないものと解される（水町「同一労働同一賃金」116～117頁）。

この点について、行政解釈では、次のように注意喚起されている。すなわち、待遇の取扱いが同じであっても、個々の労働者について査定や業績評価等を行うに当たり、意欲、能力、経験、成果等を勘案することにより個々の労働者の賃金水準が異なることは、通常の労働者間であっても生じうることであって問題とはならないが、当然、当該査定や業績評価は客観的かつ公正に行われるべきである。また、労働時間が短いことに比例した取扱いの差異として、査定や業績評価が同じである場合であっても賃金が時間比例分少ないといった合理的な差異は許容されることは、言うまでもない。なお、経営上の理由により解雇等の対象者の選定をする際は、通常の労働者と同視すべき短時間・有期雇用労働者については、労働時間が短いことのみをもって通常の労働者より先に短時間労働者の解雇等をすることや、労働契約に期間の定めのあることのみをもって通常の労働者よりも先に有期雇用労働者の解雇等をすることは、解雇等の対象者の選定基準において差別的取扱いがなされていることとなり、パート有期法9条違反となる（平31.1.30通達　第3の4⑼。なお、「有期雇用労働者の解雇等」の「等」に雇止めを含むか否かについては、争いがある）。

なお、前掲ニヤクコーポレーション事件・大分地判平25.12.10や前掲京都市立浴場運営財団ほか事件・京都地判平29.9.20では、待遇差を設けることについて合理的な理由がないことを認定したうえで、短時間労働者であることを理由とした差別的取扱いだと結論付けている。これらの裁判例からすると、待遇の相違について「合理的な理由」がある場合には、「短時間・有期雇用労働者であることを理由とし」た差別的取扱いには該当しないということになろう（櫻庭涼子「パートタイム労働法８条違反の有無と救済方法」平成26年度重要判例解説（ジュリスト臨時増刊1479号、有斐閣、2015年）242頁参照）。菅野「労働法」367頁でも、「『短時間・有期雇用労働者であることを理由として』の『差別的取扱い』にあたるかどうかについても、均衡待遇（不合理な待遇の禁止）規定における『その他の事情』に相当するような、当該取扱いを正当化する様々な事情が主張されうることとなる」とされている。

⑷　要件③について

前掲ニヤクコーポレーション事件・大分地判平25.12.10は、タンクローリーの運転業務に従事してきた短時間労働者が、正社員ドライバーに比して、賞与の額（年額40万円を超える差があった）、週休日数、退職金の有無について差があるとして、これを、賃金の決定についての差別的取扱いに該当すると認めた。ただし、退職金の請求については、原被告間に労働契約が存在することを理由に損害は発生していないとした。

前掲京都市立浴場運営財団ほか事件・京都地判平29.9.20は、正規職員には支給されていた退職金を嘱託職員には支給しなかったことを、賃金の決定についての差別的取扱いに該当すると認めた。また、原告らはすでに解雇されていたため、退職金相当額の損害賠償も命じられた。

⑸　パート有期法９条と長澤運輸事件との関係

前掲長澤運輸事件・最二小判平30.6.1では、嘱託乗務員及び正社員は、職務の内容並びに当該職務の内容及び配置の変更の範囲において相違はないにもかかわらず、有期契約労働者が定年退職後に再雇用された者であることが改正前労契法20条にいう「その他の事情」として考慮され、嘱託乗務員と正社員との精勤手当及び超勤手当（時間外手当）を除く各賃金項目に係る労働条件の相違については、改正前労契法20条にいう不合理と認められるものに当たるということはできないとされた。

しかし、パート有期法９条には「その他の事情」という文言がない。そのため、同条の下では、職務の内容並びに当該職務の内容及び配置の変更の範囲において相違がない場合には、短時間・有期雇用労働者であることを理由とした一切の差別的取扱いが禁止される。したがって、長澤運輸事件のような事案では、パート有期法９条によって差別と認められる可能性も否定できなくなる（野川忍「混乱を招いた最高裁二判決―労契法20条の解釈基準」季刊労働法262号（労働開発研究会、2018年）３頁）。一方で、定年退職後再雇用では、長期間雇用することは通常想定されていないことから、同条の要件である「当該事業主との雇用関係が終了するまでの全期間において」との関連で、正社員とは異なるとされる可能性も否定できないとの指摘もある（矢野昌浩「定年退職後の再雇用と労働契約法20条」新・判例解説 Watch（法学セミナー増刊23号、日本評論社、2018年）286頁）。また、定年後再雇用者であることを考慮して設けられた待遇の相違であり、「有期雇用労働者であることを理由とし（た）」差別的取扱いではないという指摘もある（水町「同一労働同一賃金」117頁）。

3　効果

⑴　行政法上の効果

事業主がパート有期法９条に違反した場合、事業主の事業所の所在地を管轄する都道府県労働局長による報告の徴収、助言、指導、勧告、公表の対象になる（パート有期法18条、同法施行規則８条）。パート有期法９条違反の場合、同法８条違反の場合と異なり、事業主が勧告に従わなかった場合の措置として公表が定められている点に注意が必要である（パート有期法18条２項）。

⑵　民事法上の効果

ア　強行的効力

パート有期法９条は強行規定であり、これに違反する就業規則の差別的賃金規定等は無効となるものと解されている（前掲ニヤクコーポレーション事件・大分地判平25.12.10、前掲京都市立浴場運営財団ほか事件・京都地判平29.9.20参照）。

イ　補充的効力

パート有期法９条についても、補充的効力の有無には争いがある。前掲ニヤクコーポレーション事件・大分地判平25.12.10は、旧パート法８条は、単に差別的取扱いを禁止するものに過ぎず、それ以上に、差別的取扱いとして無効となった短時間労働者の待遇が、通常の労働者の待遇に当然に代替されるわけではないから、通常の労働者と同一の待遇を受ける労働契約上の権利を有する地位にあることの確認請求は認められないとして、これを否定していた。

ウ　不法行為責任

パート有期法９条に違反する差別的取扱いは、不法行為を構成すると解されている（前掲ニヤクコーポレーション事件・大分地判平25.12.10、前掲京都市立浴場運営財団ほか事件・京都地判平29.9.20参照）。

第3章 待遇ごとの検討

第1　ガイドラインについて

1　ガイドラインと裁判例との関係

通常の労働者と短時間・有期雇用労働者及び派遣労働者との間に待遇の相違が存在する場合に、いかなる待遇の相違が不合理と認められ、いかなる待遇の相違が不合理と認められないのか等については、ガイドラインが定められ、原則となる考え方及び具体例が示されている（正式名称は、「短時間・有期雇用労働者及び派遣労働者に対する不合理な待遇の禁止等に関する指針」（平30.12.28厚生労働省告示430号））。このガイドラインは、2016年12月に公表された「同一労働同一賃金ガイドライン案」から一部修正がなされた上で、制定されたものである。今般の法改正における「同一労働同一賃金」の位置づけの変遷及びガイドラインとの関係については、荒木尚志「「同一労働同一賃金」の位置づけと今後」ジュリスト1538号14頁を参照されたい。

ガイドラインのうち第3が短時間・有期雇用労働者に関連するが、これは、パート有期法15条1項という法律上の根拠に基づき、所管官庁である厚労省が制定したものであって、実務上、必ず参照すべきものであるが、前述荒木論文も指摘しているとおり、ガイドラインには今後議論がなされるべき点があるように思われるため、ガイドラインを参照し、解釈するにあたっては、慎重な検討が必要であろう。

また、ガイドラインは、「原則となる考え方」を述べているにとどまるため、挙げられている具体例を踏まえてもなお、ある待遇の相違が不合理であるか否かについて明確に判断できるわけではない。そのため、いかなる相違が不合理と判断されるか否かについては、改正法施行後の裁判例の蓄積により徐々に明らかになっていくものと考えられるが、パート有期法８条と同様の規制である改正前の労契法20条（本章においては、特段断らない限り、労契法20条との記載は、改正前の労契法20条を意味する。）については、すでに相当数の裁判例が蓄積されており、パート有期法８条につき検討するに際しては、それらの先行する裁判例の分析・検討は極めて有用であり、実務上必須であるといえる。パート有期法９条の検討の参考となる裁判例については、「2018年労働事件ハンドブック」426頁以降や第２部第２章第２（132頁以下）を参照されたい。

そこで、第２以降において、待遇ごとに、ガイドラインと労契法20条に関する裁判例それぞれについて説明する。なお、記載の順序としては、ガイドラインの記載にこだわらず、比較的議論がしやすい各種手当について検討を行い、その上で、基本給、賞与、退職金、福利厚生の順にさらに検討を行っている。

通常の労働者と短時間・有期雇用労働者の賃金の決定基準・ルールの相違がある場合について

ガイドライン（本文）の記載は、通常の労働者と短時間・有期雇用労働者の賃金の決定基準・ルールが同じである場合を想定しているものと考えられる。しかし、多くの企業においては、正社員と短時間・有期雇用労働者とでは基本給、賞与、各種手当等の賃金の決定基準・ルールが異なることが多いと考えられる。このような場合について、ガイドラインは、「通常の労働者と短時間・有期雇用労働者との間で将来の役割期待が異なるため、賃金の決定基準・ルールが異なる」等の主観的・抽象的な説明では足りず、賃金の決定基準・ルールの相違は、①通常の労働者と短時間・有期雇用労働者の職務の内容、②当該職務の内容及び配置の変更の範囲、③その他の事情、のうち、当該待遇の性質及び当該待遇を行う目的に照らして適切と認められるものの客観的及び具合的な実態に照らして、不合理と認められるようなものであってはならない、としている（ガイドライン第３、１（注）１）。実務上は、ガイドライン（本文）の記載は適用されず、この基本的な考え方が適用される場合が多いと考えられる。

3 定年に達した後に継続雇用された有期雇用労働者の取扱いについて

通常の労働者と定年に達した後に継続雇用された有期雇用労働者とでは賃金の相違があることが多いと思われるが、そのような賃金の相違について、ガイドラインは、実際に両者の間に職務の内容、職務の内容及び配置の変更の範囲その他の事情の相違がある場合は、その相違に応じた賃金の相違は許容されるとしている（ガイドライン第３、１（注）２）。

また、ガイドラインは、有期雇用労働者が定年に達した後に継続雇用された者であることは、通常の労働者と当該有期雇用労働者との間の待遇の相違が不合理と認められるか否かを判断するに当たり、パート有期法第８条の「その他の事情」として考慮される事情に当たりうるとしている（ガイドライン第３、１（注）２）。

以上述べた定年後再雇用に関するガイドラインの考え方は、長澤運輸事件・最二小判平 30.6.1民集72巻２号202頁の判示と同様のものである。

4　取組手順書及びマニュアルについて

ガイドライン以外にも、厚生労働省は、実務上参考となる資料を公表している。

具体的には、厚生労働省は、『パートタイム・有期雇用労働法対応のための取組手順書』、『不合理な待遇差解消のための点検・検討マニュアル（業界別マニュアル）』『職務評価を用いた基本給の点検・検討マニュアル』を公表している。

上記の取組手順書等は、いずれもガイドラインを具体化したものとされている。「業界別マニュアル」は業界共通編のほかに、スーパーマーケット業界編、食品製造業界編、印刷業界編、自動車部品製造業界編、生活衛生業界編、福祉業界編、労働者派遣業界編が別個に制作されている。これらのパンフレット及びマニュアル等はいずれも厚生労働省のホームページ上に掲載されているので、必要に応じて参考にすべきであろう。

第2　各種手当

1　役職手当

(1)　性質・目的

役職手当（役付手当）とは、課長等の役職についている者に対して支払われる手当である。その性質・目的については事業者ごとに検討が必要であるが、一般的には、役職者の職務上の責任の重さに対して支給される場合や、役職者に対しては割増賃金が支払われないことが少なくないためそれに見合うものとして支給される場合があるといわれている（日本経団連出版編「人事・労務用語辞典　第７版」370頁）。

(2) ガイドライン

ガイドラインは、役職手当であって、役職の内容に対して支給するものについて、①通常の労働者と同一の内容の役職につく短時間･有期雇用労働者には、通常の労働者と同一の役職手当を、②役職の内容に一定の相違がある場合においては、その相違に応じた役職手当を支給しなければならないのが原則的な考え方だとする（同第３、３（１））。

ただし、短時間労働者の勤務日・勤務時間が通常の労働者より短い場合に、その時間数に比例した役職手当を支給することは問題ないとされている（ガイドライン第３、３（１）「問題とならない例」ロ）。

(3) 裁判例

役職手当について労契法20条違反が争われた事案としては、長澤運輸事件（最二小判平30.6.1民集72巻２号202頁）がある（同事件で争われた手当の名称は「役付手当」）。

長澤運輸事件において、嘱託乗務員である上告人らは、役付手当（班長又は組長に対して支給）が年功給、勤続給的性格のものであるとして、上告人らに役付手当が支給されないことが不合理であると主張したが、最高裁は、被上告人における役付手当は、「その支給要件及び内容に照らせば、正社員の中から指定された役付者であることに対して支給されるものであるということでき」るとして、上告人らの主張を斥けた。

2 精皆勤手当

(1) 性質・目的

精皆勤手当は、一般的には、従業員の出勤奨励をねらいとして支払われる手当のことをいう（日本経団連出版編「人事・労務用語辞典　第７版」225頁）。

(2) ガイドライン

ガイドラインは、通常の労働者と業務の内容が同一の短時間・有期雇用労働者には、通常の労働者と同一の精皆勤手当を支給しなければならないのが原則的な考え方だとしている（同第３、３（４））。これは、通常の労働者と短時間･有期雇用労働者の業務の内容が同じ場合、従業員の出勤を奨励・確保するという精皆勤手当の趣旨は、基本的には、通常の労働者と短時間・有期雇用労働者との間で違いないはずであるという考え方に基づくものと考えられる。

もっとも、ガイドラインは、一定の日数以上出勤した場合に精皆勤手当が支給される通常の労働者については欠勤についてマイナス考課を行い、待遇にも反映している一方、短時間・有期雇用労働者については欠勤についてマイナス考課を行っていないこととの見合いの範囲内で精皆勤手当を支給しないことは問題とはならないとしている（ガイドライン第３、３（４）「問題とならない例」）。

(3) 裁判例

精皆勤手当について労契法20条違反が争われた事案としては、ハマキョウレックス事件・最二小判平30.6.1民集72巻２号88頁、再差戻後控訴審大阪高判平30.12.21労経速2369号18頁、長澤運輸事件・最二小判平30.6.1民集72巻２号202頁、井関松山製造所事件・高松高判令元.7.8労判1208号29頁（上告・上告受理申立）がある。

ハマキョウレックス事件最高裁判決は、皆勤手当の趣旨について、実際に出勤するトラック運転手を一定数確保する必要があることから皆勤を奨励する趣旨で支給されるものであるとした上で、正社員と契約社員の職務の内容が異ならない以上、出勤する者を確保する必要性について差異を生じるものではないとして、契約社員に対して皆勤手当を支給しないことを不合理であると判断した（長澤運輸事件最高裁判決及び井関松山製造所事件高裁判決も同様である。なお、長澤運輸事件は定年後再雇用の事案であるが、皆勤手当不支給の不合理性の判断に当たっては定年後再雇用であることは考慮されなかった。）。

3　地域手当

(1) 性質・目的

一般的に、地域手当とは、企業が各地に事業所をもっている場合、地域差がもたらす勤務地ごとの生計費（物価など）による生活水準の差異を調整するために支給する手当のことをいう（日本経団連出版編「人事・労務用語辞典　第７版」262頁）。

(2) ガイドライン

ガイドラインは、通常の労働者と同一の地域で働く短時間・有期雇用労働者には、通常の労働者と同一の地域手当を支給しなければならないのが原則的な考え方であるとしている（ガイドライン第３、３（10））。

さらに、ガイドラインは、通常の労働者と有期雇用労働者にはいずれも全国一律の基本給の体系を適用しており、かつ、いずれも転勤があるにもかかわらず、有期雇用労働者には地域手当を支給しないことは、問題があるとしている（ガイドライン第３、３（10）「問題となる例」）。

他方、通常の労働者については、全国一律の基本給の体系を適用し、転勤があることから、地域の物価等を勘案した地域手当を支給している一方で、短時間・有期雇用労働者については、それぞれの地域で採用し、それぞれの地域で基本給を設定しており、その中で地域の物価が基本給に盛り込まれているため、地域手当を支給していない場合は問題とならないとしている（ガイドライン第３、３（10）「問題とならない例」）。

実務的には、通常の労働者と短時間・有期雇用労働者とでは、転勤の有無の差異がある場合が少なくないが、そのような場合は、上記ガイドラインの「問題とならない例」に該当するのではないかと思われる。

⑶　裁判例

2019年12月１日現在、地域手当について労契法20条違反が争われた事案は見当たらなかった。

4　物価手当

⑴　性質・目的

一般的に、物価手当とは、物価の高騰が著しいときや地域別の物価の違いを等しくする目的で設けられる手当とされている（山岸俊正「改訂２版　人事労務管理事典」139頁）。支給目的が後者である場合には、前述した地域手当と類似したものといえよう。

このように、「物価手当」といってもその実質は様々なものがあり得るため、その性質・目的の検討に当たっては、その支給の趣旨や実態に即して検討を行う必要がある。

⑵　ガイドライン

「物価手当」について、ガイドラインは特段の言及をしていない。

⑶　裁判例

物価手当について労契法20条違反が争われた事案としては、井関松山ファクトリー事件・高松高判令元.7.8労判1208号38頁（上告・上告受理申立）がある。同判決は、物価手当の支給の趣旨について、年齢に応じて増加する生活費の補助にあって、年齢に応じた支給基準により一定額が支給されるものとされており、職務の内容の差異等に基づくものとは解し難いと判示した上で、労契法20条違反を認めた。

5　単身赴任手当

⑴　性質・目的

一般的に単身赴任手当とは、業務命令による転勤に伴い、自宅通勤ができなくなった従業員の生計費上の不利益をカバーし、家族と離れて住む間、支給されるものであって、「別居手当」と称されることもある（山岸俊正「改訂２版人事労務管理事典」139頁)。

(2) ガイドライン

ガイドラインは、通常の労働者と同一の支給要件を満たす短時間・有期雇用労働者には、通常の労働者と同一の単身赴任手当を支給しなければならないのが原則な考え方だとする（同第３、３（９））。

(3) 裁判例

2019年12月１日現在、単身赴任手当について判示した裁判例は見当たらなかった。

単身赴任手当については、その支給の趣旨からすると、前述した地域手当や物価手当に関する考え方や裁判例を参考にすべきであろう。

6 資格手当

(1) 性質・目的

「資格手当」と呼ばれている手当には、いくつかの異なる種類のものが存在する。まず、資格制度を採用している企業において、資格に応じた手当として支給されている場合である（資格を賃金に反映する方法としては、このように資格手当を支給するほか、基本給に反映する方法も考えられる。)。資格の基準が職務能力である場合、当該企業における資格手当は、職能給の性質を有することになる。また、企業内の資格ではなく、社会一般の資格（例えば、簿記検定など）を所持している者に対して支給されている場合もある。さらに、いわゆる役付手当と同様の意味で用いられている場合もある（以上について、山岸俊正「改訂２版　人事労務管理事典」105頁参照)。

(2) ガイドライン

ガイドラインは、資格手当それ自体については特段の言及をしていない。

もっとも、ガイドラインは、基本給に関する記載の中で、能力給（「労働者の能力又は経験に応じて支給するもの」）については言及している（同第３、１（１))。資格手当には、前述したとおり、職能給的な性格で支給されているものもあり、そのような資格手当に関していえば、能力給に関するガイドラインの当該記載は参考となるものと思われる。

また、社外の資格の取得・保持に着目した「資格手当」については、通常の労働者及び短時間・有期雇用労働者の職務の内容が同じであり、賃金体系も大きくは変わらない場合、特定の資格を取得･所持していることの業務上の価値･意味合いが、通常の労働者と短時間・有期雇用労働者とで違いがないのであれば、資格手当を通常の労働者に対してのみ支給することについて慎重な検討が必要ではなかろうか。

(3) 裁判例

「資格手当」について労契法20条違反が争われた事案としては、メトロコマース事件・東京高判平31.2.20労経速2373号３頁がある。同事案における「資格手当」は、社内の職務グループ（マネージャー職、リーダー職及びスタッフ職）における各資格（M、L－1～L－3、S－1～S－3）に対して支払われるものであり、当該事案における資格手当は、いわゆる職能給的な性格のものと思われる。当該判決は、「契約社員Bはその従事する業務の内容に照らして正社員と同様の資格を設けることは困難であると認められる」として、不合理性を認めなかった。この点、当該判決は、比較対象とされる売店業務に従事している正社員と原告である契約社員Bとを比較しても、職務の内容や変更の範囲の違いがあると認定しており、このことが上記の判断につながったものと思われる。

なお、「作業能率評価手当」について争われた事案として日本郵便（佐賀）事件・福岡高判平30.5.24労経速2352号３頁、「郵便外務・内務業務精通手当」について争われた事案として日本郵便（東京）事件・東京高判平30.12.13労判1198号45頁、「郵便外務業務精通手当」について争われた事案として日本郵便（大阪）事件・大阪高判平31.1.24労経速2371号３頁がある（いずれの判決も結論として不合理性を否定)。それらの手当は、業務への習熟度に対して給付される手当であり、職能給的な性格の「資格手当」を検討するに当たっては、これらの裁判例も参考になるように思われる。

7　特殊作業手当

(1) 性質・目的

一般的に特殊作業手当とは、企業における標準的な作業環境、労働条件とは異なり、高熱・危険・有害・悪臭・振動・騒音などをともなう作業環境に従事する場合に特別に支給される手当をいう（日本経団連出版編「人事・労務用語辞典　第７版」295頁)。

(2) ガイドライン

ガイドラインは、業務の危険度又は作業環境に応じて支給される特殊作業手当について、通常の労働者と同一の危険度又は作業環境の業務に従事する短時間・有期雇用労働者には、通常の労働者と同一の特殊作業手当を支給しなければならないのが原則的な考え方であるとしている（同第３、３（２))。

(3) 裁判例

ハマキョウレックス事件・最二小判平30.6.1民集72巻２号88頁では、「作業手当」について労契法20条違反が争われた。同事案における「作業手当」は、特殊作業に携わる正社員に対して支払われるものであるが、対象となる特殊作業の内容については給与規程に具体的に定められていなかった。当該最高裁判決は、「上記の作業手当は、特定の作業を行った対価として支給されるものであり、作業そのものを金銭的に評価して支給される性質の賃金であると解される。しかるに、上告人の乗務員については、契約社員と正社員の職務の内容は異ならない。また、職務の内容及び配置の変更の範囲が異なることによって、行った作業に対する金銭的評価が異なることによって、行った作業に対する金銭的評価が異なるものではない。加えて、作業手当に相違を設けることが不合理であるとの評価を妨げるその他の事情もうかがわれない。」と判示した上で、正社員に対して作業手当を支給する一方で、契約社員に対しては支給しないことは不合理と認められると判断した。

8　特殊勤務手当

⑴　性質・目的

一般的に特殊勤務手当とは、通常とは異なった職務に就く場合に支給される手当をいい、守衛、自動車運転手などに支給される手当が想定されているようである（日本経団連出版編「人事・労務用語辞典　第７版」295頁参照）。

⑵　ガイドライン

ガイドラインは特殊勤務手当を取り上げているが、そこで想定されているのは、交替制勤務等の勤務形態に応じて支給される手当である。

具体的には、ガイドラインは、通常の労働者と同一の勤務形態で業務に従事する短時間・有期雇用労働者には、通常の労働者と同一の特殊勤務手当を支給しなければならないのが原則的な考え方であるとしている（同第３、３（３））。

もっとも、ガイドラインは、「問題とならない事例ロ」として、「A社においては、通常の労働者であるXについては、入社に当たり、交替制勤務に従事することは必ずしも確定しておらず、業務の繁閑等生産の都合に応じて通常勤務又は交替制勤務のいずれにも従事する可能性があり、交替制勤務に従事した場合に限り特殊勤務手当が支給されている。短時間労働者であるYについては、採用に当たり、交替制勤務に従事することを明確にし、かつ、基本給に、通常の労働者に支給される特殊勤務手当と同一の交替制勤務の負荷分を盛り込み、通常勤務のみに従事する短時間労働者に比べ基本給を高く支給している。A社はXには特殊勤務手当を支給しているが、Yには支給していない。」場合を挙げている。

実務上の検討に当たっては、上記の「問題とならない事例」のように、基本給等に特殊勤務手当に相当する分が織り込まれていないかについても検討すべきであろう。

(3) 裁判例

2019年12月１日現在、特殊勤務手当について判示した裁判例は見当たらなかった。

9 上乗せ残業代・休日手当

(1) 性質・目的

使用者が時間外・深夜・休日労働をさせた場合にその時間・日の労働について一定の割増率を乗じた割増賃金を支払わなければならないとする労基法37条の趣旨は、時間外・深夜・休日労働が通常の労働時間または労働日に付加された特別な労働なので、これに対しては一定額の補償をさせること、そしてその経済的負担によって時間外・休日労働を抑制する目的がある（菅野「労働法」516頁）。

(2) ガイドライン

ガイドラインは、通常の労働者の所定労働時間を超えて、通常の労働者と同一の時間外労働を行った短時間・有期雇用労働者には、通常の労働者の所定労働時間を超えた時間につき、通常の労働者と同一の割増賃金に対して支給される手当を支給しなければならないとしている（同第３、３（５））。

また、通常の労働者と同一の深夜労働又は休日労働を行った短時間・有期雇用労働者には、通常の労働者と同一の割増率等で、深夜労働又は休日労働に対して支給される手当を支給しなければならないとしている（同（６））。

例えば、A社においては、通常の労働者であるXと時間数及び職務の内容が同一の深夜労働又は休日労働を行った短時間・有期雇用労働者であるYに、深夜労働又は休日労働以外の労働時間が短いことから、深夜労働又は休日労働に対して支給される手当の単価を通常の労働者よりも低く設定することは、問題となるとしている（同「問題となる例」）。

(3) 裁判例

メトロコマース事件・東京高判平31.2.20労判1198号５頁（上告・上告受理申立）は、早出残業手当について、正規雇用労働者（売店業務に従事する正社員）には、所定労働時間を超えて労働した場合には、初めの２時間については割増率が２割７分、これを超える時間については割増率が３割５分で計算された金額が支給される一方で、非正規雇用労働者（契約社員）には、１

日８時間を超えて労働した場合、割増率は労働時間の長短にかかわらず一律２割５分で計算した金額が支給されていた事案において、この労働条件の相違が不合理である旨判示した。同事件判決は、早出残業手当の差を不合理と判断した理由として、売店業務に従事する正社員と契約社員との職務の内容、当該職務の内容及び配置の変更の範囲の差について特段示すことなく、割増賃金について定めた労基法37条１項本文の趣旨のうち、時間外労働の抑制という観点から、非正規雇用労働者と正規雇用労働者とで割増率に相違を設けるべき理由はなく、そのことは使用者が法定の割増率を上回る割増率による割増賃金を支払う場合にも同様というべきと判断した。なお、同事件判決において、早出残業手当の上記相違について労使間での交渉の有無・内容についても裁判所が検討していることは参考になる（もっとも、上記相違が労使交渉の結果によるものではないとして、不合理との判断をした。）。

他方、日本郵便（東京）事件・東京高判平30.12.13労判1198号45頁（上告・上告受理申立）及び日本郵便（大阪）事件・大阪高判平31.1.24労判1197号５頁（上告・上告受理申立）は、正規雇用労働者にのみ早出勤務等手当を支給していることについて、不合理とはいえないと判断した。もっとも、この手当は単純に上乗せ残業代・休日手当としての趣旨ではないことに注意が必要である。すなわち、同手当が正規雇用労働者の中で深夜早朝のシフトに従事した者とそうでない者との公平を図る趣旨の手当であることや、非正規雇用労働者（契約社員）は募集・採用時に勤務時間帯が明示され、本人の同意のない時間帯には割り当てられないよう配慮されていること等から、そもそも契約社員には、早出勤務等手当を支給する前提を欠いているとされた。

また、正規雇用労働者には、祝日に労働した場合に、祝日給を支給していた一方で、非正規雇用労働者（時給制の契約社員）には支給していなかったことについて、前掲日本郵便（東京）事件・東京高判平30.12.13及び日本郵便（佐賀）事件・福岡高判平30.5.24労経速2352号３頁は、不合理ではないとした。その理由は、主に、祝日に勤務することへの配慮の観点からの割増しについては、正社員と時給制契約社員との間に割増率の相違はないこと、正社員に対する祝日給については、正社員は祝日も勤務日とされており、祝日に勤務しない常勤職員にも勤務したものと同額の賃金が支払われていたこと、平成19年の郵政民営化の際、郵政民営化法173条に基づき、民営化前の労働条件及び処遇に配慮する必要があったこと、正社員間の公平のために設けられたものである一方で、時給制契約社員については、元々実際に働いた時間数に応じて賃金を支払う形態が採られており勤務していない祝日にその対価としての給与が支払われる理由がないこと等から正社員と時給制契約社員の祝日給に関する相違は、不合理と認めることはできないとされた。

他方、前掲日本郵便（大阪）事件・平成31.1.24は、勤続年数５年を超える非正規雇用労働者に対して年始期間の勤務に対する祝日給を支給しないことが不合理であると判示した。この「５年」という数字が出てきた理由は、必ずしも明らかではないが、無期転換権発生（労契法18条）の期間が考慮されたものと考えられる。同事件判決のように、単に正規雇用労働者と非正規雇用労働者で比較するのではなく、非正規雇用労働者の中でも、勤続年数によって結論が異なることがあり得ることには注意が必要であろう。

さらに、定年後再雇用の事案ではあるものの、長澤運輸事件・最二小判平30.6.1民集72巻２号202頁では、正規雇用労働者の超勤手当及び非正規雇用労働者（嘱託乗務員）の時間外手当は、いずれも従業員の時間外労働等に対して労基法所定の割増賃金を支払う趣旨で支給されるものであることを確認した上で、割増賃金の算定に当たり、割増率その他の計算方法を両者で区別していることはうかがわれないとした。しかしながら、嘱託乗務員に精勤手当を支給しないことが不合理であると評価できる以上、正規雇用労働者の超勤手当の計算の基礎に精勤手当が含まれるにもかかわらず、嘱託乗務員の時間外手当の計算の基礎には精勤手当が含まれないという労働条件の相違は、不合理であるとした。このように、正規雇用労働者と非正規雇用労働者とで時間外・深夜・休日労働における割増率に差がなかったとしても、ある手当が時間外・深夜・休日の割増賃金を算出する基礎に含まれるか否かの差が不合理と判断される可能性があることに注意が必要であろう。同事件は、定年後再雇用の事案であるものの、時間外手当（嘱託乗務員）と超勤手当（正規雇用労働者）についての判示部分には、定年後再雇用に関する事情が特に言及されなかったことからすると、少なくとも同事件については、定年後再雇用であるという事情は、時間外手当と超勤手当では考慮されていないと考えられる。

なお、純粋な上乗せ時間外・休日手当とは異なるが、夜間（午後６時25分以降）の講義を担当する専任教員に大学夜間担当手当を支給する一方、嘱託講師には同手当を支給しなかったことについて、学校法人X事件・京都地判平31.2.28労経速2376号３頁は、不合理ではないと判断した。主な理由として、嘱託講師の職務内容が、自らの希望を踏まえて大学から割り当てられる授業やその準備に限られ、兼業も当然に可能であるのに対し、専任教員は、担当する授業につき希望を聴取されることもなく、授業及びその準備に加え、学生への教育、研究、学内行政といった幅広い労務の提供が求められ、事実上の場所的時間的な拘束が生じ、当然に兼業等はできず、学内行政、入試の担当の有無や勤務地なども含め正当な理由なく拒否できず、配置・労務内容の転換が予定されていること等から、嘱託講師と専任教員との間ではその職務内容と配置の変更の範囲において大きな相違が認められるとした。そして、専任教員の職務内容等から、大学夜間担当手当が、少なくとも、専任教員が日中に多岐に亘る業務を担当しつつ、さらに夜間の授業を担当することの負担に配慮する趣旨の手当としての性格も有している点にあることを認定した上で、夜間授業をしている大学・短大において、同手当と同趣旨の手当を支給していない大学・短大の割合が一番高く、支給している大学・短大においても専任教員のみに支給している大学も一定割合存在すること等の事情も考慮して、同手当の支給の有無の相違が不合理であるとまで評価することはできないと判示した。

その他、裁判例の整理については、「2018年労働事件ハンドブック」415頁以下を参照されたい。

10　住宅手当

(1)　性質・目的

住宅手当（「住宅料補助」や「住宅費手当」と呼称されることもある。）の始まりには2つあるとされている。1つは、転勤してきても社宅・社有寄宿舎・社員寮に入れない従業員は、一般賃貸住宅で暮らすことになるが、その場合には、高額賃料を支払うことになるため、その差額を一定額使用者が補助することとなり、これを住宅手当と名付けたものである。もう1つは、借家を含む自宅居住従業員の住宅経費（特にローン返済分）を、社宅・寄宿舎に入っている従業員との均衡で、住宅経費補助として支払い始めたものが、やがて社宅・寄宿舎以外に住む従業員に対する住宅費補助の手当となったものである（日本賃金学会編「賃金事典」119頁）。このように、住宅手当は、一般的には、自宅（借家や持ち家）に住む従業員に対し、その住居費（賃料やローン）の補助の手当としての性質を有する。

裁判例では、就業規則等の支給要件や内容を検討した上で、住宅手当の趣旨を認定しているようである。例えば、ハマキョウレックス事件・最二小判平30.6.1.民集72巻2号88頁は、住宅手当の趣旨を、従業員の住宅に要する費用を補助する趣旨のものがあるとした。また、長澤運輸事件・最二小判平30.6.1民集72巻2号202頁は、従業員の住宅費の負担に対する補助として支給されるものであり、従業員に対する福利厚生及び生活保障の趣旨で支給されるものとした。メトロコマース事件・東京高判平31.2.20労判1198号５頁（上告・上告受理申立）は、正規雇用労働者に対してのみ、実際の住宅費負担の有無を問わず、扶養家族の有無によって異なる額の住宅手当を支給していることを踏まえ、従業員に対する福利厚生及び生活保障・住宅費を中心とする生活費の補助の趣旨であるとした。

⑵　ガイドライン

ガイドラインには、住宅手当について、原則となる考え方や問題となる例・問題とならない例が明示されていない。

もっとも、ガイドラインは、住宅手当の待遇についても、不合理と認められる待遇の解消が求められており、各事業主において、労使により、個別具体的な事情に応じて待遇の体系について議論していくことが望まれるとしている（同第２）。

なお、ガイドラインには、転勤者用社宅についても、通常の労働者について設けている条件を満たす場合には短時間・有期雇用労働者にもその利用を認めなければならないとされている。

⑶　裁判例

正規雇用労働者に対して住宅手当を支給する一方で、非正規雇用労働者に支給しないという労働条件の相違が不合理といえるか否かについての裁判例の判断は、次のように分かれている（なお、「2018年労働事件ハンドブック」417頁以下も参照）。

ア　不合理性を否定した裁判例

正規雇用労働者に対して住宅手当を支給する一方で、非正規雇用労働者に支給しないこととしても不合理とはいえないと判断した裁判例として、前掲ハマキョウレックス事件・最二小判平30.6.1がある。同事件判決は、住宅手当の趣旨を従業員の住宅に要する費用を補助するものとした上で、転居を伴う配転が予定されている正規雇用労働者は、就業場所の変更が予定されていない非正規雇用労働者（契約社員）と比較して住宅に要する費用が多額なり得ることから、正規雇用労働者に対して住宅手当を支給する一方で、契約社員に対してこれを支給しない労働条件の相違は不合理ではない旨判示した。

また、日本郵便（東京）事件・東京高判平30.12.13労判1198号45頁（上告・上告受理申立）及び日本郵便（大阪）事件・大阪高判平31.1.24労判1197号５頁（上告・上告受理申立）の事案では、転居を伴う配置転換が予定された正規雇用労働者（旧一般職）及びこれが予定されていない正規雇用労働者（新一般職）

には住宅手当が支給される一方、転居を伴う配置転換が予定されていない非正規雇用労働者（契約社員）には住宅手当が支給されていなかった。これらの事件の判決は、住居手当の趣旨を、従業員の住宅に要する費用負担の補助・軽減とし、前掲ハマキョウレックス事件・最二小判平30.6.1と同様に解した。そのうえで、旧一般職と契約社員との関係では、旧一般職が住宅に要する費用がより多額になり得るため、旧一般職にのみ住宅手当を支給するとしても不合理とはいえないとした。なお、後述のとおり、新一般職との関係では、新一般職が住宅に要する費用が契約社員と比べて同程度とみることができるから、新一般職に住宅手当を支給し、契約社員には支給しないという労働条件の相違が不合理であるとした。

さらに、学校法人中央学院事件・東京地判令1.5.30LEX/DB25563792は、大学において、専任教員のみに対して住宅手当を支給し、非常勤講師については不支給としていた事案において、支給要件及び内容から、住宅手当は教職員の住宅費の負担に対する補助として支給されるもので労働者の提供する労務を金銭的に評価して支給されるものではなく、従業員に対する福利厚生及び生活保障の趣旨で支給されるものと認定した上で、大学運営に関する幅広い業務を行い、これらの業務に伴う責任を負う立場にある専任教員として相応しい人材を安定的に確保するために、専任教員について福利厚生の面で手厚い処遇をすることに合理性がないとはいえず、また、専任教員が、その職務の内容故に労働契約上、職務専念義務を負い、原則として兼業が禁止され、その収入を被告から受ける賃金に依存せざるを得ないことから、専任教員のみに対して住居手当を支給することが不合理であると評価することはできないと判示した。

イ　不合理性を肯定した裁判例

2019年12月1日時点で、正規雇用労働者に対して住宅手当を支給する一方で、非正規雇用労働者に対してはこれを支給しないという相違が不合理であると判断した最高裁判決は見当たらない。

もっとも、この相違が不合理であるとした下級審裁判例として、前掲メトロコマース事件・東京高判平31.2.20がある。同事件では、非正規雇用労働者（契約社員）には住宅手当が支給されない一方契約社員には、実際の住宅費負担の有無を問わず、扶養家族の有無によって異なる額の住宅手当が支給されていた。同事件判決は、住宅手当の趣旨を、実際の住宅費の負担の有無を問わず支給していることから、職務内容等を離れて従業員に対する福利厚生及び生活保障の趣旨で支給されるものと解し、かつ、手当の名称や、扶養家族の有無によって異なる額が支給されているといった事情から、主として従業員の住宅費を中心とした生活費を補助する趣旨と認定した。その上で、生活費補助の必要性は職務の内容等で相違が生じるものではなく、また、正規雇用労働者も転居を必然的に伴う配置転換が想定されていないことから、契約社員と比べて住宅費が多額になり得る事情がなく、正規雇用労働者に住宅手当を支給する一方で非正規雇用労働者にはこれを支給しないことが不合理である旨判示した。なお、同事件では、使用者側が、住宅手当が有為な人材の定着を図る趣旨であったと主張し、一審判決はこれを認めたが、控訴審は、住宅手当の趣旨を上記のとおり解し、使用者側の主張を退けている。

前掲日本郵便（東京）事件・東京高判平30.12.13及び前掲日本郵便（大阪）事件・大阪高判平31.1.24の事案では、上記のとおり、転居を伴う配置転換が予定されていない正規雇用労働者（新一般職）と非正規雇用労働者（契約社員）における住宅手当支給の相違について新一般職が住宅に要する費用が契約社員と比べて同程度とみることができるから、新一般職に住宅手当を支給し、契約社員には支給しないという労働条件の相違が不合理であるとした。

井関松山製造所事件・高松高判令1.7.8労判1208号29頁（上告・上告受理申立）は、民営借家、公営住宅又は持ち家に居住する無期契約労働者に対してのみ住宅手当を支給し、そのうち民営住宅居住者に対しては公営住宅や持ち家居住者よりも高額な手当を支給していた等の事案において、住宅手当が住宅費用の負担の度合いに応じて対象者を類型化してその者の費用負担を補助する趣旨と解した。その上で、無期契約労働者も勤務地の変更を伴う異動が想定されていないため、非正規雇用労働者（有期雇用労働者）と比べて住宅費用が高くなるとは認められないとして、無期契約労働者に対してのみ住宅手当を支給し、有期雇用労働者に支給しないという労働条件の相違が不合理であるとした。

ウ　定年後再雇用の事案

定年後再雇用の事案については、前掲長澤運輸事件・最二小判平30.6.1及び北日本放送事件・富山地判平30.12.19労経速2374号18頁がある（いずれも不合理ではないとした。）。

これら２つの裁判例は、支給要件及び内容に照らして、住宅手当を従業員の住宅費の負担を補助するものであり、従業員に対する福利厚生及び生活保障の趣旨で支給されるものとした上で、使用者がそのような賃金項目の要否や内容を検討するに当たっては、上記趣旨に沿って労働者の生活に関する諸事情を考慮することになるものとした。その上で、正規雇用労働者は、定年後再雇用労働者と異なって幅広い世代の労働者が存在し得るため、そのような正規雇用労働者に対して住宅費を扶養するための生活費を補助することには相応の理由があるとした。一方で、定年後再雇用労働者は、正規雇用労働者として勤務した後の定年退職者であり、老齢厚生年金の支給が予定されていること等から、正規雇用労働者に対して住宅手当を支給する一方で、定年後再雇用労働者に対してこれを支給しないとしても不合理とはいえない旨判示した。

エ 若干の考察

正規雇用労働者に対してのみ住宅手当を支給する一方で、非正規雇用労働者にはこれを支給しないという労働条件の待遇が不合理といえるか否かを判断するに当たっては、上記のとおり、多くの裁判例において、支給要件や内容等から当該住宅手当の趣旨を明らかにした上で、この趣旨に沿って、正規雇用労働者と非正規雇用労働者との間の労働条件の相違が不合理といえるかを検討している。

そして、上記各裁判例を踏まえると、次のようなことがいえるのではないかと考えられる。

すなわち、住宅手当の趣旨が住居費の補助・軽減の趣旨である場合（例えば、前掲ハマキョウレックス事件・最二小判平30.6.1、前掲日本郵便（東京）事件・東京高判平30.12.13、前掲日本郵便（大阪）事件・大阪高判平31.1.24、前掲井関松山製造所事件・高松高判令1.7.8）は、当該住宅手当が支給される正規雇用労働者の住宅費が、同手当が支給されない非正規雇用労働者と比べて高額になるか否かの観点から、不合理といえるか否かの検討が必要と考えられる。

また、住宅費の負担の有無にかかわらず、扶養家族の有無によって住宅手当支給の有無が決まる場合のように、住宅費を中心とする生活保障・生活費補助の趣旨である場合（例えば、前掲メトロコマース事件・東京高判平31.2.20）には、当該住宅手当が支給される正規雇用労働者と、これが支給されない非正規雇用労働者との間で、前者がより生活保障・生活費補助を受ける必要があるかについて、住宅費の相違も含めて検討されるべきであると考えられる。

さらに、定年後再雇用労働者である場合には、他の非正規雇用労働者の場合と異なり、定年後再雇用労働者であるという特徴を踏まえて検討することになろう。具体的には、定年後再雇用労働者については、他の非正規雇用労働者とは異なり、正規雇用労働者が定年退職した者であることが考慮されているようである。そのため、正規雇用労働者と定年後再雇用労働者との住宅手当の待遇が問題となる事例においては、支給要件や内容から住宅手当の趣旨を明らかにした上で、この趣旨に沿って、正規雇用労働者が定年後再雇用労働者と比べて幅広い世代の労働者の存在が予定されていることや、老齢厚生年金の支給が予定されていること等も踏まえ、相違が不合理か判断することになろう。

いずれにしても、多くの裁判例において、住宅手当が支給される正規雇用労働者に転居を伴う配置転換が予定されているか否かを検討しており、この検討は、今後の実務においても重要になると考えられる。この点、前掲日本郵便（東京）事件・東京高判平30.12.13及び前掲日本郵便（大阪）事件・大阪高判平31.1.24において、旧一般職と契約社員との関係では、旧一般職が住宅に要する費用がより多額になり得るため、旧一般職にのみ住宅手当を支給するとしても不合理とはいえないが、新一般職との関係では、新一般職が住宅に要する費用が契約社員と比べて同程度とみることができるから、新一般職に住宅手当を支給し、非正規雇用労働者には支給しないという労働条件の相違が不合理である旨判示したことは、参考になる。

加えて、比較対象である通常の労働者をどの範囲にするかも、結論に影響を及ぼし得る。例えば、前掲メトロコマース事件・東京高判平31.2.20の原審である東京地判平29.3.23労判1154号５頁は、控訴審判決と異なり、住宅手当の差を不合理ではないと判示した。この一審判決は、比較対象となる通常の労働者を「正社員全体」としたのに対し、控訴審判決は、「売店業務に従事している正社員」とした。控訴審判決が、「契約社員……と比較対象すべき第１審被告の無期契約労働者を、正社員全体ではなく、売店業務に従事している正社員……に限定しているのであるから、当裁判所もこれに沿って両者の労働条件の相違が不合理と認められるか否かを判断することとする（なお、比較対象すべき第１審被告の無期契約労働者を正社員全体に設定した場合、契約社員……は売店業務のみに従事しているため、それに限られない業務に従事している正社員とは職務の内容が大幅に異なることから、それだけで不合理性の判断が極めて困難になる。）」と判示していることは興味深い。このように、比較対象としてどの範囲を通常の労働者として切り出すかによって、結論が異なり得ることに注意が必要である。

11　通勤手当・出張旅費

(1)　性質・目的

通勤手当は、一般的には、従業員が通勤するのに必要な費用の一部または全部を企業が負担するものであり（日本経団連出版編「人事・労務用語辞典　第７版」281頁）、出張手当は、一般的には、会社が出張を命じた場合に支給される実質弁償的な手当である（日本賃金学会編「賃金事典」124頁）出張に要する交通費や宿泊費を補填する趣旨の手当をいう。

(2) ガイドライン

ガイドラインは、通勤手当・出張旅費について、短時間・有期雇用労働者にも通常の労働者と同一の通勤手当及び出張旅費を支給しなければならないのが原則的な考え方だとする（同第3、3（7））。

ただし、たとえば週４日以上勤務するような、所定労働日数が多い短時間・有期雇用労働者及び短時間・有期雇用労働者に月額定期券の代金を支給している場合に、週３日以下しか勤務せず、所定労働日数が少ない短時間・有期雇用労働者あるいは出勤日数が変動する短時間・有期雇用労働者に対して、その日額の交通費のみを支給することは問題ないとする（ガイドライン第3、3（7）「問題とならない例」ロ）。

(3) 裁判例

通勤手当について労契法20条違反が争われた事案としてはハマキョウレックス事件・最二小判平30.6.1民集72巻２号88頁、九水運輸商事事件・福岡地小倉支判平30.2.1労判1178号５頁、同・福岡高判平30.9.20労判1195号88頁（最二小決平31.3.6で上告棄却・上告不受理）がある。

ハマキョウレックス事件・最二小判平30.6.1民集72巻２号88頁において、最高裁は「この通勤手当は、通勤に要する交通費を補填する趣旨で支給されるものであるところ、労働契約に期間の定めがあるか否かによって通勤に要する費用が異なるものではない。また、職務の内容及び配置の変更の範囲が異なることは、通勤に要する費用の多寡とは直接関連するものではない。」として、通勤手当に関する労働条件の相違を不合理と認定した。

なお、2019年12月１日現在、出張旅費について労契法20条違反が争われた事案は見当たらなかった。

12 食事手当

(1) 性質・目的

食事手当は、一般的には、食事支出をカバーすることを目的として支給するもので、福利厚生的な手当ての一つをいう（日本経団連出版編「人事・労務用語辞典　第７版」199頁）。

(2) ガイドライン

ガイドラインは、食事手当について、短時間・有期雇用労働者にも通常の労働者と同一の食事手当を支給しなければならないのが原則的な考え方だとしている（同第3、3（8））。

また、問題とならない例として、労働時間の途中に昼食のための休憩時間がある通常の労働者に対し食事手当を支給するが、午後２時から午後５時まで勤務し、その労働時間の途中に昼食のための休憩時間がない短時間労働者には、食事手当を支給しない場合を挙げている（ガイドライン第３、３（８）「問題とならない例」）。

⑶　裁判例

食事手当について労契法20条違反が争われた事案としては、ハマキョウレックス事件・最二小判平30.6.1民集72巻２号88頁）がある（同事件の手当の名称は「給食手当」である）。

同事件において、最高裁は、「給食手当は、従業員の食事に係る補助として支給されるものであるから、勤務時間中に食事を取ることを要する労働者に対して支給することがその趣旨にかなうものである。」として、職務の内容や勤務形態等が異ならない短時間・有期雇用労働者と契約社員との間で給食手当の取扱いに差を設けることは不合理であるとした。

13　家族手当・扶養手当

⑴　性質・目的

家族手当・扶養手当は、一般的には、扶養家族を持つ労働者に対して、扶養家族に応じて支給される手当のことであり、賃金の生活補助給としての性格が強い（日本経団連出版編「人事・労務用語辞典　第７版」65頁）

⑵　ガイドライン

家族手当・扶養手当についてガイドラインに記述はない。

⑶　裁判例

家族手当・扶養手当について労契法20条違反が争われた事案としては、長澤運輸事件・最小二判平30.6.1民集72巻２号202頁、日本郵便（大阪）事件・大阪地判平30.2.21労判1180号26頁、同・大阪高判平31.1.24労判1197号５頁（上告・上告受理申立）、井関松山製造所事件・松山地判平30.4.24労判1182号20頁、同・高松高判令1.7.8労判1208号29頁（上告・上告受理申立）がある。なお、長澤運輸事件・最小二判平30.6.1民集72巻２号202頁のみ定年後に再雇用された労働者について問題になった事案であることは注意すべきである。

長澤運輸事件・最小二判平30.6.1民集72巻２号202頁において、最高裁は、家族手当が労働者に対する福利厚生及び生活保障の趣旨で支給されるものであるから、その趣旨に照らして労働者の生活に関する諸事情を考慮することになるとし、「被上告人における正社員には、嘱託乗務員と異なり、幅広い世代の労働者が存在し得るところ、そのような正社員について住宅費及び家族を扶養するための生活費を補助することには相応の理由があるということができる。他方において、嘱託乗務員は、正社員として勤続した後に定年退職した者であり、老齢厚生年金の支給を受けることが予定され、その報酬比例部分の支給が開始されるまでは被上告人から調整給を支給されることとなっている」点に着目し、定年退職し嘱託社員として勤務していた上告人に対して家族手当を支給しないという労働条件の相違は不合理と認められるものにあたらないと判断した。

その後、日本郵便（大阪）事件・大阪高判平31.1.24労判1197号５頁（上告・上告受理申立）において、大阪高裁は、扶養手当（家族手当）について、長澤運輸事件最高裁判決で示された労働者に対する福利厚生及び生活保障という趣旨の他に「長期雇用システム（いわゆる終身雇用制）と年功的賃金体系の下、家族構成や生活状況が変化し、それによって生活費の負担が増減することを前提として、会社が労働者のみならずその家族の生活費まで負担することで、有為な人材の獲得、定着を図り、長期にわたって会社に貢献してもらうという効果」があるとした上で、一審原告を含む契約社員は賃金体系も含め短期雇用を前提としており、かつ、家族構成や生活状況の変化による生活費の負担増については基本的に転職等によって対応すべきであるとして、扶養手当に関する労働条件の差異は不合理とは認められないとした。他方で、井関松山製造所事件・高松高判令1.7.8労判1208号29頁（上告・上告受理申立）において、高松高裁は、扶養家族の有無及びその人数等の明確な支給基準に基づいて一定額が支給され、かつ、支給額の多寡について使用者である一審被告に格段の裁量もないという点を挙げ、人事政策上の考慮に基づく差異であるとの一審被告の主張を否定し、労働条件の差異の不合理性を認めている。

上記各裁判例を踏まえれば、まずは扶養手当・家族手当の趣旨を検討し、労働者に対する福利厚生及び生活保障という本来の趣旨以外に、日本郵便（大阪）事件・大阪高判平31.1.24労判1197号５頁（上告・上告受理申立）の大阪高裁が指摘するような有為な人材の確保、定着という趣旨まで含むのか否かを検討する必要がある。

有為な人材の確保、定着という趣旨が含まないということであれば、短時間・有期雇用労働者も通常の労働者と同様に家族構成に変化が生じ得る世代が含まれているか、やむを得ない実質的な生活費負担の増加が発生し得るのかといった点を検討し、そのような事情が認められるのであれば扶養手当・家族手当の趣旨が短時間・有期雇用労働者にも当てはまることから、短時間・有期雇用労働者に対しても扶養手当・家族手当を支給する必要がある。

第3　基本給・昇給

1　基本給の意義

基本給（「本給」や「本人給」と呼称されることもある。）とは、賃金が異なる複数の項目から構成されている場合に、賃金総額の基本的部分を占め、かつ同一の賃金体系が適用される従業員の全員に支給される賃金項目部分である。つまり、企業が定めた全従業員共通の賃金のうち、残業手当、通勤手当、住宅手当などといった諸手当を除いたベース（基本）となる賃金のことである（日本賃金学会編「賃金事典」49頁、322頁）。

基本給の性質は、①仕事給（職務・職能・職掌など）を主体とするもの、②属人給（年齢・勤続年数・学歴・採用経路・属人資格など）を主体とするもの、③①と②を混合した総合給とするもの、の大きく３つに大別されている（同49頁、322頁）。

2　ガイドライン

(1)　基本給

通常の労働者と短時間・有期雇用労働者との間における均等・均衡待遇の取扱いは、基本給や昇給においても妥当する。ガイドラインにおいては、通常の労働者と短時間・有期雇用労働者との間の賃金の決定基準・ルールに相違がない場合については、①労働者の能力・経験に応じて支給するもの（いわゆる職能給。同第３、１（１））、②労働者の業績・成果に応じて支給するもの（いわゆる成果給。同（２））、③労働者の勤続年数に応じて支給するもの（いわゆる勤続給。同（３））、という３つの典型的な形態について、原則となる考え方と、問題となる例・ならない例を挙げている（同第３、１）。

それぞれに関する基本的な考え方を整理すると以下の表のとおりである。

なお、ガイドラインは、基本給の形態をどのようにするかは基本的に労使の決定に委ねられるという前提に立っている（水町「同一労働同一賃金」95頁）。そのため、多くの企業では、賃金の決定基準・ルールが通常の労働者と短時間・有期雇用労働者とで異なる場合（例えば、通常の労働者については月給制を採用し、短時間・有期雇用労働者については時給制を採用している場合等）があると考えられる。そのような場合については、第１、２（139頁）を参照されたい。

基本給の区分	短時間・有期雇用労働者の属性	支給されるべき基本給
能力・経験に応じて支給するもの（職能給）	通常の労働者と同一の能力・経験を有する者	能力・経験に応じた部分につき、通常の労働者と同一の基本給
	通常の労働者と能力・経験に相違がある者	能力・経験に応じた部分につき、その相違に応じた基本給
業績・成果に応じて支給するもの（成果給）	通常の労働者と同一の業績・成果を有する者	業績・成果に応じた部分につき、通常の労働者と同一の基本給
	通常の労働者と成果・業績に相違がある者	業績・成果に応じた部分につき、その相違に応じた基本給
勤続年数に応じて支給するもの（勤続給）	通常の労働者と同一の勤続年数の者	勤続年数に応じた部分につき、通常の労働者と同一の基本給
	通常の労働者と勤続年数に相違がある者	勤続年数に応じた部分につき、その相違に応じた基本給

ガイドラインには例示されていないが、労働者の職務の内容に応じて支給される職務給制度についても、通常の労働者について職務の内容に応じて支給される職務給制度が採られている場合、短時間・有期雇用労働者についても、職務の内容に応じた基本給を支給することが求められるという見解もある（水町「同一労働同一賃金」98頁）。

また、基本給がいくつかの性格を併せもっている複合的な制度となっている場合には、それぞれの部分について、上記の方法で通常の労働者と短時間・有期雇用労働者との均等・均衡を図るという方法を採ることが求められるとする見解もある（水町「同一労働同一賃金」99頁）。

(2) 昇給

昇給について、ガイドラインは、労働者の勤続による能力の向上に応じて行うものについて、通常の労働者と同様に勤続により能力が向上した短時間・有期雇用労働者には、勤続による能力の向上に応じた部分につき、通常の労働者と同一の昇給を行わなければならず、勤続による能力の向上に一定の相違がある場合においては、その相違に応じた昇給を行わなければならないことを原則的な考え方としている（同第３、１（４））。

3 裁判例

正規雇用労働者と非正規雇用労働者との間の基本給の相違の不合理性が争点となった労契法20条に関する主な裁判例及びその結論は、以下のとおりである

（その他の事案としては、学究社事件・東京地立川支判平30.1.29労経速2344号31頁、五島育英会事件・東京地判平30.4.11労経速2355号３頁、日本ビューホテル事件・東京地判平30.11.21労経速2365号３頁、北日本放送事件・富山地判平30.12.19労経速2374号18頁等がある（第２部第５章第１（191頁以下）参照）。

なお、「2018年労働事件ハンドブック」414頁も参照されたい。

⑴　メトロコマース事件・東京高判31.2.20労判1198号５頁（上告・上告受理申立）

正規雇用労働者が月給制であるのに対し、非正規雇用労働者（契約社員）が時給制であり、本給について、１年目は契約社員の方が高く、３年目で概ね同程度となり、６年目以降は正規雇用労働者の方が高くなり、10年目時点で契約社員の本給が正規雇用労働者の85％程度であったこと等から、契約社員が改正前労契法20条違反等を主張して、正規雇用労働者との差額の支払等を求めた事案について、裁判所は、当該相違の不合理性を否定した。

裁判所が上記のように判断した理由は、①正規雇用労働者一般と契約社員との職務内容、職務内容及び配置の変更の範囲に大きな相違がある上、②高卒・大卒新入社員を採用することがある正規雇用労働者には契約社員と異なる年功的な賃金制度を設けることは企業の人事政策上の判断として一定の合理性があること、③比較対象とされる正規雇用労働者と比較しても、契約社員との間では職務の内容や変更範囲に違いあること、④契約社員の本給について、正規雇用労働者の本給と比べて一概には低いとはいえない割合であること、賃金の相違については、固定的・絶対的なものではなく、契約社員から職種限定社員や正規雇用労働者への各登用制度を利用することによって解消することができる機会が与えられていること等によるものである。

⑵　日本郵便（佐賀）事件・福岡高判平30.5.24労経速2352号３頁

正規雇用労働者が月給制であるのに対し、非正規雇用労働者（契約社員）が時給制であることにつき、裁判所は、時給制の契約社員については特定の勤務曜日あるいは特定の勤務時間帯に限定して採用される者があるように、その業務に従事する勤務体制が、当然に正規雇用労働者と同様の勤務日数をフルタイムで勤務することを前提としたものとはなっておらず、業務内容のうち、勤務体制という点については、時給制の契約社員と正規雇用労働者とでは明らかに異なっており、それを前提として給与体系に時給制か月給制かの相違が設けられていると認められるとして、かかる相違に起因する基本賃金の相違が不合理であると認めることはできないとした。

(3)　大阪医科薬科大学事件・大阪高判平31.2.15労判1199号5頁（上告・上告受理申立）

正規雇用労働者が月給制であるのに対し、非正規雇用労働者（アルバイト職員）が時給制であり、また、アルバイト職員の時給をフルタイムで換算すると正規雇用労働者の初任給より約２割低くなるという事案について、裁判所は、正規雇用労働者とアルバイト職員とは、職務、責任、異動可能性、採用に際し求められる能力に大きな相違があること、賃金の性格も異なることを踏まえると、正規雇用労働者とアルバイト職員で賃金水準に一定の相違が生ずることも不合理とはいえず、また、その相違は、約２割にとどまっていることからすると、そのような相違があることが不合理であるとは認めるに足りないと判示した。

(4)　長澤運輸事件・最二小判平30.6.1民集72巻２号202頁

定年後再雇用の事案ではあるものの、最高裁判所は、定年後再雇用の職員と、正規雇用労働者との基本給的性質を有する賃金の相違を不合理ではないとした。同判決は、定年後再雇用職員の賃金体系を検討したうえで、当該賃金体系の定め方に鑑みれば、会社は、嘱託乗務員について職務給を支給しない代わりに、基本賃金の額を定年退職時の基本給の水準以上とすることによって収入の安定に配慮するとともに、歩合給に係る係数を能率給よりも高く設定することによって労務の成果が賃金に反映されやすくなるように工夫しているということができることとし、そうである以上、嘱託乗務員に対して能率給及び職務給が支給されないこと等による労働条件の相違が不合理と認められるものであるか否かの判断に当たっては、嘱託乗務員の基本賃金及び歩合給が、正規雇用労働者の基本給、能率給及び職務給に対応するものであることを考慮する必要があるというべきであるとした。そして、基本賃金及び歩合給を合計した金額並びに本件試算賃金につき基本給、能率給及び職務給を合計した金額を嘱託乗務員ごとに計算すると、前者の金額は後者の金額より少ないが、その差は約２～12％にとどまっていることや、嘱託乗務員は定年退職後に再雇用された者であり、一定の要件を満たせば老齢厚生年金の支給を受けることができる上、会社は、老齢厚生年金の報酬比例部分の支給が開始されるまでの間、嘱託乗務員に対して２万円の調整給を支給することなども総合考慮して、当該労働条件の相違は、不合理であると評価することができるものとはいえないと判断した。

(5)　産業医科大学事件・福岡高判平30.11.29労判1198号63頁

非正規雇用労働者（臨時職員）と正規雇用労働者との待遇の相違について争われた事件において、裁判所は、臨時職員と正規雇用労働者との比較対象期間及びその直近の職務の内容、職務の内容・配置の各変更の範囲に違いがあること等を認めた上で、30年以上の長期にわたり雇用を続け、業務に対する習熟度を上げた臨時職員に対し、学歴が同じ短大卒の正規雇用労働者が主任に昇格する前の賃金水準すら満たさず、現在では、同じ頃採用された正規雇用労働者との基本給の額に約２倍の格差が生じているという労働条件の相違について月額３万円の限度で不合理であると判示した。基本給について、正規雇用労働者と非正規雇用労働者との相違が不合理であると判示した数少ない裁判例である。

本件は、職務の内容、職務の内容・配置の各変更の範囲に違いがあることを認めつつも、長期間の勤続や業務の習熟と大きな賃金水準の開きに着目して、不合理性を認定した点で前掲メトロコマース事件・東京高判31.2.20と比べると特徴的な判断のように思われる。長期間勤続した非正規雇用労働者の待遇が正規雇用労働者に大きく劣っていることの是正の必要性は理解できるところであるが、そのような不均衡は、合理的な職種転換制度や、労契法18条の無期転換制度による対処が本来の在り方ではないかという考え方もあり得るように思われる（富永晃一「労働判例研究」ジュリスト1516号113頁）。本件について上告はなされておらず、控訴審判決が確定しているようであるが、先例としての意義については慎重な判断が必要と考えられる。

⑹　学校法人中央学院事件・東京地判令1.5.30LEX/DB25563792

大学において、非常勤講師と専任教員との間に約３倍の本俸額の差があった事案において、非常勤講師である原告と専任教員との間には、その職務の内容に数々の大きな違いがあることに加え、一般的に経営状態が好調であるとはいえない多くの私立大学において教員の待遇を検討するに際しては、国からの補助金額も大きな考慮要素となると考えられるところ、専任教員と非常勤教員とでは補助金の基準額の算定方法が異なり、その額に相当大きな開きがあることや、当該大学の非常勤講師の賃金水準が他の大学と比較しても特に低いものではなく、団体交渉における労働組合との合意により、非常勤講師の年棒額を随時増額するのみならず、廃止されたコマについても給与額の８割の支給を補償する内容の非常勤講師給与規則を新設したり、週５コマ以上の授業を担当する非常勤講師について私学共済への加入手続を行ったりするなど、非常勤講師の待遇についてより高水準となる方向で見直しを続ける等、非常勤講師の待遇はこれらの見直しの積み重ねの結果であることからすると、これまで長年にわたり専任教員とほぼ遜色ないコマ数の授業を担当し、その中に原告の専門外である科目も複数含まれていたことなどといった諸事情を考慮しても、専任教員との本俸額の相違が不合理であると評価できないと判示した。

第4　賞与

1　賞与の意義

賞与とは、字義的には、優れた業績を上げた者に対して賞として一時的に金品を与えることあるいはその金品をいうが(日本賃金学会編「賃金事典」132頁)、通常、就業規則等において、夏季賞与と年末賞与の２回に分けて、おおよその支給時期と、組合があれば組合と交渉して額を定める旨、そうでなければ会社の業績等を勘案して使用者が定める旨記載されていることが多い上（菅野「労働法」438頁、水町「詳解労働法」589頁)、企業は業績のいかんを問わず、月例給与の上乗せ分として支給する場合もあることから、従業員には、第二の給与として位置付けられ、ローンの返済や耐久消費財の購入に充てられる等、生活維持・向上のために不可欠なものとなっていることもある（日本賃金学会編「賃金事典」132頁)。

賞与の趣旨・性質については、裁判例において、「賞与は、月例賃金とは別に支給される一時金であり、労務の対価の後払い、功労報償、生活費の補助、労働者の意欲向上等といった多様な趣旨を含み得るものである」としたものがある（長澤運輸事件・最二小判平30.6.1民集72巻２号202頁。メトロコマース事件・東京高判31.2.20労判1198号５頁（上告・上告受理申立)、大阪医科薬科大学事件・大阪高判平31.2.15労判1199号５頁（上告・上告受理申立)、北日本放送事件・富山地判平30.12.19労経速2374号18頁も同旨。)。

2　ガイドライン

ガイドラインでは、賞与であって、会社の業績等への労働者の貢献に応じて支給するものについて、通常の労働者と同一の貢献である短時間・有期雇用労働者には、貢献に応じた部分につき、通常の労働者と同一の賞与を支給しなければならず、また、貢献に一定の相違がある場合においては、その相違に応じた賞与を支給しなければならないのが原則的な考え方だとされている(同第３、２)。

例えば、A社においては、正社員であるXは、生産効率及び品質の目標値に対する責任を負っており、当該目標値を達成していない場合、待遇上の不利益を課されている一方で、正社員であるYや、短時間・有期雇用労働者であるZは、生産効率及び品質の目標値に対する責任を負っておらず、当該目標値を達成していない場合にも、待遇上の不利益を課されていないところ、Ａ社は、Ｘに対しては、賞与を支給しているが、ＹやＺに対しては、待遇上の不利益を課していないこととの見合いの範囲内で、賞与を支給していないというような場合には問題ないとされている（同第３、２「問題とならない例」ロ）。

他方で、賞与について、会社の業績等への労働者の貢献に応じて支給しているＡ社においては、正社員には職務の内容や会社の業績等への貢献等にかかわらず全員に何らかの賞与を支給しているが、短時間・有期雇用労働者には支給していないような場合には、問題があるとされている（同第３、２「問題となる例」ロ）。

3　裁判例

前掲長澤運輸事件・最二小判平30.6.1は、定年後再雇用に関する事例であるが、上記のとおり、賞与について、月例賃金とは別に支給される一時金であり、労務の対価の後払い、功労報償、生活費の補助、労働者の意欲向上等といった多様な趣旨を含み得るものであるとした上で、①当該事案における非正規雇用労働者（嘱託乗務員）は、定年退職後に再雇用された者であり、定年退職に当たり退職金の支給を受けるほか、老齢厚生年金の支給を受けることが予定され、その報酬比例部分の支給が開始されるまでの間は会社から調整給の支給を受けることも予定されていること、②当該事案の再雇用される嘱託乗務員の賃金（年収）は定年退職前の79％程度となり、非正規雇用労働者（嘱託乗務員）の賃金体系は、嘱託乗務員の収入の安定に配慮しながら、労務の成果が賃金に反映されやすくなるように工夫した内容になっていることなどを総合考慮して、嘱託乗務員に対する賞与の不支給は改正前労契法20条にいう不合理と認められるものに当たらないと判断した。

上記長澤運輸事件判決以降の下級審裁判例は複数存在する。例えば、前掲メトロコマース事件・東京高判平31.2.20は、①賞与の性格について上記長澤運輸事件最高裁判決と同趣旨のことを述べたうえで、いかなる趣旨で賞与を支給するかは使用者の経営及び人事施策上の裁量判断によること、②このような賞与の性格を踏まえ、長期雇用を前提とする正規雇用労働者に対し賞与の支給を手厚くすることにより有為な人材の獲得・定着を図るという人事施策上の目的にも一定の合理性が認められること、③当該事案では、正規雇用労働者に対する賞与は主として賃金の後払いの性格や従業員の意欲向上策等の性格を帯びていたと認定したうえで、非正規雇用労働者（契約社員）は時間給が原則であり、大幅な賃金の後払いが予定されているとはいえないことなどを理由として、正規雇用労働者と契約社員との間の賞与の支給水準の違いは不合理であるとはいえないとした。

他にも、正規雇用労働者と非正規雇用労働者に関する賞与の待遇差についての裁判例には、日本郵便（東京）事件・東京高判平30.12.13労判1198号45頁（上告・上告受理申立）、日本郵便（大阪）事件・大阪高判平31.1.24労判1197号５頁（上告・上告受理申立）、日本郵便（佐賀）事件・福岡高判平30.5.24労経速2352号３頁、ヤマト運輸事件・仙台地判平29.3.30労判1158号18頁、医療法人A会事件・新潟地判平30.3.15労経速2347号36頁、井関松山製造所事件・高松高判令1.7.8労判1208号29頁（上告・上告受理申立）、井関松山ファクトリー事件・高松高判令1.7.8労判1208号38頁（上告・上告受理申立）、学校法人中央学院事件・東京地判令1.5.30LEX/DB25563792等があるが、いずれも不合理ではない旨判示した。

他方、前掲大阪医科薬科大学事件・大阪高判平31.2.15は、正規雇用労働者にのみ賞与を支給することが不合理であると判断した。同裁判例は、正規雇用労働者に対して支給されていた賞与が、旧来から通年で概ね基本給の4.6か月分の額であったことや、賞与の支給額は、正規雇用労働者全員を対象とし、基本給にのみ連動するものであって、当該従業員の年齢や成績に連動するものではなく、会社の業績にも一切連動していないという支給額の決定方法を踏まえ、当該賞与は、正規雇用労働者として会社に在籍していたということ、すなわち、賞与算定期間に就労していたことそれ自体に対する対価としての性質を有するものというほかないとの判断のうえで、アルバイト労働者の賞与請求を認めた。もっとも、当該賞与には、功労、付随的にせよ長期就労への誘因という趣旨が含まれ、使用者の経営判断を尊重すべき面があることも否定し難いことや、正規雇用労働者とアルバイト職員とでは、実際の職務も採用に際し求められる能力にも相当の相違があったことから、その者の賞与の支給基準の60%を下回る支給しかしない場合は不合理な相違に至るものというべきであると判示した。正規雇用労働者と非正規雇用労働者の労働条件の格差を正当化するに際しては、有意人材確保といった理由が挙げられることが多いが、上記判決は、有為人材確保といった抽象的な理由によらずに判断したものであり、そのような判断手法がパート有期法やガイドラインに沿ったものであると指摘する見解もある（水町勇一郎「労働判例速報」ジュリスト1530号５頁）。

このとおり、当該事案の賞与について賃金の後払い性格であると認定した場合でも下級審の判断が分かれている状況にある。今後も裁判例の動向を注視する必要がある。

以上の他、裁判例の整理は、「2018年労働事件ハンドブック」415頁を参照されたい。

第5　退職金

1　性質・目的

退職金（退職手当）の性質・目的は様々であるが、通常、退職時の基礎賃金に在籍年数に応じた支給率を掛けて算出され、賃金の後払い的性格を有する。他方、自己都合退職と会社都合退職で支給率が異なったり、懲戒解雇時に減額・不支給とされることもあることから功労報償的性格も有するとされる（菅野「労働法」439頁、「2018年労働事件ハンドブック」284頁）。

2　ガイドライン

退職金（ガイドラインでは「退職手当」）についてガイドラインでは原則となる考え方は示されていないが、不合理と認められる待遇の相違の解消等が求められており、各事業主において、労使により、個別具体の事情に応じて待遇の体系について議論していくことが望まれるとされている（同第２）。

3　裁判例

退職金について労契法20条違反が争われた事案としては、メトロコマース事件・東京地判平29.3.23労判1154号５頁、同・東京高判平31.2.20労判1198号５頁（上告・上告受理申立）がある。

メトロコマース事件・東京地判平29.3.23労判1154号５頁において、一審の東京地裁は、退職金の功労報償的性格に着目し、退職金制度の趣旨として有為な人材の確保・定着を図るという点があり、正社員に対してのみ退職金制度を設けることにも人事政策上一定の合理性があるとした上で、契約社員であった原告と正社員とで職務内容並びに職務の内容及び配置の変更の範囲が大きく異なること、契約社員からのキャリアアップ制度として正社員への登用制度があることをあげて、退職金に関する労働条件の際が不合理とまでは認められないとした。

これに対し、メトロコマース事件・東京高判平31.2.20労判1198号５頁（上告・上告受理申立）において、控訴審の東京高裁は、上記東京地裁の判断のうち、退職金制度を正社員にのみ認めることが人事政策上一定の合理性があると判示した点は認めつつ、第１審被告において有期労働契約は原則として更新され、定年が65歳と定められていたこと、従前売店業務に従事していた者が職務内容を同じくする職種限定社員として正社員になった後、退職金制度が適用されることとなったことを根拠に、「少なくとも長年の勤務に対する功労報償の性格を有する部分に係る退職金（退職金の上記のような複合的な性格を考慮しても、正社員と同一の基準に基づいて算定した額の少なくとも４分の１はこれに相当すると認められる。）すら一切支給しないことについては不合理といわざるを得ない。」として、第１審原告らのような長期間勤務を継続した契約社員について全く退職金の支給を認めないのは不合理であるとして、退職金に関する労働条件の相違が不合理であると判断した。

メトロコマース事件・東京高判平31.2.20労判1198号５頁（上告・上告受理申立）における東京高裁の判断については、①退職金を功労報償、賃金後払いと２つに分けて議論することが可能なのか、②４分の１の根拠は何か、という疑問点が指摘されているところでもあり（例えば、原昌登「労働判例研究」ジュリスト1536号113頁）、最高裁の判断が待たれるところである。

第6　福利厚生その他

1　法定外休暇

(1)　性質・目的

法定外休暇とは、法定休日や年次有給休暇等の法定休日以外の休日（有給休暇を含むが、慶弔休暇は除く）をいう（ガイドライン　第３、４（５））。例えば、リフレッシュ休暇、夏期や冬期の休暇などが挙げられる。その性質・目的については、法定外休暇ごとに検討する必要がある。なお、病気休暇については別項目で取り扱っているので、そちらを参照されたい。

(2)　ガイドライン

ガイドラインは、（病気休暇以外の）法定外休暇のうち、労働者の勤続期間に応じて取得を認めているものについて、通常の労働者と同一の勤続期間を有する短時間・有期雇用労働者には通常の労働者と同じ法定外休暇を認めなければならないのが原則的な考え方だとする。なお、勤続期間の判断の際には、労働契約が更新されている場合は契約開始時から判断時点までの期間を通算することとされている（同　第３、４（５））。

また、ガイドラインは、長期勤続者を対象とするリフレッシュ休暇は、業務に従事した時間全体を通じた貢献に対する報償という趣旨で付与されるものだと位置づけたうえで、通常の労働者に対しては、例えば、勤続10年で３日、20年で５日、30年で７日の休暇を付与するが、短時間労働者に対しては、所定労働時間に比例した日数を付与することは問題ないとしている（同　第３、４（５）「問題とならない例」）。

⑶　裁判例

法定外休暇について労契法20条違反が争われた事案としては、日本郵便（大阪）事件・大阪地判平30.2.21労判1180号26頁、同・大阪高判平31.1.24労判1197号５頁（上告・上告受理申立。争いとなったのは夏期冬期休暇）、日本郵便（東京）事件・東京地判平29.9.14労判1164号５頁、同・東京高判平30.12.13労判1198号45頁（上告・上告受理申立。争いとなったのは夏期冬期休暇）、大阪医科薬科大学事件・大阪地判平30.1.24労判1175号５頁、同・大阪高判平31.2.15労判1199号５頁（上告・上告受理申立。争いとなったのは夏季特別有給休暇）等がある。

上記裁判例のうち、日本郵便（大阪）事件・大阪地判平30.2.21労判1180号26頁の大阪地裁は、夏期冬期休暇を含む労働契約上の地位確認請求について訴えを却下したため特段の判断を示さなかった。

その他の裁判例は、概ね、各休暇は心身の健康の維持、増進等を図るための特別の休暇であるとして、大阪医科薬科大学事件・大阪地判平30.1.24労判1175号５頁を除き、正社員に付与されている法定外休暇をパート・契約社員に全く付与しないことは不合理な労働条件の相違にあたるとした。

ただし、不合理性を肯定した各裁判例における理由付けは、やや異なる。

まず、日本郵便（東京）事件・東京地判平29.9.14労判1164号５頁、同・東京高判平30.12.13労判1198号45頁（上告・上告受理申立）は、正社員と契約社員とで最繁忙期が年末年始の時期であることに差異がなく、その他の職務内容等の相違を踏まえても夏期休暇を全く付与しないことは不合理であるとしており、正社員と契約社員の職務内容等に夏期休暇を全く付与しなくて良いような差異がないことを理由に結論を導いている。

他方、日本郵便（大阪）事件・大阪高判平31.1.24労判1197号５頁（上告・上告受理申立）において、大阪高裁は、当該事件の当事者である契約社員が原則として短期雇用を前提とし、各郵便局において、その必要に応じて柔軟に労働力を補充、確保することを目的の一つとして設けられている雇用区分であること等を理由に、夏期冬期休暇について相違が存在することは直ちに不合理であるとはいえないとしつつ、契約期間が長期に及んだ場合にはその根拠が薄弱になるとして、勤続期間が通算５年を超えている契約社員については労契法18条に基づき正社員に転じ得た点を考慮し、労働条件の相違が不合理となるとした。

大阪医科薬科大事件・大阪高判平31.2.15労判1199号５頁（上告・上告受理申立）は、一審原告が年間を通してフルタイムで勤務するアルバイト職員で、職務の違いや多少の労働時間の相違はあるものの、夏期に相当程度の疲労を感じることは正社員と変わりはないとして夏季特別有給休暇にかかる相違の不合理性を肯定している。

なお、日本郵便（大阪）事件・大阪高判平31.1.24労判1197号５頁（上告・上告受理申立）が勤続期間の基準として掲げている「５年」の根拠として、「労契法18条参照」としているが、労契法18条と20条とは観点が異なるのではないかとの指摘もなされている（小西康之「労働判例研究」ジュリスト1536号116頁）。労契法20条の判断に際して長期間の雇用継続をどのような根拠に基づき、どのように考慮するのかについては、さらなる裁判例の蓄積が待たれるところである。

他方、不合理性を否定した大阪医科薬科大学事件・大阪地判平30.1.24労判1175号５頁は、正社員がアルバイト職員よりも年間で170時間以上長く就労していること等を理由に正社員についてのみ心身のリフレッシュを図らせることには十分な必要性及び合理性が認められることを理由に結論を導いている。

2　慶弔休暇並びに健康診断に伴う勤務免除及び当該健康診断を勤務時間中に受診する場合の当該受診時間に係る給与の保障

(1)　性質・目的

慶弔休暇は、結婚、出産、忌引き等の際に付与される法定外休暇である（山岸俊正「改訂第２版　人事労務管理事典」40頁）。

また、労働者の健康の維持・増進を図る趣旨で、健康診断に伴う勤務を免除したり、健康診断を勤務時間中に受診する場合の当該受診時間に係る給与を保障することもある。

(2)　ガイドライン

ガイドラインは、慶弔休暇について、短時間・有期雇用労働者にも通常の労働者と同一の慶弔休暇を付与しなければならないのが原則的な考え方だとする。健康診断に伴う勤務免除及び当該健康診断を勤務時間中に受診する場合の当該受診時間に係る給与の保障についても、同様だとする（同第３、４（３））。

もっとも、ガイドラインは、週２日勤務の短時間労働者には基本的に勤務日の振替で対応し、振替が困難な場合のみ慶弔休暇を付与することは問題ないとしている（同第３、４（３）「問題とならない例」）。

⑶　裁判例

2019年12月１日現在、慶弔休暇等が問題となった裁判例は存在しない。

3　病気休暇

⑴　性質・目的

病気休暇は、労働者が負傷又は疾病により就業できない場合に与えられる休暇である（日本経団連出版編「人事・労務用語辞典　第７版」328頁）。

⑵　ガイドライン

ガイドラインは、短時間労働者（有期雇用労働者でもある者を除く）については、通常の労働者と同一の病気休職の取得を認めなければならないのが原則的な考え方だとする（同第３、４（４））。

他方、有期雇用労働者については、労働契約が終了するまでの期間を踏まえて、病気休職の取得を認めなければならないのが原則的な考えだとする（同上）。病気休職の期間が労働契約の期間を上回る場合には、労働契約の期間が終了するまでの期間について病気休職の取得を認めなければ足りるとされている（同「問題とならない例」）。

⑶　裁判例

病気休暇・休職及び当該期間中を有給とするか否かに関する待遇の相違について、労契法20条違反が争われた事案として、日本郵便（大阪）事件・大阪地判平30.2.21労判1180号26頁、同・大阪高判平31.1.24労判1197号５号（上告・上告受理申立）、日本郵便（東京）事件・東京地判平29.9.14労判1164号５頁、同・東京高判平30.12.13労判1198号45頁（上告・上告受理申立）、大阪医科薬科大学事件・大阪地判平30.1.24労判1175号５頁、同・大阪高判平31.2.15労判1199号５頁（上告・上告受理申立。私傷病開始６か月の有給の取扱い及び６か月経過後の休職給の支給が争われた）、日本郵便（休職）事件・東京地判平29.9.11労判1180号56頁、同・東京高判平30.10.25労経速2386号３頁（上告・上告受理申立）がある。

上記裁判例のうち、日本郵便（大阪）事件・大阪地判平30.2.21労判1180号26頁は病気休暇を含む労働契約上の地位確認請求について訴えを却下したため特段の判断を示さなかった。

その他の裁判例は、病気休暇・休職及び当該期間中を有給とする取扱いについて、労働者の健康保持のため私傷病により勤務できなくなった場合に療養に専念させるための制度であるとした上で、日本郵便（大阪事件）・大阪高判平31.1.24労判1197号５号（上告・上告受理申立）、日本郵便（東京）事件・東京地判平29.9.14労判1164号５頁、同・東京高判平30.12.13労判1198号45頁（上告・上告受理申立)、大阪医科薬科大学事件・大阪高判平31.2.15労判1199号5頁（上告・上告受理申立）は病気休暇・休職及び当該期間中を有給とするか否かに関する労働条件の相違の不合理性を肯定し、大阪医科薬科大事件・大阪地判平30.1.24労判1175号5頁、日本郵便（休職）事件・東京地判平29.9.11労判1180号56頁、同・東京高判平30.10.25労経速2386号3頁（上告・上告受理申立）は 病気休暇・休職及び当該期間中を有給とするか否かに関する労働条件の相違の不合理性を否定した。

不合理性を肯定した各裁判例については、その中でも、その判断は微妙に異なっている。

日本郵便（東京）事件・東京高判平30.12.13労判1198号45頁（上告・上告受理申立）において、東京高裁は、長期雇用を前提とした正社員に対し日数の制限なく病気休暇を認めているのに対し、契約期間が限定され、短時間勤務の者も含まれる契約社員に対し病気休暇を1年度において10日の範囲内で認めていることについて、その日数の点においては不合理であると評価することができるものとはいえないとしつつ、当該休暇が無給であるとの点については労働条件の相違が不合理であるとした。

これに対し、日本郵便（大阪）事件・大阪高判平31.1.24労判1197号5頁（上告・上告受理申立）において、大阪高裁は、一審原告らが有期労働契約を反復して更新し、契約期間が通算して5年を超えているとの点を労契法18条を参照しつつ指摘し、そのような状況において正社員と契約社員の労働条件に差異を設ける根拠は薄弱であるとして、病気休暇日数のみならず、契約社員の病気休暇を無給と取り扱うことのいずれについても労働条件の相違が不合理であるとした（日本郵便（東京）事件・東京地判平29.9.14労判1164号5頁も同旨)。

また、日本郵便（大阪）事件・大阪高判平31.1.24労判1197号5頁（上告・上告受理申立）の大阪高裁は、病気休暇（又は同期間を有給とする取扱い）が長期勤続を前提とした制度であり、原則として正社員とパート・契約社員との間に差異を設けても不合理とはいえないが、パート・契約社員の勤続期間が長期に及ぶこととなった場合はその根拠が失われることから、労働条件の相違が不合理となるとの趣旨の判示をしている（日本郵便（東京）事件・東京地判平29.9.14労判1164号5頁も同旨)。

他方、不合理性を否定した大阪医科薬科大事件・大阪地判平30.1.24労判1175号5頁、日本郵便（休職）事件・東京地判平29.9.11労判1180号56頁、同・東京高判平30.10.25労経速2386号3頁（上告・上告受理申立）は、正社員は長期間の就労が期待され、長期にわたって使用者に貢献していくのに対し、契約社員にはそのような事情が認められないとの点をその理由として挙げている。

上記各裁判例を前提とすると、５年未満などの長期とは言えない勤続期間のパート・契約社員については差を設けることもあり得るように思えるが、長期勤続することが前提とされている正社員を優遇する論拠の一つである有為人材確保論（有為な人材の獲得、定着を図り長期にわたって会社に貢献してもらうために正社員を優遇することを許容する理論）を最高裁が長澤運輸事件・最小二判平30.6.1民集72巻２号202頁及びハマキョウレックス事件・最二小判平30.6.1民集72巻２号88頁において明示的に認めていないことが今後の裁判例の展開等に大きな影響を与え得るとの見解（労判1179号19頁水町判例解説）を踏まえると、慎重に対応する必要がある。

4 福利厚生施設等

⑴ ガイドライン

ガイドラインは、パート有期法12条を踏まえ、給食施設、休憩室及び更衣室といった福利厚生施設について、短時間・有期雇用労働者にも通常の労働者と同じように利用を認めなければならないとする。

⑵ 裁判例

2019年12月１日現在、福利厚生施設等が問題となった裁判例は存在しない。

5 教育訓練

⑴ ガイドライン

ガイドラインは、パート有期法11条を踏まえ、教育訓練であって、現在の職務の遂行に必要な技能又は知識を習得するために実施するものについて、通常の労働者と職務の内容が同一である短時間・有期雇用労働者には通常の労働者と同一の教育訓練を実施しなければならず、職務の内容に一定の相違がある場合においては､その相違に応じた教育訓練を実施しなければならないとする(同第３、５（１))。

⑵ 裁判例

現状、教育訓練が問題となった裁判例は存在しない。

6 安全管理

⑴ ガイドライン

ガイドラインは、安全管理に関する措置及び給付について、通常の労働者と同一の業務環境に置かれている短時間・有期雇用労働者には、通常の労働者と同一の安全管理に関する措置及び給付をしなければならないとする（同第３、

5（2））。

⑵　裁判例

2019年12月1日現在、安全管理が問題となった裁判例はない。

7　その他

⑴　無事故手当

ハマキョウレックス事件・最二小判平30.6.1民集72巻2号88頁では、正社員のトラック運転手が1か月間無事故で勤務した場合に支給される無事故手当について労契法20条違反が争われた。

この点について、最高裁は、「無事故手当は、優良ドライバーの育成や安全な輸送による顧客の信頼の獲得を目的として支給されるものであると解されるところ、上告人の乗務員については、契約社員と正社員の職務の内容は異ならないから、安全運転及び事故防止の必要性については、職務の内容によって両者の間に差異が生ずるものではない。」等と述べ、労契法20条違反を認めた。

⑵　大学の付属病院の医療補助措置

大阪医科薬科大学事件・大阪地判平30.1.24労判1175号5頁、同・大阪高判平31.2.15労判1199号5頁（上告・上告受理申立）では、附属病院を受診した際に月額4000円を上限として受けられる医療費の補助（医療補助措置）について、労契法20条違反が争われた。

この点について、大阪高裁は、大阪地裁の判示を引用し、医療補助措置が雇用契約の当事者のみだけではなく、大学関係者の広範な範囲に及んでおり、労働条件として発展してきたものではないと考えられること、被告と一定の関係を有する者に附属病院を利用してもらうことで実践を通じての教育や被告の医療水準・教育水準の向上が図られることに対する謝礼としての側面を有すること、病院運営を事業者から関係者等社会儀礼上のものという側面も有することを挙げ、医療補助措置はあくまでも恩恵的な措置でというべきであって、労働条件ではないとし、労契法20条違反を否定した。

⑶　褒賞

メトロコマース事件・東京高判平31.2.20労判1198号5頁（上告・上告受理申立）では、業務上特に顕著な功績があり、他の模範として推奨するに足りる行為があった者に対して支給されるとされていた褒賞について労契法20条違反が争われた。

上記事件において東京高裁は、「業務上特に顕著な功績があった社員に対して褒賞を行う」との褒賞取扱要領の定めがあるものの、実際には勤続10年に達した正社員には一律に表彰状と３万円が贈られており、上記要件が形骸化しているとした上で、そうであるとすれば、業務の内容にかかわらず一定期間勤続した従業員に対する褒賞ということになるが、その限りでは正社員と契約社員Ｂ（一審原告）とで変わりはなく、契約社員Bが実際にも長期勤続することがあるとして、労契法20条違反を認めた。

第4章

説明義務その他の改正点

第1　待遇に関する説明義務の強化

1　改正の概要

本改正前においては、有期雇用労働者に関しては、労基法15条に基づく労働条件の明示義務を除き、待遇に関する説明義務について特段の規制は設けられていなかった。他方、短時間労働者に関しては、①労基法15条に基づき明示が求められる労働条件に加えて、雇い入れ後速やかに、文書交付等によって特定事項（昇給・賞与・退職手当の有無、相談窓口）を明示する義務、その他の労働条件に関する文書交付等による明示の努力義務（パート法6条1項、2項）、②雇い入れ後速やかに、待遇の内容等について説明する義務（同14条1項）、③短時間労働者から説明を求められたときに、待遇決定の際の考慮事項等について説明する義務（同14条2項）が事業主に課されていた。

今回の改正により、パート有期法は、まず、説明義務の対象者を短時間労働者だけでなく、有期雇用労働者にも拡大した。

また、短時間･有期雇用労働者から求めがあった場合に説明する内容についても、待遇決定に際しての考慮事項に加えて、「待遇の相違の内容及び理由」を追加した（パート有期法14条2項）。これは上記①から③とは異なる内容の説明義務である。

さらに、説明を求めた短時間・有期雇用労働者について、説明を求めたことを理由として解雇その他の不利益な取扱いを禁止してはならない旨の規定を新たに創設した（パート有期法14条3項）。

改正点をまとめると下表のとおりである（同じ改正のあった派遣労働者についても示す。）。

	説明する時期	パート	有期	派遣
特定事項の明示義務（昇給・退職手当・賞与の有無、相談窓口）（パート有期法６条、同規則２条）	雇い入れ後速やかに	○→○	×→○	○→○
雇用管理上の措置の内容（パート有期法14条１項）※	雇い入れ後速やかに	○→○	×→○	○→○
待遇決定に際しての考慮事項（パート有期法14条２項）	求めがあったとき	○→○	×→○	○→○
待遇差の内容・理由（パート有期法14条２項）	求めがあったとき	×→○	×→○	×→○
不利益取扱いの禁止（パート有期法14条３項）	－	×→○	×→○	×→○

【改正前→改正後】　○：説明義務の規定あり　　×：説明義務の規定なし
※措置の内容は、パート有期法８条から13条（賃金、教育訓練、福利厚生施設の利用、正規雇用労働者への転換）

　説明義務を強化する趣旨

このように説明義務の強化を図った趣旨は、非正規雇用労働者に対し、自らの待遇内容の情報だけではなく正規雇用労働者との「待遇の相違」（待遇差）に関する情報を事業主から適切に得られるようにし、それによって正規雇用労働者と非正規雇用労働者の間の不合理な待遇差の是正を促すことにある（平31.1.30通達　第３の10（１）参照）。

かかる趣旨からすれば、説明義務の強化は、待遇の差別的取扱いの禁止（パート有期法９条、均等待遇）、不合理な待遇差の禁止（同８条、均衡待遇）を十全ならしめるための前提といえる。

実務的にも、短時間・有期雇用労働者から相談を受けた労働組合や代理人は、不合理な待遇差の是正を求める前提として、企業に対し、まずは「待遇の相違の内容及び理由」の説明を求めるであろうことが予想される。現在においても労働組合等から正規雇用労働者との待遇差について説明を求められることがあるが、今回の改正により、そうした要求に団体交渉以外の場面においても明確な法的根拠が備わることになる。労働者側からはその後の主張を組み立てる前提となる情報であるから、説明を求めるケースは増加するであろうし、企業側からは正規雇用労働者との待遇差を設ける場合はそれが不合理なものではないことに加え、合理的に説明ができるように準備をしておかなければならないことを意味する。

さらに、後述するように、事業主が「待遇差の内容及び理由」について十分に説明をしない場合は、そのこと自体が待遇差の不合理性を基礎づける一事情

となりうるため、企業側としては十分な説明が行えるように準備することが重要となる。

3　説明の時期と説明内容

事業主が説明を要するタイミングは、①雇い入れ後速やかに、②労働者から説明の求めがあったとき、である。

説明する内容の詳細については、平31.1.30通達の第3の1及び10を参照されたい。以下では、その概要について述べる。

(1)　雇い入れ後、速やかに

ア　労働条件、特定事項の明示

事業主は、短時間・有期雇用労働者を雇い入れたときは、速やかに、労基法15条で明示が求められている事項に加え、「特定事項」として次の事項を文書の交付その他方法により明示しなければならない（パート有期法6条1項、同規則2条）。

①昇級の有無

②退職手当の有無

③賞与の有無

④短時間・有期雇用労働者の雇用管理の改善等に関する事項に係る相談窓口

さらに、特定事項を明示するときは、それ以外の労働条件に関する事項についても文書の交付等により明示するよう努力する義務が事業主には課される（パート有期法6条2項）。

イ　雇用管理上の措置の内容

事業主は、短時間・有期雇用労働者を雇い入れたときは、速やかに、待遇に関して事業主が講ずるべきとされているパート有期法8条から13条の各種制度（措置）についても、その内容を説明しなければならない（パート有期法14条1項）。具体的には以下の内容を説明することとされている（平31.1.30通達第3の10（4））。

①通常の労働者の待遇との間で不合理な相違を設けていないこと（パート有期法8条）

②通常の労働者と同視すべき短時間･有期雇用労働者の要件に該当する場合、通常の労働者との差別的取扱いをしないこと（同9条）

③職務の内容、職務の成果等のうちどの要素を勘案した賃金制度となっているか（同10条）

④どのような教育訓練が実施されるか（同11条）

⑤どのような福利厚生施設を利用できるか（同12条）

⑥どのような通常の労働者への転換推進措置を実施しているか（同13条）

なお、パート有期法14条１項による説明は、同11条、12条に関し制度（措置）を実施している場合にすればよく、実施していない制度について「していない旨」を説明しなくともよいとされている（平31.1.30通達　第３の10（４））。

⑵　労働者から求めがあった場合

短時間・有期雇用労働者から求めがあった場合、従来、待遇決定に際して考慮した事項を説明する義務が課されていたが、今回の改正により待遇差の内容及び理由についても説明する義務が追加された。

ア　待遇決定に際しての考慮事項

短時間・有期雇用労働者から求められたとき、事業主は、パート有期法６条から13条までの規定により決定した待遇に関し、決定の際に考慮した事項を説明しなければならない（パート有期法14条２項）。

平31.1.30通達によれば、パート有期法６条から13条の各規定の観点から、次の点を説明することとされている（同第３の10（８））。

①事業主が実施している各種制度等が、なぜそのような制度等であるのか

②説明を求めた短時間・有期雇用労働者に各種制度等がどのような理由で適用されもしくは適用されていないか

例えば、パート有期法10条との関係では、職務の内容、職務の成果等のうちどのような要素を考慮して賃金を決定したか、なぜその要素を勘案しているか、また、当該説明を求めた短時間・有期雇用労働者について当該要素をどのように勘案しているかについて説明する（平31.1.30通達　第３の10（８））。

また、同11条、12条との関係では、なぜその教育訓練や福利厚生施設が利用できる又は利用できないのかを説明することになるが、平31.1.30通達によれば、通常の労働者についても教育訓練を実施していない又は福利厚生施設を利用させていない場合には、講ずべき措置がないためであることを説明するとされている（同第３の10（８））。

同13条との関係では、正規雇用労働者への転換推進措置の決定にあたり何を考慮したのかを説明する（同第３の10（８））。

なお、同14条２項によって事業主に説明義務が課される事項には、同６条２項、７条、10条及び11条２項で努力義務とされている事項も当然に含むものとされている（同第３の10（５））。

イ　待遇差の内容及び理由

短時間・有期雇用労働者から求められたとき、事業主は、当該短時間・有期雇用労働者と通常の労働者との間の待遇の相違の内容及び理由について説明し

なければならない（パート有期法14条２項）。

今回の改正によって新たに事業主の説明義務の内容となったものであるが、説明するべきは、「比較対象となる通常の労働者」との「待遇差の内容」及び「待遇差の理由」である。

例えば、正規雇用労働者については賞与を支給するが、短時間・有期雇用労働者については支給しないという待遇差を設けている場合に、事業主は、説明を求めた短時間・有期雇用労働者に対し、「比較対象となる通常の労働者」との「待遇差の内容」として、賞与は正規雇用労働者のみ支給しており非正規雇用労働者には支給していないこと、正規雇用労働者に対する賞与の支給基準、平均的な支給額や上限・下限額等を説明する。また、「待遇差の理由」として、正規雇用労働者のみ賞与を支給し非正規雇用労働者には支給しない理由を具体的に説明しなければならない（改正告示による改正後の短時間・有期雇用労働者指針第３の２（２）、（３））。

このような待遇差についてその内容や理由を説明するに当たっては、次の３点に留意すべきであり、これらについて後記４にて説明する。

①説明に当たって「比較対象となる通常の労働者」は誰か

②待遇差の内容と理由として何を説明するか

③短時間・有期雇用労働者に説明する際の説明の仕方

4　待遇差の内容及び理由について説明するに当たり留意すべきポイント

(1)　説明に当たって「比較対象となる通常の労働者」は誰か

ア　比較対象となる「通常の労働者」

「通常の労働者」の一般的な意義としては、いわゆる正規型の労働者及び事業主と期間の定めのない労働契約を締結しているフルタイム労働者とされている（第２章119頁以下参照）。

そして、待遇差の内容等を説明するにあたって比較対象となる「通常の労働者」は、その職務の内容、職務の内容及び配置の変更の範囲等が、短時間・有期雇用労働者のそれと最も近いと事業主が判断する通常の労働者である（改正告示による改正後の短時間・有期雇用労働者指針　第３の２（１））。同指針からも明らかなように、最も近いと判断する主体は事業主である。

イ　パート有期法８条の「通常の労働者」との相違

パート有期法８条は「通常の労働者」との不合理な待遇差を禁止しているが、同条の「通常の労働者」と同14条２項の説明をするに当たって比較対象となる

「通常の労働者」の範囲は異なるとされている。

すなわち、パート有期法８条の「通常の労働者」の範囲は、事業主単位、つまり事業主が雇用する全ての通常の労働者を意味し、その者との不合理な待遇差を設けることを禁止した（平31.1.30通達　第３の３（３）、第２章119頁以下参照）。

これに対し、14条２項の「通常の労働者」の範囲は、当該短時間・有期雇用労働者と職務の内容等が最も近いと事業主が判断する通常の労働者を意味し、その者との比較において待遇差の内容と理由等を説明するべきことになる（同第３の10（６））。８条が対象とする全ての通常の労働者のうち、職務の内容等が最も近いと事業主が判断する通常の労働者が14条２項の比較対象となるのであり、その意味で14条２項の「通常の労働者」は８条のそれよりも狭い範囲となる（厚労省「不合理な待遇差解消のための点検・検討マニュアル　業界共通編」９頁）。

このように、「通常の労働者」の範囲が８条と14条２項において異なるのは、「基本的に司法規範とされる不合理な待遇の禁止規定（８条）と異なり、国が事業主に一定の行為を義務づける行政取締法規としての性格をもつ本規定（14条２項）においては、事業主がその行為を行うにあたりその内容を特定できることが必要となることから、実態が最も近い通常の労働者（正社員）を事業主に選定させて、その選定理由とともに待遇の相違の内容と理由を事業主に説明させるものとした」からと指摘されている（水町「同一労働同一賃金」122頁）。

ウ　選定基準

このように、14条２項の比較対象となる「通常の労働者」は、職務内容等が最も近いと判断される通常の労働者であるが、事業主が最も近いと判断するにあたっての選定基準が平31.1.30通達に示されている（第３の10（６））。それを図示すると、以下（次頁）のとおりである。

以下の図の順序に従い、事業主は比較対象となる通常の労働者を選定することになる。同じ区分に複数の労働者が該当する場合には、事業主がさらに絞り込むことが考えられるが、その場合は、

①基本給の決定等において重要な要素（職能給であれば能力・経験、成果給であれば成果など）における実態

②説明を求めた短時間・有期雇用労働者と同一の事業所に雇用されるかどうか

を比較対象として選定することが考えられる。

また、平31.1.30通達においては、以下の単位の「通常の労働者」を選定する

	比較対象とする 通常の労働者の選定基準	職務の内容		職務の 内容･配置の 変更範囲
		業務の内容	責任の程度	
1	「職務の内容」及び 「職務の内容・配置変更の範囲」が同一	同一	同一	同一

いない場合

2	「職務の内容」は同一であるが、 「職務の内容・配置変更の範囲」は異なる	同一	同一	異なる

いない場合

3	「職務の内容」のうち、「業務の内容」又は 「責任の程度」のいずれかが同一	同一	異なる	同一/異なる
		異なる	同一	

いない場合

4	「業務の内容」及び「責任の程度」がいずれも異なるが、「職務の内容・配置の変更範囲」が同一	異なる	異なる	同一

いない場合

5	「業務の内容」、「責任の程度」、「職務の内容・配置の変更範囲」がいずれも異なる ※「職務の内容」が最も近いと考えられる通常の労働者を選定する。	異なる	異なる	異なる

出典：厚労省「不合理な待遇差解消のための点検・検討マニュアル　業界共通編」9～10頁

ことも例示されている（同第３の10（６））。

①一人の通常の労働者

②複数人の通常の労働者又は雇用管理区分

③過去１年以内に雇用していた一人又は複数人の通常の労働者

④通常の労働者の標準的なモデル（新入社員、勤続３年目の一般職など）

事業主は、比較対象として選定した通常の労働者及びその選定理由（上記図のどの項目が同一であるか等）についても、説明を求めた短時間・有期雇用労働者に説明する必要がある（平31.1.30通達　第３の10（６））。

なお、事業主は、個人情報保護の観点から、比較対象とした通常の労働者が特定できることにならないよう配慮する必要があるとされている。しかし、比較対象となる通常の労働者を選定すれば、自ずと対象者が限定され特定しうる状態になりえることから、実務的には難しい問題をはらんでいる。

⑵　待遇差の内容及び理由として何を説明するか

ア　待遇差の内容

待遇差の内容に関しては、次の事項を説明する必要がある（短時間・有期雇用労働者指針第３の２（２））。

①通常の労働者と短時間・有期雇用労働者の間で待遇の決定基準において相違があるか否か

②通常の労働者と短時間・有期雇用労働者の待遇の個別具体的な内容又は待遇の決定基準

上記②の「待遇の個別具体的な内容」は、比較の対象となる通常の労働者の選び方に応じ、例えば以下のように説明する（平31.1.30通達　第３の10（７））。

・選定した通常の労働者が一人の場合、例えば賃金であればその金額

・複数人を選定した場合は、例えば賃金などの数量的な待遇については平均額又は上限・下限、教育訓練など数量的でない待遇については標準的な内容又は最も高い水準・最も低い水準の内容

上記②の「待遇に関する基準」を説明する場合、例えば賃金であれば、賃金規定や等級表等の支給基準の説明をする。ただし、説明を求めた短時間・有期雇用労働者が、比較対象となる通常の労働者の待遇の水準を把握できるものである必要があり、「賃金は各人の能力、経験等を考慮して総合的に決定する」等の説明では十分ではないとされている（平31.1.30通達　第３の10（６））。

イ　待遇差の理由

待遇差の理由は、比較対象となる通常の労働者と短時間・有期雇用労働者の①職務の内容、②職務の内容・配置の変更の範囲、③その他の事情（成果、能力、経験など）のうち、個々の待遇の性質・目的に照らして適切と認められるものに基づいて、待遇差を設けている理由を説明する（改正告示による改正後の短時間・有期雇用労働者指針第３の２（１））。具体的には、以下の点を説明する（平31.1.30通達　第３の10（６））。

㋐　通常の労働者と待遇に関する基準が同一である場合：

①同一の基準のもとで違いが生じている理由
（例えば、能力に基づいて基本給を決定している場合には、能力レベルが異なるために基本給の額の差が生じることを説明する）

㋑　通常の労働者と待遇に関する基準が異なる場合：

①待遇の性質･目的を踏まえ､待遇に関する基準に違いを設けている理由（職

務の内容、職務の内容及び配置の変更の範囲の違い、労使交渉の経緯など)
②それぞれの基準を通常の労働者及び短時間・有期雇用労働者にどのように適用しているか。

なお、待遇差の理由として複数の要因がある場合には、それぞれの要因について説明する必要がある。

⑶ 説明方法

待遇差の内容及び理由の説明に当たっては、短時間・有期雇用労働者がその内容を理解することができるよう、資料(就業規則や賃金表など)を活用しながら、口頭により行うことが基本である(平31.1.30通達 第3の10(9))。

ただし、説明すべき事項を全て記載した資料で、短時間・有期雇用労働者が容易に理解できるものを用いる場合には、その資料を交付する等の方法でも構わないとされている(同上)。この場合、厚労省が公表する「説明書モデル様式」を参考にするとよい(厚労省「パートタイム・有期雇用労働法対応のための取組手順書」17頁)。

なお、パート有期法14条による説明によって短時間・有期雇用労働者が納得することは、本条の義務履行とは関係がない(平31.1.30通達 第3の10(10))。

上記の説明方法は、同法14条1項の事項を説明するに当たっても同様である(平31.1.30通達 第3の10(3))。なお、有期雇用労働者については、労働契約の更新をもって「雇い入れ」とされるため、その都度14条1項の事項について説明が必要となることに注意が必要である(同上)。

5 説明義務違反の効果

事業主がパート有期法の説明義務に違反した場合の効果については、平31.1.30通達において、待遇差の内容及び理由について十分な説明をしなかったと認められる場合には、その事実もパート有期法8条の「その他の事情」に含まれ、待遇差の不合理性を基礎づける事情として考慮されうる、とされている(平31.1.30通達 第3の3(5))。すなわち、パート有期法14条2項の「待遇差の内容及び理由」について事業主が十分な説明をしなかったことは、それ自体が待遇差の不合理性(パート有期法8条)を基礎づける一事情となりうる。

したがって、企業側は、短時間・有期雇用労働者の求めがあった場合に待遇差の内容及び理由を十分に説明しないこと自体により、訴訟においてその待遇差が不合理であると判断されるリスクを負うことになる。

6 不利益取扱いの禁止

今回の改正にて、事業主が、パート有期法14条２項の説明を求めた短時間・有期雇用労働者に対し、説明を求めたことを理由として、解雇その他の不利益な取扱いをすることを明示的に禁止する規定を創設した（パート有期法14条３項）。

「理由として」とは、パート有期法14条２項の事項の説明を求めたことと、事業主が当該短時間・有期雇用労働者に対して行った不利益取扱いに因果関係があることを意味する（平31.1.30通達　第３の10（11））。

「不利益な取扱い」とは、解雇、配置転換、降格、減給、昇給停止、出勤停止、労働契約の更新拒否等がこれに当たる。なお、配置転換等が不利益な取扱に当たるか否かについては、給与その他の労働条件、職務内容、職制上の地位、通勤事情、当人の将来に及ぼす影響等諸般の事情について、旧勤務と新勤務とを総合的に比較考慮の上、判断するべきとされている（同上）。

なお、平31.1.30通達においては、事業主がパート有期法14条２項の説明を行ったにもかかわらず、短時間・有期雇用労働者が繰り返し同項の説明を求めてくるような場合、職務に戻るよう命じ、それに従わない場合に当該不就労部分について就業規則に従って賃金カットを行うようなこと等まで、不利益な取扱いとして禁止する趣旨ではないとされている（同上）。

第2 その他の改正点

1 待遇の各論的規定の改正

本改正前において、短時間労働者についてはパート法に基づき認められていた待遇に関する各論的規定が、パート有期法の施行により有期雇用労働者にも適用が認められるようになった。

⑴ 賃金の決定に関する努力義務

短時間労働者と同じく、有期雇用労働者に対しても、賃金の決定に関し、通常の労働者との均衡を考慮しつつ、職務の内容、職務の成果、意欲又は経験その他の就業の実態に関する事項を勘案し決定する努力義務が規定された（パート有期法10条）。

ただし、通勤手当、家族手当、住宅手当、別居手当、子女教育手当その他名称の如何を問わず支払われる賃金（いずれも職務の内容に密接に関連して支払われるものを除く。）については、本条の対象外である（平31.1.30通達　第３の５（１））。

(2)　教育訓練を施す義務

短時間労働者と同じく、通常の労働者と職務の内容が同一の有期雇用労働者については、当該職務の遂行に必要な能力を付与するための教育訓練を実施する義務が規定され（同11条１項）、それ以外の有期雇用労働者についても通常の労働者との均衡を考慮しつつ、職務の内容、職務の成果、意欲などに応じて当該有期雇用労働者に教育訓練を実施する努力義務が規定された（同２項）。

(3)　福利厚生施設の利用機会の付与義務

改正前は、短時間労働者に対して、福利厚生施設のうち、給食施設（食堂）、休憩室、更衣室について、これらの施設の利用の機会を与える配慮義務が規定されていたが（パート法12条）、利用機会を与えなければならない付与義務に改正された（パート有期法12条）。また、対象者も短時間労働者だけでなく、有期雇用労働者も対象とされた（同条）。

2　就業規則の作成・変更に関する過半数代表者からの意見聴取努力義務

改正前は、短時間労働者について、就業規則の作成・変更について短時間労働者の過半数代表者から意見を聴取する努力義務が事業主に課されていた（パート法７条）。本改正により、有期雇用労働者についても同様の努力義務が事業主に課されることとなった。事業主は、有期雇用労働者に係る事項について就業規則を作成または変更しようとするときは、有期雇用労働者の過半数代表者から意見を聴くよう務めなければならない（パート有期法７条２項）。

就業規則の作成・変更にあたっては、使用は事業場の過半数で組織する労働組合に、又はかかる労働組合がない場合は労働者の過半数代表者に意見を聴取しなければならないところ（労基法90条）、短時間・有期雇用労働者に適用される就業規則の作成・変更にあたっては、労働組合等の意見に加えて、就業規則の適用を受ける短時間・有期雇用労働者の意見が反映されることが望ましいことから規定されたものである（平31.1.30通達　第３の２（１））。

3　通常の労働者への転換推進のための措置

短時間労働者と同じく、有期雇用労働者に対しても、通常の労働者への転換を推進するため、次の措置を講じる義務が規定された（パート有期法13条）。

①通常の労働者の募集を行う場合において､募集内容を当該事業所の短時間･有期雇用労働者に周知すること（同条１号）

②通常の労働者の配置を新たに行う場合において、当該配置の希望を申し出

る機会を当該事業所の短時間・有期雇用労働者に与えること（同２号）

③一定の資格を有する短時間・有期雇用労働者を対象とした通常の労働者への転換のための試験制度その他の転換推進措置を講ずること（同３号）

上記①～③のすべてを講じなければならないわけではなく、いずれかの措置でよく、また①～③は例示であって③にあるようにその他の転換推進措置をとることでもよいとされる（平31.1.30通達　第３の９（３）、（８））。③のその他の転換推進措置の例として、平31.1.30通達では、「通常の労働者として必要な能力を取得するための教育訓練を受ける機会を確保するための必要な援助を行うこと」が挙げられている（第３の９（３））。

なお、通常の労働者への転換推進措置を規定したパート有期法13条が、当該短時間・有期雇用労働者が定年後再雇用された者である場合にも適用されるか、という問題がある。条文上は何ら制限がないため、定年後再雇用した短時間・有期雇用労働者についても同13条が適用されると解される。もっとも、労働施策総合推進法において、定年年齢を上限として、上限年齢未満の労働者を期間の定めのない労働契約の対象として募集・採用することが許容されている（労働施策総合推進法９条、同施行規則１条の３第１号）。そのため、たとえば、60歳が定年年齢の場合に、60歳未満の者を正規雇用労働者として募集し、定年後再雇用者を対象から外したとしても、パート有期法13条に違反することにはならないと解される。

4　相談のための体制の整備義務

短時間労働者と同じく、有期雇用労働者についても、雇用管理の改善等に関する事項に関し、相談に応じ適切に対応するために必要な体制を整備する義務が規定された（パート有期法16条）。

説明義務の実効性を確保するため相談のための体制整備を規定しているものであり、「必要な体制」の整備とは、苦情を含めた相談に応じる窓口等の体制を整備することをいい、窓口等は組織であるか、個人であるかを問わないとされている（平31.1.30通達　第３の12（２））。

5　短時間・有期雇用労働者管理者の選任の努力義務

短時間労働者と同じく、有期雇用労働者についても、常時厚生労働省令で定める数（10人）以上雇用する事業所ごとに、短時間・有期雇用管理者を選任する努力義務が規定された（パート有期法17条）。

短時間・有期雇用管理者は、短時間・有期雇用労働者指針及びガイドラインに定める事項その他の短時間・有期雇用労働者の雇用改善等に関する事項を管理させるために必要な知識及び経験を有していると認められる者のうちから事業主が選任する。「必要な知識及び経験を有していると認められる者」とは、短時間・有期雇用管理者の職務を遂行するに足る能力を有する者をいい、事業所の労務管理について権限を有する者が望ましいとされる（平31.1.30通達　第3の13（2））。

6 苦情の自主的解決の努力義務

短時間労働者と同じく、有期雇用労働者についても、パート有期法6条1項、同8条、同9条、同11条1項、同12条ないし14条までに定める事項に関し、短時間・有期雇用労働者から苦情の申出を受けたときは、労使により構成される苦情処理機関に苦情の処理を委ねる等その自主的解決を図るよう努める義務が規定された（パート有期法22条）。

自主的解決の対象となる事項に同8条が加えられた点も本改正による改正点である。

本条による苦情の自主的解決の努力をしたことが、都道府県労働局長による紛争解決の援助（同24条1項）や紛争調整委員会による調停（同25条1項）の開始の要件となるものではなく、紛争解決の独立した手段としてそれぞれの手段をとりうる。もっとも、労働者の苦情等については労使で自主的に解決することが望ましいことから、本条による自主的解決の努力を行うことが望ましいとされる（平31.1.30通達　第4の1（5））。

7 行政による履行の確保措置、裁判外紛争解決手続（行政ADR）の整備

パート有期法では、行政による履行の確保措置、裁判外紛争解決手続（行政ADR）についても、一定の整備が図られた。その改正点をまとめると下表のとおりである（同様の改正のあった派遣労働者についても示す。）。

	パート	有期	派遣
行政による報告の徴収、助言・指導・勧告、公表（パート有期法18条）	○→○	×→○	○→○
行政ＡＤＲ（パート有期法22条～同26条）	△→○	×→○	×→○

【改正前→改正後】　○：規定あり　△：部分的に規定あり（均衡待遇は対象外）　×：規定なし

⑴　行政による履行確保措置

本改正前において、短時間労働者については、パート法に基づき、その雇用管理の改善等を図るため必要があると認めるときは、厚生労働大臣による報告の徴収、助言、指導、勧告が可能であった（パート法18条１項）。また、雇入れ時の労働条件に関する文書の交付義務（同６条１項）や差別的取扱いの禁止（同９条）など同法18条２項に定める各条項に違反した場合に行われる勧告に従わない場合には、その旨を公表することができた（同18条２項）。これに対し、有期雇用労働者については上記のような行政による履行確保措置の対象とならなかった。本改正によって、これら短時間労働者に認められていた行政による履行確保措置が有期雇用労働者にも拡大された（パート有期法18条１項、２項）。

ア　報告の徴収、助言・指導・勧告

厚生労働大臣は、短時間・有期雇用労働者の雇用管理の改善等を図るため必要があると認めるときは、事業者に対して、報告の徴収、助言・指導・勧告をすることができる（パート有期法18条１項）。

「短時間・有期雇用労働者の雇用管理の改善等を図るため必要があると認めるとき」とは、パート有期法、短時間・有期雇用労働者指針及びガイドラインによって事業主が講ずべき措置について、事業主の実施状況を確認するときや、その措置が十分に講じられていないと考えられる場合で、その措置を講ずることが雇用管理の改善等を図るために必要と認められるとき等をいうとされている（平31.1.30通達　第３の14（１）ハ）。

なお、パート有期法８条に関しては、職務の内容や配置の変更の範囲その他の事情の違いによるものではなく短時間・有期雇用労働者であることを理由とする不支給など、同条に違反すること（不合理な待遇であること）が明確な場合を除き、助言・指導・勧告の対象としないとされている（同上）。

イ　公表

また、厚生労働大臣は、次の規定に違反している事業主に対し、勧告をし、その勧告を受けた者がこれに従わなかったときは、その旨を公表することができる（パート有期法18条２項）。

①雇入れ時の労働条件に関する文書の交付義務（パート有期法６条１項）
②差別的取扱いの禁止（同９条）
③教育訓練の機会の確保義務（同11条１項）
④福利厚生施設の利用への配慮義務（同12条）
⑤通常の労働者への転換義務（同13条）
⑥待遇等の説明義務（同14条）

⑦相談体制の整備義務（同16条）

⑵　裁判外紛争解決手続（行政ADR）の整備

本改正前においては、差別的な取扱い禁止（同９条）や待遇の説明義務（同14条）等の紛争に関し、短時間労働者は、行政ADR（すなわち、労働局長による紛争解決援助や調停）を利用することができたが（パート法22条〜26条）、有期雇用労働者は利用することができなかった。パート有期法によって、短時間労働者に認められていた行政ADRの手続が有期雇用労働者も利用可能となった（パート有期法22条〜26条）。

また、行政ADRを利用できる紛争の種類に、不合理な待遇の禁止（均衡待遇。パート有期法８条）が追加された（パート有期法22条）。パート有期法によって追加された説明義務の内容である「待遇差の内容及び理由」（14条２項）に関する紛争についても、行政ADRの対象となる。

行政ADRの対象となる紛争は、次のとおりである（パート有期法23条・22条）。

①雇入れ時の労働条件に関する文書の交付義務（パート有期法６条１項）
②不合理な待遇の禁止（同８条）
③差別的取扱いの禁止（同９条）
④教育訓練の機会の確保義務（同11条１項）
⑤福利厚生施設の利用への配慮義務（同12条）
⑥通常の労働者への転換義務（同13条）
⑦待遇等の説明義務（同14条）

これらの紛争に関して、都道府県労働局長による紛争解決の援助（パート有期法24条１項）が利用でき、また、都道府県労働局長に、調停の申請をすることができる（個別労働関係紛争の解決の促進に関する法律第６条１項の「紛争調整委員会」による調停。パート有期法25条）。

第５章

その他の論点

第１　定年後再雇用者の取扱い

1　定年後再雇用者とパート有期法８条及び９条

定年後再雇用（継続雇用）された有期雇用労働者も、有期雇用労働者であることから、パート有期法８条及び９条の適用対象となる。

この点について、平31.1.30通達第３の８は、「継続雇用制度が講じられた事業主においては、再雇用等により定年年齢を境として、短時間・有期雇用労働者となった場合、職務の内容が比較対象となる通常の労働者と同一であったとしても、職務の内容及び配置の変更の範囲（人材活用の仕組み、運用等）が異なっている等の実態があれば、法第９条の要件に該当しないものであるが、法第８条の対象となることに留意が必要であること。また、定年の引上げ等により、60歳を超えた定年の定めを行っている事業主においては、短時間・有期雇用労働者とならない高年齢者については法の適用はないが、短時間・有期雇用労働者となる場合、職務の内容が比較対象となる通常の労働者と同一であり、特段職務の内容及び配置の変更の範囲（人材活用の仕組み、運用等）も異ならないのであれば、法第８条の対象となるだけでなく、法第９条の要件に該当すること」としている。

問題は、定年後再雇用者であることが特殊な事情となり、パート有期法８条及び９条の適用において、現役世代間での待遇の差異が問題となる場合と比較して何か差異を生じさせるかである。以下、パート有期法８条、９条それぞれについて整理する。

2　定年後再雇用者とパート有期法８条

(1)　定年後再雇用者であることの位置づけ

まず、パート有期法８条との関係では、定年後再雇用者であることは、同条の「その他の事情」として考慮されうる。

この点は、長澤運輸事件・最二小判平30.6.1民集72巻２号202頁で明らかにされた。すなわち、最高裁は、(i)定年制の下における無期契約労働者の賃金体系は、当該労働者を定年退職するまで長期間雇用することを前提に定められたものであることが少なくないと解されるのに対し、使用者が定年退職者を有期労働契約により再雇用する場合、当該者を長期間雇用することは通常予定されていないこと、(ii)定年退職後に再雇用される有期契約労働者は、定年退職するまでの間、無期契約労働者として賃金の支給を受けてきた者であり、一定の要件を満たせば老齢厚生年金の支給を受けることも予定されていること、(iii)このような事情は、定年退職後に再雇用される有期契約労働者の賃金体系の在り方を検討するに当たって、その基礎になるものであるということができることを理由に、改正前労契法20条との関係で、定年後再雇用者であることは「その他の事情」として考慮されうるとした。この解釈はパート有期法８条との関係でも引き継がれており、ガイドラインにおいて「有期雇用労働者が定年に達した後に継続雇用された者であることは、通常の労働者と当該有期雇用労働者との間の待遇の相違が不合理と認められるか否かを判断するに当たり、短時間・有期雇用労働法第８条のその他の事情として考慮される事情に当たりうる。」と記載されている（同第３の１注２）。

ただ、定年後再雇用者であることのみをもって、直ちに通常の労働者との待遇差が不合理でないと認められるわけではなく、前掲長澤運輸事件で最高裁が行ったように、それぞれの待遇ごとに、当該待遇の性質及び当該待遇を行う目的を確定し、職務の内容、当該職務の内容及び配置の変更の範囲、及びその他の事情のうち、確定した待遇の性質・目的に照らして適切と認められるものを考慮して、当該待遇に関する相違が不合理か否かを判断する必要がある（ガイドライン　第３の１注２も同旨)。つまり、一般論として、定年後再雇用者であることは「その他の事情」として考慮されうるが、待遇の性質・目的如何によっては、定年後再雇用者であることが「その他の事情」として考慮されないこともありうる。

なお、一般的な傾向としては、「基本給、賞与の格差は是認し、各種手当や福利厚生給付について、定年後であってもその趣旨に即して同様とされるべき手当等を是正するという判断傾向が明確化している」と言われている（菅野「労働法」360頁）。

⑵　長澤運輸事件での各待遇差に関する結論

前掲長澤運輸事件において結論を導くうえで定年後再雇用であることが一つの考慮事由として考慮されたものとしては、嘱託乗務員に対する能率給及び職務給の不支給、賞与の不支給、住宅手当及び家族手当の不支給がある。これらについてはいずれも不合理とは言えないとした（詳細については、第２部第３章第３、３（４）（162頁以下）、同第４、３（165頁以下）、同第２、10（３）ア（151頁以下）、同13（３）（157頁以下）を参照）。

他方、前掲長澤運輸事件において結論を導くうえで定年後再雇用であることが考慮されなかったものとして、精勤手当の不支給、役付手当の不支給、嘱託乗務員の時間外手当と正社員の超勤手当の相違がある。例えば、精勤手当の不支給について、最高裁は、結論として不合理と判断したが、「被上告人における精勤手当は、その支給要件及び内容に照らせば、従業員に対して休日以外は１日も欠かさずに出勤することを奨励する趣旨で支給されるものであるということができる。被上告人の嘱託乗務員と正社員との職務の内容が同一である以上、両者の間で、その皆勤を奨励する必要性に相違はないというべきである。」として、定年後再雇用者であることを考慮しなかった。また、最高裁は、嘱託乗務員に対して役付手当が支給されないことについて不合理とはいえないと判断したが、「被上告人における役付手当は、その支給要件及び内容に照らせば、正社員の中から指定された役付者であることに対して支給されるものであるということができ」「正社員に対して役付手当を支給する一方で、嘱託乗務員に対してこれを支給しないという労働条件の相違は、労働契約法20条にいう不合理と認められるものに当たるということはできない」として、やはり、定年後再雇用者であることを考慮しなかった。

このように、待遇の性質・目的によっては、定年後再雇用者であることが考慮されないことがあるため、注意を要する。

⑶　長澤運輸事件以外の裁判例

長澤運輸事件以外に定年後再雇用者との関係で待遇差が問題となった裁判例としては次のものがある。

ア　学究社事件・東京地立川支判平30.1.29労判1176号５頁

本件では、定年後再雇用者の賃金が定年前正社員の30%から40%前後とされたことが改正前労契法20条に違反するかが問題となったが、裁判所は、「定年退職前は、正社員として、被告が採用する変形労働時間制に基づき定められた各日の所定労働時間の間労働することが義務付けられ、その間に授業だけでなく生徒・保護者への対応、研修会等への出席等が義務付けられているのに対し、再雇用契約締結後は、時間講師として、被告が採用する変形労働時間制の適用はなく、原則は、被告から割り当てられた授業のみを担当するものであり、両者の間には、その業務の内容及び当該業務に伴う責任の程度に差があると言わざるを得ない」こと、定年後継続雇用者の賃金を定年退職前より引き下げることは、一般的に不合理であるとはいえないことを理由に、改正前労契法20条には違反しないと判断した。

イ　五島育英会事件・東京地判平30.4.11労経速2355号3頁

本件では、定年後再雇用者である嘱託教諭の基本給、調整手当、基本賞与の額が退職前の約6割に減額されたことが改正前労契法20条に違反するかが問題となったが、裁判所は、「我が国においては、終身雇用制度を背景に、雇用の安定化や賃金コストの合理化を図るという観点から、伝統的に年功性の強い賃金体系が採られており、このような賃金体系の下では定年直前の賃金が当該労働者のその当時の貢献に比して高い水準となることは公知の事実である。このように、年功的要素を含む賃金体系においては就労開始から定年退職までの全期間を通じて賃金の均衡が図られていることとの関係上、定年退職を迎えて一旦このような無期労働契約が解消された後に新たに締結された労働契約における賃金が定年退職直前の賃金と比較して低額となることは当該労働者の貢献と賃金との均衡という観点からは見やすい道理であり、それ自体が不合理であるということはできない」とした。なお、控訴審でも不合理とはいえないという判断が維持された（五島育英会事件・東京高判平30.10.11ウエストロー・ジャパン）。

ウ　北日本放送事件・富山地判平30.12.19労経速2374号18頁

本件では、定年後再雇用社員と正社員の基本給に約27パーセントの差があることが改正前労契法20条に違反するかが問題となったが、裁判所は、「再雇用社員と正社員の職務の内容、当該職務の内容及び配置の変更の範囲はいずれも異なり、原告が定年退職後の再雇用社員であるという原告の基本給を正社員のそれと比べて相当程度低くすることも不合理であるとはいえない事情が存在する上、原告の基本給の水準は被告と組合の十分な労使協議を経たものでありこれを尊重する必要があり、原告の再雇用社員時の月収は給付金及び企業年金を加えると正社員時の基本給を上回ることが認められる。これらの事情に照らせば、原告について正社員時の基本給と再雇用社員時の基本給との間に約27パーセントの差が生じていることを不合理と評価することはできず、この相違が労働契約法20条にいう『不合理と認められるもの』に当たるということはできない。」と判示した。

エ　日本ビューホテル事件・東京地判平30.11.21労判 1197号55頁

本件では、嘱託社員時の基本給及び調整手当の合計額並びに嘱託社員時に支給された時間給の月額が原告の定年退職時点の年俸の月額よりも低いことが改正前労契法20条に違反するかが問題とされたが、裁判所は、原告の定年退職時と嘱託社員及び臨時社員時の業務の内容及び当該業務に伴う責任の程度（職務の内容）は大きく異なること、職務の内容及び配置の変更の範囲にも差異があること、定年退職時の年俸額はその職務内容に照らすと激変緩和措置として高額に設定されていることなどを理由に、原告の定年退職時の年俸の月額と嘱託社員及び臨時社員時の基本給及び時間給の月額との相違が不合理であると認めることはできないと判示した。

⑷　定年後再雇用者と比較対象になる「通常の労働者」

待遇の相違の比較対象となる「通常の労働者」（正社員）とは誰を言うのかが問題になりうることについては、第２部第２章第１、２（３）（119頁以下）において述べた通りである。改正前労契法20条の下で、定年後再雇用者の待遇が問題になった事例において比較対象となる無期雇用労働者が誰かが争点となった裁判例として、以下のような裁判例がある。

五島育英会事件・東京地判平30.4.11労経速2355号３頁では、原告が定年退職後の嘱託教諭と退職年度の専任教諭の労働条件を比較対照すべきである旨主張したのに対し、被告は、退職年度の専任教諭の処遇が特殊であることを理由に、定年退職後の嘱託教諭と退職前年度の専任教諭の労働条件を比較すべきであると主張した。これに対し、裁判所は、不合理性の有無の判断に当たっては、原告が措定する有期労働契約を締結している労働者と無期労働契約を締結している労働者とを比較対照し、被告が主張する各事情はその他の事情として考慮して、当該労働条件の相違が当該企業の経営・人事制度上の施策として不合理なものと評価されるか否かを判断するのが相当と判示した。

日本ビューホテル事件・東京地判平30.11.21労判1197号55頁でも、比較対象となる無期雇用労働者が誰かが争点となったが、裁判所は、「原告が措定する、有期契約労働者と無期契約労働者とを比較対照することとし、被告が主張するような他の正社員の業務内容や賃金額等は、その他の事情として、これらも含めて労働契約法20条所定の考慮要素に係る諸事情を幅広く総合的に考慮し、当該労働条件の相違が当該企業の経営・人事制度上の施策として不合理なものと評価されるか否かを判断するのが相当である」と判示した。

また、比較対象となる無期雇用労働者が誰かが争点となったわけではないが、北日本放送事件・富山地判平30.12.19労経速2374号18頁では、裁判所は、「原告は、自身が正社員であった平成27年度の基本給と再雇用社員となった現在の基本給の相違が不合理である旨主張しているから、基本給に関する相違の検討においては、原告と、被告における無期契約労働者のうち定年退職前の原告に相当する61歳で職能等級が５等級の正社員を検討の対象とする。」と述べた。

このように、定年後再雇用者の待遇が問題となった事例では、比較対象となる「通常の労働者」は、訴える労働者側が選択した労働者と考え、被告が主張する事情は「その他の事情」として考慮すればよいと考える傾向にあるといえそうである。

3　定年後再雇用者とパート有期法９条

(1)　問題の所在

パート有期法９条は、「通常の労働者と同視すべき短時間・有期雇用労働者」すなわち「職務の内容が通常の労働者と同一の短時間・有期雇用労働者であって、当該事業所における慣行その他の事情からみて、当該事業主との雇用関係が終了するまでの全期間において、その職務の内容及び配置が当該通常の労働者の職務の内容及び配置の変更の範囲と同一の範囲で変更されることが見込まれるもの」については、短時間・有期雇用労働者であることを理由として、基本給、賞与その他の待遇のそれぞれについて、差別的取扱いをしてはならない旨を定めている。

従って、定年後再雇用者が「通常の労働者と同視すべき短時間・有期雇用労働者」に該当する場合には、パート有期法８条の場合とは異なり、短時間・有期雇用労働者であることを理由とした、一切の差別的な取扱が禁止されることとなる。

(2)　定年後再雇用者への適用の有無に関する議論

このようにパート有期法９条が同法８条と比較して影響力が大きいため、そもそも定年後再雇用者に同法９条が適用されるかが議論されている。

その見解の一つとして、定年後再雇用者は「通常の労働者と同視すべき短時間・有期雇用労働者」には該当しないため、パート有期法９条は適用されないのではないかという見解がある。長澤運輸事件最高裁判決の検討において矢野教授は、「定年後再雇用は本判決がいうように『長期間雇用することは通常予定されていない』ことから同条（改正前パート有期法９条）の要件である『当該事業主との雇用関係が終了するまでの全期間において』との関連で、正社員とは異なるとされる可能性も否定できないであろう」とする（矢野昌浩「定年退職後の再雇用と労働契約法20条」新・判例解説 Watch労働法No.97（TKCローライブラリー2018年８月24日掲載）。

他方、「短時間・有期雇用労働者であることを理由とした」という要件が満たされないという見解もある。例えば、水町教授は、長澤運輸事件最高裁判決との関係で「定年後再雇用の有期雇用労働者について定年前の無期雇用労働者と一定の待遇の差異を設けていることについては、定年後再雇用者であることを考慮して設けられた待遇の相違であり」「『有期雇用労働者であることを理由とし〔た〕』差別的取扱いにはあたらないものと解されよう。」とし、定年後再雇用者について、定年前の正社員と職務内容および職務内容・配置の変更範囲が同一であるとしても、定年後再雇用であることを理由とした差異であって、差別的取扱いにはあたらない（９条の適用はない）とする（水町「同一労働同一賃金」117頁）。

また、菅野教授は、「『短時間・有期雇用労働者であることを理由として』の『差別的取扱い』にあたるかどうかについても、均衡待遇（不合理な待遇の禁止）規定における『その他の事情』に相当するような、当該取扱いを正当化する様々な事情が主張されうることとなる」としたうえで、「定年後の処遇の水準、格差の幅、退職一時金や企業年金の支給の有無・内容、嘱託雇用者をも組織する組合と使用者間での交渉の有無・経緯・状況などから、処遇の『不合理な相違』といえず、かつ、『短時間・有期雇用労働者であることを理由として』の『差別的取扱い』にも当たらない場合があり得よう」とする（菅野「労働法」367〜368頁）。

4　その他付随する問題

以上のほかに、パート有期法の問題ではないが、著しく低い賃金を定年後再雇用の労働条件として提示したことに関し不法行為の成立を認めた裁判例がある。

トヨタ自動車ほか事件・名古屋高判平28.9.28労判1146号22頁は、定年後再雇用としてどのような労働条件を提示するかについては一定の裁量があるとしても、提示した労働条件が、無年金・無収入の期間の発生を防ぐという趣旨に照らして到底容認できないような低額の給与水準であったり、社会通念に照らし当該労働者にとって到底受け入れがたいような職務内容を提示するなど実質的に継続雇用の機会を与えたとは認められない場合には、当該事業者の対応は改正高年法の趣旨に明らかに反するものであるといわざるを得ないとし、会社が定年を迎える労働者に対し60歳から61歳までの職務としてそれまで従事してきた事務職の業務ではなく清掃業務等を提示したことについて、不法行為の成立を認め、127万1500円の慰謝料の支払いを命じた。

また、九州惣菜事件・福岡高判平29.9.7労判1167号49頁においては、月収ベースの賃金の約75パーセント減少につながるような短時間労働者への転換について、正当化する合理的な理由があるとは認められず、継続雇用制度の導入の趣旨に反し、裁量権を逸脱または濫用したものであり、違法性があるとして、不法行為の成立を認め、100万円の慰謝料の支払いを命じた。

第2 正規雇用労働者の待遇の引下げの可否

1 問題の所在

パート有期法９条あるいは８条に違反する待遇差を是正するために、通常の労働者、すなわち、正規雇用労働者の賃金等の労働条件を引き下げることができるか、という問題がある。

パート有期法９条あるいは８条に違反する待遇差を是正する方法としては、一つは、短時間・有期雇用労働者の待遇を引き上げることが考えられる。他方で、正規雇用労働者の待遇を引き下げるという形で、その待遇差を是正する方法も考えられる。

労働者側からすると、常に短時間・有期雇用労働者の待遇を引き上げる方向で是正をすることが望ましいであろうが、この場合、賃金原資が増加し資金に相当の余裕がある企業でなければ実際上の対応が困難である。そのため、正規雇用労働者の待遇を引き下げる方向によって、待遇差の是正を図ることを検討することも、現実にはありうると考えられる。

2 参議院の附帯決議とガイドライン

この点に関し、参議院の働き方改革法案に対する附帯決議（第196回国会厚生労働委員会第24号・附帯決議32）においては、「パートタイム労働法、労働契約法、労働者派遣法の三法改正による同一労働同一賃金は、非正規雇用労働者の待遇改善によって実現すべきであり、各社の労使による合意なき通常の労働者の待遇引下げは、基本的に三法改正の趣旨に反するとともに、労働条件の不利益変更法理にも抵触する可能性があることを指針等において明らか」にすること等を労働政策審議会において検討することが盛り込まれた。

上記参議院の附帯決議を受け、ガイドラインには、「事業主が通常の労働者と短時間・有期雇用労働者及び派遣労働者との間の不合理と認められる待遇の相違の解消等を行うに当たっては、基本的に、労使で合意することなく通常の労働者の待遇を引き下げることは、望ましい対応とはいえないことに留意すべきである。」という文言が盛り込まれた。

確かに、非正規雇用労働者の待遇引き上げによって待遇差是正を図ることは理想的ではある。しかし、企業の賃金原資が有限であって、その方法による対応ができる企業ばかりではないことは問題点として残る。

3　関連する裁判例（九水運輸商事事件控訴審判決）

九水運輸商事事件控訴審判決（福岡高判平30.9.20労判1195号88頁）は、正規雇用労働者と非正規雇用労働者の待遇差是正をするについて正規雇用労働者の待遇引下げができるかという本論点に関連した判示をした。

同判決は、有期契約社員に対して支給する通勤手当の金額が正社員の半額（正社員１万円に対して有期契約社員5000円）であった点が不合理な労働条件の相違を禁止する労働契約法20条に反するか等が争われた事案である。

一審判決（福岡地小倉支判平30.2.1労経速2343号３頁）は、通勤態様に有期契約社員と正社員で相違がないこと等を理由に不合理な相違に当たるとしたが、被告会社において平成26年10月に正社員、有期契約社員の各就業規則が改定され、平成26年11月支払分以降は正社員の通勤手当が１万円から5000円に減額されたことにより、労働契約法20条違反の状態は解消されたと判断して、平成26年10月支払分までの通勤手当の相違（月額5000円）につき不法行為の成立を認め、損害賠償を命じた。

本控訴審判決は、通勤手当について基本的に一審判決と同様の判断をしているが、正社員の通勤手当を減額して有期契約社員との相違を解消した点について、「労契法20条は、労働条件の相違が不合理と評価されるか否かを問題とするものであり、その解消のために無期契約労働者の通勤手当が減額されたとしても、同条に違反すると解することもできない。」と判示した。つまり、待遇差是正のために正規雇用労働者の待遇を引き下げることをもって対応しても労契法20条に反しないとしている。

ただし、九水運輸商事事件控訴審判決の事案では、正社員の通勤手当が減額された一方で、職能給が１万円増額されているため、単純に正社員の賃金が減額となったわけではない点には注意が必要である。

なお、労働者側から上告及び上告受理申立がなされたが、最高裁は棄却及び不受理の決定をし、控訴審の判断を維持した（最二小決平31.3.6判例秘書L07410036）。

4 検討

以上の裁判例の判示や賃金原資の十分でない企業においても待遇差是正を現実的に行っていく必要があることを踏まえると、上記の参議院の附帯決議、厚労省のガイドラインがあるにせよ、パート有期法の解釈として正規雇用労働者の待遇引下げは禁止されていないと解釈するべきである。

もっとも、短時間・有期雇用労働者の待遇を引き上げることも可能であるのに、安易に正規雇用労働者の待遇引下げによって待遇差を是正することは妥当ではないことは当然であり、正規雇用労働者の待遇引下げの方法による必要性、相当性については十分に吟味されるべきであろう。

さらに、正規雇用労働者の待遇を引き下げる方法により待遇差を改善することは、当該正規雇用労働者との関係で労働条件を不利益に変更することに他ならず、それをどう克服するかという法的課題がある。労働条件を不利益に変更する場合は、①労働組合との労働協約により引き下げる場合、②就業規則の変更により引き下げる場合、③正規雇用労働者の個別の同意により引き下げる場合、が考えられる。

まず、①労働協約により正規雇用労働者の労働条件を引き下げる場合、労働組合が合意すれば問題はないが、その合意を得るために、なぜ正規雇用労働者の待遇を引き下げなければならないのかについて労働組合が納得する説明をしなければならない。そのような説明ができなければ労働組合の合意が得られず、正規雇用労働者の待遇の引き下げはできないことになる。

次に、②就業規則の変更により正規雇用労働者の労働条件を引き下げる場合、労働組合等への説明のほか、労契法10条の合理性の要件を満たすかという点が問題となる。就業規則を変更にする場合、労働者の受ける不利益の程度、労働条件の変更の必要性、変更後の就業規則の内容の相当性、労働組合等との交渉の状況その他の就業規則の変更に係る事情に照らして合理的なものである必要があるが（労契法10条）、非正規雇用労働者の待遇引き上げではなく正規雇用労働者の待遇引き下げによる待遇差改善であることは合理性判断の考慮要素になるだろう。この点、正規雇用労働者の労働条件引き下げで対応しようとしているという事実が、変更内容の相当性（又はその他の事情）の点で、合理性を否定する要素になるとの見解がある（水町「同一労働同一賃金」157頁）。この見解の当否も含め、労契法10条の合理性をどのように主張立証するかは今後の課題である。

さらに、③正規雇用労働者から個別の同意を得て労働条件を引き下げる場合もあり得るが、かかる個別の同意は当該労働者の自由な意思に基づいて行われなければならない。同意が自由な意思に基づいてされたものかという点について、山梨県民信用組合事件（最二小判平28.2.19民集70巻２号123頁）は、変更を受け入れる労働者の行為に先立ってなされた「労働者への情報提供または説明の内容」などが考慮要素になるとしており、この点からすると、正規雇用労働者へどのような情報提供をするのかが今後の課題である。

九水運輸商事事件控訴審判決の事案のように、単に正規雇用労働者の一部手当を減額するだけではなく、他の手当の増額とセットで行うことにより賃金総額を維持する形で賃金体系の再構築を行うことは、不利益変更の問題を回避する、ないし不利益変更であっても合理性があるとされる可能性を高めるのに有益と言えるだろう（九水運輸商事事件では、通勤手当の減額に関し、不利益変更は争点になっていない。）。

その他、上記①～③の各場合において不利益変更の問題にどのように対応するべきかは、今後の実務において十分に検討されるべきである。

第6章

派遣法

第1　基本的な考え方

平成30年派遣法改正は、派遣先に雇用される通常の労働者と派遣労働者との間の不合理な待遇差を解消すること等を目的とする。

派遣労働者の就業場所は派遣先であり、待遇に関する派遣労働者の納得感を考慮するため、派遣先の労働者との均等（＝差別的な取り扱いをしないこと）、均衡（＝不合理な待遇差を禁止すること）は重要な観点である。

しかし、この場合、派遣先が変わるごとに賃金水準が変わり、派遣労働者の所得が不安定になることが想定される。また、一般的に賃金水準は大企業であるほど高く、小規模の企業であるほど低い傾向にあるが、派遣労働者が担う職務の難易度は、同種の業務であっても、大企業ほど高度で小規模の企業ほど容易とは必ずしも言えないため、派遣労働者の希望が大企業に集中し、派遣元事業主において派遣労働者のキャリア形成を考慮した派遣先への配置を行うことが困難となる可能性もある。他方で、派遣元が計画的に職務経験を積ませて、段階的に処遇を改善するなど、派遣労働者のキャリア形成に配慮した雇用管理を行おうとしても、派遣先の賃金に引っ張られて派遣労働者の賃金が下がるようなことも起こり得る。その結果として、派遣労働者個人の段階的・体系的なキャリアアップ支援と不整合な事態を招くこともあり得る。

こうした状況を踏まえ、改正により、派遣労働者の待遇について、派遣元事業主には、派遣先の通常の労働者との均等・均衡待遇か（派遣先均等・均衡方式）、一定の要件を満たす労使協定で定める待遇（労使協定方式）のいずれかを確保することが義務化された（平29.6.9労働政策審議会・同一労働同一賃金に関する法整備について（報告）2（2）参照）。

その他、派遣労働者に対する待遇に関する説明義務の強化（改正派遣法31条の２）や裁判外紛争解決手続（行政ADR）の規定が整備された（改正派遣法47条の５ないし47条の９）。

第２　派遣先均等・均衡方式

1　派遣先均等・均衡方式とは

派遣先均等・均衡方式とは、派遣労働者の待遇を派遣先の通常の労働者との間で均等なものとし又は均衡のとれたものとする方式であり、その内容は以下の⑴～⑶のとおりである。派遣労働者のそれぞれの待遇と、派遣先に雇用される通常の労働者のそれぞれの待遇との間の格差に関し、不利益な取扱いや不合理な相違を禁止することで、派遣労働者の適切な待遇を確保することを目的としている。改正派遣法の条文上、派遣先均等・均衡方式によることが原則とされている（改正派遣法30条の３第１項、30条の４第１項参照）。

なお、パート有期法８条・９条にも同様の規定が存在するが、比較対象となる労働者が異なるだけで、均等・均衡待遇の判断や違反した場合の効果等に関する解釈については基本的に同様の議論が妥当すると考えられる（115頁～）。

⑴　不合理な待遇の禁止

派遣労働者の待遇のそれぞれについて、当該待遇に対応する派遣先に雇用される通常の労働者の待遇との間で差異がある場合、当該差異は、職務の内容、当該職務の内容及び配置の変更の範囲、その他の事情を考慮して不合理と認められるものであってはならない（改正派遣法30条の３第１項）。考慮される事項は、当該待遇の性質及び当該待遇を行う目的に照らして適切と認められるものである必要がある。

⑵　派遣先に雇用される通常の労働者に比して、不利な待遇とすることの禁止

派遣労働者の職務の内容、当該職務の内容及び配置の変更の範囲が、派遣先に雇用される通常の労働者と同一である場合には、当該派遣労働者の待遇を派遣先に雇用される通常の労働者の待遇のそれより不利なものとしてはならない（改正派遣法30条の３第２項）。職務の内容、当該職務の内容及び職務の変更の範囲が同一であるか否かの判断に当たっては、当該労働者派遣契約及び当該派遣先における慣行その他の事情を考慮する。

⑶　職務内容等を勘案した賃金の決定の努力義務

派遣元事業主は、派遣労働者の職務の内容、職務の成果、意欲、能力又は経

験その他の就業の実態に関する事項を勘案し、その賃金を決定するように努力する義務を負う。ただし、改正派遣法30条の3第2項の差別的取扱いの禁止の対象となる派遣労働者や労使協定方式の対象となる派遣労働者については上記の努力義務は適用されない（改正派遣法30条の5）。

2 派遣先均等・均衡方式による場合の流れ

派遣先均等･均衡方式による場合、概ね次の(1)～(5)の流れで作業が行われる。以下、それぞれについて解説する。

(1) 派遣先から派遣元への比較対象労働者の待遇情報の提供

派遣先は、労働者派遣契約を締結するに当たっては、あらかじめ、派遣元事業主に対し、書面の交付、ファクシミリ、電子メール等の方法（以下「書面の交付等」という。）により、当該労働者派遣に係る派遣労働者が従事する業務ごとに、比較対象労働者の賃金その他の待遇に関する情報として、以下の情報を提供しなければならない（改正派遣法26条7項、同施行規則24条の3、24条の4第1号）。

①比較対象者労働者の職務の内容、職務の内容及び配置の変更の範囲並びに雇用形態

②比較対象労働者を選定した理由

③比較対象労働者の待遇のそれぞれの内容（昇給、賞与その他の主な待遇がない場合には、その旨を含む。）

④比較対象労働者の待遇それぞれの性質及び当該待遇を行う目的

⑤比較対象労働者の待遇それぞれを決定するに当たって考慮した事項

※比較対象労働者とは、派遣先における、いわゆる「正規型」の労働者及び事業主と期間の定めのない労働契約を締結しているフルタイム労働者のことをいい、派遣先の労働者であって派遣元が派遣労働者の均等・均衡待遇を図るに当たって参考にする労働者をいう。比較対象労働者は、派遣労働者との類似性を以下の優先順位により、派遣先が検討して選定する（改正派遣法26条の8、改正派遣法施行規則24条の5）。

(a)「職務の内容」と「職務の内容・配置の変更の範囲」が同じ通常の労働者

(b)「職務の内容」が同じ通常の労働者

(c)「業務の内容」又は「責任の程度」が同じ通常の労働者

(d)「職務の内容及び配置の変更の範囲」が同じ通常の労働者

(e)(a)～(d)に相当する短時間・有期雇用労働者（派遣先の通常の労働者との間で均衡待遇が確保されている者に限る。）

(f)派遣労働者と同一の職務に従事させるために新たに通常の労働者を雇い入れたと仮定した場合における当該労働者(当該労働者の待遇について、就業規則に定められており、かつ派遣先の通常の労働者との間で適切な待遇が確保されている者に限る。)

派遣先は、上記義務（改正派遣法26条7項）に基づき提供した情報に変更があったときは、遅滞なく、書面の交付等により、派遣元事業主に対し、当該変更の内容に関する情報を提供しなければならない（改正派遣法26条10項、同施行規則24条の6第1項)。

なお、派遣先が上記情報提供義務に関して事実に反する内容の情報を提供したときは、勧告・公表の対象になる（改正派遣法49条の2)。

⑵　派遣元における、派遣労働者の待遇の検討・決定

派遣元は、⑴で派遣先から提供された情報をもとに、派遣労働者の待遇のそれぞれについて、比較対象となる派遣先の通常の労働者との間で、不合理と認められる相違が生じないように、待遇を決定する（改正派遣法30条の3)。

派遣元は、派遣先から提供された情報提供に係る書面等を、労働者派遣が終了した日から3年を経過する日まで保存しなければならない（改正派遣法施行規則24条の3)。

なお、待遇等に関する情報のうち、個人情報に該当するものの保管又は使用は、均等・均衡待遇の確保等の目的の範囲に限られ、個人情報に該当しないものについても適切な対応が求められている(派遣元指針第2の11(1)ニ、(4))。また、待遇等に関する情報は、派遣法24条の4の守秘義務の対象となっている(派遣元指針第2の12)。

⑶　派遣料金の交渉／派遣料金に関する派遣先の配慮義務

派遣先と派遣元事業主は派遣料金について交渉することができるが、その際に、派遣先は、⑵で決定した派遣労働者の待遇を踏まえて、派遣元事業主が均等・均衡待遇に関する義務を遵守できるよう、配慮しなければならない（改正派遣法26条11項)。

⑷　労働者派遣契約の締結

⑴～⑶までの流れを経て、派遣先と派遣元事業主との間で交渉がまとまった場合、労働者派遣契約が締結される。なお、派遣先が⑴の情報提供義務を履行しない場合には、派遣元事業主は、当該派遣先との労働者派遣契約を締結してはならない（改正派遣法26条9項)。

⑸　派遣元による派遣労働者に対する説明

派遣元は、雇入れ時と派遣時、求めがあった時のそれぞれにおいて、派遣労働者に対し、待遇に関する説明をしなければならない（改正派遣法31条の２）。その詳細については、後記「第６　説明義務」（211頁～）を参照のこと。

第３　労使協定方式

1　労使協定方式とは

労使協定方式とは、一部の待遇を除き、労使協定に基づき派遣労働者の待遇を決定する方式である。改正派遣法上、派遣先均等・均衡方式が原則的な方式と定められているが、派遣先均等・均衡方式のみによると、派遣労働者の待遇は派遣先が変わる度に変更される不安定なものとなり、また、派遣元事業者による段階的・体系的な教育訓練によるキャリアアップ支援と整合しなくなる可能性がある。そこで、一定の事項を定めた労使協定を締結し、その協定が実際に履行されていることを条件に、派遣先労働者との均等・均衡待遇を求めず、労使協定に基づき派遣労働者の待遇を決定することができることとされた。

なお、労使協定方式による場合であっても、派遣先における教育訓練（改正派遣法40条２項、同施行規則32条の２）、派遣先での給食施設、休憩室及び更衣室の利用の機会の付与（同３項、同施行規則32条の３）については、労使協定の対象とならないため、派遣元事業主は、派遣先の通常の労働者との均等・均衡を確保しなければならない。

2　労使協定の記載事項

(1)　労使協定の締結に当たっては,下記①～⑥のすべての事項を定める必要がある(改正派遣法30条の４第１項)。なお、これらの事項について、労使協定には具体的な内容を定めず、就業規則や賃金規程によることとする旨を定めることも認められる（労使協定Q&A問1-7）。

①労使協定の対象となる派遣労働者の範囲（同項１号）

②賃金の決定方法（同２号）

③②で定めた賃金の決定方法により賃金を決定するに当たって、派遣労働者の職務の内容、職務の成果、意欲、能力又は経験その他の就業の実態に関する事項を公正に評価し、その賃金を決定すること（同３号）

④その他の待遇の決定方法（同４号）

⑤派遣元事業主が、協定対象派遣労働者に対して、段階的・計画的な教育訓練を実施すること（同５号）

⑥その他厚生労働省令で定める事項（同6号）

以下、①、②、④、⑥の内容について説明する。

⑵　労使協定の対象となる派遣労働者の範囲について（上記①）

労使協定方式は、派遣労働者の長期的なキャリア形成に配慮した雇用管理を行うことができるようにすることを目的としたものであるから、派遣先の変更を理由として、協定対象派遣労働者であるか否かを変更することは、その趣旨に反するおそれがあり、適当でないとされている。他方、待遇決定方式を変更しなければ派遣労働者が希望する就業機会を提供できない場合であって、当該派遣労働者から合意を得た場合等のやむを得ないと認められる事情があるときなどには、かかる取扱いも許容され得る（労使協定Q&A（第2集）問1-3）。

⑶　賃金の決定方法について（上記②）

労使協定において定められる賃金の決定方法は、職業安定局長通知に記載される水準以上の賃金及び能力の向上に応じた昇給を確保することにより、同種の業務に従事する一般労働者との間で不合理な待遇差が生じないようにするため、以下のいずれにも該当するものである必要がある（改正派遣法30条の4第2号）。

①職業安定局長通知で示される、派遣労働者と同種の業務に同一の地域で従事する一般労働者の平均賃金と同等以上の賃金の額となるものであること（同号イ）

②派遣労働者の職務の内容、職務の成果、意欲、能力又は経験その他の就業の実態に関する事項の向上があった場合に賃金が改善されるものであること（同号ロ）

上記①の職業安定局長通知については、毎年6月から7月に発出されることとなっている。令和2年4月1日から令和3年3月31日まで適用される局長通知は既に発出されている（令和元年7月8日厚労省職業安定局長通知、職発0708第2号）。同通知に示される一般労働者の平均賃金以上の賃金であることを明らかにする必要があるので、当該平均賃金の額も労使協定に記載することとなる（労使協定Q&A問1-6）。

また、上記②は、昇給規程等の賃金改善の仕組みを設けることを求めているが、職務の内容に密接に関連して支払われる賃金以外の賃金（例えば、通勤手当、家族手当、住宅手当、別居手当、子女教育手当）は対象から除かれている（同2号、改正派遣法施行規則25条の8）。

⑷　その他の待遇の決定方法について（上記④）

その他の待遇とは、賃金並びに労使協定の対象とならない待遇（すなわち、派遣先における教育訓練、派遣先での給食施設、休憩室及び更衣室の利用の機会の付与）を除く、その他の待遇をいう。例えば、転勤者用社宅、慶弔休暇等法定外の休暇、病気休職等の福利厚生、派遣元が実施する教育訓練等が挙げられる。

派遣労働者の待遇のそれぞれについて、当該待遇に対応する派遣元事業主に雇用される通常の労働者（派遣労働者を除く。）の待遇との間において、当該派遣労働者及び通常の労働者の職務の内容、当該職務の内容及び配置の変更の範囲その他の事情のうち、当該待遇の性質及び当該待遇を行う目的に照らして適切と認められるものを考慮して、不合理と認められる相違が生じることにならないことが条件とされている（改正派遣法30条の４第４号）。

⑸ その他厚生労働省令で定める事項について（上記⑥）

①有効期間（２年以内が望ましいとされている。）、②労使協定の対象となる派遣労働者の範囲を派遣労働者の一部に限定する場合は、その理由、③特段の事情がない限り、一の労働契約の期間中に派遣先の変更を理由として、協定の対象となる派遣労働者であるか否かを変えようとしないことを記載することになる（改正派遣法30条の４第６号、同施行規則25条の10）。

3 労使協定の締結の相手方、周知等

労使協定の締結の相手方は、労働者の過半数で組織する労働組合、労働者の過半数で組織する労働組合がない場合には労働者の過半数を代表する者である（改正派遣法30条の４第１項）。派遣労働者は各々異なる派遣先に派遣され、派遣元の事業所では勤務していないため、過半数労働者の選出に当たっては、例えば、派遣労働者の賃金明細を交付する際や派遣元事業主が派遣先を巡回する際に、労使協定の意義や趣旨を改めて周知するとともに、立候補の呼びかけや投票用紙の配布をしたり、社内のイントラネットやメールにより立候補の呼びかけや投票を行わせることなどが考えられる（労使協定Q&A問１-４）。なお、派遣元事業主は、過半数代表者が労使協定の事務を円滑に遂行することができるよう必要な配慮を行わなければならない（改正派遣法施行規則25条の６第３項）。

派遣元事業主は、労使協定を締結したときは、一定の方法により、その内容を雇用する労働者に周知しなければならない（改正派遣法30条の４第２項、同施行規則25条の11）。労使協定の内容は当然に労働条件の内容とはなるわけではないため、当該労使協定の内容を就業規則に反映することが必要である。

派遣元事業主は、労使協定に係る書面を、その有効期間が終了した日から３年を経過する日まで保存しなければならない（改正派遣法施行規則25条の12）。

労使協定を締結した派遣元事業主は、毎年度、６月30日までに提出する事業

報告書に労使協定を添付しなければならない。また、労使協定方式の対象となる派遣労働者の職種ごとの人数、職種ごとの賃金額の平均額を報告しなければならない（改正派遣法23条5項、同施行規則18条の2第3項）。

4 労使協定の遵守

前述のとおり、労使協定に定めた上記2⑴②～⑤の各事項を遵守することが労使協定方式適用の要件となっている（改正派遣法30条の4第1項但書）。そのため、いずれかが遵守されていない場合には、労使協定方式は適用されず、派遣先均等・均衡方式が適用されることになる。

5 労使協定方式による場合の流れ

労使協定方式による場合、概ね次の⑴～⑸の流れで作業が行われる。以下、それぞれについて解説する。

⑴ 派遣元における労使協定の締結

まず、派遣元において2～3で述べたとおりの労使協定を締結することが必要である。

⑵ 派遣先から派遣元への比較対象労働者の待遇情報の提供

派遣先は、労働者派遣契約を締結するに当たっては、あらかじめ、派遣元事業主に対し､派遣先が雇用する労働者に利用の機会を付与する福利厚生施設（給食施設、休憩室及び更衣室）に係る情報、派遣先での業務遂行に必要な教育訓練に係る情報を提供しなければならない（改正派遣法26条7項、10項、同施行規則24条の4第2号）。

⑶ 派遣料金の交渉／派遣料金に関する派遣先の配慮義務

派遣先と派遣元事業主は派遣料金について交渉することができるが、その際に、派遣先は、派遣元事業主が、労使協定の定めを遵守できるよう配慮しなければならない（改正派遣法26条11項）。

⑷ 労働者派遣契約の締結

派遣先と派遣元事業主との間で交渉がまとまった場合、労働者派遣契約が締結される。なお、派遣先が上記⑵の情報提供義務を履行しない場合には、派遣元事業主は、当該派遣先との労働者派遣契約を締結してはならない（改正派遣法26条9項）。

⑸ 派遣元による派遣労働者に対する説明

派遣元は、雇入れ時と派遣時のそれぞれにおいて、派遣労働者に対し、待遇に関する説明をしなければならない（改正派遣法31条の2）。その詳細については、後記「第6　説明義務」(211頁～) を参照のこと。

第4　派遣元が労使協定方式を採用しているか否かの通知、派遣先による確認

派遣元事業主は、労働者派遣をするときは、派遣労働者の数、派遣先の数、いわゆるマージン率、教育訓練に関する事項等に加えて、次の事項に関し、関係者 (派遣労働者、派遣先等) に情報提供しなければならないこととされている (改正派遣法35条1項)。

①労使協定を締結しているか否か

②労使協定を締結している場合には、労使協定の対象となる派遣労働者の範囲及び労使協定の有効期間の終期

派遣先は、派遣元事業主のウェブサイトあるいは厚生労働省の人材サービス総合サイト (https://www.jinzai-sougou.go.jp/) で確認することにより、派遣先均等・均衡方式が適用されるのか、労使協定方式が適用されるのかを知ることができる。

第5　ガイドライン

前述のとおり、派遣先均等・均衡方式が採用されている場合や、労使協定方式が採用されている場合であっても、労使協定が遵守されていないときには、派遣労働者の待遇と派遣先の通常の労働者の待遇との間の均等・均衡が問題となる。この点に関し、ガイドライン第4において、個別の待遇ごとに、いかなる待遇の相違が不合理と認められるものであり、いかなる待遇の相違が不合理と認められるものではないのか等に関して、原則となる考え方及び具体例が示されている。ガイドライン第3で示されている短時間・有期雇用労働者に関する考え方とガイドライン第4で示されている派遣労働者に関する考え方との間には、原則として大きな差異は存在しない。派遣労働者の均等・均衡待遇については裁判例が十分に蓄積されていないことも踏まえると、短時間・有期雇用労働者に関する均等・均衡待遇の判断基準・方法を参考とすることが有用である。短時間・有期雇用労働者に関する均等・均衡待遇の判断基準・方法の詳細については、第3章 (138頁～) を参照されたい。

なお、労使協定方式による場合の協定対象派遣労働者の待遇に関する原則となる考え方及び具体例については、ガイドライン第5で記載されている。

第6　説明義務

短時間・有期雇用労働者の場合と同様、派遣労働者に対する待遇に関する説明義務が強化された。なお、短時間・有期雇用労働者と異なり、派遣労働者の場合は、派遣時においても説明が求められている。

1　雇入れ時の説明

(1)　労働条件に関する事項の明示

派遣元事業主は、労働者を派遣労働者として雇い入れようとするときは、あらかじめ、当該労働者に対して、文書の交付（派遣労働者がファクシミリ又は電子メール等の送信を希望した場合は当該方法）により、労基法15条に基づく労働条件の明示に加えて、以下の事項を明示しなければならない（改正派遣法31条の２第２項１号、同施行規則25条の15、25条の16）。

①昇給の有無
②退職手当の有無
③賞与の有無
④労使協定の対象となる派遣労働者であるか否か
（対象である場合には、労使協定の有効期間の終期）
⑤派遣労働者から申出を受けた苦情の処理に関する事項

(2)　不合理な待遇差を解消するために講ずる措置の説明

派遣元事業主は、労働者を派遣労働者として雇い入れようとするときは、あらかじめ、当該労働者に対して、書面の活用その他の適切な方法により、以下の事項を説明しなければならない（改正派遣法31条の２第２項２号、同施行規則25条の16、25条の18）。

①派遣先均等・均衡方式によりどのような措置を講ずるか
②労使協定方式によりどのような措置を講ずるか
③職務の内容、職務の成果、意欲、能力又は経験その他の就業の実態に関する事項を勘案してどのように賃金を決定するか（ただし、職務の内容に密接に関連して支払われる賃金以外の賃金（例えば、通勤手当、家族手当、住宅手当、子女教育手当）は除く。）

2 派遣時の説明

(1) 労働条件に関する事項

派遣元事業主は、派遣労働者の派遣時に、あらかじめ、当該労働者に対して、原則として文書の交付（派遣労働者がファクシミリ又は電子メール等の送信を希望した場合の当該方法）により、改正派遣法34条１項に基づく就業条件の明示に加え、以下の事項を明示しなければならない。ただし、労使協定方式による場合は、⑥のみ明示することで足りる（改正派遣法31条の２第３項１号、同施行規則25条の15、25条の20）。

①賃金（退職手当及び臨時に支払われる賃金を除く。）の決定等に関する事項
②休暇に関する事項
③昇給の有無
④退職手当の有無
⑤賞与の有無
⑥労使協定の対象となる派遣労働者であるか否か
（対象である場合には、労使協定の有効期間の終期）

(2) 不合理な待遇差を解消するために講ずる措置

派遣元事業主は、派遣労働者を派遣時に、あらかじめ、書面の活用その他の適切な方法により、以下の事項を説明しなければならない（改正派遣法31条の２第３項２号、同施行規則25条の18）。

①派遣先均等・均衡方式によりどのような措置を講ずるか
②労使協定方式によりどのような措置を講ずるか
③職務の内容、職務の成果、意欲、能力又は経験その他の就業の実態に関する事項を勘案してどのように賃金決定するか（ただし、職務の内容に密接に関連して支払われる賃金以外の賃金（例えば、通勤手当、家族手当、住宅手当、子女教育手当）は除く。）

3 派遣労働者から求めがあった場合の説明

派遣元事業主は、その雇用する派遣労働者から求めがあったときは、以下のとおり当該派遣労働者と派遣先の比較対象労働者との間の待遇の相違の内容及び理由、並びに均等・均衡待遇に関し講ずべきこととされている措置を決定するに当たって考慮した事項を説明しなければならない（改正派遣法31条の２第４項）。

⑴　説明する必要がある事項

ア　派遣先均等・均衡方式の場合

㈠　待遇の相違の内容

①派遣労働者及び比較対象労働者の待遇のそれぞれを決定するに当たって考慮した事項の相違の有無

②「派遣労働者及び比較対象労働者の待遇の個別具体的な内容」又は「派遣労働者及び比較対象労働者の待遇の実施基準」

㈡　待遇の相違の理由

派遣労働者及び比較対象労働者の職務の内容、職務の内容及び配置の変更の範囲その他の事情のうち、待遇の性質及び待遇を行う目的に照らして適切と認められるものに基づき、待遇の相違の理由を説明しなければならない。

イ　労使協定方式の場合

㈠　協定対象派遣労働者の賃金が、以下の①及び②に基づき決定されていること

①派遣労働者が従事する業務と同種の業務に従事する一般労働者の平均的な賃金の額と同等以上であるものとして労使協定に定めたもの

②労使協定に定めた公正な評価

㈡　協定対象派遣労働者の待遇（賃金、教育訓練及び福利厚生施設を除く。）が派遣事業主に雇用される通常の労働者（派遣労働者を除く。）との間で不合理な相違がなく決定されていること等

かかる事項について、派遣先均等・均衡方式の場合の説明内容に準じて説明しなければならない。

⑵　説明する際の留意点

説明を行うに当たっては、派遣労働者がその内容を理解することができるよう、資料を活用し、口頭により説明することが基本となる。ただし、説明すべき事項を全て記載されており、派遣労働者が容易に理解できる内容の資料を用いる場合には、当該資料を交付する等の方法も認められる（派遣元指針第２の９の（３））。

⑶　不利益取扱いの禁止

派遣元事業主は、派遣労働者が上記⑴の事項について説明を求めたことを理由として、当該派遣労働者に対して解雇その他不利益な取り扱いをしてはならない(改正派遣法31条の２第５項)。

⑷　派遣労働者から求めがない場合の対応

派遣労働者から求めがない場合においても、以下の事項等に変更があったときは、派遣元事業主は、派遣労働者に対して、その内容を情報提供することが望ましい（派遣元指針第2の9の（4））。

①比較対象労働者との間の待遇の相違の内容及び理由

②派遣先均等・均衡方式又は労使協定方式により派遣労働者の待遇を決定するに当たって考慮した事項

③均衡待遇の対象となる派遣労働者の賃金を決定するに当たって考慮した、派遣労働者の職務の内容、職務の成果、意欲、能力又は経験その他の就業の実態に関する事項

第7　その他の改正

1　派遣元事業主及び派遣先が講ずべき措置

派遣元事業主と派遣先との間で締結する労働者派遣契約に記載する事項に、次の内容が追加された（改正派遣法26条1項、同施行規則22条1号、6号）。

①派遣労働者が従事する業務に伴う責任の程度

②派遣労働者を協定対象派遣労働者に限るか否か

これに伴い、派遣元事業主による就業条件等の明示事項についても、上記①の事項が追加されることとなる。なお、改正派遣法の施行日前から締結されている労働者派遣契約については、新たに締結し直すことまでは求められていないものの、施行日までに、労働者派遣契約の変更等により、当該事項を労働者派遣契約に定めておかなければならない（労使協定Q&A問1-2）。

2　派遣元事業主が講ずべき措置

(1)　就業規則の作成手続

派遣元事業主は、派遣労働者に係る事項について、就業規則を作成または変更しようとするときは、あらかじめ、事業所において雇用する派遣労働者の過半数を代表すると認められる者の意見を聴くように努めなければならないとする規定が新設された（改正派遣法30条の6）。

(2)　派遣先への通知内容

派遣元事業主は、従来、労働者派遣をするときは、派遣先に対し、派遣労働者の氏名やその者が無期雇用労働者であるか有期雇用労働者であるかの別といった一定の事項について通知義務を負っていたが（改正派遣法35条1項）、これに加えて、当該労働者派遣に係る派遣労働者が協定対象派遣労働者であるか

否かの別が通知事項に追加された（同項２号）。

⑶　派遣元管理台帳の記載事項

雇用する派遣労働者ごとに派遣元管理台帳に記載すべき事項に、次の内容が追加された（改正派遣法37条１項、同施行規則31条２号）。

①協定対象派遣労働者であるか否かの別

②派遣労働者が従事する業務に伴う責任の限度

3　派遣先が講ずべき措置

派遣労働者の適切な就業環境等の確保のため、以下のとおり、従来派遣先に課されていた義務が強化された。

⑴　教育訓練

派遣元事業主からの求めに応じて行う教育訓練について、配慮義務から強制の義務へと格上げがなされた。すなわち、派遣先は、派遣先の労働者に対して業務の遂行に必要な能力を付与するための教育訓練を実施する場合に、派遣元事業主から求めがあったときは、派遣元事業主が実施可能な場合等を除き、派遣労働者に対してもこれを実施する等必要な措置を講じなければならない（改正派遣法40条２項）。

⑵　福利厚生

派遣先は、派遣先の労働者が利用する給食施設、休憩室及び更衣室の利用について、派遣労働者に対しても利用の機会を与えなければならない（改正派遣法40条３項）。また、派遣先が設置・運営し、派遣先の労働者が通常利用しているその他の施設（物品販売所、病院、診療所、保育所、保養施設等）の利用に関する便宜の供与の措置を講ずるよう配慮しなければならない（改正派遣法40条４項）。今般の改正においては、給食施設、休憩室及び更衣室の利用について配慮義務から強制の義務に、その他の施設については努力義務から配慮義務にいずれも格上げがなされている。

⑶　情報提供

派遣先は、派遣元事業主の求めに応じ、当該派遣先に雇用される労働者に関する情報、当該派遣労働者の業務の遂行の状況等の情報を提供するなど必要な協力をするように配慮しなければならない（改正派遣法40条５項）。かかる情報提供義務についても、努力義務から配慮義務に格上げがなされている。

⑷　派遣先管理台帳の記載事項

雇用する派遣労働者ごとに派遣元管理台帳に記載すべき事項に、次の内容が追加された（改正派遣法42条１項、同施行規則36条２号）。

①協定対象派遣労働者であるか否かの別
②派遣労働者が従事する業務に伴う責任の限度

4　裁判外紛争解決手続（行政ADR）の規定の整備

派遣労働者に関するトラブルの早期解決を図るため、事業主と労働者との間の紛争を、裁判をせずに都道府県労働局長による紛争解決援助や調停といった裁判外紛争解決手続（行政ADR）が整備された。

(1)　自主的な解決

派遣元事業主及び派遣先事業主は、以下のとおり、紛争を自主的に解決するための努力義務を負っている。

ア　派遣元事業主

次の事項に関し、派遣労働者から苦情の申出を受けたとき、又は派遣労働者が派遣先に対して申し出た苦情の内容が派遣先から通知されたときは、苦情の自主的解決を図るよう努めなければならない（改正派遣法47条の4第1項）。

・派遣先均等・均衡方式（改正派遣法30条の3）
・労使協定方式（改正派遣法30条の4）
・雇入れ時の説明（改正派遣法31条の2第2項）
・派遣時の説明（改正派遣法31条の2第3項）
・派遣労働者から求めがあった場合の説明（改正派遣法31条の2第4項）
・不利益な取扱いの禁止（改正派遣法31条の2第5項）

イ　派遣先事業主

次の事項に関し、派遣労働者から苦情の申出を受けたときは、苦情の自主的解決を図るよう努めなければならない（改正派遣法47条の4第2項）。

・業務の遂行に必要な能力を付与するための教育訓練の実施（改正派遣法40条2項）
・給食施設、休憩室及び更衣室の利用の機会の付与（改正派遣法40条3項）

(2)　自主的な解決が困難な場合

ア　行政による援助（助言・指導・勧告）

都道府県労働局長は、上記(1)の事項についての派遣労働者と派遣元事業主との間の紛争、又は派遣労働者と派遣先との紛争に関し、現に紛争の状態にある当事者の双方又は一方からその解決につき援助を求められた場合には、紛争の当事者に対し、必要な助言、指導又は勧告をすることができる（改正派遣法47条の6第1項）。当事者が、簡易な手続により迅速に行政解決してもらいたいとの希望を有している場合には、当該制度を利用するのが適している。ただし、助言、指導又は勧告は、具体的な解決策を提示し、これを自発的に受け入れることを促すものであり、強制力はない点に留意が必要である。

派遣元事業主及び派遣先事業主は、派遣労働者が都道府県労働局長に紛争の解決の援助を求めたことを理由として、派遣労働者に対して不利益な取扱いをしてはならない（改正派遣法47条の６第２項）。

イ　紛争調整委員会による調停

都道府県労働局長が、上記(1)の事項について紛争の当事者の双方又は一方から調停の申請があった場合において、紛争の解決のために必要があると認めるときは、紛争調整委員会において調停が行われることとなる（改正派遣法47条の７第１項）。当事者が、公平、中立性の高い第三者機関に援助してもらいたいとの希望を有している場合には、当該制度を利用するのが適している。

派遣元事業主及び派遣先事業主は、派遣労働者が都道府県労働局長に調停の申請をしたことを理由として、派遣労働者に対して不利益な取扱いをしてはならない（改正派遣法47条の７第２項）。

第3部

外国人と労働
―入管法改正

第1章

入管法改正―在留資格「特定技能」の新設

（第3部における凡例）

分野省令	出入国管理及び難民認定法別表第一の二の表の特定技能の項の下欄に規定する産業上の分野等を定める省令
基本方針	特定技能の在留資格に係る制度の運用に関する基本方針
分野別運用方針	特定技能の在留資格に係る制度の運用に関する方針（分野別運用方針）
上乗せ基準告示	特定の産業上の分野に特有の事情に鑑みて当該分野を所管する関係行政機関の長が定める基準
分野別運用要領	特定技能の在留資格に係る制度の運用に関する方針に係る運用要領
運用要領	特定技能外国人の受入れに関する運用要領
運用要領別冊（支援）	1号特定技能外国人支援に関する運用要領
運用要領別冊（分野別）	特定の分野に係る特定技能外国人受入れに関する運用要領

第1　改正の背景

2019年4月1日より施行された改正入管法は、新たな在留資格「特定技能」を設け、事実上単純労働分野での外国人材の受入れを可能にした。

従前の入管法においては、就労目的の外国人の受入れは大学教授やエンジニア、経営者など高度に専門的･技術的な分野に限定され、いわゆる単純労働は、本来就労目的ではない技能実習生や留学生により事実上担われていた。

しかしながら近時、中小・小規模事業者をはじめとした人手不足は一層深刻化し、現状のままでは我が国の経済・社会基盤の持続可能性を阻害する可能性が出てきた。

そこで、2018年２月20日の経済財政諮問会議における内閣総理大臣の制度改正の検討の指示を受け、関係省庁の局長級で構成するタスクフォース、課長級で構成する幹事会、「外国人材の受入れ・共生に関する関係閣僚会議」において議論が重ねられた。

そして、同年６月15日に閣議決定された「経済財政運営と改革の基本方針2018（骨太の方針）」において、一定の専門性・技能を有し即戦力となる外国人材を幅広く受入れていく仕組みとして、外国人材の受入れを拡大するため、新たな在留資格の創設が決定された。

このいわゆる「骨太の方針」と従前の議論に基づき、在留資格「特定技能」の新設を主たる内容とする「出入国管理及び難民認定法及び法務省設置法の一部を改正する法律案」が第197回国会（臨時会）に提出され、2018年12月８日に成立し、2019年４月１日から施行されたものである（なお，外国人材の受入れに関する概要は「2018年労働事件ハンドブック」615頁以下を参照）。

第2　在留資格「特定技能」の 概要

1　在留資格「特定技能」の基礎構造

特定技能制度は、**①特定産業分野**における就労について、**②特定技能外国人**（特定技能制度における労働者を指す。）が**③特定技能所属機関**（特定技能制度における雇用主を指す。）と**④特定技能雇用契約**を締結して、労務の提供を行うという制度である。なお、当該制度においては、特定技能所属機関は特定技能１号で在留する外国人（以下「１号特定技能外国人」という。）に対して**⑤１号特定技能外国人支援計画**に基づいた支援を行わなければならないとされている。

ここで、**①特定産業分野**とは、人材を確保することが困難な状況にあるため外国人により不足する人材の確保を図るべき産業上の分野として法務省令で定めるもの（入管法別表第一の二の表特定技能の項下欄第一号）をいい、2019年12月１日現在、計14分野が指定されている（分野省令）。

②特定技能外国人とは、「特定技能」の在留資格をもって日本に在留する外国人をいい（入管法19条の18第２項１号）、**③特定技能所属機関**とは、特定技

能雇用契約の相手方である公私の機関をいう（入管法19条の18第１項）。

④特定技能雇用契約とは、入管法別表第一の二の表の特定技能の項下欄第一号又は第二号に掲げる活動を行おうとする外国人が本邦の公私の機関と締結する雇用に関する契約をいう（入管法２条の５第１項）。

⑤１号特定技能外国人支援計画とは、入管法別表第一の二の表の特定技能の項下欄第一号又は第二号に掲げる活動を行おうとする外国人と特定技能雇用契約を締結しようとする本邦の公私の機関が、法務省令で定めるところにより、当該外国人に対して行う、同号に掲げる活動を行おうとする外国人が当該活動を安定的かつ円滑に行うことができるようにするための職業生活上、日常生活上又は社会生活上の支援の実施に関する計画をいう（入管法２条の５第６項。これらの支援を「１号特定技能外国人支援」というと定めている。）。

これらの①乃至⑤については入管法をはじめとする法令や運用要領等により詳細な基準が定められており、各基準の詳細については後述する。

2　在留資格「特定技能」の種類

「特定技能」には、「特定技能１号」と「特定技能２号」の２種類があり、「特定技能１号」は特定産業分野に属する**相当程度の知識又は経験を必要とする技能**を要する業務に従事する外国人が対象となるのに対し、「特定技能２号」は特定産業分野に属する**熟練した技能**を要する業務に従事する外国人を対象とする。

そして両資格は、必要とされる技術の水準や（１号は「相当程度の知識又は経験を必要とする」技能であるのに対し、２号は「熟練した」技能を要する）、滞在可能な期間の上限の有無（１号は通算５年の期間の上限が設けられているのに対し、２号は期間の上限はない）、家族の帯同の可否（１号は家族の帯同が認められないのに対し、２号は認められる）、特定技能所属機関による支援の要否（１号特定技能外国人に対しては１号特定技能外国人支援計画記載の支援を行わなければならないが、特定技能２号で在留する外国人（以下「２号特定技能外国人」という。）に対する支援は不要といった違いがある。

特定技能１号と特定技能２号の相違の概要は次のとおりである。

	特定技能１号	特定技能２号
資格概要	特定産業分野に属する相当程度の知識又は経験を必要とする技能を要する業務に従事する外国人向けの在留資格	特定産業分野に属する熟練した技能を要する業務に従事する外国人向けの在留資格
受入れ可能分野（特定産業分野）	14業種 介護、ビルクリーニング、素形材産業、産業機械製造業、電気・電子情報関連産業、建設、造船・舶用工業、自動車整備、航空、宿泊、農業、漁業、飲食料品製造業、外食業	２業種 建設、造船・舶用工業（ただし業務区分は溶接のみ）
在留期間／上限	１年、６か月又は４か月ごとの更新／通算して５年まで	３年、１年又は６か月ごとの更新／期間の上限なし
技能水準	相当程度の知識又は経験を必要とする技能（試験等で確認）	熟練した技能（試験等で確認）
日本語水準	生活や業務に必要な日本語能力（試験等で確認）	―（確認不要）
家族の帯同	基本的に認められない	要件を満たせば可能（配偶者、子）
支援	特定技能所属機関又は登録支援機関による支援の対象	支援対象外

3　特定技能にかかる省令等

(1)　省令、方針、告示、運用要領

特定技能制度においては、関連する省令、方針、告示、運用要領等が多岐にわたっており留意が必要である。

これらの省令等は、特定技能外国人、特定技能所属機関、登録支援機関等の関係当事者に関し、特定技能外国人に関する上陸基準省令上の基準、特定技能所属機関及び登録支援機関に関する基準、特定技能雇用契約の適合性基準などの細かな基準を設けている。また、これらの省令等により特定技能所属機関、登録支援機関は種々の定期的又は随時の届出・報告義務を負っている。

各関係当事者において、各基準を充足し、また各義務を遵守することは容易ではなく、制度の運用によっては相当の負担を要すると想定され、今後の実務運用に留意が必要である。

なお、基本方針については、改正入管法施行後２年を目途として検討を加え、必要があれば見直すとされており、運用が変化する可能性もある。

主な省令等は下記のとおりである。

	略称	名称	備考
省令	入管法施行規則	出入国管理及び難民認定法施行規則	特定技能にかかる提出資料や届出事項等について定める。
	上陸基準省令	出入国管理及び難民認定法第七条第一項第二号の基準を定める省令	在留資格「特定技能」における外国人材の上陸の為の要件を定める。
	特定技能基準省令	特定技能雇用契約及び一号特定技能外国人支援計画の基準等を定める省令	特定技能契約内容と支援計画の内容を定める。
	分野省令	出入国管理及び難民認定法別表第一の二の表の特定技能の項の下欄に規定する産業上の分野等を定める省令	特定産業分野を定める。
方針	基本方針	特定技能の在留資格に係る制度の運用に関する基本方針	入管法２条の３に基づく。特定技能制度にかかる基本方針を定める。
	分野別運用方針	特定技能の在留資格に係る制度の運用に関する方針（分野別運用方針）	入管法２条の４に基づく。分野ごとに特定技能にかかる人材の基準や、特定技能外国人が従事する業務区分等についての方針を定める。
告示	上乗せ基準告示	特定の産業上の分野に特有の事情に鑑みて当該分野を所管する関係行政機関の長が定める基準	分野ごとに特定技能にかかる人材の基準や、特定技能所属機関にかかる基準の要件の追加等について定める。
要領	分野別運用要領	特定技能の在留資格に係る制度の運用に関する方針に係る運用要領	分野別運用方針について細目を定める運用要領。 分野別の技能水準及び評価方法や日本語能力水準及び評価方法、特定技能外国人が従事する業務（事業者が該当すべき日本産業分類の適示を含む）等を定める。
	運用要領	特定技能外国人の受入れに関する運用要領	特定技能にかかる法令の解釈や運用上の留意点について定める。
	運用要領別冊（支援）	1号特定技能外国人支援に関する運用要領	１号特定技能外国人支援計画の基準の詳細についての留意事項を定める。
	運用要領別冊（分野別）	特定の分野に係る特定技能外国人受入れに関する運用要領	分野別の留意事項（上乗せ基準告示に定められた基準の詳細等についての留意事項）を定める。

(2)　「特定技能」に関する二国間の取り決め（MOC）

在留資格「特定技能」について、我が国は外国人材の送出しが想定される国との間で、悪質な仲介事業者の排除等を目的とする協力覚書（Memorandum of Cooperation、MOC）の交換を進めており、2019年12月17日現在、当初から覚書作成が予定されていた日本語試験を実施する７か国（ベトナム、フィリピン、カンボジア、インドネシア、ミャンマー、ネパール、モンゴル）とバングラディッシュ、スリランカ、ウズベキスタンの間では既に覚書を交わしている。しかし当初MOCの作成が予定されていた日本語試験を実施する９か国に含まれる中国及びタイとは2019年12月１日現在において未締結である。

特定技能にかかる試験はMOCを交わした国において行われることが予定されているところ、事実上特定技能外国人はMOCが締結された国から来日することが想定される。

4 特定技能外国人の受入れ手続の概要

外国人材を特定技能外国人として受入れるためには、入管法において求められる手続きのほか、特定技能基準省令で定める１号特定技能外国人支援計画の内容として要求されている手続き、及び上陸基準省令等において求められている手続きをそれぞれ履践しなければならない。要求される手続きは、当該外国人材が海外に在住しているか、既に日本に在留しているかに応じて異なる。

まず海外在住の外国人を受入れる典型的な手続の流れは次のとおりとなる。①外国人が外国において技能試験及び日本語試験を受験／合格、②外国人と受入れ機関（注）との間で特定技能雇用契約を締結、③受入れ機関において１号特定技能外国人支援計画を策定、④受入れ機関において在留資格認定証明書の交付申請及びその受領、⑤受入れ機関から外国人へ在留資格認定証明書の郵送、⑥外国人において在外公館でビザ申請し受領、⑦外国人が日本に入国（受入れ機関又は登録支援機関が空港に送迎）、⑧受入れ機関方での外国人の就労開始。

次に、外国人が既に日本に在留している場合の典型的な流れは次のとおりとなる。①外国人が日本において技能試験及び日本語試験を受験／合格、②外国人と受入れ機関との間で特定技能雇用契約を締結、③受入れ機関において１号特定技能外国人支援計画を策定、④外国人において在留資格変更許可申請（例外的に受入れ機関が行う場合もあり）、⑤受入れ機関方での外国人の就労開始。

(注) 第３部において、特定技能雇用契約の相手方となる公私の機関について、就労開始前は「受入れ機関」と表記し、就労開始後は「特定技能所属機関」と表記する。

以上の外国人材の受入れの流れは、次頁図表のとおりまとめられる。

【外国人材が海外在住の場合の受入れ手続きの流れ】

新たな外国人材受入れ制度（受入れ機関用）
（海外から採用するケース）

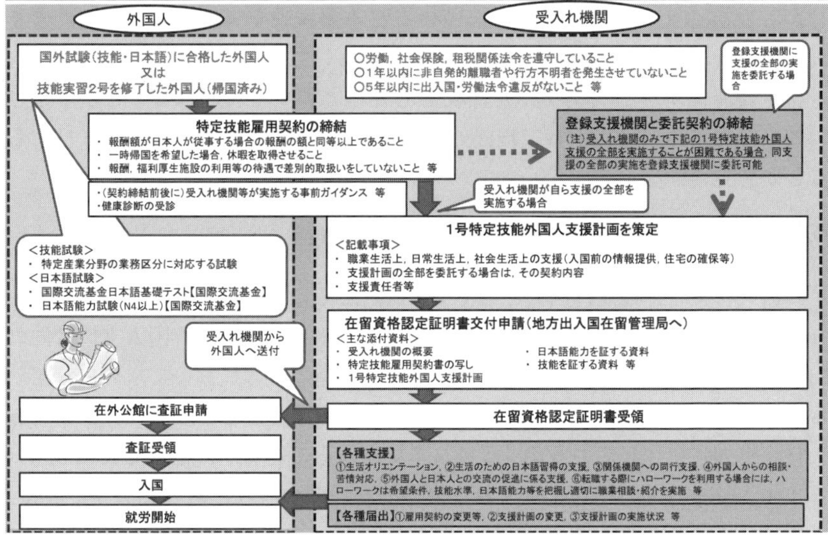

【外国人材が日本に在留している場合の受入れ手続きの流れ】

新たな外国人材受入れ制度（受入れ機関用）
（国内在留者を採用するケース）

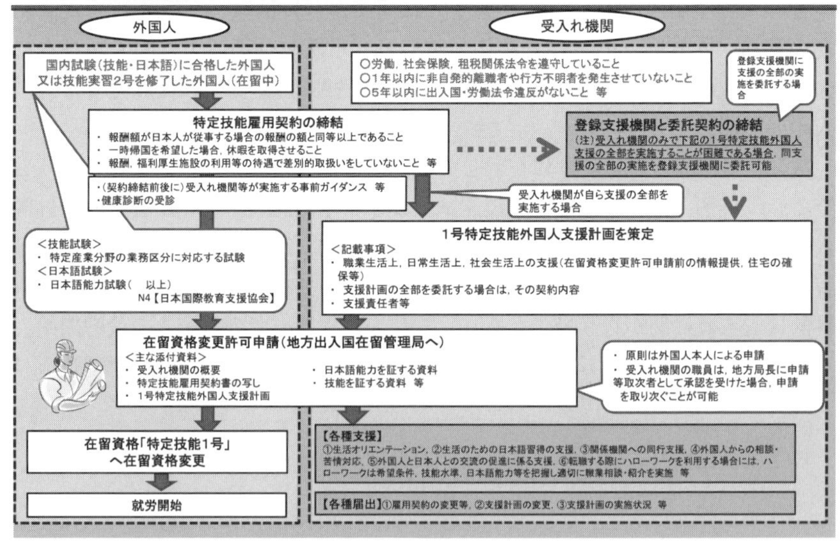

出典：法務省出入国在留管理庁作成「特定技能外国人受入れに関する運用要領」別紙

第3 在留資格「特定技能」の各要素の解説

1 特定産業分野とは

在留資格「特定技能」による外国人材受入れは、生産性向上や国内人材確保のための取組（女性・高齢者のほか、各種の事情により就職に困難を来している者等の就業促進、人手不足を踏まえた処遇の改善等を含む。）を行った上で、なお、人材を確保することが困難な状況にあるため外国人により不足する人材の確保を図るべき産業上の分野（特定産業分野）に限って行うとされており（基本方針2(1)）、2019年12月1日現在、特定産業分野は、①介護分野、②ビルクリーニング分野、③素形材産業分野、④産業機械製造業分野、⑤電気・電子情報関連産業分野、⑥建設分野、⑦造船・舶用工業分野、⑧自動車整備分野、⑨航空分野、⑩宿泊分野、⑪農業分野、⑫漁業分野、⑬飲食料品製造業分野、⑭外食業分野の計14分野が指定されている（分野省令）。

ただし、分野省令その他方針等においても、各特定産業分野の具体的な範囲は定義されておらず、その外縁は必ずしも明確ではない。しかしながら、各分野別運用方針及び各分野別運用要領は、特定産業分野ごとに、「特定技能外国人が従事できる業務」について、業務の内容（業務区分等）及び事業主の業種により業務の範囲を特定している。

つまり、各分野別運用方針及び各分野別運用要領は、「特定技能外国人が従事できる業務」として、業務の内容を本文中又は試験区分に対応した業務区分の別表において詳細に指定している（なお、関連業務に付随的に従事することは可能とされており、関連業務であれば、業務遂行にあたり、「相当程度の知識又は経験を必要とする技能」を要しない、いわゆる単純労働に付随的に従事することも可能である。）。

また、③素形材産業分野、④産業機械製造業分野、⑤電気・電子情報関連産業分野、⑥建設分野、⑧自動車整備分野、⑩宿泊分野、⑪農業分野、⑫漁業分野、⑬飲食料品製造業分野、⑭外食業分野の10分野については、「特定技能外国人が従事できる業務」が、一定の日本標準産業分類に該当する事業者が行う業務に限定されている。なお、各分野別運用方針や各上乗せ基準告示は、特定技能所属機関に対して更に一定の許認可の保有や所管省庁が組織する団体への所属等を条件として課しており（第3、3で後述）、事業者の業種が指定されていない特定産業分野であっても、不適切な事業者は事実上排除されると考えられる。

よって、特定技能制度の利用が可能かどうかは、制度の利用を予定する業務につき該当可能性がある特定産業分野を絞り込んだうえで、「特定技能外国人が従事できる業務」に該当するか否か、すなわち、イ）特定技能所属機関が一定の日本標準産業分類に該当する事業者であること、及びロ）業務内容が業務区分等で指定されている業務に合致すること、という2要件を充足するかどうかで判断することになる。

各特定産業分野の特定技能外国人が従事できる業務、及び事業者が該当すべき日本標準産業分類の詳細については、下表のとおりである。

特定技能外国人が従事できる業務		
分野	業務内容	事業者が該当すべき日本標準産業分類
介護	身体介護等（利用者の心身の状況に応じた入浴、食事、排せつの介助等）のほか、これに付随する支援業務（レクリエーションの実施、機能訓練の補助等）とし、訪問介護等の訪問系サービスにおける業務は対象としない。	なし
ビルクリーニング	多数の利用者が利用する建築物（住宅を除く。）の内部を対象に、衛生的環境の保護、美観の維持、安全の確保及び保全の向上を目的として、場所、部位、建材、汚れ等の違いに対し、方法、洗剤及び用具を適切に選択して清掃作業を行い、建築物に存在する環境上の汚染物質を排除し、清潔さを維持する業務	なし （分野別運用方針において「建築物清掃業」又は「建築物環境衛生総合管理業」の登録を受けていることが条件となっている。）
素形材産業	鋳造・鍛造・ダイカスト・機械加工・金属プレス加工・工場板金・めっき・アルミニウム陽極酸化処理・仕上げ・機械検査・機械保全・塗装・溶接	2194　鋳型製造業（中子を含む） 225　鉄素形材製造業 235　非鉄金属素形材製造業 2424　作業工具製造業 2431　配管工事用附属品製造業（バルブ、コックを除く） 245　金属素形材製品製造業 2465　金属熱処理業 2534　工業窯炉製造業 2592　弁・同附属品製造業 2651　鋳造装置製造業 2691　金属用金型・同部分品・附属品製造業 2692　非金属用金型・同部分品・附属品製造業 2929　その他の産業用電気機械器具製造業（車両用、船舶用を含む） 3295　工業用模型製造業

産業機械製造業	鋳造・鍛造・ダイカスト・機械加工・金属プレス加工・鉄工・工場板金・めっき・仕上げ・機械検査・機械保全・電子機器組立て・電気機器組立て・プリント配線板製造・プラスチック成形・塗装・溶接・工場包装	2422　機械刃物製造業 248　ボルト・ナット・リベット・小ねじ・木ねじ等製造業 25　はん用機械器具製造業 (ただし、2591消火器具・消火装置製造業及び素形材産業分野に掲げられた対象業種を除く。) 26　生産用機械器具製造業 (ただし、素形材産業分野に掲げられた対象業種を除く。) 27　業務用機械器具製造業 (ただし、以下に掲げられた業種に限る。) 270　管理、補助的経済活動を行う事業所(27業務用機械器具製造業) 271　事務用機械器具製造業 272　サービス用・娯楽用機械器具製造業 273　計量器・測定器・分析機器・試験機・測量機械器具・理化学機械器具製造業 275　光学機械器具・レンズ製造業
電気・電子情報関連産業	機械加工・金属プレス加工・工場板金・めっき・仕上げ・機械保全・電子機器組立て・電気機器組立て・プリント配線板製造・プラスチック成形・塗装・溶接・工業包装	28　電子部品・デバイス・電子回路製造業 29　電気機械器具製造業 (ただし、2922 内燃機関電装品製造業及び素形材産業分野に掲げられた対象業種を除く。) 30　情報通信機械器具製造業
建設	【特定技能1号/特定技能2号】型枠施工・左官・コンクリート圧送・トンネル推進工・建設機械施工・土工・屋根ふき・電気通信・鉄筋施工・鉄筋継手・内装仕上げ/表装	D　建設業 (分野別運用方針において建設業許可を受けていることが条件となっている)
造船・舶用工業	【特定技能1号】溶接・塗装・鉄工・仕上げ・機械加工・電気機器組立て 【特定技能2号】溶接(手溶接、半自動溶接)	なし
自動車整備	自動車の日常点検整備、定期点検整備、分解整備	891　自動車整備業
航空	・空港グランドハンドリング(地上走行支援業務、手荷物・貨物取扱業務等) ・航空機整備(機体、装備品等の整備業務等)	なし
宿泊	宿泊施設におけるフロント、企画・広報、接客及びレストランサービス等の宿泊サービスの提供に係る業務	751　旅館、ホテル 759　その他の宿泊業 (分野別運用方針において旅館・ホテル営業の許可を受けていることが条件となっている)

農業	・耕種農業全般（栽培管理、農産物の集出荷・選別等） ・畜産農業全般（飼養管理、畜産物の集出荷・選別等）	01　農業
漁業	・漁業（漁具の製作・補修、水産動植物の探索、漁具・漁労機械の操作、水産動植物の採捕、漁獲物の処理・保蔵、安全衛生の確保等） ・養殖業（養殖資材の製作・補修・管理、養殖水産動植物の育成管理、養殖水産動植物の収獲（穫）・処理、安全衛生の確保等）	03　漁業（水産養殖業を除く） 04　水産養殖業
飲食料品製造業	飲食料品製造業全般（飲食料品（酒類を除く。）の製造・加工、安全衛生）	09　食料品製造業 101　清涼飲料製造業 103　茶・コーヒー製造業（清涼飲料を除く） 104　製氷業 5861　菓子小売業（製造小売） 5863　パン小売業（製造小売） 5897　豆腐・かまぼこ等加工食品小売業
外食業	外食業全般（飲食物調理、接客、店舗管理）	76　飲食店 77　持ち帰り・配達飲食サービス業

2　特定技能外国人の基準

(1)　はじめに

特定技能外国人は資格の種類に応じ、一定の技術水準・日本語能力水準をはじめとして、各種基準を満たすことが要求されている。

(2)　技能水準について

１号特定技能外国人は従事しようとする業務に必要な相当程度の知識又は経験を必要とする技能を有することが求められているが（上陸（１号）①ハ、附則８条）、これは、相当期間の実務経験等を要する技能であって、特段の育成・訓練を受けることなく直ちに一定程度の業務を遂行できる水準のものをいう（基本方針）。

そして、２号特定技能外国人は熟練した技能を有することが求められているが（上陸（２号）①ハ）、これは、長年の実務経験等により身につけた熟達した技能をいい、現行の専門的・技術的分野の在留資格を有する外国人と同等又はそれ以上の高い専門性・技能を要する技能であって、例えば自らの判断により高度に専門的・技術的な技能を遂行できる、又は監督者として業務を統括しつつ、熟練した技能で業務を遂行できる水準のものをいう（基本方針）。

そして、当該技能水準に達しているかの評価は、分野別運用方針において定める当該特定産業分野の業務区分に対応する試験等により確認されることになる。

なお、例外として特定技能１号については、技能実習２号を良好に修了しており、従事しようとする業務と技能実習２号の職種・作業に関連性が認められる場合には、試験その他の評価方法により証明されていることを要しないほか、介護分野においては、「介護福祉士養成施設修了」「ＥＰＡ介護福祉士候補者としての在留期間満了（４年間）」であれば試験は免除される。

2019年12月１日現在において予定されている具体的な試験等評価方法は下記のとおりである。

特定産業分野	技能水準の評価方法
介護	介護技能評価試験 介護福祉士養成施設修了 ＥＰＡ介護福祉士候補者としての在留期間満了（４年）
ビルクリーニング	ビルクリーニング分野特定技能１号評価試験
素形材産業	製造分野特定技能１号評価試験（試験区分：13区分）
産業機械製造業	製造分野特定技能１号評価試験（試験区分：18区分）
電気・電子情報関連産業	製造分野特定技能１号評価試験（試験区分：13区分）
建設	【特定技能１号】 建設分野特定技能１号評価試験 技能検定３級（試験区分：11区分） 【特定技能２号】 建設分野特定技能２号評価試験 技能検定１級（試験区分：11区分）
造船・舶用工業	【特定技能１号】 造船・舶用工業分野特定技能１号試験 技能検定３級（試験区分：６区分） 【特定技能２号】 造船・舶用工業分野特定技能２号試験（溶接）
自動車整備	自動車整備特定技能評価試験 自動車整備士技能検定試験３級
航空	航空分野技能評価試験（空港グランドハンドリング） 航空分野技能評価試験（航空機整備）
宿泊	宿泊業技能測定試験
農業	農業技能測定試験（耕種農業全般） 農業技能測定試験（畜産農業全般）
漁業	漁業技能測定試験（漁業） 漁業技能測定試験（養殖業）
飲食料品製造業	飲食料品製造業技能測定試験
外食業	外食業技能測定試験

⑶　日本語能力について

１号特定技能外国人は本邦での生活に必要な日本語能力及び従事しようとする業務に必要な日本語能力を有していることが必要であるとされており（上陸（１号）①二、附則８条)、当該日本語能力を満たしているかの評価は、基本的に「国際交流基金日本語基礎テスト」(JFT-Basic)、又は「日本語能力試験（N４以上)」(JLPT）により行われる。

ただし、介護分野においては、上記のほか「介護日本語評価試験」への合格が必要となる。

なお、技能実習２号を良好に修了しており、従事しようとする業務と技能実習２号の職種・作業に関連性が認められる場合には、試験その他の評価方法により証明されていることを要しないほか、介護分野においては、「介護福祉士養成施設修了」「ＥＰＡ介護福祉士候補者としての在留期間満了（４年間)」であれば日本語試験は全て免除される。

⑷　その他の特定技能外国人に関する基準

特定技能外国人は、上記⑵⑶で述べた技能水準・日本語能力のほか、上陸基準省令において以下の各基準を満たすことが要求されている。

※下表において、上陸基準省令「法別表第一の二の表の特定技能の項下欄第一号に掲げる活動」にかかる基準は「上陸（１号)」「上陸（２号)」、上陸基準省令附則は「上陸附則」と省略する。

項目		基準の内容	1号／2号	根拠
1	年齢	18歳以上	1号／2号	1号：上陸（1号）①イ 2号：上陸（2号）①イ
2	健康状態	健康状態が良好であること	1号／2号	1号：上陸（1号）①ロ 2号：上陸（2号）①ロ
3	技術水準	上記⑵に記載	1号／2号	1号：上陸（1号）①ハ 2号：上陸（2号）①ハ
4	日本語能力	上記⑶に記載	1号のみ	上陸（1号）①二
5	退去強制令書の円滑な執行への協力	退去強制令書の円滑な執行に協力するとして法務大臣が告示で定める外国政府又は地域（※下記）の権限ある機関の発行した旅券を所持していること ※2019年12月１日現在ではイラン・イスラム共和国及びトルコ共和国以外の国	1号／2号	1号：上陸（1号）①ホ 2号：上陸（2号）①二
6	通算在留期間	特定技能の在留資格を以て在留した期間が通算して５年に達していないこと	1号のみ	上陸（1号）①へ 上陸附則1条
7	保証金の徴収・違約金契約等	特定技能外国人又はその親族等が、保証金の徴収や財産の管理又は違約金契約を締結させられておらず、かつ締結されないことが見込まれること	1号／2号	1号：上陸（1号）② 2号：上陸（2号）②

8	費用負担の合意	入国前及び在留中に負担する費用について当該外国人が負担する費用の額及び内訳を十分に理解して合意していること ※費用が合理的内容であることも必要	1号／2号	1号：上陸（1号）③、⑤ 2号：上陸（2号）③、⑤
9	本国において遵守すべき手続	特定技能外国人が、特定技能に係る活動を行うに当たり、海外に渡航して労働を行う場合の当該本国での許可等、本国において必要な手続を遵守していること e.g. 海外雇用許可証（フィリピン）	1号／2号	1号：上陸（1号）④ 2号：上陸（2号）④
10	技能実習により修得等した技能等の本国への移転	技能実習の活動に従事していた者が「特定技能２号」の許可を受けようとする場合には、技能実習において修得等した技能等を本国へ移転することに努めると認められること	2号のみ	上陸（2号）⑥
11	分野に特有の事情に鑑みて定められた基準	特定産業分野ごとの特有の事情に鑑みて個別に定める基準に適合していること	1号／2号	1号：上陸（1号）⑥ 2号：上陸（2号）⑦

3 特定技能所属機関の基準

特定技能所属機関は、特定技能契約の適正な履行を確保するため、また１号特定技能外国人支援計画の適正な実施の確保のため、特定技能基準省令において、次のような基準を満たす必要があるとされている。

※下表において、特定技能基準省令は「技能」と省略する。

項目		基準の内容	根拠
適合特定技能雇用契約の適正な履行の確保に関するもの			
1	労働、社会保険及び租税に関する法令の規定の遵守に関するもの	労働、社会保険及び租税に関する法令の規定を遵守していること ※労働関係法令に違反する行為は、欠格事由（不正行為）の対象となり、５年間特定技能外国人の受入れが認められないこととなり得る	技能２条１項①
2	非自発的離職者の発生に関するもの	特定技能雇用契約の締結の日前１年以内又はその締結の日以後に、特定技能外国人に従事させる業務と同種の業務に従事する労働者を非自発的に離職させていないこと	技能２条１項②
3	行方不明者の発生に関するもの	雇用契約締結の日の前１年以内及び当該契約締結後に行方不明者を発生させていないこと	技能２条１項③

4	右記の欠格事由にあたらないこと	(1)関係法律による刑罰を受けたことによる欠格事由 (2)特定技能所属機関の行為能力・役員等の適格性に係る欠格事由 (3)実習認定の取消しを受けたことによる欠格事由 (4)出入国又は労働関係法令に関する不正行為を行ったことに関するもの (5)暴力団排除の観点からの欠格事由 (6)保証金の徴収・違約金契約等による欠格事由	(1)技能２条１項④イ、ロ、ハ、ニ (2)技能２条１項④ホ、ヘ、ル、ヲ (3)技能２条１項④ト、チ (4)技能２条１項④リ (5)技能２条１項④ヌ、ヲ、ワ (6)技能２条１項⑥、⑦
5	支援に要する費用の負担に関するもの	１号特定技能外国人に対する支援に要する費用は特定技能所属機関等において負担すべきものであり、１号特定技能外国人に直接的又は間接的にも負担させないこと	技能２条１項⑧
6	派遣形態による受入れに関するもの	特定技能外国人を派遣労働者として受入れをする場合には、派遣元は当該外国人が従事することとなる特定産業分野に関する業務を行っていることなどが求められるほか、出入国在留管理庁長官と当該特定産業分野を所管する関係行政機関の長との協議により適当であると認められた場合であること	技能２条１項⑨
7	労災保険法に係る措置等に関するもの	特定技能所属機関が労災保険の適用事業所である場合には、労災保険に係る保険関係の成立の届出を適切に履行していること、またはこれに類する措置を講じていること	技能２条１項⑩
8	特定技能雇用契約継続履行体制に関するもの	特定技能雇用契約を継続して履行する体制が適切に整備されていること	技能２条１項⑪
9	報酬の口座振込み等に関するもの	特定技能外国人に対し、報酬の支払方法として預金口座への振込みがあることを説明した上で、当該外国人の同意を得た場合には、預貯金口座への振込み等により行うこと 預貯金口座への振込み以外の支払方法を採った場合には、事後に出入国在留管理庁長官に対しその支払の事実を裏付ける客観的な資料を提出し、出入国在留管理庁長官の確認を受けること	技能２条１項⑫
10	分野に特有の事情に鑑みて定められた基準に関するもの	分野に特有の事情に鑑みて告示で定められた基準に適合すること	技能２条１項⑬

適合１号特定技能外国人支援計画の適切な実施の確保に係るもの			
1	中長期在留者の受入れ実績等に関するもの	特定技能所属機関は、次のいずれかに該当しなければならない。 ①過去２年間に中長期在留者の受入れ又は管理を適正に行った実績があること、及び、役員又は職員の中から、適合１号特定技能外国人支援計画の実施に関する責任者（支援責任者）及び外国人に特定技能雇用契約に基づく活動をさせる事業所ごとに１名以上の適合１号特定技能外国人支援計画に基づく支援を担当する者（支援担当者）を選任していること ②役員又は職員であって過去２年間に中長期在留者の生活相談業務に従事した経験を有するもののから、支援責任者及び特定技能外国人に活動をさせる事業所ごとに１名以上の支援担当者を選任していること ③①及び②に該当する者と同程度に支援業務を適正に実施することができる者として出入国在留管理庁長官が認めるもの	技能２条２項①イ、ロ、ハ
2	十分に理解できる言語による支援体制に関するもの	１号特定技能外国人支援計画の適正性の確保の観点から、①特定技能外国人が十分に理解できる言語による適切な情報提供体制、②担当職員を確保して特定技能外国人が十分に理解できる言語による適切な相談体制等があること	技能２条２項②
3	支援の実施状況に係る文書の作成等に関するもの	１号特定技能外国人支援の状況に係る文書を作成し、特定技能雇用契約の終了日から１年以上備えて置くこと	技能２条２項③
4	支援の中立性に関するもの	支援責任者及び支援担当者が、①１号特定技能外国人を監督する立場にないこと及び特定技能所属機関と当該外国人の間に紛争が生じた場合に少なくとも中立的な立場であること、②一定の欠格事由に該当しないこと	技能２条２項④
5	支援実施義務の不履行に関するもの	特定技能雇用契約締結前の５年以内及び当該契約締結後に当該支援を怠ったことがないこと	技能２条２項⑤
6	定期的な面談の実施に関するもの	支援責任者又は支援担当者が特定技能雇用契約の当事者である外国人及びその監督をする立場にある者と定期的な面談を実施することができる体制を有していること	技能２条２項⑥
7	分野に特有の事情に鑑みて定められた基準に関するもの	当該産業上の分野に特有の事情に鑑みて告示で定める基準に適合すること	技能２条２項⑦

また、分野別運用方針及び上乗せ基準告示は特定技能所属機関に対して特に課す条件として、次のような条件を定めている。

項目	特定技能所属機関に対して特に課す条件
介護	ア　受入れ可能な１号特定技能外国人の事業所単位での人数制限 イ　厚生労働省が組織する協議会の構成員になること ウ　協議会に対し、必要な協力を行うこと エ　厚生労働省が行う調査又は指導に対し、必要な協力を行うこと
ビルクリーニング	ア　「建築物清掃業」又は「建築物環境衛生総合管理業」の登録を受けていること イ　厚生労働省が組織する協議会の構成員になること ウ　協議会に対し、必要な協力を行うこと エ　厚生労働省が行う調査又は指導に対し、必要な協力を行うこと
素形材産業	ア　経済産業省が組織する協議会の構成員になること イ　協議会が行う一般的な指導、報告の徴収、資料の要求、意見の報告又は現地調査等その他に対し、必要な協力を行うこと
産業機械製造業	ア　経済産業省が組織する協議会の構成員になること イ　協議会が行う一般的な指導、報告の徴収、資料の要求、意見の報告又は現地調査等その他に対し、必要な協力を行うこと
電気・電子情報関連産業	ア　経済産業省が組織する協議会の構成員になること イ　協議会が行う一般的な指導、報告の徴収、資料の要求、意見の報告又は現地調査等その他に対し、必要な協力を行うこと
建設	ア　建設業許可を受けていること イ　国内人材確保の取組を行っていること ウ　１号特定技能外国人に対し、同等の技能を有する日本人が従事する場合と同等以上の報酬額を安定的に支払い、技能習熟に応じて昇給を行う契約を締結していること エ　１号特定技能外国人に対し、雇用契約を締結するまでの間に、当該契約に係る重要事項について、母国語で書面を交付して説明すること オ　建設キャリアアップシステムへの登録 カ　外国人の受入れに関する建設業者団体に所属すること キ　特定技能１号の在留資格で受入れる外国人の数と特定活動の在留資格で受入れる外国人（外国人建設就労者）の数の合計が、特定技能所属機関の常勤の職員（外国人技能実習生、外国人建設就労者、１号特定技能外国人を除く。）の総数を超えないこと ク　国土交通省の定めるところに従った「建設特定技能受入計画」の認定取得 ケ　国土交通省による「建設特定技能受入計画」適性履行の確認を受けること コ　国土交通省が行う調査又は指導に対し、必要な協力を行うこと サ　そのほか、建設分野での特定技能外国人の適正かつ円滑な受入れに必要な事項
造船・舶用工業	ア　国土交通省が組織する協議会の構成員になること イ　協議会に対し、必要な協力を行うこと ウ　国土交通省が行う調査又は指導に対し、必要な協力を行うこと エ　登録支援機関に１号特定技能外国人支援計画の実施を委託するに当たっては、上記ア、イ及びウの条件を全て満たす登録支援機関に委託すること

自動車整備	ア　国土交通省が組織する協議会の構成員になること イ　協議会に対し、必要な協力を行うこと ウ　国土交通省が行う調査又は指導に対し、必要な協力を行うこと エ　道路運送車両法に基づく、地方運輸局長の認証を受けた事業場であること オ　登録支援機関に１号特定技能外国人支援計画の実施を委託するに当たっては、上記ア、イ及びウの条件を全て満たす登録支援機関に委託すること、及び自動車整備士１級若しくは２級の資格を有する者又は自動車整備士の養成施設において５年以上の指導に係る実務の経験を有する者を置くこと
航空	ア　空港管理規則に基づく構内営業承認等を受けた事業者若しくは航空運送事業者又は航空法に基づく航空機整備等に係る認定事業場であること イ　国土交通省が組織する協議会の構成員になること ウ　協議会に対し、必要な協力を行うこと エ　国土交通省が行う調査又は指導に対し、必要な協力を行うこと オ　登録支援機関に１号特定技能外国人支援計画の実施を委託するに当たっては、上記イ、ウ及びエの条件を全て満たす登録支援機関に委託すること
宿泊	ア　旅館・ホテル営業の許可を受けた者であること、風俗営業関連施設に該当しないこと、風俗営業関連の接待を行わせないこと イ　国土交通省が組織する協議会の構成員になること ウ　協議会に対し、必要な協力を行うこと エ　国土交通省が行う調査又は指導に対し、必要な協力を行うこと オ　登録支援機関に１号特定技能外国人支援計画の実施を委託するに当たっては、上記イ、ウ及びエの条件を全て満たす登録支援機関に委託すること
農業	ア　直接雇用の場合には、労働者を一定期間以上雇用した経験があること イ　労働者派遣形態の場合には、一定の要件を満たすこと ウ　農林水産省が組織する協議会の構成員になること エ　協議会に対し、必要な協力を行うこと オ　登録支援機関に１号特定技能外国人支援計画の実施を委託するに当たっては、協議会に対し必要な協力を行う登録支援機関に委託すること
漁業	ア　農林水産省が組織する協議会の構成員になること イ　協議会において協議が調った措置を講じること ウ　協議会に対し、必要な協力を行うこと エ　登録支援機関に支援計画の全部又は一部の実施を委託するに当たっては、漁業分野に固有の基準に適合している登録支援機関に限る
飲食料品製造業	ア　農林水産省が組織する協議会の構成員になること イ　協議会に対し、必要な協力を行うこと ウ　農林水産省が行う調査等に対し、必要な協力を行うこと エ　登録支援機関に１号特定技能外国人支援計画の実施を委託するに当たっては、協議会の構成員となっており、かつ、農林水産省及び協議会に対して必要な協力を行う登録支援機関に委託すること
外食業	ア　風俗営業関連の事業所に該当しないこと イ　風俗営業関連の接待を行わせないこと ウ　農林水産省が組織する協議会の構成員になること エ　協議会に対し、必要な協力を行うこと オ　農林水産省が行う調査等に対し、必要な協力を行うこと カ　登録支援機関に１号特定技能外国人支援計画の実施を委託するに当たっては、協議会の構成員となっており、かつ、農林水産省及び協議会に対して必要な協力を行う登録支援機関に委託すること

4 特定技能雇用契約の基準

特定技能雇用契約は、特定技能外国人が行う業務の内容及びこれに対する報酬その他の雇用関係に関する事項のほか、特定技能雇用契約の期間が満了した外国人の出国を確保するための措置、その他当該外国人の適正な在留に資するために必要な事項が適切に定められているものとして、特定技能基準省令で定める基準に適合するものでなければならないとされている（入管法２条の５第１項）。

なお、通常の労働者と比し、所定労働時間や報酬額、教育訓練の実施、福利厚生施設（社員住宅、診療施設、保養所、体育館など）の利用その他の待遇について同等以上の取り扱いが要求されていることに留意が必要である。

※下表において、特定技能基準省令は「技能」と省略する。

項目		基準内容（運用要領による）	関連条文等
雇用関係に関する事項	従事させる業務に関するもの	・１号特定技能外国人については、相当程度の知識若しくは経験を必要とする技能として分野別運用方針及び分野別運用要領で定める水準を満たす技能を要する業務に従事させなければならない。 ・２号特定技能外国人については、熟練した技能として分野別運用方針及び分野別運用要領で定める水準を満たす技能を要する業務に従事させるものでなければならない。	技能１条１項① 分野別運用方針 分野別運用要領
	所定労働時間に関するもの	特定技能外国人の所定労働時間は、特定技能所属機関に雇用される通常の労働者の所定労働時間と同等であること	技能１条１項②
	報酬等に関するもの	特定技能外国人の報酬の額が同等の業務に従事する日本人労働者の報酬の額と同等以上であること ※同程度の技能等を有する日本人労働者がいる場合には、当該外国人が任される職務内容やその職務に対する責任の程度が当該日本人労働者と同等であることを説明した上で、当該日本人労働者に対する報酬の額と同等以上であることを説明する必要がある ※同程度の技能等を有する日本人労働者がいない場合については、特定技能外国人に対する報酬の額が日本人労働者に対する報酬の額と同等以上であるということについて、賃金規程がある場合には同規程に照らした個々の企業の報酬体系の観点から、賃金規程がない場合には、例えば、当該外国人が任される職務内容やその職務に対する責任の程度が最も近い職務を担う日本人労働者と比べてどのように異なるかという観点から、説明を行うこととなる。	技能１条１項③、④

	一時帰国のための有給休暇取得に関するもの	特定技能所属機関は、特定技能外国人から一時帰国の申出があった場合は、事業の適正な運営を妨げる場合等業務上やむを得ない事情がある場合を除き、何らかの有給の休暇を取得することができるよう配慮しなければならない。 ※例えば、既に労働基準法上の年次有給休暇を全て取得した特定技能外国人から、一時帰国を希望する申出があった場合にも、追加的な有給休暇の取得や無給休暇を取得することができるよう配慮すること	技能１条１項⑤
	派遣先に関するもの	特定技能外国人を労働者派遣法又は船員職業安定法に基づき派遣労働者として雇用する場合は、当該外国人の派遣先及び派遣の期間が定められていること	技能１条１項⑥
	分野に特有の事情に鑑みて定められた基準に関するもの	特定産業分野ごとの特有の事情に鑑みて個別に告示で定める基準に適合していること	技能１条１項⑦
外国人の適正な在留に資するために必要な事項	帰国担保措置に関するもの	特定技能外国人が特定技能雇用契約の終了後に帰国する際の帰国費用については本人負担が原則となるが、当該外国人がその帰国費用を負担することができない場合は、特定技能所属機関が帰国費用を負担するとともに、出国が円滑になされるよう必要な措置を講じなければならない	技能１条２項①
	健康状況その他の生活状況把握のための必要な措置に関するもの	特定技能外国人が安定的に日本で就労活動を行うことができるよう、当該外国人の健康状況その他の生活状況を把握するために必要な措置を講じること	技能１条２項②
	分野に特有の事情に鑑みて定められた基準に関するもの	特定産業分野ごとの特有の事情に鑑みて個別に告示で定める基準に適合していること	技能１条２項③

5　１号特定技能外国人支援計画の基準

特定技能所属機関は、入管法２条の５第６項及び第19条の22第１項の規定に基づき、１号特定技能外国人に対し、１号特定技能外国人が「特定技能」の在留資格に基づく活動を安定的かつ円滑に行うことができるようにするための職業生活上、日常生活上又は社会生活上の支援（１号特定技能外国人支援）を実施する義務を課され、また特定技能基準省令に適合した１号特定技能外国人支援計画の作成義務を負う。

特定技能所属機関が行うべき１号特定技能外国人支援としては、具体的には次のような内容が求められている。なお、運用要領別冊（支援）において各項目について詳細内容が定められている。

この支援計画の適正な実施に当たっては、契約により登録支援機関（下記６

で後述）にその全部または一部の実施を委託することもできる。

※下表において、特定技能基準省令は「技能」、上陸基準省令「法別表第一の二の表の特定技能の項下欄第一号に掲げる活動」にかかる基準は「上陸（１号）」と省略する。

	項目	基準の内容（運用要領別冊（支援）による）	根拠
1	事前ガイダンスの提供	特定技能所属機関又は委託を受けた登録支援機関は、特定技能雇用契約の締結時以後、１号特定技能外国人に係る在留資格認定証明書の交付の申請前（当該外国人が他の在留資格をもって本邦に在留している場合にあっては、在留資格の変更の申請前）に、当該外国人に対し、特定技能雇用契約の内容、当該外国人が本邦において行うことができる活動の内容、上陸及び在留のための条件その他の当該外国人が本邦に上陸し在留するに当たって留意すべき事項に関する情報の提供を実施すること	技能３条①イ、４条② 上陸（１号）②、③
2	出入国する際の送迎	当該外国人が出入国しようとする港又は飛行場において当該外国人の送迎をすること	技能３条①ロ
3	適切な住居の確保に係る支援・生活に必要な契約に係る支援	⑴適切な住居の確保に係る支援 住居の確保に係る支援として、次のいずれかを行うことが求められている。 ①１号特定技能外国人が賃借人として賃貸借契約を締結するに当たり、不動産仲介事業者や賃貸物件に係る情報を提供し、必要に応じて当該外国人に同行し、住居探しの補助を行う。賃貸借契約に際し連帯保証人が必要な場合であって、連帯保証人として適当な者がいないときは、少なくとも ・特定技能所属機関等が連帯保証人となる ・利用可能な家賃債務保証業者を確保するとともに、特定技能所属機関等が緊急連絡先となる のいずれかの支援を行う。 ②特定技能所属機関等が自ら賃借人となって賃貸借契約を締結した上で、１号特定技能外国人の合意の下、当該外国人に対して住居として提供する。 ③特定技能所属機関が所有する社宅等を、１号特定技能外国人の合意の下、当該外国人に対して住居として提供する。 ⑵生活に必要な契約に係る支援 銀行その他の金融機関における預金口座又は貯金口座の開設及び携帯電話の利用に関する契約その他の生活に必要な契約（電気・ガス・水道等のライフライン）に関し、１号特定技能外国人に対し、必要な書類の提供及び窓口の案内を行い、必要に応じて当該外国人に同行するなど、当該各手続の補助を行うことが求められている。	技能３条①ハ

4	生活オリエンテーションの実施	特定技能所属機関等は、1号特定技能外国人が本邦に入国した後（又は在留資格の変更許可を受けた後）に、遅滞なく本邦での生活一般に関する事項等について生活オリエンテーションを遅滞なく実施する	技能３条①ニ、ホ
5	日本語学習の機会の提供	日本語を学習する機会の提供については、次のいずれかの支援を行う必要がある。 ①就労・生活する地域の日本語教室や日本語教育機関に関する入学案内の情報を提供し、必要に応じて１号特定技能外国人に同行して入学の手続の補助を行うこと ②自主学習のための日本語学習教材やオンラインの日本語講座に関する情報を提供し、必要に応じて日本語学習教材の入手やオンラインの日本語講座の利用契約手続の補助を行うこと ③１号特定技能外国人との合意の下、特定技能所属機関等が日本語講師と契約して、当該外国人に日本語の講習の機会を提供すること	技能３条①へ
6	相談又は苦情への対応	1号特定技能外国人から職業生活、日常生活又は社会生活に関する相談又は苦情の申出を受けたときは、遅滞なく適切に応じるとともに、相談等の内容に応じて当該外国人への必要な助言、指導を行う	技能３条①ト
7	日本人との交流促進に係る支援	1号特定技能外国人と日本人との交流の促進に係る支援は、必要に応じ、地方公共団体やボランティア団体等が主催する地域住民との交流の場に関する情報の提供や地域の自治会等の案内を行い、各行事等への参加の手続の補助を行うほか、必要に応じて当該外国人に同行して各行事の注意事項や実施方法を説明するなどの補助を行う	技能３条①チ
8	外国人の責めに帰すべき事由によらないで特定技能雇用契約を解除される場合の転職支援	特定技能所属機関が、人員整理や倒産等による受入側の都合により、１号特定技能外国人との特定技能雇用契約を解除する場合には、当該外国人が他の本邦の公私の機関との特定技能雇用契約に基づいて特定技能１号としての活動を行えるように、次の支援のいずれかを行う必要がある。 ①所属する業界団体や関連企業等を通じて、次の受入先に関する情報を入手し提供すること ②公共職業安定所その他の職業安定機関又は職業紹介事業者等を案内し、必要に応じて１号特定技能外国人に同行し、次の受入先を探す補助を行うこと ③１号特定技能外国人の希望条件、技能水準、日本語能力等を踏まえ、適切に職業相談・職業紹介が受けられるよう又は円滑に就職活動が行えるよう推薦状を作成すること ④特定技能所属機関等が職業紹介事業の許可又は届出を受けて職業紹介事業を行うことができる場合は、就職先の紹介あっせんを行うこと	技能３条①リ

9	定期的な面談の実施、行政機関への通報	特定技能所属機関等は、1号特定技能外国人の労働状況や生活状況を確認するため、当該外国人及びその監督をする立場にある者（直接の上司や雇用先の代表者等）それぞれと定期的（3か月に1回以上）な面談を実施する必要がある	技能3条①ヌ

6 登録支援機関とは

登録支援機関とは、特定技能所属機関（雇用主）から委託を受け、1号特定技能外国人支援計画の全部の実施の業務を行う者を指し、出入国在留管理庁長官の登録を受けることとされている（入管法19条の23）。

特定技能所属機関は、特定技能1号外国人に対し支援を行わなければならないが、その全部の実施を登録支援機関に委託することができ、この場合、特定技能所属機関は1号特定技能外国人支援計画の適正な実施に係る基準に適合するものとみなされる（入管法2条の5第5項）。

法令上、登録支援機関については、登録支援機関登録簿に登録され、出入国在留管理庁ホームページに掲載されること、登録の期間は5年間であること、出入国在留管理庁長官に対し、定期又は随時の各種届出を行う必要があることなどが定められている（入管法19条の23、19の30等）。

なお、登録支援機関は、①当該支援機関自体が適切であること（例：5年以内に出入国・労働法令違反がない）②外国人を支援する体制があること（例：外国人が理解できる言語で支援できる）といった一定の基準を満たさなければならない（入管法19条の26）。

7 届出、助言・指導・報告徴収、改善命令、罰則等

(1) 届出

特定技能所属機関は、特定技能雇用契約や1号特定技能外国人支援計画の変更等の事項が生じた時には都度届出を行わなければならず（入管法19条の18 1項）、特定技能外国人の氏名や1号特定技能外国人支援計画の実施状況等については4半期ごとに届出を行わなければならない（同2項）。

なお、1号特定技能外国人支援計画の実施について登録支援機関に委託していた場合には、特定技能所属機関はその実施状況についての届出義務は免除される。

また、登録支援機関も支援業務の実施状況等につき届出義務を負っている（入管法19条の27、同29、同30）。

(2) 助言・指導・報告徴収

出入国在留管理庁長官は、特定技能雇用契約の適正な履行や1号特定技能外国

人支援計画の適正な実施等を確保するために必要があると認めるときは、特定技能所属機関に対し、必要な指導及び助言を行うことができる（入管法19条の19）。

この助言・指導の対象となるのは、特定技能雇用契約が法所定の規定に適合していなかったり、適正に履行されていない場合や、１号特定技能外国人支援計画が法所定の規定に適合していなかったり、適正に実施されていない場合等である。

また出入国在留管理庁長官は、必要な限度において、特定技能所属機関等に対し、報告の徴収、帳簿書類の提出若しくは提示を命じ、また出頭を命じることもできるほか、入国審査官等に質問又は立入検査を行わせる権限を有する（入管法19条の20）。

⑶　改善命令等

特定技能所属機関が出入国在留管理庁長官による指導や助言等に従わないなど、特定技能雇用契約の基準適合性及びその適正な履行並びに１号特定技能外国人支援計画の基準適合性及びその適正な実施等が確保されていないと認めるときは、出入国在留管理庁長官が改善命令を発することができる（入管法19条の21第１項）。

⑷　罰則等の制裁

入管法では不法滞在や各手続違反に関する罰則等の規定を設けているが、特定技能についても関連する罰則規定が設けられている。

出入国在留管理庁長官が発した改善命令（入管法19条の21第１項）に違反した者は６か月以下の懲役または30万円以下の罰金が科される（入管法71条の３）。また、特定技能雇用契約の変更等の届出義務に違反し虚偽の届出等を行った場合や、出入国在留管理庁長官が命じた帳簿書類の提出・提示や出頭に応じず、入国審査官等による立入検査を拒み、または虚偽の答弁をした場合には30万円以下の罰金が科される（入管法71条の４）。さらに、その他の届出を怠り、または虚偽の届出を行った場合には10万円以下の過料に処される（入管法77条の２）。

第４　他の在留資格との関係について

1　在留資格「技能実習」

在留資格「特定技能」の新設前において、単純労働の実質的な受け皿であった在留資格が「技能実習」である。従前、多くの技能実習生は３年で帰国をしており（技能実習１号で１年、技能実習２号で２年）、技能やノウハウの伝承が課題となっていた。

そして、今般新設された特定技能制度は、一定の要件を満たした技能実習生を１号特定技能外国人として更に５年間受入れることを可能にしており、技能実習２号を修了した外国人が特定技能に移行することが期待されている。

すなわち、技能実習制度における職種・作業の多くは、特定技能として従事可能な業務区分に対応しており、技能実習２号を良好に修了した技能実習生は技能試験及び日本語試験が免除され、そのまま特定技能の在留資格で在留することが可能となるなど、容易に技能実習２号から特定技能へ移行することが可能な制度設計がなされているものである。

技能実習と特定技能（１号）の比較は以下の通りである。

技能実習と特定技能の制度比較（概要）

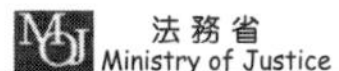

	技能実習（団体監理型）	特定技能（1号）
関係法令	外国人の技能実習の適正な実施及び技能実習生の保護に関する法律／出入国管理及び難民認定法	出入国管理及び難民認定法
在留資格	在留資格「技能実習」	在留資格「特定技能」
在留期間	技能実習１号：１年以内、技能実習２号：２年以内、技能実習３号：２年以内（合計で最長５年）	通算5年
外国人の技能水準	なし	相当程度の知識又は経験が必要
入国時の試験	なし（介護職種のみ入国時N4レベルの日本語能力要件あり）	技能水準、日本語能力水準を試験等で確認（技能実習２号を良好に修了した者は試験等免除）
送出機関	外国政府の推薦又は認定を受けた機関	なし
監理団体	あり（非営利の事業協同組合等が実習実施者への監査その他の監理事業を行う。主務大臣による許可制）	なし
支援機関	なし	あり（個人又は団体が受入れ機関からの委託を受けて特定技能外国人に住居の確保その他の支援を行う。出入国在留管理庁による登録制）
外国人と受入れ機関のマッチング	通常監理団体と送出機関を通して行われる	受入れ機関が直接海外で採用活動を行い又は国内外のあっせん機関等を通じて採用することが可能
受入れ機関の人数枠	常勤職員の総数に応じた人数枠あり	人数枠なし（介護分野、建設分野を除く）
活動内容	技能実習計画に基づいて、講習を受け、及び技能等に係る業務に従事する活動（1号） 技能実習計画に基づいて技能等を要する業務に従事する活動（2号、3号）（非専門的・技術的分野）	相当程度の知識又は経験を必要とする技能を要する業務に従事する活動（専門的・技術的分野）
転籍・転職	原則不可。ただし、実習実施者の倒産等やむを得ない場合や、2号から3号への移行時は転籍可能	同一の業務区分内又は試験によりその技能水準の共通性が確認されている業務区分間において転職可能

③

出典：法務省作成「新たな外国人材の受入れについて」

2 外国人建設就労者受入事業（在留資格「特定活動」）

建設分野において、東京オリンピック・パラリンピックに対応するための2022年までの時限的措置として、国土交通省告示により技能実習修了者を対象に在留資格「特定活動」として労働者の受入れを行っている。当該資格により就業している外国人は技能実習２号を修了していることから、技能試験及び日本語試験が免除されるため、期間満了後特定技能１号に移行することが期待されている。

3 外国人造船就労者受入事業（在留資格「特定活動」）

建設分野と同様に造船分野においても、東京オリンピック・パラリンピックに対応するための2022年までの時限的措置として、国土交通省告示により技能実習修了者を対象に在留資格「特定活動」として外国人労働者の受入れを行っている。そして当該資格により就業している外国人は技能実習２号を修了していることから、特定技能１号にかかる技能試験及び日本語試験が免除されるため、期間満了後特定技能１号に移行することが期待されている。

 EPA（Economic Partnership Agreement）

日本とインドネシア、フィリピン及びベトナムとの間で締結された日尼経済連携協定（日尼EPA)、日比経済連携協定（日比EPA）及び日越交換公文（日越EPA）に基づき、インドネシア人（2008年度から)、フィリピン人（2009年度から）及びベトナム人（2014年度から）の看護師・介護福祉士候補者の受入れを行っている。なお在留資格は「特定活動」である。

そして、今般新設された特定技能制度においては、介護分野においてＥＰＡ介護福祉士候補者として在留期間（４年間）が満了した外国人は、特定技能（１号）にかかる技能試験及び日本語試験が免除されるなど、EPAから特定技能への移行をしやすい制度設計がなされており、在留期間を満了したEPA人材の特定技能（１号）への移行が期待されている。

5 国家戦略特区

国家戦略特区は産業の国際競争力の強化及び国際的な経済活動の拠点の形成を図るため地域や分野を限定して、規制・制度の緩和や税制面の優遇を行う規制改革制度であるが、その一環として外国人材についても、入管法の規制を一部緩和し、下記のような外国人の受入れを行っている。

①家事支援外国人材受入事業：在留資格「特定活動」として受入れ。
②創業外国人材受入れ促進事業：在留資格「経営・管理」として受入れ。
③クールジャパン・インバウンド外国人材の受入れ・就業促進に関する事業：在留資格「技術・人文知識・国際業務」、「技能」として受入れ。
④農業支援外国人材受入事業：在留資格「特定活動」として受入れ。

このうち、①家事支援外国人材及び④農業支援外国人材の受入れは、特定技能制度新設以前から、限定的ながらも単純労働分野での日本における就労を可能にしたものであるが、④農業支援外国人受入事業については、特定技能と重複するため、段階的に特定技能に移行することとされている。

第2章
「特定技能」資格を巡る個別の法的論点

第1　特定技能雇用契約を巡る法的問題点

1　はじめに

(1)　特定技能雇用契約の特殊性について

前章では、「特定技能」資格の創設を中心とした改正入管法の概要を解説したが、ここでは、特定技能雇用契約を巡る法的問題点について取り上げる。

特定技能雇用契約は、入管法において法定された「雇用に係る」契約である。上記文言及び制度内容によれば、特定技能所属機関と特定技能外国人との間に合意が成立した時点で、労働契約が成立するものと思われる。我が国で就労する外国人労働者については、我が国の労働保護法制の適用下にあり、基本的には日本人と同様の規律に従う必要があるが、これは特定技能外国人についても同様であろう。

しかし、特定技能雇用契約の特殊な点は、当該契約が、入管法という行政的取締法規に規定されている点にある。例えば、特定技能雇用契約の適合要件として、外国人労働者の所定労働時間が当該使用者に雇用される通常の労働者の所定労働時間と同等であること（特定技能基準省令１条１項２号)、外国人の報酬額が同等の業務に従事する日本人労働者の報酬額と同等以上であること（特定技能基準省令１条１項３号）等が求められている。また、使用者である特定技能所属機関（又はその委任を受けた登録支援機関）は、１号特定技能外国人に対して、１号特定技能外国人支援計画を策定・実行する必要があるなど、特定技能資格固有の規律も多く見受けられる。

こうした入管法上の要請が特定技能雇用契約上の義務として契約書に明記さ

れない場合において、黙示の合意が認定されて当該契約上の義務となるのであれば格別、そうでない場合には、これらの要請が特定技能雇用契約との関係でどのような位置づけとして整理されるかは明らかでない。具体的には、まず、当該規定について、使用者に対する行政取締規定に留まるのか、あるいは特定技能雇用契約上の義務と捉えることができるのかといった問題が生じ得る。また、仮に契約上の義務であるとして、労働契約の中心的な義務と見るか、付随義務と見るか、あるいは特定技能雇用契約とは別個の契約に基づく義務と見るかなどが問題となる。さらに、入管法及びその付属法令の各規定が、労基法の諸規定のように強行的・直律的効力（同法13条）を有するか否かも問題となる。

このような入管法上の要請について特定技能雇用契約上の位置付けや法的効力をどのように捉えるかは、特定技能所属機関や特定技能外国人が行い得る具体的な請求内容等に大きな影響を与えるため、これを考察する意義は大きいと思われる。

以下では、様々な考え方が想定され得る中で、いくつかの試案を示すものである。2019年４月に改正入管法が施行され、運用と共にその法的解釈が明らかになってきた場合において、下記の検討内容と相違する部分が生じ得る点は留意いただきたい。

⑵　準拠法について

日本で就労する外国人労働者と使用者との労働契約の準拠法について、明示の合意がある場合には、それに従うことになる（通則法７条）。仮に明示の合意がない場合でも、通常は、準拠法を日本法とする黙示の合意が認められるであろう。仮に黙示の合意が認められない場合でも、通則法13条２項、同８条１項により、当該労働契約の成立及び効力については「労務を提供すべき地の法」である日本法が準拠法となる（「2018年労働事件ハンドブック」582頁以下、616頁以下参照）。

特定技能雇用契約についても、その基本的な性格は労働契約であることから、同様に、日本法が準拠法となると考えられる。

2　入国前の法律関係

（1）特定技能雇用契約の成立時期・効力発生時期

ア　特定技能雇用契約の成立時期

特定技能雇用契約の成立時期について、日本法が準拠法となる場合、当然に、当事者間で特定技能雇用契約が締結された時点で契約が成立することになる（労契法６条）。ただし、特定技能雇用契約では特定技能外国人が就労を開始するのは入国後であることが予定されていることからすると、内定と同様の法律関係にあると見ることができ、就労義務に関わる部分につき始期付きの契約が成立していると考えられる。

イ　特定技能雇用契約の効力発生時期

特定技能雇用契約の効力発生時期について、当事者間で特定技能雇用契約が締結された時点で就労義務に関わる部分につき始期付きの契約が成立していると考えれば、同時にその時点で契約の効力も生じていると考えることができる。

他方で、法務省が公表している「特定技能雇用契約書」のモデル様式（参考様式第1-5号。以下「モデル様式」という。）には以下のような文言が記載されているところ、この文言を重視するならば、特定技能雇用契約の効力発生時期は、特定技能外国人が入国後、就労を開始する時点であると考えることもできる。

> 本雇用契約は，乙が，在留資格「特定技能1号」又は「特定技能2号」により本邦に入国して，特定産業分野であって法務大臣が指定するものに属する法務省令で定める技能を要する業務に従事する活動を開始する時点をもって効力を生じるものとする。
> 雇用条件書に記載の雇用契約期間（雇用契約の始期と終期）は，乙の入国日が入国予定日と相違した場合には，実際の入国日に伴って変更されるものとする。

⑵　在留資格取得へ向けた各申請行為の法的位置付け

特定技能雇用契約においては特定技能外国人が「特定技能」の在留資格を取得して入国することが前提条件とされているため、当事者間での契約締結後、使用者側では在留資格認定証明書の交付申請を、労働者側では「特定技能」のビザ申請をそれぞれ行うべきことになる。

これらの申請手続を使用者側、労働者側でそれぞれ行わなければならない旨を契約書中で明記しない場合、これらの申請手続を行うことが使用者側・労働者側それぞれの契約上の義務とみるか否か(あるいは信義則上の義務とみるか)については見解が分かれ得るであろう。さらに、これを契約上の義務とみる見解の中でも、①特定技能雇用契約上の労働条件の一部（すなわち契約上の中心的な義務）とみる立場、②特定技能雇用契約上の付随義務又は付随債務（「第6版　我妻・有泉コンメンタール民法－総則・物権・債権―」1082頁参照）とみる立場、あるいは、③特定技能雇用契約とは別個の契約上の義務とみる立場などいくつかの見解があり得る。

私見によれば、特定技能雇用契約の締結に際しては契約締結後に当事者双方が「特定技能」在留資格の取得へ向けて各申請行為を行うことが具体的に予定されていること、また、特定技能外国人が特定技能雇用契約に基づいて国内で就労するためには在留資格の取得が必須であることからすれば、特定技能雇用契約に基づく契約上の義務とみるのが妥当である。ただし、特定技能雇用契約の要素たる中心的な義務はあくまでも労働者側の労務提供義務と使用者側の賃金支払義務であることからすると、上記の各申請行為に係る使用者側・労働者側それぞれの義務は特定技能雇用契約上の付随義務又は付随債務とみるべきであろう。

⑶　入国前の使用者側からの契約解除の可否

ア　はじめに

海外から外国人人材を受け入れるため、特定技能雇用契約の締結は、通常、当該外国人が入国する前の時点で行われることになると考えられるが、締結後の事情変更等により、特定技能所属機関（使用者）側から入国前に契約解除（つまり解雇）がなされ、法的紛争に発展する事態も考えられる。

こうした問題は、従前からの他の在留資格（「技術・人文知識・国際業務」など）に基づいて来日する外国人労働者の場合にも起こり得るものであるが、改正入管法の下、「特定技能」の創設により外国人労働者が急増することが予想され、今後、こうした法的トラブルが増加することも考えられる。

そこで、以下、場合を分けて、特定技能雇用契約の締結後、特定技能外国人の入国前に、①使用者の責に帰すべき事由（会社の業績の悪化、外国人の受入体制の不備など）により、②労働者の責に帰すべき事由により、③双方に帰責性のない事由により、使用者側から特定技能雇用契約を解除することの可否、及び特定技能外国人が使用者に対して採りうる手段について検討することとする。

イ　使用者の責に帰すべき事由による場合

㋐　当事者間で特定技能雇用契約が締結された時点で就労義務に関わる部分につき始期付きの契約が有効に成立し、かつ、その効力も生じると考えた場合（労契法６条）、特定技能外国人が入国する以前の時点であっても、使用者が使用者側の事情（業績の悪化、外国人の受入体制の不備など）を理由に特定技能雇用契約を一方的に解除することはできず、労契法16条の規制（いわゆる、解雇権濫用法理）に服することになる。会社の業績の悪化、外国人の受入体制の不備といった、もっぱら使用者側の事情による契約解除である場合には、短期間での急激な業績の悪化により整理解雇の要件を充足するようなケースでない限り、解雇の客観的合理性及び社会的相当性がなく、解雇の有効性は認められないであろう。

あるいは、当事者間において特定技能雇用契約が締結された時点で、これを内定と同様の状態とみた場合、留保解約権の行使については客観的合理性と相当性が求められることになる（大日本印刷事件・最二小判昭54.7.20民集33巻5号582頁）。もっぱら使用者側の事情による解約権行使である場合には、解約権の行使は認められないであろう。

これに対し、特定技能雇用契約の効力発生時期は特定技能外国人が入国後、就労を開始する時点であると考える見解に立つ場合には、入国前の時点では未だ契約の効力が生じていないため、使用者側から任意に契約を解除することも可能であると考えることもできる。

(イ) 使用者が、使用者側の事情により特定技能雇用契約の解除を行い、在留資格認定証明書の交付申請を行わないような場合、結果として、特定技能外国人は「特定技能」の在留資格を取得することができず、国内で就労することができなくなる。こうした場合に、特定技能外国人として、使用者に対していかなる手段を採りうるかが問題となる。

まず、当事者間で特定技能雇用契約が締結された時点で就労義務に関わる部分につき始期付きの契約が有効に成立し、かつ、その効力も生じていると考えた場合、特定技能外国人は、使用者に対し、解雇無効を主張するとともに、労働契約上の地位確認請求及び（就労の始期が到来している場合にはそれ以降の）賃金支払請求を行うことができると考えられる。また、解雇処分の違法を理由として慰謝料等の損害賠償請求を行うことも考えられる。なお、労働契約上の地位確認請求及び賃金支払請求との関係で、解雇による就労の履行不能が使用者の責に帰すべき事由によるものと認められるためには労働者に就労の意思及び能力あることが必要とされることから（類型別労働関係訴訟の実務246頁）、仮に特定技能外国人が解雇後に母国で新たな職に就いている場合には、特定技能外国人としては労働契約上の地位確認請求及び賃金支払請求を行う際、使用者の下で就労する意思及び能力があることを積極的に主張立証していくことが求められるであろう。

さらに、使用者に対して在留資格認定証明書の交付申請（履行請求）を求めることができるかが問題となるところ、在留資格取得へ向けた各申請行為に係る義務につき、これを特定技能雇用契約上の労働条件の一部（すなわち契約上の要素たる義務）とみる見解に立った場合には、当然に、特定技能外国人は使用者に対して契約上の要素たる義務の履行として在留資格認定証明書の交付申請（履行請求）を求めることができると考えられる。特定技能雇用契約とは別個の契約上の義務とみる立場に立った場合でも、結論は同様となる。また、特定技能雇用契約上の付随義務又は付随債務とみる見解に立っても、特定技能外国人が特定技能雇用契約に基づいて国内で就労するためには在留資格の取得が必須であることからすれば、特定技能外国人は使用者に対して付随義務の履行として在留資格認定証明書の交付申請（履行請求）を求めることができると考えられる。

これに対し、特定技能雇用契約の効力発生時期は特定技能外国人が入国後、就労を開始する時点であると考える見解に立つ場合には、入国前の時点では未だ契約の効力が生じていないため、特定技能外国人から使用者に対して労働契約上の地位確認請求等を行うことはできないという結論となるであろう。

ウ　労働者の責に帰すべき事由による場合

当事者間で特定技能雇用契約が締結された時点で就労義務に関わる部分につき始期付きの契約が有効に成立し、かつ、その効力も生じていると考えた場合でも、契約締結の後に、特定技能外国人がもっぱら労働者の責に帰すべき事由により「特定技能」の在留許可を取得できず入国できないときは、通常、解雇の客観的合理性及び社会的相当性が認められ、使用者側は特定技能雇用契約を解除することができると考えられる。

エ　双方に帰責性のない事由による場合

当事者間で特定技能雇用契約が締結された時点で就労義務に関わる部分につき始期付きの契約が有効に成立し、かつ、その効力も生じていると考えた場合、契約締結の後に、特定技能外国人が双方に帰責性のない事由により「特定技能」の在留許可を取得できず入国できないときに使用者側から特定技能雇用契約を解除できるかについては、これも労契法16条の規制（いわゆる解雇権濫用法理）に服することになる。ただし、この場合、上記イのもっぱら使用者側の事情による解雇の場合とは異なり、使用者側に落ち度はないことからすれば、解雇の客観的合理性及び社会的相当性が認められ、使用者側からの解除（つまり、解雇）が認められるケースも多いであろう。なお、この場合も、特定技能外国人から使用者に対して労働契約上の地位確認請求及び賃金支払請求を行うためには、特定技能外国人が解雇後に母国で新たな職に就いているときには、使用者の下で就労する意思及び能力があることを積極的に主張立証していくことが求められるであろう。

あるいは別の考え方として、この場合、特定技能雇用契約の締結の後に双方に帰責性のない事由により労務提供が履行不能となったと見ることもできる。

そうなると、改正前民法の下では、改正前民法543条但書により、労務提供が履行不能となっても労働者側（債務者）に帰責性のない事由による場合には、使用者側からの解除はできないことになる。これに対し、改正民法の下では、双方に帰責性のない事由により労務提供が履行不能となった場合には、改正民法542条１項１号により、使用者側（債権者）からの解除が認められることになる。

3　入国後の法律関係

(1)　特定技能雇用契約における労働条件

ア　特定技能雇用契約上の労働条件に係る入管法上の規制

入管法の省令・告示等により、特定技能雇用契約上の労働条件について、細かな基準が定められている。すなわち、①特定技能外国人の所定労働時間が当該使用者に雇用される通常の労働者の所定労働時間と同等であること（特定技能基準省令１条１項２号）、②特定技能外国人の報酬額が同等の業務に従事する日本人労働者の報酬額と同等以上であること（特定技能基準省令１条１項３号）、及び、③外国人であることを理由として報酬の決定、教育訓練の実施、福利厚生施設の利用その他の待遇について差別的取り扱いをしていないこと（特定技能基準省令１条１項４号）、④特定技能外国人が一時帰国を希望した場合には必要な有給休暇を取得させるものとしていること（特定技能基準省令１条１項５号）、⑤特定技能外国人が契約終了後に帰国に要する旅費を負担することができないときは、特定技能所属機関が当該旅費を負担することとしていること（特定技能基準省令１条２項１号）、⑥特定技能所属機関において特定技能外国人の健康の状況その他の生活の状況を把握するために必要な措置（定期的な面談、健康診断の実施など）を講ずることとしていること（特定技能基準省令１条２項２号）、さらに、⑦各分野ごとに告示で定める基準に適合すること（特定技能基準省令１条１項７号、同条２項３号）、が求められている。

イ　通常の労働者と同等の所定労働時間に関する基準

(ア)　基準の内容

特定技能基準省令では、特定技能外国人の所定労働時間が当該特定技能所属機関に雇用される通常の労働者の所定労働時間と同等であることが求められている（特定技能基準省令１条１項２号）。

(イ)　「通常の労働者」とは

上記基準にいう「通常の労働者」とは、フルタイム（労働日数が週５日以上かつ年間217日以上、かつ週労働時間が30時間以上）で雇用される労働者のことをいい、アルバイトやパートタイム労働者は含まれないと考えられる（「運用要領」37頁）。

ウ　日本人労働者と同等以上の報酬額に関する基準

(ア)　基準の内容

特定技能基準省令では、特定技能外国人の報酬額は「日本人が従事する場合の報酬の額と同等以上であること」が求められている（特定技能基準省令１条１項３号）。

上記基準との関係で、特定技能所属機関は「特定技能外国人の報酬に関する説明書」（参考様式第１-４号）を入国管理局へ提出することが求められている。これには「申請人に対する報酬については、以下のとおり、「日本人が従事する場合の報酬の額と同等以上であること」を担保しています。」との記載がなされている。また、「特定技能」の在留資格に係る「在留資格認定証明書交付申請書」では「報酬の額が日本人が従事する場合の報酬の額と同等以上であることの有無」についてチェック欄が設けられている。さらに、入国前の事前ガイダンス（特定技能基省令３条１項１号イ）においても「報酬の額その他の労働条件に関する事項」（モデル様式第１-７号）について説明することが求められている。

このように、改正入管法の下、特定技能外国人に報酬額については、入管法省令上、日本人労働者の報酬額と同等以上という基準が定められているのみならず、実際に上記基準の内容が個々の労使関係において担保されるよう、重ねて使用者側に確認する手続が用意されている。

(イ)　報酬とは

上記基準にいう報酬とは、「一定の役務の対価として与えられる反対給付」のことを指し、一般的に、通勤手当、扶養手当、住宅手当等の実費弁償の性格を有するものは含まれないと考えられる（「運用要領」38頁）。もっとも、これら各手当は報酬には含まれないとしても、上記③の差別的取扱いの禁止の基準との関係から、特定技能外国人にだけ通勤手当、住宅手当等を支給しないことは許されないと考えられる。

賞与・退職金は、上記の定義からすれば、いずれも報酬に含まれると考えられる。

(ウ)　「同等以上」とは

上記基準における「同等の業務に従事する日本人労働者の報酬額と同等以上」とは、特定技能外国人と同種の職務に従事し、かつ同程度の技能・経験年数を持つ日本人労働者の報酬額と同等以上であることを意味すると考えられる。「運用要領」によれば、1号特定技能外国人の場合、おおむね3年又は5年程度の経験者として取り扱う必要があるとされている（「運用要領」38頁）。したがって、通常は3年又は5年程度の経験を積んだ日本人労働者と同等の報酬額とすることが求められることになる。

特定技能外国人と同種の職務に従事している日本人労働者がいない場合、賃金規程があるときには同規程に照らした報酬体系に基づき、賃金規程がないときには、特定技能外国人が担当する職務内容や責任の程度が最も近い職務を担当する日本人労働者の報酬額と比べて、合理的な差異の範囲内で、特定技能外国人の報酬額を定めることになる（「運用要領」38頁）。

なお、モデル様式の「特定技能外国人の報酬に関する説明書」（参考様式第1-4号）には、「比較対象となる日本人労働者がいない場合」の記載項目として、「最も近い職務を担う日本人労働者の職務内容や責任の程度」、「最も近い職務を担う日本人労働者の年齢、性別及び経験年数」などの欄が設けられている。

㈓ 比較対象となる日本人労働者

特定技能雇用契約は多くの場合、有期契約となることが想定されるため、有期契約の特定技能外国人の報酬額の比較対象とされるのは有期契約の日本人労働者か、あるいは無期契約の日本人労働者かが問題となる。

同等の業務に従事する日本人労働者が有期契約又は無期契約の一方しかいない場合には、同等の業務に従事する有期契約又は無期契約の当該日本人労働者が比較対象となる。

同等の業務に従事する日本人労働者が有期契約・無期契約の両方いる場合には、比較対象となるのはいずれかが問題となる。この点については、「運用要領」や「Q＆A」では特に言及されていないが、通常は有期契約の日本人労働者が比較対象となると考えられる。あるいは、別の考え方として、特定技能外国人の権利保護をより重視するならば、有期契約の日本人労働者の報酬額と無期契約の日本人労働者の報酬額を平均したものが比較対象となると考えることもできる。

㈔ 特定技能外国人の報酬額が日本人労働者の報酬額を下回る場合の差額分の請求の可否

特定技能雇用契約で定められた特定技能外国人の報酬額が同等の業務に従事する日本人労働者の報酬額を下回る水準である場合（これはつまり「特定技能外国人の報酬に関する説明書」及び「在留資格認定証明書交付申請書」に虚偽の記載がなされていることを意味する）に、特定技能外国人から特定技能所属機関に対して上記基準（特定技能基準省令1条1項3号）を根拠として日本人労働者の報酬額との差額分について支払請求ができるかが問題となる。

この点につき、上記基準は入管法による行政上の取締規制であるという側面を重視するならば、それ自体は契約当事者間における私法上の請求権の根拠となるものではなく、上記基準に基づいて日本人労働者の報酬額との差額分について支払請求することはできないという結論となるであろう。「技術」の在留資格を有する外国人労働者の賃金水準について入管法省令上の基準（上陸審査における上陸許可条件としての「日本人が従事する場合に受ける報酬と同等額以上の報酬」との基準）違反などが問題とされた山口製糖事件・東京地決平4.7.7労判618号36頁 判タ804号137頁では、使用者が当該外国人労働者に対する労働条件の説明の際に作成した雇用契約書（賃金月額300ドル、食費・宿舎等は使用者の負担とするもの）とは別の雇用契約書（賃金月額2100ドルとするもの）を入国管理局へ提出していたという事情の下で、債権者らの入国管理局へ提出された雇用契約書上の賃金額をもって当事者間の賃金の定めとすべきである旨の主張について、入管法は日本国の出入国の公正な管理を目的とするものであって日本国内で就労する外国人の保護を直接の目的とするものではないこと、入管法及び省令違反の賃金の定めがあった場合の効果について同法は特段の規定を設けていないことなどを理由に挙げて、これを排斥している。

次に、上記基準を根拠として差額分の支払請求をすることはできないとしても、当事者間において上記基準の内容に従った黙示の合意が認められ、かかる合意に基づいて差額分の支払請求ができないかが問題となる。

この点につき、改正入管法の下、「特定技能」の在留資格においては当事者間の特定技能雇用契約の内容として特定技能外国人の報酬につき日本人労働者の報酬額と同等以上であることが定められており、そのことが個々の労使関係において担保されるよう重ねて使用者側に確認する手続が用意されていることからすると、たとえ当事者間で取り交わしている特定技能雇用契約書に記載された報酬額が日本人労働者のそれを下回るものであったとしても、実際には、特定技能所属機関は、特定技能外国人の報酬額について日本人の報酬額と同等以上のものとしなければならないことを十分に認識しているはずである。他方、特定技能外国人としても、多くの場合、来日を決断する際の最も重要な検討事項と考えられる「特定技能」の在留資格で就労する場合の報酬額の基準について、それが日本の法律上、日本人の報酬額と同等以上のものとされていることを認識していると考えられる。そうだとすれば、当事者間において報酬額を日本人の報酬額と同等以上のものとすることについて黙示の合意を認めることができ、かかる合意に基づいて差額分の支払請求ができると考えることも可能であると思われる。

こうした点につき、早川美智子「改正入管法と労働法政策」季刊労働法265号14頁では、「こうした同在留資格の手続きのもとでは、特定技能雇用契約をめぐっての当事者間の合意内容につき、特定技能基準省令に合致する契約の成立を認定できる可能性があり、そうした場合に、特定技能雇用契約書等に記載された内容が裁判所でも認定される可能性が高くなるのではないかと考える。」とされている。

(カ)　特定技能外国人の報酬額に関する基準と労基法３条との関係

特定技能雇用契約で定められた特定技能外国人の報酬額が同等の業務に従事する日本人労働者の報酬額を下回る水準である場合、上記基準違反の効果として当該報酬額の定めが無効となるかが問題となる。この点につき、上記基準は入管法による行政上の取締規制であるという側面を重視するならば、その強行法規性は否定され、上記基準違反の効果として日本人労働者の報酬額を下回る水準の報酬額の定めが無効となるものではないという結論となるであろう。

そうだとしても、さらに労基法３条違反の有無が問題となる。仮に入管法上の上記基準自体の強行法規性が否定されるとしても、上記基準に違反する労働条件の定めが労基法３条に違反すると判断された場合には、強行法規違反として無効となる。かかる労働条件の定めが無効とされる場合、それに基づく過去の取扱いは違法となり、特定技能外国人は、特定技能所属機関に対して過去の賃金の差額分について損害賠償請求ができると考えられる。

労基法３条の解釈・適用について、外国人公務員東京都管理職選考受験訴訟上告審・最大判平17.1.26 民集59巻１号128頁 労判887号５頁では、「合理的な理由」に基づいて日本人労働者と外国人労働者を別異に取り扱うことは労基法３条違反とはならないとされている。また、同判例につき、最高裁判所判例解説民事篇平成17年度（上）80頁では、「合理的な理由に基づく区別が憲法14条に違反するものでないことは、最高裁の判例（最高裁昭和37年（オ）第1472号同39年５月27日大法廷判決・民集18巻４号687頁、最高裁昭和37年（あ）第927号同39年11月18日大法廷判決・刑集18巻９号579頁）で確立しているが、本判決は、労働基準法３条についても同様の例外があることを明らかにしたものである。」とされている。

入管法省令上の基準違反と労基法３条との関係について考える上で、入管法の目的自体をどのように捉えるかが重要であると考えられるところ、改正入管法の下、「特定技能」の在留資格においては他の在留資格の場合とは異なり当事者間の特定技能雇用契約の内容として報酬、待遇等に関する基準が定められていることや、改正入管法の国会審議での政府答弁において「特定技能」の新制度においては特定技能外国人の保護の観点から特定技能雇用契約の要件に係る規定が設けられているとされていること（2018年12月６日参議院法務委員会和田入国管理局長答弁）からすれば、入管法の目的について、殊に「特定技能」の在留資格との関係では、出入国の公正な管理のみならず特定技能外国人の保護も重要な目的の一つであると考えることもできる。

外国人労働者の賃金水準との関係で労基法３条違反が問題となった過去の裁判例を見ると、前掲山口製糖事件・東京地決平4.7.7では、債権者らは外国人労働者の賃金水準について入管法省令上の基準違反とともに労基法３条違反も主張していたが、その主張は排斥されている。また、技能実習生の賃金水準について労基法３条違反が問題とされたデーバー加工サービス事件・東京地平判23.12.6労判1044号21頁 判タ1375号113頁では、技能実習生が従事する労働内容自体は日本人労働者のそれと遜色がないものであったとしても、日本人労働者の約74％という賃金格差は使用者側が技能実習生の受入れのために渡航費用、研修費用、寮の設備費用等の有形無形の負担をしていることを考慮すれば、合理的な範囲内であり、労基法３条違反には当たらないとされている。この裁判例では、使用者側が賃金支払い以外に技能実習生の受入れのために有形無形の負担をしていることが、日本人労働者との約26％の賃金格差につき「合理的な理由」があると認定する上での重要な考慮要素とされている。

ここで、特定技能雇用契約で定められた特定技能外国人の報酬額が同等の業務に従事する日本人労働者の報酬額を下回る水準である場合、そのことが労基法３条違反を判断する際の考慮要素となるか（なるとして、どの程度重要な考慮要素となるか）について検討すると、「特定技能」の在留資格においては他の在留資格の場合とは異なり当事者間の特定技能雇用契約の内容として日本人労働者の報酬額と同等以上であることが求められており、そのことが個々の労使関係において担保されるよう重ねて使用者側に確認する手続が用意されているなど、外国人労働者の賃金水準について他の在留資格の場合よりも厳格な規制が設けられていること、入管法の目的について殊に「特定技能」の在留資格との関係では出入国の公正な管理のみならず特定技能外国人の保護も重要な目的の一つであると考えられることを重視するならば、特定技能外国人との関係では、他の在留資格の場合とは異なり、あるいは他の在留資格の場合以上に、特定技能雇用契約に関する上記基準（特定技能基準省令１条１項３号）に違反することが、労基法３条の解釈・適用において、「合理的な理由」のない差別であることを基礎付ける方向の重要な考慮要素となり得ると考えることもできる。

次に、特定技能外国人との関係において使用者側が賃金支払い以外に例えば研修費用、寮の設備費用等の有形無形の負担をしていることが、労基法３条違反の有無を判断する際に「合理的な理由」を認定する上での考慮要素となるかについて検討すると、改正入管法の下では特定技能所属機関において満たすべき基準として、すなわち使用者側が負うべき当然の義務として、相応の負担を伴う一号特定技能外国人支援計画を策定・実行することが求められていることからすると（入管法２条の５第６項）、特定技能外国人との関係では、技能実習生の場合とは異なり、たとえ使用者側において賃金支払い以外に特定技能外国人を受け入れるための有形無形の負担をしている事実があるとしても、そのことは労基法３条の解釈・適用において「合理的な理由」を認定する上での考慮要素とはならないと考えられる。

こうした点につき、改正入管法の国会審議における政府答弁では、「特定技能」の新制度においては受入れ機関が特定技能外国人の支援に要するコストを外国人の報酬から控除することは支援に係る費用を外国人に転嫁することになるため認めらないとされている（2018年12月６日参議院法務委員会和田入国管理局長答弁）。

エ　外国人であることを理由とする差別的取扱い禁止に関する基準

(ア)　基準の内容

特定技能基準省令では、外国人であることを理由として報酬の決定、教育訓練の実施、福利厚生施設の利用その他の待遇について差別的取扱いをしていないことが求められている（特定技能基準省令１条１項４号）。

上記基準との関係で、「特定技能」の在留資格に係る「在留資格認定証明書交付申請書」では、「外国人であることを理由として日本人と異なった待遇としていることの有無」についてチェック欄、及び「有」とした場合の（異なる待遇の）「内容」の記載欄が設けられている。

(イ)　外国人労働者だけを有期契約とすることの可否

「特定技能」の在留資格は最長５年とされているため、多く場合、特定技能雇用契約は有期契約になると考えられる。ここで、同等の業務に従事する日本人労働者の全員が無期契約である場合に、特定技能外国人だけを有期契約とすることが許されるのかが問題となる。

この点につき、特定技能外国人の基本的な労働条件（報酬額、諸手当など）が日本人と同等以上のものとされている場合には、１号特定技能外国人の場合、在留期間に上限（５年）が設けられていることからすれば、特定技能外国人のみを有期契約とすること自体が直ちに外国人であることを理由とする差別的取扱いに該当するとまではいえないと考えられる。

これに対し、例えば、使用者において特定技能外国人のみを有期契約とし、かつ、有期契約であることを理由に特定技能外国人の報酬額や手当を低くするような場合には、事実上、外国人であることを理由として報酬等の待遇について差別的取扱いをしているに等しいといえるため、上記基準に反する可能性が高いと考えられる。報酬額が日本人労働者のそれを下回る場合には、日本人労働者と同等以上の報酬額に関する基準に反することにもなるであろう。また、このような場合、当該報酬額の差は不合理なものということになり労契法20条違反となる可能性もある。

㈦　差別的取扱い禁止に関する基準違反と労基法３条との関係

特定技能雇用契約で定められた特定技能外国人の労働条件又は待遇につき、外国人であることを理由とする差別的取扱いがなされていると認められる場合、上記基準違反の効果が問題となる。この点についても、上記基準は入管法による行政上の取締規制である側面を重視するならば、その強行法規性は否定され、上記基準違反の効果として上記基準に違反する定めが無効となる（又は上記基準に違反する取扱いが違法となる）ものではないという結論となるであろう。

さらに、この場合も労基法３条違反の有無が問題となる。仮に入管法上の上記基準自体の強行法規性が否定されるとしても、上記基準に違反する労働条件の定めが労基法３条に違反すると判断された場合には、強行法規違反として無効となる。

この点につき、「特定技能」の在留資格においては当事者間の特定技能雇用契約の内容として上記基準を含む各種基準が定められており、外国人の労働条件について他の在留資格の場合よりも直接的かつ厳格な規制が設けられていること、上記基準は労基法３条とほぼ同様の内容でありながら、あえて入管法（同法７条の５・２項）において重ねて規定が置かれていること、上記のとおり入管法の目的について殊に「特定技能」の在留資格との関係では出入国の公正な管理のみならず特定技能外国人の保護も重要な目的の一つであると考えられることを重視するならば、特定技能外国人の労働条件又は待遇について差別的な取り扱いがなされている場合には、他の在留資格の場合と比べて、労基法３条の解釈・適用において差別的取扱いが許容される「合理的な理由」（前掲外国人公務員東京都管理職選考受験訴訟上告審・最大判平17.1.26）の認定がより厳格になされることになるとも考えられる。

そして、特定技能外国人に対する労働条件又は待遇が労基法３条に違反する場合、例えば、特定技能外国人にだけ通勤手当、住宅手当等を支給しないという取扱いがなされた場合には、かかる取扱いは不法行為の違法性を備えることとなり、特定技能外国人は使用者に対して各手当相当額について損害賠償請求ができると考えられる。

オ　帰国旅費の負担に関する基準

(ア)　基準の内容

特定技能基準省令では、特定技能外国人が特定技能雇用契約の終了後の帰国に要する旅費を負担することができないときは、特定技能所属機関が当該旅費を負担するとともに、出国が円滑に行われるよう「必要な措置」を講ずることが求められている（特定技能基準省令１条２項１号）。

上記基準との関係で、「特定技能」の「在留資格認定証明書交付申請書」では「外国人が特定技能雇用契約終了後の帰国に要する旅費を負担することができないときは、当該旅費を負担する」こととしていることの有無についてチェック欄が設けられている。

(イ)　基準の内容

上記基準にいう「必要な措置」とは、帰国旅費を負担することのほか、帰国のための航空券の予約及び購入を行う等を含む措置を講ずることとされている（「運用要領」42頁）。

(ウ)　特定技能所属機関に対する帰国旅費の請求の可否

雇用条件書のモデル様式（参考様式第１-６号）には、「本契約終了後に乙が帰国するに当たり、乙が帰国旅費を負担することができないときは、甲が当該旅費を負担するとともに、帰国が円滑になされるよう必要な措置を講じることとする。」との記載がなされている。

上記の文言が記載された雇用条件書が当事者間で取り交わされている場合には、上記基準は特定技能雇用契約の内容として取り込まれることになり、その結果として、特定技能外国人は、特定技能雇用契約上、自ら帰国費用を負担できない場合には、特定技能所属機関に対して当該旅費の支払いを請求する権利を有することになると考えられる。

次に、特定技能雇用契約書にモデル様式の上記文言が記載されていない場合でも、特定技能外国人は上記基準（特定技能基準省令１条１項１号）を根拠として特定技能所属機関に対して帰国に要する旅費の支払いを請求できるかが問題となる。

この点につき、上記基準は入管法による行政上の取締規制である側面を重視するならば、それ自体は契約当事者間における私法上の請求権の根拠となるものではなく、上記基準に基づいて帰国に要する旅費の支払いを請求することはできないという結論となるであろう。

次に、仮に上記基準自体に基づいて上記旅費の支払請求をすることはできないとしても、当事者間において上記基準の内容に従った黙示の合意が認められ、かかる合意に基づいて上記旅費の支払請求をすることができないかが問題となる。

この点につき、「特定技能」の在留資格においては外国人労働者の労働条件について他の在留資格の場合よりも直接的な規制が設けられていること、また、「在留資格認定証明書交付申請書」において上記基準を満たしていることについてチェック欄が設けられており、「特定技能」のビザ申請の段階で使用者側に対して上記基準の遵守について確認を求める手続が用意されていること、さらに、上記旅費の支払請求権の具体的内容は単純な金銭請求であり、その請求内容が明確であるといえることからすれば、たとえ特定技能雇用契約書にモデル様式の上記文言が記載されていないとしても、通常、特定技能所属機関は特定技能外国人が帰国に要する旅費を負担することができないときは自らが当該旅費を負担しなければならないことを十分に認識しているものと考えられる。こうした点を重視するならば、当事者間において上記旅費の支払請求権について黙示の合意を認めることができ、かかる合意に基づいて、上記旅費の支払請求ができるという見解もあり得るだろう。

カ　一時帰国のための有給取得に関する基準

㋐　基準の内容

上述のとおり、特定技能基準省令において、「外国人が一時帰国を希望した場合には、必要な有給休暇を取得させるものとしていること」が求められている（特定技能基準省令１条１項５号）。

上記基準の具体的な内容につき、「運用要領」では、特定技能所属機関（使用者）は、特定技能外国人から一時帰国の申出があった場合は、事業の適正な運営を妨げる等業務上やむを得ない事情がある場合を除き、何らかの有給の休暇を取得することができるように配慮を求めるものであり、例えば、すでに労基法上の年次有給休暇を全て取得した特定技能外国人から一時帰国を希望する申出があった場合にも、追加的な有給休暇の取得や無給休暇を取得することができるよう配慮することが求められる、とされている（「運用要領」39頁）。

そして、上記の「業務上やむを得ない事情」とは、特定技能外国人が担当する業務が他の労働者が代替することが不可能な業務であって、休暇取得希望日に当該外国人が業務に従事しなければならないことについて合理的な理由がある場合をいうとされている（「運用要領」39頁）。

また、「運用要領」では、特定技能外国人が一時帰国のために休暇を取得したことを理由に就業上の不利益な取扱いをしていることが判明した場合、特定技能基準省令１条１項５号の基準に不適合となることもあり得る、とされている（「運用要領」39頁）。

(イ)　時季変更権の行使の可否

労基法上、使用者には有給休暇を与えることが「事業の正常な運営を妨げる場合」に時季変更権の行使が認められており（労基法39条５項但書）、また、「運用要領」では「事業の適正な運営を妨げる等業務上やむを得ない事情がある場合」を除いて上記の配慮をすることが求められていることからすると（「運用要領」39頁）、入管法の行政解釈としては、特定技能所属機関は、特定技能雇用契約を締結している外国人労働者に対しても、「事業の正常な運営を妨げる場合」との要件を充たす場合には時季変更権を行使することができるようにも考えられる。

しかし、特定技能基準省令１条１項５号は、条文上、単に配慮を求めているのではなく、「外国人が一時帰国を希望した場合には、必要な有給休暇を取得させるものとしていること」を明確に求めている。このことからすれば、特定技能雇用契約の中で「外国人が一時帰国を希望した場合には、必要な有給休暇を取得させる」旨の条項が定められている場合には、これが労働条件の一部となり、外国人労働者が一時帰国を理由として有給休暇を申請したときには特定技能所属機関からの時季変更権の行使は認められないことになると考えることも可能であろう。

(2)　特定技能雇用契約における配転・出向・転籍

ア　異動・配転

特定技能外国人について、異動や配転が認められるかが問題となる。

特定技能雇用契約では業務区分が指定されているため、これをもって職種限定の合意がなされたものと見るならば、同一の業務区分となる部門への異動・配転は認められるとしても、業務区分が異なる部門への異動・配転は、原則として認められないことになるであろう（東京海上日動火災保険（契約係社員）事件・東京地判平19.3.26労判941号33頁 判時1965号３頁参照）。

また、特定技能所属機関において特定技能雇用契約上の業務区分に属する部門を事業環境の変化により廃止せざるを得なくなる等の特段の事情があり、例外的に業務区分が異なる部門への異動・配転が認められる場合であっても（前掲東京海上日動火災保険（契約係社員）事件・東京地判平19.3.26）、特定技能雇用契約で定めた業務区分が変わる場合には、「特定技能雇用契約の変更に係る届出」が必要になる。

イ　出向（在籍出向の場合）

特定技能外国人に対する出向（いわゆる在籍出向）の可否についても、特定技能雇用契約で定めた業務区分と異なる業務に従事することになるケースが多いと考えられるため、原則として認められないと考えられる。また、例外的に出向が認められる場合であっても、配転の場合と同様、「特定技能雇用契約の変更に係る届出」を行う必要がある。

ウ　転籍

特定技能外国人に対する転籍の可否についても、特定技能雇用契約で定めた業務区分と異なる業務に従事することになるケースが多いと考えられるため、原則として認められないと考えられる。また、例外的に転籍が認められる場合であっても、転職の場合と同様に、指定書で指定された特定技能所属機関の変更となるため、転籍先の会社（特定技能所属機関）との間で新たに特定技能雇用契約を締結するとともに、在留資格変更許可を受ける必要がある（「運用要領」８～９頁）。

4　特定技能雇用契約の終了

基本的には、解雇や雇止めについて、特定技能外国人も他の外国人労働者と同じく、日本人と同様の規律に服する。ただし、以下の場合には、「特定技能」資格の特殊性に照らした留意点があると思われるため、検討を加える。

⑴　能力不足解雇について

「特定技能」資格の１つの特徴として挙げられるのが、技能水準試験、日本語能力試験の双方への合格が在留資格付与の要件とされている点である。そうだとすると、当該試験の合格により、業務に必要な能力は担保されていると見ることができ、当該試験水準に到底達していないような例外的な場合を除き、基本的には能力不足を理由とした解雇は認められないとの考えも可能と思われる。

しかし、これらの試験は、当該特定産業分野において必要とされる能力として法定された最低水準にしか過ぎないと見ることができる。例えば、日本語能力試験の合格水準として求められる水準は決して高いものではなく、基本的には、「国際交流基金日本語基礎テスト」（JFT-Basic）、又は「日本語能力試験（N４以上）」（JLPT）をクリアすればよい。このうち、日本語能力試験のN４レベルは、N１～N５のうち、下から２番目のレベルである。このレベルは「基本的な日本語を理解することができる」とされているが、１つ上のN３が「日常的な場面で使われる日本語をある程度理解することができる」レベルであることからすると、N４で求められている日本語能力が高度なものとまでは言い難いだろう。

そうだとすると、個別具体的事例によっては、業務遂行における必要な技能やコミュニケーション能力を有していないと判断される可能性もあり得る。上記の各試験に合格していることは、例えば日本人の就職において求められるTOEIC等の試験スコアと同様、労働者が一定程度の能力を有することの考慮要素にはなり得るものの、最終的には当該特定技能外国人について実際の業務遂行における業務適格性や業務遂行能力の有無を検討することになろう。

他方で、特定技能外国人は専門的・技術的分野において「相当程度の知識又は経験を必要とする技能」（1号）や「熟練した技能」（2号）を要する業務に従事するものの、想定されている技能水準等から見れば、高度専門職とまでは言い難いことから、例えば高度な専門的能力を有する中途採用人材の解雇事例のように、期待された能力に達していないことのみを理由とした解雇は難しいものと思われる。

そのため、基本的には、通常の日本人労働者と同様に、注意指導を繰返しても改善が見られないといった事情があって初めて能力不足を理由とした解雇が有効となるものと考えらえる。

⑵　整理解雇の可否

特定技能外国人に対しても整理解雇自体は可能と思われるところ、整理解雇の有効性は、①人員削減の必要性、②解雇回避努力の実施、③人選の合理性、④手続の妥当性の4要件（要素）に従って判断される（「2018年労働事件ハンドブック」351頁以下参照。）。このうち、特定技能外国人を含む整理解雇が行われる場合においてとりわけ問題となるのは、②及び③であろう。

まず、②について、特定技能外国人は特定産業分野の業務区分に応じて、その従事可能な業務が限定されている。そのため、当該特定技能外国人が異なる業務区分における業務の従事も可能である場合には、業務区分変更届を提出して異なる業務区分での従事を可能ならしめたか、あるいは特定産業分野の変更が可能な場合には、在留資格の変更許可を得て異なる特定産業分野での業務従事を可能にしたのかが問われ得る。もっとも、このような届出又は許可を得るハードルを考えると、日本人の同種業務従事者と異なり、このような届出又は許可を得ないままでも解雇回避努力を尽くしたと判断される可能性があり得る。とりわけ、在留資格変更許可の場合においては、新たに技能水準試験を受験してこれに合格し、特定技能雇用契約を締結する必要があることに加え、特定技能所属機関においても当該産業分野における協議会加盟等の要件を充足する必要が出てくることから、単に特定技能雇用契約の締結と変更許可を得ればよいケースと、上記各要件を一から全て充足する必要があるケースとでは、解雇回避努力を尽くしたか否かの判断が異なってくると思われる。

また、③についても、単に「特定技能外国人であること」のみを理由として整理解雇対象となるような人選基準が、客観的に合理的で公正なものとなるとは考えにくい。例えば、当該特定技能外国人が従事する業務区分の業務を行う事業部全体が廃止となる場合に伴う整理解雇において、同種業務に従事する日本人を他の事業部に配転させる一方で、在留資格変更許可を得る必要がある特定技能外国人を優先的に整理解雇の対象人員とすることは、選定基準として合理性を欠くものと思われる。

なお、④について、特定技能外国人に対しては、母国語で人員削減計画や退職金等のパッケージについて、当該外国人が被る不利益等について十分に理解できるように説明する必要がある。整理解雇に伴う不利益性の大きさに鑑みると、特定技能所属機関において十分な説明を尽くしたか否かについては、厳しい判断がなされる可能性があるため、特定技能所属機関としては慎重に対応する必要があろう。

⑶ 雇止めの可否

特定技能雇用契約においても有期労働契約の場合があり得ることから、その終了事由の１つとして、特定技能所属機関から特定技能外国人の雇止めが行われることが想定される。

雇止めの判断基準のうち、更新に対する合理的期待の有無の判断において、１号特定技能外国人の場合には、在留期間が通算５年を上限とされていることから、かかる期間内については更新の期待があると見るべきか問題となる。

この点、ここでの「５年」は、あくまで「通算」の上限を示すものに過ぎず、個別の在留期間は１年、６月又は４月のいずれかとなる。そして、在留資格が当然に更新されないことをもって、上限の５年間の在留についても当然保障されるものではなく、直ちに５年間の更新に対する合理的な期待があるとは言い難いものと思われる。もっとも、個別具体的なケースにおいて、特定技能所属機関の発言や特定技能雇用契約の内容等の事情に照らし、当該１号特定技能外国人において特定技能雇用契約が５年間継続すると期待することが合理的であると認められる場合もあり得る。

これに対し、２号特定技能外国人の場合には、在留期間の上限は設けられていないことから、他の就労可能な在留資格と同様、日本人との間で更新の期待に対する差異に大きな違いは生じない（「2018年労働事件ハンドブック」384頁参照）と考えることができる。しかし、在留許可が当然に更新されるわけではない点に重きを置くと、１号特定技能外国人の場合と同様に、日本人と全く同じ更新の期待があるとは言い難いとの主張も可能と思われる。

5　その他終了時における留意事項

(1)　受入れ困難の届出

特定技能所属機関は、外国人を受け入れることが困難となった場合は、当該事由が発生した日から14日以内に、届出をしなければならない（入管法施行規則19条の17第６項１号）。

当該手続は、基本的には解雇等の退職事由が生じる前の時点で、受入れ困難の届出を求めるものであるところ、日本人に対して要求される解雇手続と比較すると特殊なものであるため、注意する必要がある。

(2)　離職の届出

また、離職の際には、外国人を雇用する事業主に対し、氏名や在留資格等の届出が義務付けられており（労働施策総合推進法28条１項)、「特定技能」も対象となっている。

当該届出は、雇用保険の加入状況に応じて届出方法が異なる。すなわち、雇用保険の被保険者は「雇用保険被保険者資格喪失届・氏名変更届」へ記載しハローワークに届け出ることで上記届出をしたとされる。他方で、雇用保険の被保険者でない場合は、外国人雇用状況届出書を作成の上、別途ハローワークに届け出る必要がある（インターネットによる届出（電子届出）も可能である。)。

なお、使用者においては、離職票の交付等の必要手続の実施や失業等給付の受給に係る窓口の教示等の必要な援助を行うよう努めるものとされている（外国人労働者の雇用管理の改善等に関して事業主が適切に対処するための指針第４四２）。

第2　特定技能外国人本人の基準に関する法的論点及び留意事項

「特定技能」の在留資格に係る上陸審査基準（入管法７条１項２号、上陸基準省令）において、特定技能外国人本人に関する基準が定められている。そのうち、実務上特に留意すべき事由について取り上げる。

1　「健康状態が良好であること」の要請

特定技能外国人１号・２号に共通する基準として、「健康状態が良好であること」が要求されている（上陸基準省令（特定技能１号）一ロ、（特定技能２号）一ロ）。これは「特定技能」固有の基準であり、技能実習を含む他の在留資格では要求されていない。

その趣旨としては、「特定技能」に係る活動を安定的かつ継続的に行うことを確保する点等が挙げられている（運用要領13頁）。かかる趣旨からすると、「特定技能」だけにこのような要件が求められていることに疑問の余地がないわけではないが、人材不足のため即戦力となる労働者を受け入れるに当たり、安定的かつ継続的な労働への従事が困難である場合には、制度趣旨が達成できないためであろう。実際「即戦力となる外国人」との文言は、政府方針においても明言されている（基本方針「１　特定技能の在留資格に係る制度の意義に関する事項」）。

もっとも、この基準は上陸時における審査基準であること、更新時にはこのような基準がなく、健康状態に関する書類提出は不要であること、特定技能所属機関や登録支援機関において求められる届出事由に特定技能外国人の健康状態が含まれていないこと等を踏まえると、在留資格取得後に特定技能外国人の健康状態が悪化したことをもって、特定技能外国人の在留資格が失われることにはならないものと考えられる。在留資格取得後は、日本人労働者と同様、安全配慮義務又は職場環境配慮義務の一環として、特定技能外国人労働者への健康状態には十分配慮する必要があろう。

2　保証金の徴収・違約金契約等の不締結

また、特定技能外国人１号・２号に共通する基準として、特定技能外国人又はその親族等が、保証金・違約金等の契約を締結させられていないことも求められている（上陸基準省令（特定技能１号）二、（特定技能２号）二）。

当該外国人において、保証金・違約金契約を締結していることを素直に認めるインセンティブがないことからすれば、特定技能所属機関は、入国前の事前ガイダンス等のタイミングで、保証金・違約金契約が法令違反である旨を説明した上で、締結の有無につき十分な確認を行う必要がある（運用要領20～21頁においても、特定技能所属機関側における十分な確認を求めている。）。

なお、この基準は、１で上述した基準と異なり、適合特定技能雇用契約の適正な履行の確保にかかる基準（入管法２条の５第３項、特定技能基準省令２条６号、７号）となっているため、事後的に保証金・違約金契約を締結していたことが判明した場合には、特定技能所属機関は出入国在留管理庁に届出を行う必要があり（入管法19条の18第４号、施行規則19条の17第６項２号）、出入国在留管理庁長官からの指導･助言の対象ともなり得る(入管法19条の19第4号)。

第3 特定技能所属機関に関する法的論点及び留意事項

1 適合基準における、非自発的離職者の不存在の要請

特定技能所属機関に対しては、種々の基準を満たすことが要求されているが、特に留意すべき基準として挙げられるのが、過去1年内及び雇用契約締結後に外国人と同種の業務に従事する労働者を非自発的に離職させていないこと、という点である（入管法2条の5第3項、4項、特定技能基準省令2条1項二）。

当該基準が設けられた趣旨は、同種業務に従事する国内労働者を非自発的に離職させ、その填補として特定技能外国人を受け入れることは、人手不足に対応する人材確保という制度趣旨に反する点にある。当該基準は、その内容を見ると非常に厳しいものであることがうかがわれる。すなわち、以下の場合を除き、特定技能雇用契約の締結の日前1年以内又はその締結の日以後に、当該特定技能雇用契約において外国人が従事することとされている業務と同種の業務に従事していた労働者を離職させていないことが要求されている。

・定年その他これに準ずる理由により退職した者
・自己の責めに帰すべき重大な理由により解雇された者
・期間の定めのある労働契約の期間満了時に当該有期労働契約を更新しないことにより当該有期労働契約を終了（労働者が当該有期労働契約の更新の申込みをした場合又は当該有期労働契約の期間満了後遅滞なく有期労働契約の締結の申込みをした場合であって、当該有期労働契約の相手方である特定技能所属機関が当該労働者の責めに帰すべき重大な理由その他正当な理由により当該申込みを拒絶することにより当該有期労働契約を終了させる場合に限る。）された者
・自発的に離職した者

具体的に「非自発的に離職させた」場合に該当する具体的なケースとしては、以下のような場合を指すものとされている（運用要領48頁）。

◆人員整理を行うための希望退職の募集又は退職勧奨を行った場合（天候不順や自然災害によりやむを得ず解雇する場合は除く。）
◆労働条件に係る重大な問題（賃金低下、賃金遅配、過度な時間外労働、採用

条件との相違等）があったと労働者が判断したもの
◆就労環境に係る重大な問題（故意の排斥、嫌がらせ等）があった場合
◆特定技能外国人の責めに帰すべき事由によらない有期労働契約の終了

一定規模の特定技能所属機関となると、このような「非自発的に離職した」労働者に該当する者が少なからず存在することが予想される。特に労働条件に係る重大な問題については、その重大性が労働者の主観により判断されるため、その範囲はかなり広範になる可能性がある。そして、これは特定技能雇用契約締結前1年以内のみならず特定技能雇用契約締結後も要求され、かつ、非自発的離職者を1名でも出すと特定技能雇用契約の適合性基準を欠くとされており、上述した受入れ困難にかかる届出を行って特定技能外国人を解雇しなければならない（運用要領48頁）。

そのため、特定技能外国人の受入れを検討する時点だけではなく、受入れ後も、同種業務に従事している労働者との労働契約が終了するに当たっては、通常求められる労基法や労契法等による規制のみならず、上記事由への該当性を常に意識する必要がある点に留意すべきである。また、例えば「責めに帰すべき事由」について、政府答弁によれば、具体的に、賃金不払い、相談・苦情への不適切な対応が想定されており、責めに帰すべき事由がないにもかかわらず非自発的離職が発生したことについて、特定技能所属機関側に立証させることが想定されている（2019年1月23日衆議院法務委員会佐々木入国管理局長答弁）。そのため、特定技能所属機関においては、非自発的離職の際に自己の責めに帰すべき事由がないことについて、明確に説明可能な状態としておかなければならない点に留意すべきである。

2 1号特定技能外国人支援義務の法的性質

第1章第3第5項にて上述のとおり、特定技能所属機関には1号特定技能外国人支援の実施義務が課せられている。その法的な位置づけとしては、1号特定技能外国人に対する職業生活上、日常生活上又は社会生活上の支援を行うことを求める政策的な側面があるものの、法定された1号特定技能外国人に対する福利厚生の提供と見ることもできることから、労働契約において使用者が労働者に福利厚生を提供する義務と同様に整理し、特定技能雇用契約上の義務あるいは同契約に付随する義務として、私法的効力を有するものと考えることができる。

なお、改正法審議段階における政府答弁では、特定技能所属機関と登録支援機関との契約が第三者のためにする契約となるものではないとされている

(2018年12月４日参議院法務委員会和田入国管理局長答弁)。同答弁によれば、１号特定技能外国人は、単に特定技能所属機関と登録支援機関との契約の恩恵を反射的に受けうる受益者として整理されるものではなく、特定技能雇用契約の直接の効果として、１号特定技能外国人支援義務を受けるべき権利を有する立場にあるものと考えることができよう。

上記の整理を前提とすると、１号特定技能外国人支援義務は、特定技能外国人所属機関の特定技能外国人に対する作為義務のみを課すばかりではなく、特定技能外国人から特定技能所属機関に対する当該義務の履行請求権をも付与するものと考えられる。

なお、仮に特定技能外国人が特定技能所属機関に対し、支援義務に基づく履行請求を行い得るとしても、実際に当該履行請求を行う場面として想定されるのは、面談に際して１号特定技能外国人が自ら通訳を付けて臨んだ場合において、当該１号特定技能外国人が特定技能所属機関に対して当該通訳費用を請求する場合など、一定の場合に限定されるものと思われる。

3 特定技能雇用契約終了後に発生する１号特定技能外国人支援義務の法的性質

「特定技能」の場合、特定技能所属機関は、１号特定技能外国人支援義務として、転職に必要な手続や求人情報の提供等の転職支援を行うことが求められている（特定技能基準省令３条１項リ)。また、退職後、特定技能外国人が帰国するのであれば、外国人が帰国に要する旅費を負担できない場合において、受入れ企業は帰国費用を負担するとともに、出国に「必要な措置」を講じなければならない（入管法２条の５第１項２号)。

こうした退職後の措置を講じないことで、例えば、特定技能所属機関との間に特定技能雇用契約が成立するなどの私法上の効力が生じるか問題となり得る。この点については、有期雇用派遣労働者に対して派遣元事業主が取るべき雇用安定措置義務違反の場合に私法上の効力が生じないと解されていること（水町「詳解労働法」417頁）との平仄から、上記の措置義務に反した場合についても、不法行為が成立することは格別、私法上の効力が生じると捉えるのは困難と思われる。

第４ 登録支援機関の法的位置付け

登録支援機関は、特定技能所属機関から全部委託を受けて支援業務を実施する（入管法19条の23第１項、19条の30第１項）が、登録支援機関の法的位置付けをどのように整理すべきか。

登録支援機関は、特定技能所属機関から全部委託を受けて支援業務を実施していることからすると、特定技能所属機関の履行補助者として位置付けられるものと考えられる。具体的には、企業が第三者に対して、食堂等の福利厚生サービスを業務委託する場合における当該外部委託企業と同様の位置付けとして捉えるのが妥当と思われる。

ここで、登録支援機関の故意過失がそのまま特定技能所属機関の故意過失と見ることができるかは、履行補助者における民法上の議論が当てはまることとなり、伝統的な通説によれば、自分の手足として使用する者（真の意味の履行補助者）と解すれば、登録支援機関の故意過失はそのまま特定技能所属機関の故意過失となり、債務者に代わって履行の全部を引き受けて行う者（履行代行者）と解すれば、特定技能所属機関が代行者の選任又は監督に過失があった場合に限って責任を負うこととなる（『第６版　我妻・有泉コンメンタール民法－総則・物権・債権－』781～782頁）。登録支援機関が特定技能所属機関から全部委託を受けて支援業務を実施する者であることからすると、明文上履行代行者が許されていると解される復代理（民法106条）と同様の位置付けにあると思われるため、特定技能所属機関が登録支援機関の選任又は監督に過失があった場合に限って責任を負うものと捉えるのが自然であると思われる。

そのため、登録支援機関が支援義務を履行しないなどの事情が認められる場合には、特定技能外国人は、特定技能所属機関に対し、直接又は履行補助者である登録支援機関を通じて、支援義務の履行請求が可能になると考えられるが、特定技能所属機関側としては、登録支援機関の選任又は監督に過失がない場合には、その責任を否定することが可能になるものと考えられる。

なお、政府答弁によれば、特定所属機関からの委託料の支払いが滞った場合において、登録支援機関は支援義務の実施義務を負わないものとされている（2018年12月４日参議院法務委員会和田入国管理局長答弁）。かかる場合は、特定技能所属機関において支援義務が発生すると解されるべきであろう。

第4部

その他の法改正等

第1章 民法改正と労働契約

第1 はじめに

2017年５月26日、「民法の一部を改正する法律」及び「民法の一部を改正する法律の施行に伴う関係法律の整備等に関する法律」が成立し、民法制定以来、120年振りとなる大幅な改正がなされ、ごく一部の例外を除いて、2020年４月１日から施行される。

改正事項は多岐にわたるが、以下では、人事労務分野に影響が及ぶ可能性のある各事項について、改正点（新旧対照表）及び改正のポイントを端的に説明し、人事労務分野にどのような影響が及ぶのかを解説する。

第2 雇用

1 新旧対照表及び改正のポイント

(1) 中途終了の場合等における割合的な報酬請求

改正民法	改正前民法
（履行の割合に応じた報酬） 第624条の２ 労働者は、次に掲げる場合には、既にした履行の割合に応じて報酬を請求することができる。 (1) 使用者の責めに帰することができない事由によって労働に従事することができなくなったとき。 (2) 雇用が履行の中途で終了したとき。	新設

改正前民法では、その労働を終わった後でなければ報酬を請求することができず（改正前民法624条１項）、期間によって定めた報酬は、その期間を経過した後に請求することができるとされていたが（同条２項）、労働者が中途で労働に従事することができなくなった場合に報酬を請求できるのかについて明文の規定はなかった。もっとも、労働者は、たとえ自らの責めに帰すべき事由により中途で労働に従事することができなくなった場合でも、既に労働に従事した部分については、その履行の割合に応じて報酬を請求することができると解釈されていた（幾代通=広中俊雄編「新版注釈民法（16）」（有斐閣、1989）58頁以下〔幾代通〕）。

改正民法では、従来の解釈を明文化する形で、労働者が、①使用者の責めに帰することができない事由によって労働に従事することができなくなったとき、又は②雇用が履行の中途で終了したとき（例えば、自己都合退職したとき）は、既にした履行の割合に応じて報酬を請求することができる旨が規定されることになった（改正民法624条の２）。なお、使用者の責めに帰すべき事由によって労働に従事することができなくなったときの報酬については、下記第３の危険負担を参照されたい。

⑵　期間の定めのある雇用の解除

改正民法	改正前民法
（期間の定めのある雇用の解除） 第626条 １　雇用の期間が５年を超え、又はその終期が不確定であるときは、当事者の一方は、５年を経過した後、いつでも契約の解除をすることができる。	（期間の定めのある雇用の解除） 第626条 １　雇用の期間が５年を超え、又は雇用が当事者の一方若しくは第三者の終身の間継続すべきときは、当事者の一方は、５年を経過した後、いつでも契約の解除をすることができる。ただし、この期間は、商工業の見習を目的とする雇用については、10年とする。
２　前項の規定により契約の解除をしようとする者は、それが使用者であるときは３箇月前、労働者であるときは２週間前に、その予告をしなければならない。	２　前項の規定により契約の解除をしようとするときは、３箇月前にその予告をしなければならない。

改正前民法では、雇用の期間が５年（商工業の見習を目的とする雇用については10年）を超え、又は雇用が当事者の一方若しくは第三者の終身の間継続すべきときは、当事者の一方は５年（商工業の見習を目的とする雇用については10年）を経過した後、３か月前に予告をすることにより、いつでも契約を解除することができると定めていた（改正前民法626条２項）。

改正民法では、雇用期間が長期にわたることの弊害を防止するべく、期間を終身の間とする場合だけではなく、終期が不確定である場合一般についても同条が適用されることとし、商工業の見習を目的とする雇用の特則については、立法当時に想定されていた幼年の労働者の見習を目的とした長期にわたる契約が現代では見られなくなるなど、規定の必要性が失われたことから削除されることになった（改正民法626条１項）。また、労働者の退職の自由を過度に制約しないよう、労働者からの予告期間については２週間前に変更されることになった（同条２項）。

(3) 期間の定めのない雇用の解約

改正民法	改正前民法
（期間の定めのない雇用の解約の申入れ） 第627条 １（略） ２ 期間によって報酬を定めた場合には、使用者からの解約の申入れは、次期以後についてすることができる。ただし、その解約の申入れは、当期の前半にしなければならない。 ３（略）	（期間の定めのない雇用の解約の申入れ） 第627条 １（略） ２ 期間によって報酬を定めた場合には、解約の申入れは、次期以後についてすることができる。ただし、その解約の申入れは、当期の前半にしなければならない。 ３（略）

改正前民法では、期間の定めのない雇用については、各当事者はいつでも解約の申入れができ、解約申入れの日から２週間を経過することにより雇用は終了するが（改正前民法627条１項）、６か月未満の期間によって報酬を定めた場合には、当期の前半に次期以後の解約の申入れをする必要があり（同条２項）、６か月以上の期間によって報酬を定めた場合には、３か月前に行う必要があるとされていた（同条３項）。

改正民法では、労働者の退職の自由の過度な制約となることを避けるべく、同法627条２項及び３項は使用者からの解約の申入れにのみ適用することとし、期間によって報酬を定めた場合であっても、労働者からはいつでも解約の申入れをすることができ、解約申入れの日から２週間を経過することにより雇用は終了することになった。

2　人事労務分野への影響

⑴　中途終了の場合等における割合的な報酬請求

改正民法624条の２は、中途で労働に従事することができなくなった場合でも、既に労働に従事した部分については、その履行の割合に応じて報酬を請求することができるとの従来の解釈を明文化したものであり、改正前民法下での取扱いと異なることはなく、人事労務分野への影響は限定的であると考えられる。

⑵　期間の定めのある雇用の解除

労基法は、一定の事業の完了に必要な期間を定めるもののほかは、３年を超える期間（医師等の高度な専門的知識等を有する労働者として厚生労働大臣が定める基準に該当する者や満60歳以上の労働者との間の労働契約については、５年を超える期間）について労働契約を締結することを禁止しているが（同法14条１項各号、労働基準法14条第１項第１号の規定に基づき厚生労働大臣が定める基準（平成15年厚労省告示第356号））、労基法は「事業」（同法９条）に適用されるため、事業性を有しない個人が介護事業者等を雇用する場合には適用されず（新注釈民法80頁〔山川隆一〕）、また、同居の親族のみを使用する事業及び家事使用人は同法の適用除外とされている（同法116条２項）。そのため、改正民法626条が適用されるのは、これらの労基法の適用を受けない雇用契約及び同法14条１項本文の「一定の事業の完了に必要な期間」として５年を超える期間を定める雇用契約に限られ、人事労務分野への影響はそれほど大きくないと考えられる。

⑶　期間の定めのない雇用の解約

使用者による雇用契約の解約については、労基法20条に予告期間の特則があり、同条よりも改正前民法627条２項及び３項を適用した方が労働者に有利となる場合もあるが、見解に争いはあるものの、学説及び裁判例では、その場合でも労基法20条が優先して適用されると解するものがある（下井「労働基準法」211頁、東大労研「注釈労働基準法」358頁〔森戸英幸〕。労基法20条と改正前民法627条２項との関係が問題となったものとして、平安学園事件・大阪高判昭33.9.10労民９巻５号816頁、日本青年会議所事件・東京高判昭42.1.24労判27号６頁）。今般の改正は、かかる解釈に影響を与えるものではないと考えられるため、上記の見解に立った場合、改正民法627条２項及び３項が適用されるのは、労基法が適用されない場合、すなわち、同居の親族のみを使用する事業及び家事使用人の場合であり、人事労務分野への影響は限定的であると考えられる。

第3 危険負担

1 新旧対照表及び改正のポイント

改正民法	改正前民法
削除	(債権者の危険負担) 第534条 (略)
削除	(停止条件付双務契約における危険負担) 第535条 (略)
(債務者の危険負担等) 第536条 1 当事者双方の責めに帰することができない事由によって債務を履行することができなくなったときは、債権者は、反対給付の履行を拒むことができる。 2 債権者の責めに帰すべき事由によって債務を履行することができなくなったときは、債権者は、反対給付の履行を拒むことができない。この場合において、債務者は、自己の債務を免れたことによって利益を得たときは、これを債権者に償還しなければならない。	(債務者の危険負担等) 第536条 1 前二条に規定する場合を除き、当事者双方の責めに帰することができない事由によって債務を履行することができなくなったときは、債務者は、反対給付を受ける権利を有しない。 2 債権者の責めに帰すべき事由によって債務を履行することができなくなったときは、債務者は、反対給付を受ける権利を失わない。この場合において、自己の債務を免れたことによって利益を得たときは、これを債権者に償還しなければならない。

改正前民法では、危険負担における債務者主義を原則とし（同法536条1項)、例外的に、特定物に関する物権の設定又は移転を目的とする双務契約については債権者主義を採用していたが（同法534条及び535条)、債権者主義に対しては従来から強い批判がなされていたため、改正民法では、債権者主義を定める規定を削除した。また、改正民法の下では、債権者は、債務が履行不能となったことについて債務者に帰責事由がない場合でも契約を解除することができることになり（同法541条乃至543条)、改正前民法の下での危険負担の制度を維持すると債権者及び債務者双方に帰責事由がない場合に債権者の反対給付債務を消滅させる制度が重複して存在することになるため、改正民法では、制度の

重複を避けるべく、危険負担の効果を反対給付債務の消滅から反対給付債務の履行拒絶権の付与に改めることにした。これにより、債権者は、債務が履行不能となったことについて債権者及び債務者双方に帰責事由がない場合、契約を解除することにより反対給付債務を消滅させることができるとともに、危険負担の制度により反対給付債務の履行を拒絶することも可能となった。

2　人事労務分野への影響

改正民法では、使用者及び労働者双方の責めに帰すべき事由によらず労働に従事することができなくなった場合には、労働に従事することができなくなった分の報酬を請求することはできず（改正民法536条１項）、上記第２の１（１）のとおり、既に労働に従事した部分については、その履行の割合に応じて報酬を請求することができることになるが（改正民法624条の２）、この点については改正前民法の下での取扱いと異なることはなく、人事労務分野への影響は限定的であると考えられる。

使用者の責めに帰すべき事由により労働に従事することができなくなった場合について、改正前民法では、民法536条２項前段が適用され、労働に従事していなかった部分を含めて報酬全額の請求をすることができると解されていたが（大判大4.7.31民録21輯1356頁、我妻榮「債権各論・中巻二」（岩波書店、1962）582頁）、改正民法の下でもかかる解釈は変更されないと解されている（一問一答・民法（債権関係）改正229頁）。実務上も、かかる解釈に従って運用されるものと考えられるため、人事労務分野への影響は限定的であると考えられる。

この点、使用者の責めに帰すべき事由による休業の場合、使用者は、休業期間中、労働者の平均賃金の100分の60以上の手当を支給しなければならないところ（労基法26条）、労基法26条の「責に帰すべき事由」は、改正前民法536条２項の「責めに帰すべき事由」よりも広く解されている（菅野「労働法」457～458頁）。改正民法は、改正前民法536条２項に基づく改正前民法下での解釈論の実質を変更するものではないと考えられるため、労基法26条の「責に帰すべき事由」との関係に関する解釈には影響はないと考えられる。

なお、雇用契約の債務不履行についても改正民法541条の適用を認める見解が多数とされているところ（新注釈民法102頁〔山川隆一〕）、改正民法では債務不履行に基づく契約の解除についても改正がなされている。しかし、使用者による雇用契約の解除又は解約については労契法16条及び17条１項及び労基法20条に特則が設けられている。そのため、改正民法541条に基づく雇用契約の解除が問題となるのは、労契法及び労基法が適用されない雇用契約であり、人事労務分野への影響は限定的であると考えられる。

第4　法定利率・中間利息控除

1　新旧対照表及び改正のポイント

(1)　法定利率に関する改正

改正民法	改正前民法
(法定利率) 第404条 1　利息を生ずべき債権について別段の意思表示がないときは、その利率は、その利息が生じた最初の時点における法定利率による。 2　法定利率は、年3パーセントとする。 3　前項の規定にかかわらず、法定利率は、法務省令で定めるところにより、3年を1期とし、1期ごとに、次項の規定により変動するものとする。 4　各期における法定利率は、この項の規定により法定利率に変動があった期のうち直近のもの（以下この項において「直近変動期」という。）における基準割合と当期における基準割合との差に相当する割合（その割合に1パーセント未満の端数があるときは、これを切り捨てる。）を直近変動期における法定利率に加算し、又は減算した割合とする。 5　前項に規定する「基準割合」とは、法務省令で定めるところにより、各期の初日の属する年の6年前の年の1月から前々年の12月までの各月における短期貸付けの平均利率（当該各月において銀行が新たに行った貸付け（貸付期間が1年未満のものに限る。）に係る利率の平均をいう。）の合計を60で除して計算した割合（その割合に0.1パーセント未満の端数があるときは、これを切り捨てる。）として法務大臣が告示するものをいう。	(法定利率) 第404条 利息を生ずべき債権について別段の意思表示がないときは、その利率は、年5分とする。

改正前民法では、法定利率は年5％とされ、また、商事の法定利率については年6％とする特則が設けられていた。しかしながら、これらの法定利率については、昨今の超低金利情勢の下では市中金利を大きく上回る状態が続いてい

たため、改正民法では、法定利率を年３％に引き下げることとし（改正民法404条２項）、また、商事法定利率は廃止され、民法の規定に一本化されることとなった。そして、市中金利は今後も変動し、将来的には現在の金利水準と大きく乖離する状況も予測されるため、一定の指標を基準として、３年毎に法定利率が自動的に見直される変動利率制が導入されることとなった（改正民法404条３項乃至５項）。

⑵　金銭債務の特則に関する改正

改正民法	改正前民法
（金銭債務の特則） 第419条 １　金銭の給付を目的とする債務の不履行については、その損害賠償の額は、債務者が遅滞の責任を負った最初の時点における法定利率によって定める。ただし、約定利率が法定利率を超えるときは、約定利率による。 ２（略） ３（略）	（金銭債務の特則） 第419条 １　金銭の給付を目的とする債務の不履行については、その損害賠償の額は、法定利率によって定める。ただし、約定利率が法定利率を超えるときは、約定利率による。 ２（略） ３（略）

法定利率の主な適用局面である①利息の算定及び②遅延損害金の算定において、いつの時点の法定利率が適用されるかが問題となるところ、改正民法では法定利率が変動利率制となることに伴い、①利息の算定は「その利息が生じた最初の時点」で算定され（改正民法404条１項）、また、②遅延損害金の算定は「債務者が遅滞の責任を負った最初の時点」の法定利率で算定されることとなった。

⑶　中間利息の控除に関する改正

改正民法	改正前民法
（中間利息の控除） 第417条の２ １　将来において取得すべき利益についての損害賠償の額を定める場合において、その利益を取得すべき時までの利息相当額を控除するときは、その損害賠償の請求権が生じた時点における法定利率により、これをする。 ２　将来において負担すべき費用についての損害賠償の額を定める場合において、その費用を負担すべき時までの利息相当額を控除するときも、前項と同様とする。	新設

改正前民法における判例では、「損害賠償額の算定に当たり、被害者の将来の逸失利益を現在価額に換算するために控除すべき中間利息の割合は、民事法定利率によらなければならないというべきである」（最三小判平17.6.14民集59巻5号983頁）とされており、中間利息控除に用いる利率は法定利率によるとされていたが、改正民法では、かかる判例法理が明文化され、また、変動利率制が採られることに伴い、「損害賠償の請求権が生じた時点」での利率が用いられることとなった（改正民法417条の2）。

2 人事労務分野への影響

(1) 遅延損害金について

改正民法では、賃金不払いの遅延損害金の利率が、年3％（ただし、変動利率制）に引き下げられることになる。遅延損害金は、「債務者が遅滞の責任を負った最初の時点」の法定利率で算定され（改正民法419条1項。ただし、改正民法施行日前に遅滞に陥って遅延損害金が発生した場合については、改正民法419条1項にかかわらず、なお従前の例による。改正民法附則17条1項。）、その法定利率は改正民法施行時において年3％とされるが、法務省令で定めるところにより、3年を1期とし、1期ごとに変動することとなる。

賃金が月払いの場合は、毎月の支払い期日が到来するたびに、当該月払いの賃金について遅延損害金が発生するところ、変動利率制により、利率が変動した後に発生した賃金債権について、新たな利率が適用されることに留意する必要がある。一方、利率が変動したとしても、既に発生している賃金債権の遅延損害金については、当該債権が発生した時点での利率が引き続き適用され、新たな利率が適用されるわけではないことに留意する必要がある（一問一答・民法（債権関係）改正86頁では、「ある債権の利息又は遅延損害金の算定に適用すべき法定利率が定まった後に法定利率が変動したとしても、その債権の利息又は遅延損害金の算定に適用される利率が変動することはない」とされている。）。例えば、過去2年分（2022年4月1日～2024年3月31日）の未払賃金を請求し、当該請求期間の途中で法定利率が変動（2023年4月1日に3％から4％に変動）した場合、変動後に発生した賃金債権に関する遅延損害金の利率は変動後の利率（4％）が適用されるが、2023年3月31日までに発生した賃金債権に関する遅延損害金の利率は変動前の利率（3％）となり、利率変動後も、引き続き変動前の利率（3％）が適用されることとなる。

なお、賃確法においては、使用者が、退職した労働者に係る賃金（退職手当を除く）の全部又は一部をその退職の日（退職の日後に支給日が到来する賃金にあっては、当該支給日）までに支払わなった場合には、当該労働者に対し、退職日（又は支給日）の翌日から年14.6％の遅延利息を支払わなければならないとされているが（賃確法６条１項）、現状、当該利率に変更はない。

⑵　中間利息控除について

中間利息控除に用いる利率が年３％（ただし、変動利率制）に引き下げられることにより、例えば、生命侵害事例及び後遺症事例において、安全配慮義務違反に基づく損害賠償請求の逸失利益の額が増加することとなる。改正前民法では年５％の中間利息を控除して算定していたが、これが、年３％（ただし、変動利率制）に引き下げられることにより、中間利息の控除額が減少し、結果として、逸失利益の額が増加するためである。また、生命侵害事例及び後遺症事例において、安全配慮義務違反（債務不履行構成）ではなく、不法行為に基づく損害賠償請求を行った場合も、同様に、中間利息の利率が引き下げられ（改正民法722条１項）、中間利息の控除額が減少し、結果として、逸失利益の額が増加することとなる。

次に、中間利息控除に用いる法定利率の基準時は、損害賠償請求権が発生した時点とされており（改正民法417条の２、722条１項）、後遺症事例における逸失利益額は、後遺症の症状が固定した時点を基準時として算定されるため、中間利息控除に用いる法定利率の基準時は、症状固定時となるとも思われる。しかしながら、損害賠償請求権としては、逸失利益も含めて、後遺障害が発生した時点から発生していると解されているため、症状固定時ではなく、後遺障害が発生した時点における法定利率において中間利息控除を行うことに留意すべきである（一問一答・民法（債権関係）改正89頁では、不法行為の事例ではあるが「不法行為に基づく損害賠償請求権における後遺症による逸失利益の額の算定は、実務上、その後遺症の症状が固定した時点を基準時として労働能力喪失期間等を確定するが、他方で、このように算定する逸失利益を含めて不法行為時から損害賠償請求権は発生し、直ちに履行遅滞による遅延損害金が発生すると解されている。したがって、後遺症による逸失利益部分を含め、その請求権の発生時点は、不法行為時であり、その時点における法定利率によって中間利息控除を行うこととなる。」とされている。）。

第5　消滅時効

1　改正のポイント

消滅時効に関する改正事項としては、①消滅時効の援用権者に関するもの、②職業別の短期消滅時効制度及び商事消滅時効制度の廃止とこれに伴う消滅時効の起算点及び期間の見直しに関するもの、③人の生命・身体の侵害による損害賠償請求権の時効期間の見直しに関するもの、④不法行為の損害賠償請求権の長期の権利消滅期間に関するもの、⑤時効の中断・停止事由の見直しに関するもの、が挙げられる。

(1)　消滅時効の援用権者に関する改正（①）

判例上、消滅時効の援用権者である「当事者」とは消滅時効の完成により「直接利益を受ける者」であると解されていた（大判明43.1.25民録16輯22頁）。改正民法では、この判例の趣旨を踏まえ、「当事者」に消滅時効による「権利の消滅について正当な利益を有する者」が含まれる旨を明確化するとともに、消滅時効の援用権者に含まれることに異論がない保証人（大判大4.7.13民録21輯1387頁）、物上保証人（最二小判昭42.10.27民集21巻8号2110頁）、第三取得者（最二小判昭48.12.14民集27巻11号1586頁）を例示している（改正民法145条）。

(2)　消滅時効の期間等に関する改正（②乃至④）

消滅時効の期間及び起算点については、可能な限り一般規定の適用によって画一的に処理し、特則を設ける場合には合理性の認められる範囲・内容とすることを意図した見直しがなされている。具体的には、改正前民法では、職種別の短期消滅時効が定められ（改正前民法170条乃至174条）、債権の消滅時効の期間について、原則として、債権者が権利を行使することができる時（客観的起算点）から10年とされていたが（改正前民法167条1項）、改正民法では、現代では合理性に乏しいとして職種別の短期消滅時効を廃止するとともに、単純に消滅時効の期間が一律に10年となると消滅時効の期間の大幅な長期化により弁済の証拠保全のための費用が増加するとの懸念が示されたことなどを踏まえ、債権の消滅時効の期間につき、原則として、権利を行使することができることを知った時（主観的起算点）から5年又は客観的起算点から10年という二重の消滅時効が設けられることになった（改正民法166条1項）。主観的起算点の「権利を行使することができることを知った」といえるためには、権利行使を期待されてもやむを得ない程度に債権者が権利の発生原因等を認識する必要があり、具体的には、権利の発生原因についての認識のほか、権利の相手方である債務者を認識することが必要であるとされる（一問一答･民法（債権関係）改正57頁）。

また、改正前商法522条は、商行為によって生じた債権の消滅時効を客観的起算点から５年とする民法の特則を定めていたが、今般の改正により、現行商法522条は削除され、民法の消滅時効に関する規定に一本化された。

改正前民法

	起算点	時効期間	具体例	適用に争いのある具体例
原則	権利を行使することができる時から	10年	個人間の貸金債権など	
職業別	権利を行使することができる時から	１年	飲食料、宿泊料など	「下宿屋」の下宿料
		２年	弁護士、公証人の報酬、小売商人、卸売商人等の売掛代金など	税理士、公認会計士、司法書士の報酬、農協の売掛代金など
		３年	医師、助産師の診療報酬など	あん摩マッサージ指圧師、柔道整復師の報酬など
商事	権利を行使することができる時から	５年	商行為によって生じた債権	消費者ローンについての過払金返還請求権（判例上10年）

改正民法

	起算点	時効期間	具体例
原則	知った時から	５年	売買代金債権、宿泊料債権等の契約上の債権、消費者ローンの過払金（不当利得）返還請求権
	権利を行使することができる時から	10年	

<法務省民事局「民法（債権関係）の改正に関する説明資料-重要な実質的改正事項-」２頁に基づき作成>

また、不法行為に基づく損害賠償請求権について、改正前民法では、損害及び加害者を知った時から３年間又は不法行為の時から20年間の期間制限が定められており（改正前民法724条）、前者の３年間は消滅時効であるのに対し、判例上、後者の20年間は除斥期間としつつ（最一小判平1.12.21民集43巻12号2209頁）、時効の停止に関する規定の法意に照らしてその停止を認める（最三小判平21.4.28民集63巻４号853頁等）など、除斥期間による画一的処理に従わない帰結

が許容されていた。改正民法では、改正前民法724条の規定は維持された上で、後者の20年間の期間制限についても消滅時効であることが法文上明確化された。

そして、改正前民法では、債務不履行又は不法行為に基づく損害賠償請求権であるか否かにかかわらず、生命又は身体の侵害による損害賠償請求権の消滅時効に関する特則は設けられていなかったが、改正民法では、重要な法益である生命又は身体の侵害に関しては、その損害賠償請求権が債務不履行（安全配慮義務違反）又は不法行為のいずれに基づくものであっても、その消滅時効は主観的起算点若しくは損害及び加害者を知った時から５年又は客観的起算点若しくは不法行為の時から20年とされることになった（改正民法167条、724条の２）。改正民法の下での損害賠償請求権の消滅時効の期間は、以下の図のとおりである。

	起算点	時効期間
① 債務不履行に基づく 損害賠償請求権	権利を行使することができることを知った時から	５年
	権利を行使することができる時から	10年
② 不法行為に基づく 損害賠償請求権	損害及び加害者を知った時から	３年
	不法行為の時から （＝権利を行使することができる時から）	20年
①・②の特則 生命・身体の侵害による 損害賠償請求権	知った時から	５年
	権利を行使することができる時から	20年

<法務省民事局「民法（債権関係）の改正に関する説明資料-重要な実質的改正事項-」５頁に基づき作成>

⑶　時効の中断・停止事由に関する改正（⑤）

改正前民法では、消滅時効の進行を妨げるための手段として、時効の「中断」（それまで進行した時効の期間が解消され、その時点から新たな時効期間が開始する制度）（改正前民法147条乃至157条）及び「停止」（法定の事由の後一定期間が経過するまで時効期間の満了が延期される制度）（改正前民法158条乃至161条）という二種類の制度が定められているが、改正民法では、制度の内容をより分かり易いものとするために、改正前民法の「中断」を時効の完成を猶予する効果を有する「完成猶予」と時効を新たに進行させる「更新」に整理するとともに、改正前民法の「停止」（時効の完成を猶予する効果を有するもの）を「完成猶予」として整理している。改正前民法から実質的な改正があった事項としては、例えば、仮差押え・仮処分について、改正前民法では時効の中断事由とされていたが、改正民法では、これらは本案訴訟提起前の暫定的な手続であるとして、時効の更新の効果ではなく、所定の期間、時効の完成が猶予される効果を有するとされた（改正民法149条）。また、時効により当事者間の自発的で柔軟な紛争解決が妨げられないよう権利についての協議を行う旨の当事者間の書面又は電磁的記録による合意が時効の完成の猶予事由として新たに設けられた（改正民法151条）。そして、改正前民法では、天災その他避けることのできない事変のため時効を中断することができないときは、その障害が消滅した時から２週間を経過するまで時効が停止するとされていたが、かかる期間が短いとして、天災その他避けることのできない事変により裁判上の請求等を行うことができないときは、その障害が消滅した時から３か月を経過するまで時効の完成が猶予されることになった（改正民法161条）。

⑷　消滅時効に係る改正の時的適用関係

債権一般の消滅時効の期間に係る改正の経過措置について、当事者は、時効の対象である債権が生じた時点における法律が適用されると予測し期待するのが通常であると考えられることから、改正民法の施行日前に債権が生じた場合については改正前民法を適用し、施行日以後に生じた場合には改正民法を適用することとしている（民法の一部を改正する法律（平成29年法律第44号）の附則10条４項）。そして、契約等の法律行為によって債権が生じた場合については、「その原因である法律行為」（同条１項参照）が基準時となり、例えば、使用者の安全配慮義務違反に基づく損害賠償請求権（債務不履行構成）については、雇用契約が「原因である法律行為」に該当し、雇用契約の締結時が改正民法の施行日以後である場合には改正民法が適用されると解されている（一問一答・民法（債権関係）改正385～386頁）。

これに対して不法行為に基づく損害賠償請求権の消滅時効については、不法行為の被害者保護を優先する必要があるなどの観点から、債権一般に関する経過措置とは異なる経過措置が設けられている。すなわち、不法行為による損害賠償請求における長期の権利消滅期間を消滅時効とする改正については、改正民法の施行日において除斥期間が既に経過していなければ改正民法が適用され（附則35条１項）、その損害賠償請求権については長期の消滅時効期間として扱われる。また、生命又は身体の侵害による不法行為に基づく損害賠償請求権の短期の消滅時効を５年とする特則を設ける改正については、改正民法の施行日において消滅時効が既に完成していた場合でなければ、改正民法が適用される（同条２項）。

時効の中断・停止事由に関する改正については、改正民法の施行日前に時効の中断・停止事由が生じた場合には改正前民法を適用し、施行日前に生じた債権であっても施行日以後にこれらの事由が生じた場合には改正民法が適用される（附則10条２項及び３項）。

2　人事労務分野への影響

時効の中断・停止事由に関する改正については、時効の「中断」及び「停止」が「完成猶予」と「更新」といった概念に改められるなどの改正がなされているが、その効果に実質的な変更はないため、人事労務分野への影響は限定的であると考えられる。

消滅時効の期間について、改正前民法では、例えば、労働災害に基づく損害賠償請求につき、不法行為構成よりも債務不履行構成（安全配慮義務違反）の方が消滅時効期間が長い（前者の構成では損害及び加害者を知った時から３年である一方で、後者の構成では客観的起算点から10年）とのメリットがあったが、改正民法では、債務不履行構成又は不法行為構成のいずれであっても、主観的起算点若しくは損害及び加害者を知った時から５年となったため、消滅時効の期間の差は解消されることになった。なお、債務不履行（安全配慮義務違反）に基づく損害賠償請求権について、労働者が具体的にどこまでの事実を認識した時点が主観的起算点となるかが問題となるところ、この点については、改正前民法724条前段の「損害及び加害者を知った時」の解釈（損害を被ったという事実及び加害行為が違法であると判断するに足りる事実を認識した時点（最二小判平23.4.22判時2116号61頁））が基本的に妥当するとされており（民法（債権関係）部会資料「民法（債権関係）の改正に関する要綱案のたたき台(12)」７頁及び10頁）、主観的起算点である「権利を行使することができることを知った」というためには、単に職務中に傷害等を負ったことを認識したのみでは足りず、一般人であれば安全配慮義務に違反し、債務不履行が生じていると判断するに足りる事実を知ったことが必要であると解されている（一問一答・民法（債権関係）改正58頁）。そのため、債務不履行構成又は不法行為構成のいずれであっても消滅時効の起算点は実質的には同じ時点になると考えられる。

このように債務不履行構成の場合の消滅時効の期間が５年に短縮されることになってはいるものの、実務上、労働災害が発生した場合などにおいて５年の消滅時効の期間内に訴訟を提起するなどの対応をとることは必ずしも困難ではないと考えられるため、人事労務分野への影響は限定的であると考えられる。もっとも、消滅時効に係る改正の時的適用関係について、使用者の安全配慮義務違反に基づく損害賠償請求権（債務不履行構成）では、雇用契約が「原因である法律行為」に該当し、雇用契約の締結時が改正民法の施行日以前か以後かによって改正民法が適用されるか否かが決まると解されていることから、例えば、改正民法の施行日前に雇用契約を締結した労働者が、事業譲渡に伴って転籍元との雇用契約を合意解約して改正民法の施行日後に転籍先と新たに雇用契約を締結する方法により転籍する場合には、転籍先の安全配慮義務違反に基づく損害賠償請求権（債務不履行構成）には改正民法が適用されることになると解されることに留意する必要がある。

また、改正民法では、生命又は身体の侵害による損害賠償請求権の消滅時効を主観的起算点若しくは損害及び加害者を知った時から５年又は客観的起算点若しくは不法行為の時から20年とする特則が設けられているところ（改正民法167条、724条の２）、精神的機能の侵害による損害賠償請求権が身体の侵害による損害賠償請求権に含まれるかが問題となる。この点、単に精神的な苦痛を受けたという状態を超え、心的外傷後ストレス障害（PTSD）を発症するなど精神的機能の障害が認められるケースについては、身体的機能の障害が認められるケースと区別すべき理由はなく、精神的機能の侵害による損害賠償請求権も身体の侵害による損害賠償請求権に含まれると解されている（一問一答・民法（債権関係）改正61～62頁）。もっとも、PTSDの他に、いかなる精神的機能の障害が認められれば、改正民法167条又は724条の２が適用されることになるのかは明らかではないため、今後の裁判例の蓄積が待たれるが、消滅時効の期間の長さの観点からすると、改正民法167条及び724条の２は、通常の債務不履行に基づく損害賠償請求権の主観的起算点から５年の期間と通常の不法行為に基づく損害賠償請求権の不法行為の時から20年の期間とを組み合わせたものを生命又は身体の侵害による損害賠償請求権の消滅時効の期間とするもので、通常の債務不履行又は不法行為に基づく損害賠償請求権と比べてより長期の消滅時効の期間を設定するものではない。そうすると、精神的機能の障害による損害賠償請求権に改正民法167条又は724条の２が適用されるか否かが、実務上、大きな問題となるとまではいえないように思われる。

労基法上、賃金請求権の消滅時効の期間は２年（ただし、退職手当は５年）とされているが（労基法115条）、これは改正前民法が定める使用人の給料の短期消滅時効（改正前民法174条１号）の特則を定めるものである。また、労基法115条では、改正前民法における原則的な消滅時効の期間（10年）にかかわらず、災害補償その他の請求権（休業補償請求権（労基法76条）や年次有給休暇請求権（労基法39条）など）の消滅時効の期間についても一律に賃金請求権と同様に２年とされている。2017年５月26日に改正前民法における短期消滅時効の規定を削除するとともに債権の消滅時効の期間を主観的起算点から５年又は客観的起算点から10年とする改正民法が成立したことを受け、まず、厚労省に設置された「賃金等請求権の消滅時効の在り方に関する検討会」において、その後、厚労省の労働政策審議会労働条件分科会においても労基法115条等の在り方について議論が行われ、2019年12月27日に開催された労働政策審議会労働条件分科会において、概要、以下の方向で固まった（第158回労働政策審議会労働条件分科会「賃金等請求権の消滅時効の在り方について（報告）」）。

①賃金請求権の消滅時効の期間については、改正民法における契約上の債権の消滅時効の期間とのバランスも踏まえて５年とすべきであるが、直ちに長期間の消滅時効の期間を定めることは、労使の権利関係を不安定化するおそれがあり、紛争の早期解決・未然防止という消滅時効が果たす役割への影響等も踏まえて慎重に検討する必要があるため、当分の間は、現行の労基法109条に規定する賃金台帳等の記録の保存期間と合わせて３年とするべきである。そして、労基法改正後、労働者の権利保護の必要性を踏まえつつ、賃金請求権の消滅時効が果たす役割への影響等を検証し、下記⑥の検討規定も踏まえて必要な検討を行うべきである。

②賃金請求権の消滅時効の起算点については、客観的起算点であると解釈・運用されてきたこと（たとえば、東大労研「注釈労働基準法」1090頁〔藤川久昭〕は、賃金請求権の消滅時効の起算点は、当該請求権が具体的に発生する各賃金支払期であるとする。）を踏襲するため、客観的起算点を維持し、これを労基法に明記するべきである。

③退職手当の請求権及び災害補償その他の請求権については、現行の消滅時効の期間（退職手当の請求権は５年、災害補償その他の請求権は２年）を維持するべきである。

④賃金台帳等の記録の保存義務（労基法109条）及び付加金の請求（労基法114条）の期間については、賃金請求権の消滅時効の期間と合わせて原則は５年としつつ、当分の間は３年とするべきである。

⑤労基法115条等を改正した場合の経過措置については、賃金債権は大量かつ定期的に発生するものであり、その斉一的処理の要請も強いことから、施行期日以後に賃金の支払期日が到来した賃金請求権の消滅時効の期間については改正後のものを適用し、付加金の請求期間についても同様の取扱いとするべきである。

⑥検討規定として、労基法115条等の改正の施行から５年経過後の施行状況を勘案しつつ検討を加え、必要があると認めるときは、その結果に基づいて必要な措置を講じることとするべきである。なお、労働者代表委員から、賃金請求権の消滅時効の期間を原則５年、当分の間は３年とすることについて、労基法の労働者保護という趣旨を踏まえ、改正の施行から５年経過後の見直

しにおいては、原則の５年とするべきとの意見があった。

労働政策審議会労働条件分科会では、労基法115条等の改正の施行期日は改正民法の施行期日（2020年４月１日）とするべきとされており、今後の動向が引き続き注目される。

第6　錯誤

新旧対照表及び改正のポイント

改正民法	改正前民法
（錯誤） 第95条 １ 意思表示は、次に掲げる錯誤に基づくものであって、その錯誤が法律行為の目的及び取引上の社会通念に照らして重要なものであるときは、取り消すことができる。 ⑴ 意思表示に対応する意思を欠く錯誤 ⑵ 表意者が法律行為の基礎とした事情についてのその認識が真実に反する錯誤 ２ 前項第２号の規定による意思表示の取消しは、その事情が法律行為の基礎とされていることが表示されていたときに限り、することができる。 ３ 錯誤が表意者の重大な過失によるものであった場合には、次に掲げる場合を除き、第１項の規定による意思表示の取消しをすることができない。 ⑴ 相手方が表意者に錯誤があることを知り、又は重大な過失によって知らなかったとき。 ⑵ 相手方が表意者と同一の錯誤に陥っていたとき。 ４ 第１項の規定による意思表示の取消しは、善意でかつ過失がない第三者に対抗することができない。	（錯誤） 第95条 意思表示は、法律行為の要素に錯誤があったときは、無効とする。ただし、表意者に重大な過失があったときは、表意者は、自らその無効を主張することができない。

改正前民法95条は、錯誤無効の要件として、「法律行為の要素に錯誤」があることが挙げられていたが、改正民法95条１項では、判例法理が明文化され、錯誤に基づき意思表示がなされ、また、「その錯誤が法律行為の目的及び取引

上の社会通念に照らして重要なものであるとき」が錯誤成立の要件とされた。また、いわゆる動機の錯誤について、法律行為の基礎となった事情が表示されることが要件として必要である旨明文化された（改正民法95条２項）。そして、錯誤の効果について、判例は表意者のみが主張することができるとしていたこと、より表意者の帰責性が乏しい詐欺について意思表示の効力を否定することができる期間が制限されていること（改正前民法126条）とのバランスを考慮し、改正民法95条１項では、無効ではなく、「取消し」が錯誤成立の要件とされた。

その他、表意者に重過失がある場合の取扱いについて、相手方を保護すべき要請が低い場合（改正民法95条３項１号及び２号）には、表意者に重過失があったとしても、例外的に錯誤による取消しができるとされた。また、錯誤による意思表示を信頼した第三者の保護規定が新設された（改正民法95条４項）。

このように、錯誤に関する改正は、これまでの判例法理や解釈が明文化されたものといえる。

2　人事労務分野への影響

労働者が使用者から退職勧奨を受け、退職届や退職願を提出し合意退職に至ったものの、退職の意思表示が真意に基づかないとして、意思表示の効力が争われる場合がある。例えば、労働者の行為が客観的には解雇又は懲戒解雇に相当する場合には当たらないにもかかわらず、使用者から退職しなければ解雇又は懲戒解雇に相当する旨告げられ、労働者がその旨誤信して、これが表示され、退職の意思表示をした場合には、動機の錯誤として意思表示の効力を取り消すことができる（改正民法95条１項及び２項）。

上記のとおり、錯誤に関する改正は、これまでの判例法理や解釈が明文化されたものといえるため、改正前民法が適用される場合と改正民法が適用される場合とで、結論が異なることはなく、人事労務分野への影響は少ないと考えられる。

第７　定型約款

　新旧対照表及び改正のポイント

改正民法	改正前民法
（定型約款の合意） 第548条の２ １　定型取引（ある特定の者が不特定多数の者を相手方として行う取引であって、その内容の全部又は一部が画一的であることがその双方にとって合理的なものをいう。以下同じ。）を行うことの合意（次条において「定型取引合意」という。）をした者は、次に掲げる場合には、定型約款（定型取引において、契約の内容とすることを目的としてその特定の者により準備された条項の総体をいう。以下同じ。）の個別の条項についても合意をしたものとみなす。 (1)　定型約款を契約の内容とする旨の合意をしたとき。 (2)　定型約款を準備した者（以下「定型約款準備者」という。）があらかじめその定型約款を契約の内容とする旨を相手方に表示していたとき。 ２　前項の規定にかかわらず、同項の条項のうち、相手方の権利を制限し、又は相手方の義務を加重する条項であって、その定型取引の態様及びその実情並びに取引上の社会通念に照らして第１条第２項に規定する基本原則に反して相手方の利益を一方的に害すると認められるものについては、合意をしなかったものとみなす。	新設

契約の一般原則としては、契約当事者は、契約の内容を認識した上で意思表示をしなければ契約には拘束されないとされているが、現代社会においては、大量の取引を迅速かつ安定的に行うために約款が用いられており、その拘束力の根拠は改正前民法においては規定されていなかった。

そこで、改正民法においては、約款を用いた取引の法的安定性を確保するために、定型約款の定義、定型約款による契約の成立、定型約款の変更等につい

て規定されることとなった（改正民法548条の２以下）。

改正民法においては、①ある特定の者が不特定多数の者を相手方として行う取引であって、②その内容の全部又は一部が画一的であることがその双方にとって合理的なものを「定型取引」と定義付けした上で、③定型取引において、契約の内容とすることを目的としてその特定の者により準備された条項の総体を「定型約款」と定義付けしている（改正民法548条の２第１項柱書）。ここで、①の「ある特定の者が不特定多数の者を相手方として行う取引」とは、ある取引主体が取引の相手方の個性を重視せずに多数の取引を行うような場面を抽出するための要件であるとされており、相手方の個性が重視される取引はこれに当たらないとされている。

2　人事労務分野への影響

労働契約は使用者側が準備した契約書のひな形を利用して締結されることが少なくないが、労使間の労働契約や就業規則が、定型約款に該当するかが問題となる。

この点について、使用者が複数の労働者と締結する労働契約は、相手方の能力や人格等の個性を重視して行われる取引であるため、①「ある特定の者が不特定多数の者を相手方として行う取引」には該当しないと考えられる（一問一答・民法（債権関係）改正243頁）。また、労働契約は、労働者からすれば、その内容が画一的であることによって、特段の利益を享受する関係にはなく、労働者にとっては、②契約の「内容の全部又は一部が画一的であることが双方にとって合理的であるもの」ではないと考えられる（村松秀樹＝松尾博徳「定型約款の実務Q&A」（商事法務、2018）61頁）。

したがって、労使間の労働契約は、上記①及び②の要件を満たさず、定型約款に該当しないと解される。また、就業規則については、仮に定型約款に該当したとしても、労契法が特別法として規律を行っており、民法の適用はないと解される（法務省民事局参事官室「民法（債権関係）の改正に関する中間的な論点整理の補足説明」第30の２補足説明３）。

以上からすれば、定型約款に関する民法改正が人事労務分野への影響はないと考えられる。

なお、継続的な労働契約の場面ではなく、例えば日雇い派遣で今日は100人集めるといった際に、画一的な条件・内容の労働契約書が使用される場合についても、個別の事案によるものの、基本的には個性が重視されるということで、定型約款には当たらないと考えられる（第192回国会衆議院法務委員会　第15号（平成28年12月９日）小川秀樹政府参考人（法務省民事局長）発言）。

第2章

女性の職業生活における活躍の推進及び職場のハラスメント防止対策

第１　女性の職業生活における活躍の推進に関する法律等の一部を改正する法律

2019年５月29日、「女性の職業生活における活躍の推進に関する法律等の一部を改正する法律」（以下、「改正法」という。）が通常国会で成立し、同年６月５日、公布された。

改正法は、労働政策審議会雇用環境・均等分科会の2018年12月14日付「女性の職業生活における活躍の推進及び職場のハラスメント防止対策等の在り方について（報告）」（以下、「雇用環境・均等分科会報告」という。）に基づき、女性をはじめとする多様な労働者が活躍できる就業環境を整備するため、①女性の職業生活における活躍の推進に関する一般事業主行動計画の策定義務の対象拡大及び情報公表の強化、②パワーハラスメント防止のための事業主の雇用管理上の措置義務等の新設、並びに③セクシュアルハラスメント等の防止対策の強化等の措置を講ずることを目的とするものである。改正法により、（１）女性活躍推進法、（２）労働施策総合推進法、（３）均等法、（４）派遣法、及び（５）育児介護休業法が実質的に改正されるほか、関連する他の法律において所要の規程の整備が行われる。

改正法の施行は、2020年６月１日である（令1.12.4政令第174号）。但し、労働施策総合推進法の改正のうち、ハラスメント対策強化に係る国の施策に関する部分は、公布の日から施行されている。また、①同法の改正のうち、中小事業主の職場におけるパワーハラスメントに関する雇用管理上の措置義務に関する部分、並びに、②女性活躍推進法の改正のうち、一般事業主行動計画の策定等及び情報の公表を中小事業主にも義務付ける部分の施行日は2022年４月１日であり、それまでは、それぞれ努力義務となる。

第2　女性活躍推進法の改正

1　改正前の女性活躍推進法

(1)　趣旨

女性活躍推進法は、女性の職業生活における活躍の推進を目的に、その基本原則を定め、国、地方公共団体及び事業主の責務を明らかにするとともに、女性の職業生活における活躍を推進するための支援措置等について定めるもので（第1条）、2016年4月1日に施行された比較的新しい法律である。同法は時限立法であり、2026（令和8）年3月31日限り、その効力を失う（同法附則第2条1項）。

(2)　民間の事業主の義務

ア　一般事業主行動計画の策定及び実施

改正前女性活躍推進法は、国及び地方公共団体以外の民間の事業主（「一般事業主」）のうち、常時雇用する労働者の数が300人を超えるものに対し、同法7条1項に基づき内閣総理大臣ほかが定める事業主行動計画策定指針（内閣官房・内閣府・総務省・厚生労働省平27.11.20告示第一号。以下「指針」という。）に即して、「一般事業主行動計画」（一般事業主が実施する女性の職業生活における活躍の推進に関する取組に関する計画をいう。）を策定し、自らの住所地を管轄する労働局に届け出、労働者に対して周知させるための措置を講じ、かつ、公表することを義務付けている（同法8条1、4ないし5項、27条）。各事業主は、自らの一般事業主行動計画に基づき取組を実施するとともに、当該計画に定められた目標を達成するよう努めなければならない（同法8条6号）。

なお、「常時雇用する労働者」とは、雇用契約の形態を問わず、①期間の定めなく雇用されている者、及び②期間を定めて雇用されている者又は日々雇用される者であって、過去1年以上の期間について引き続き雇用されている者又は雇入れの時から1年以上引き続き雇用されると見込まれる者である（平27.10.28職発1028第2号雇児発1028第5号、平27.11.20雇児発1120第2号）。

常時雇用する労働者の数が300人以下の一般事業主については、一般事業主行動計画の策定及び公表は、努力義務である（同法8条7項）。

イ　一般事業主行動計画の内容

一般事業主行動計画には、(1)計画期間、(2)女性の職業生活における活躍の推進に関する取組の実施により達成しようとする目標、並びに⑶実施しようとする取組の内容及び実施時期を定める必要がある（同法８条２項）。その前提として、①採用した労働者に占める女性労働者の割合、男女の継続勤務年数の差異、労働時間の状況、管理的地位にある労働者に占める女性労働者の割合その他のその事業における女性の職業生活における活躍に関する状況を把握し、②女性の職業生活における活躍を推進するために改善すべき事情について分析した上で、③その結果を勘案しなければならない（女性の職業生活における活躍の推進に関する法律に基づく一般事業主行動計画等に関する省令（以下、本章において「行動計画省令」という。）２条）。また、上記⑵の達成しようとする目標については、「採用する労働者に占める女性労働者の割合、男女の継続勤務年数の差異の縮小の割合、労働時間、管理的地位にある労働者に占める女性労働者の割合その他の数値を用いて定量的に」定めなければならない（同法８条３項）。一般事業主行動計画の公表は、「インターネットの利用その他の適切な方法による」（行動計画省令４条）とされており、具体的には厚労省が運営する「女性の活躍・両立支援総合サイト」への掲載や自社のホームページへの掲載などが推奨されている。

ウ　自社の女性活躍に関する情報の公表

常時雇用する労働者の数が300人を超える一般事業主は、一般事業主行動計画の策定・公表とは別に、「職業生活を営み、又は営もうとする女性の職業選択に資するよう、その事業における女性の職業生活における活躍に関する情報」を定期的に公表しなければならない（同法16条１項）。公表の対象となる情報については、行動計画省令19条１項が、「採用した労働者に占める女性労働者の割合」をはじめ14項目を列挙しているが、それらすべてについて公表が義務付けられているわけではなく、一般事業主自身が適切と認めるものを１つ以上選択すれば足りる。公表は、おおむね１年に１回以上、公表日を明らかにして、インターネットその他の方法により、女性の求職者が容易に閲覧できるようなかたちで行わなければならない（行動計画省令19条３項）。

なお、常時雇用する労働者の数が300人以下の一般事業主については、自社の女性活躍に関する情報の公表は努力義務である（同法16条２項）。

⑶　優良企業の認定（いわゆる「えるぼし」認定）

一般事業主行動計画を労働局に届け出た一般事業主のうち、女性の活躍推進に関する取組の実施状況等が優良なものは、労働局への申請により、厚生労働大臣の認定を受けることができる（同法９条）。認定を受けた一般事業主は、厚生労働大臣が定める認定マーク「えるぼし」を商品やサービス等やそれらの広告等、自身のウェブサイト、労働者の募集に係る広告等に表示することができる（同法10条１項、行動計画省令９条)。また、国及び地方公共団体は、その役務又は物件の調達に関し、認定を受けた一般事業主を優遇するよう努めることとされている（同法20条)。

「えるぼし」の認定基準は、①採用（男女別の採用における競争倍率の程度)、②継続就業（女性労働者の平均勤続年数と男性労働者の平均勤続年数の比率等)、③労働時間等の働き方(時間外・休日労働時間数の平均値)、④管理職比率(管理職に占める女性労働者の割合)、⑤多様なキャリアコース（女性の非正社員の正社員への転換等）等である（行動計画省令８条１号)。基準の充足状況に応じ、「えるぼし」は３段階に分かれている（マークのデザインは共通だが、充足度が高いほど濃い色となる。)。

⑷　履行確保

厚生労働大臣は、改正前女性活躍推進法の施行に関し必要なときは、常時雇用する労働者の数が300人を超える一般事業主に対し、報告を求め、又は助言、指導若しくは勧告をすることができる（同法26条)。この報告をせず、又は虚偽の報告をした者には、20万円以下の過料の制裁がある（同法34条)。

2　改正の内容

⑴　一般事業主行動計画の策定及び実施並びに情報公表が義務付けられる事業主の範囲の拡大

前記のとおり、改正前女性活躍推進法では、常時雇用する労働者の数が300人以下の一般事業主については、一般事業主行動計画策定、届け出及び実施並びに情報公表は努力義務である。社会全体で女性活躍を一層推進するためには、計画的なPDCAサイクルを促す行動計画の策定や、求職者の職業選択に資する情報公表等に、より多くの企業が取り組むことが必要であるとの問題意識から(雇用環境・均等分科会報告)、改正後は、常時雇用する労働者の数が100人を超え300人までの一般事業主について、上記１⑵アないしウで述べたとおりの内容で、①一般事業主行動計画の策定・届け出、及び②自社の女性活躍に関する情報の公表が義務付けられる（改正女性活躍推進法８条１項、20条２項)。

他方、常時雇用する労働者の数が100人以下の一般事業主については、上記１⑵アないしウで述べたとおりの内容で、①一般事業主行動計画の策定・届け出、及び②自社の女性活躍に関する情報の公表は、引き続き努力義務である（同法８条７項、20条３項)。

⑵　常時雇用300人を超える一般事業主に対する情報の公表義務の拡大

前記のとおり、常時雇用する労働者の数が300人を超える一般事業主は、自社の女性活躍に関する情報として、行動計画省令19条１項が掲げる14項目のうち、適切と認めるものを１つ以上、公表することが義務付けられているが、改正女性活躍推進法は、情報公開項目について、①職業生活に関する機会の提供に関する実績、及び②職業生活と家庭生活との両立に資する雇用環境の整備に関する実績の各区分から１項目以上（併せて２項目以上）を公表する義務を定める（同法20条１項）。なお、改正前は、一般事業主行動計画の数値目標を１つ以上設定する必要があるが、改正後は、厚生労働省令により、原則として上記２区分から各１項目以上（併せて２項目以上）の数値目標を定めることが求められる予定である。

但し、例外的に、いずれか一方の区分の取組が既に進んでおり、いずれか一方の区分の取組を集中的に実施することが適当と認められる場合には、いずれか一方の区分から２項目以上を選択して数値目標を設定することも認められる予定である。

なお、改正法に係る衆議院の附帯決議において、一般事業主の情報公表項目に関し、男女間格差の結果指標である「男女の賃金の差異」及び「セクシュアルハラスメント等対策の整備状況」の追加を検討することとされている。

⑶　特に優良な一般事業主に対する特定認定制度（「プラチナえるぼし（仮称）」）の創設

改正女性活躍推進法では、「えるぼし」認定を受けた一般事業主からの申請に基づき、①一般事業主行動計画に基づく取組を実施して、同計画に定めた目標を達成したこと、②改正法による改正後の均等法13条の２に基づき、男女雇用機会均等推進者を選任していること、③育児介護休業法29条に基づき、職業家庭両立推進者を選任していること、④女性の職業生活における活躍の推進に関する取組の実施の状況が特に優良なものであること、⑤その他厚生労働省令で定める基準に適合することを認定する制度（認定を受けた一般事業主を「特例認定一般事業主」という。）が創設される（改正女性活躍推進法12条）。

この認定を受けた一般事業主（特例認定一般事業主）は、認定を取り消されない限り、一般事業主行動計画の策定・届け出（同法８条１項、７項）が免除される（同法13条１項）。

⑷　履行確保の強化

従前の報告徴収等に関する権限に加え、厚生労働大臣は、情報の公表義務に違反し又は虚偽の公表をした一般事業主について、是正勧告をしても従わないときは、その旨を公表することができることとなる（改正女性活躍推進法31条）。

第3　均等法の改正ー職場における セクシュアルハラスメント及びマタニティ ハラスメントの防止対策の実効性向上

1　改正前均等法における事業主のセクシュアルハラスメント等の防止措置義務

改正前均等法は、事業主に対し、セクシュアルハラスメントに関連して、①職場における性的な言動に起因する問題に関する雇用管理上の措置（11条１項）、マタニティハラスメントに関連して、②職場における妊娠、出産等に関する言動に起因する問題に関する雇用管理上の措置（11条の２）及び③妊娠中及び出産後の健康管理に関する措置（11条の３）を講じることを義務付けている（「2018年労働事件ハンドブック」493頁、483頁参照）。

2　改正の内容

(1)　相談に対する不利益取扱いの禁止等

職場のセクシュアルハラスメント等防止対策の実効性を向上させるためには、「まず、被害を受けた労働者が相談を行い易くするとともに、二次被害を防止するため、労働者がセクシュアルハラスメントに関する相談を行ったことを理由として不利益な取扱いが行われないよう徹底することが適当である」（雇用環境・均等分科会報告）との観点から、改正均等法は、上記①の措置義務に関し、セクシュアルハラスメントの相談をしたこと、又は事業主による相談対応に協力する際に事実を述べたことを理由として、解雇その他不利益な取扱いをすることを禁止している（同法11条２項）。これは、マタニティハラスメント防止に係る上記②の措置義務に関して準用される（同法11条の３第２項）。

(2)　他社の労働者が関係するセクシュアルハラスメントへの対応

改正均等法では、セクシュアルハラスメントについて、事業主は、自社の労働者が他社の労働者にセクシュアルハラスメントを行ったことにより、他社が実施する雇用管理上の措置（事実確認等）への協力を求められた場合、これに応じる努力義務を負う（同法11条３項）。加えて、自社の労働者が他社の労働者等からセクシュアルハラスメントを受けた場合も、相談に応じる等の措置義務の対象となることが指針で明確化される予定である。

⑶　セクシュアルハラスメント等の防止に関する周知・啓発の努力義務

改正均等法では、事業主は、職場における性的な言動の防止及び当該言動に起因する問題（「性的言動問題」）に対する労働者の関心と理解を深め、労働者間で言動に必要な注意が払われるよう、研修の実施その他の必要な配慮をし、国の施策に協力する努力義務を負う（同法11条の２第２項）。また、事業主は、自ら（法人においては役員）も、性的言動問題に対する関心と理解を深め、労働者に対する言動に必要な注意を払うように努める義務を負う（同条３項）。

なお、各労働者も、性的言動問題に対する関心と理解を深め、他の労働者に対する言動に必要な注意を払い、セクシュアルハラスメント防止のために事業主が講ずる措置に協力する努力義務を負う（同条４項）。

マタニティハラスメントに関しても同様の努力義務が定められている。すなわち、①女性労働者が妊娠したこと、出産したこと、産前産後休業を請求し又は休業をしたことその他の妊娠又は出産に関する事由であって厚生労働省令で定めるものに関する言動（同法11条の３第１項に定める言動）の防止、及び②当該言動に起因する問題（「妊娠・出産関係言動問題」）について、事業主は、労働者に対する周知・啓発等を行う努力義務を負い（同法11条の４第２項、３項）、労働者も、当該問題に対する関心と理解を深める等の努力義務を負う（同条４項）。

⑷　男女雇用機会均等推進者

改正均等法は、事業主に対し、上記の措置及び職場における男女の均等な機会及び待遇の確保が図られるようにするために講ずべきその他の措置の適切かつ有効な実施を図るため、「男女雇用機会均等推進者」を選任する努力義務を定めている（同法13条の２）。これは、育児介護休業法29条が、事業主に対し、労働者の職業生活と家庭生活との両立が図られるようにするための措置の適切かつ有効な実施を図るための業務を担当する者として、「職業家庭両立推進者」を選任する努力義務を定めていることと相似的な関係となる。

⑸　紛争解決制度の整備

改正前均等法は、同法に定める事項（①婚姻、妊娠、出産等を理由とする不利益取扱いの禁止等、②性的な言動に起因する問題に関する雇用管理上の措置、③妊娠、出産等に関する言動に起因する問題に関する雇用管理上の措置、④妊娠中及び出産後の健康管理に関する措置）についての労働者と事業主との間の紛争について、紛争解決手段として、個別労働関係紛争の解決の促進に関する法律に基づき設置されている紛争調整委員会による調停制度を定めている（改正前均等法18条）。改正均等法は、この調停に関し、紛争調整委員会が調停のため必要と認めるときは、関係当事者のほか、関係当事者と同一の事業場に雇用される労働者その他の参考人の出頭及び意見聴取を可能としている（改正均等法20条）。

(6) セクシュアルハラスメント及びマタニティハラスメントに関する指針の改正

労働施策総合推進法の改正に伴い、新たに「職場におけるパワーハラスメントに関して雇用管理上講ずべき措置等に関する指針」が制定される予定である。同指針の制定に伴い、改正均等法11条４項に基づく「事業主が職場における性的な言動に起因する問題に関して雇用管理上講ずべき措置についての指針」及び同法11条の３第３項に基づく「事業主が職場における妊娠、出産等に関する言動に起因する問題に関して雇用管理上講ずべき措置についての指針」の一部改正が見込まれている。具体的な改正点としては、①職場におけるセクシュアルハラスメントないしマタニティハラスメントの相談を行ったこと等を理由とする不利益取扱いの禁止に関する事項、②事業者（法人にあっては、その役員）及び労働者が、それぞれハラスメントの問題に対する関心と理解を深め、言動に必要な注意を払うよう努めることに関する事項、③各種ハラスメントに共通した一元的な相談体制の整備に関する事項、④自ら雇用する労働者による労働者以外の者に対する言動に関し、事業者が行うことが望ましい取組に関する事項等が定められる予定である。

第4 育児介護休業法の改正―職場における育児介護休業ハラスメント防止対策の実効性向上

1 不利益取扱いの禁止

改正前育児介護休業法は、育児休業、介護休業その他子の養育又は家族の介護に関する制度又は措置の利用に関する言動（「職場における育児休業等に関する言動」）について、事業主に対し、労働者からの相談に応じ、適切に対応するために必要な体制の整備その他雇用管理上必要な措置を講じる義務を定めている（改正前育児介護休業法25条）（「2018年労働事件ハンドブック」478頁参照）。

改正育児介護休業法では、相談をしたこと、又は事業主による相談対応に協力する際に事実を述べたことを理由として、解雇その他不利益な取扱いをすることを禁止する規定が追加される（改正育児介護休業法25条２項）。

2 育児介護休業ハラスメントの防止に関する周知・啓発の努力義務

改正育児介護休業法では、事業主は、職場における育児休業等に関する言動の防止及び当該言動に起因する問題（「育児休業等関係言動問題」）に対する労働者の関心と理解を深め、労働者間で言動に必要な注意が払われるよう、研修の実施その他の必要な配慮をし、国の施策に協力する努力義務を負う（同法25条の２第２項）。また、事業主は、自ら（法人においては役員）も、育児休業等関係言動問題に対する関心と理解を深め、労働者に対する言動に必要な注意を払うように努める義務（同条３項）を負う。

なお、各労働者も、育児休業等関係言動問題に対する関心と理解を深め、他の労働者に対する言動に必要な注意を払い、ハラスメント防止のために事業主が講ずる措置に協力する努力義務を負う（同条４項）。

3　紛争解決制度の整備

改正前育児介護休業法52条の６は、同法に定める事項についての労働者と事業主との間の紛争に係る紛争解決につき、均等法の定めを準用している。従って、均等法上の紛争についての調停手続に関する改正（改正均等法20条）は、育児介護休業法上の紛争に関する紛争調停委員会の調停にも準用されることになる。

「職場におけるパワーハラスメントに関して雇用管理上講ずべき措置等に関する指針」の制定に伴い、育児介護休業法28条に基づく「子の養育又は家族介護を行い、又は行うこととなる労働者の職業生活と家庭生活との両立が図られるようにするために事業主が講ずべき措置に関する指針」も一部改正が見込まれている。具体的な改正点としては、①職場におけるハラスメントの相談を行ったこと等を理由とする不利益取扱いの禁止に関する事項、②事業者（法人にあっては、その役員）及び労働者が、それぞれハラスメントの問題に対する関心と理解を深め、言動に必要な注意を払うよう努めることに関する事項、③各種ハラスメントに共通した一元的な相談体制の整備に関する事項等が定められる予定である。

第５　労働施策総合推進法の改正―職場におけるパワーハラスメント防止対策の創設

1　改正の背景・趣旨

職場のパワーハラスメントについては、「職場のいじめ・嫌がらせ問題に関する円卓会議」の「職場のパワーハラスメントの予防・解決に向けた提言」（平成24年３月）を踏まえ、行政レベルでは、この防止を目指し、周知・啓発を中心とする活動が行われてきた（「職場のパワーハラスメント対策の推進について」（平24.9.10地発0910第５

号／基発0910第３号。平26.4.3地発0403第１号／基発0403第２号、平27.6.4地発0604第１号／基発0604第３号、及び平28.4.1地発0401第５号／基発0401第73号で改正）。

働き方改革実行計画（2017年３月28日働き方改革実現会議決定）において、職場のパワーハラスメント防止を強化するための対策を検討することが盛り込まれたことから、労働政策審議会の雇用環境・均等分科会においても検討対象となった。そして、雇用環境・均等分科会報告は、嫌がらせ、いじめ又は暴行を受けたことによる精神障害の労災認定件数が増加傾向にあること（2017年度で88件。厚労省2018年７月６日報道発表・2017年度「過労死等の労災補償状況」。なお、2018年度は69件とやや減少した。厚生労働省2019年６月28日報道発表・2018年度「過労死等の労災補償状況」）や、都道府県労働局における民事上の個別労働紛争相談件数中、職場の「いじめ・嫌がらせ」の相談件数が2017年度まで６年連続でトップであること（なお、2018年度も相談件数82,797件（前年度比14.9％増）で過去最高・７年連続トップである。厚生労働省2019年６月26日報道発表「平成30年度個別労働紛争解決制度の施行状況」）等を踏まえて、「職場のパワーハラスメント防止は喫緊の課題であり、現在、法的規制がない中で、対策を抜本的に強化することが社会的に求められている。」とした上で、「職場のパワーハラスメントの防止について、企業の現場において確実に予防・解決に向けた措置を講じることが不可欠であることから、事業主に対し、その雇用する労働者が自社の労働者等（役員等を含む。）からパワーハラスメントを受けることを防止するための雇用管理上の措置を義務付けることが適当である。」と答申した。

以上の経緯を経て、改正法により、労働施策総合推進法に、パワーハラスメント防止に関する事業主の責務に関する規定が新たに追加される。

なお、労働施策総合推進法（旧：雇用対策法）は、もともと憲法27条１項に定める国民の勤労の権利を実現するために、労働市場の整備に関する国の政策義務を定めることを目的とする法律であったが、平成13年以降の改正により、事業主の責務として、①事業規模の縮小等に伴い離職を余儀なくされる労働者の円滑な再就職の援助等（６条２項、24条ないし27条１項）、②青少年の募集及び採用その他雇用管理の改善並びに能力開発等（旧７条。平成27年の勤労青少年福祉法改正に伴い、同法に移置）、③外国人の雇用管理の改善、再就職の促進等の措置（８条、28条１項）、並びに④募集及び採用における年齢にかかわりない均等な機会の確保（10条）が盛り込まれてきた。事業主のこれらの責務は、主として外部労働市場との接続の局面（募集、採用、再就職）に関するものであったが、働き方改革関連法により、労働時間の短縮その他の労働条件の改善その他労働者の就業環境の整備に関する義務が追加されたこと（同法による改正後の６条１項）に加え、改正法により、パワーハラスメント防止に関する措置義務が盛り込まれることから、労働施策総合推進法は、現に雇用されている労働者の就業環境の改善に関する法律としての性格が強まっているといえよう。

2　改正の内容

(1)　職場のパワーハラスメントの定義

従前、パワーハラスメントに法律上の定義はなかったが、改正労働施策総合推進法は、これを「職場において行われる優越的な関係を背景とした言動であって、業務上必要かつ相当な範囲を超えたもの」(「職場における優越的な関係を背景とした言動」）と整理した上で、事業者に対し、当該言動により「労働者の就業環境が害されることのないよう」措置を講ずることを義務付けている（30条の２第１項)。従って、労働施策総合推進法上、パワーハラスメントとは、①職場において行われる、②業務上必要かつ相当な範囲を超える、③優越的な関係を背景とした、④言動であって、⑤労働者の就業環境を害するものということになる。

(2)　事業主の措置義務及び不利益取扱いの禁止

事業主は、職場における優越的な関係を背景とした言動により、労働者の就業環境が害されることのないよう、当該労働者の相談に応じ、適切に対応するために必要な体制の整備その他雇用管理上必要な措置を講じなければならない（改正労働施策総合推進法30条の２第１項)。また、事業主は、労働者がパワーハラスメントの相談を行ったこと、又は事業主による相談対応に協力する際に事実を述べたことを理由として、解雇その他不利益な取扱いをすることが禁止される（同条２項)。

さらに、事業主は、労働者の就業環境を害する職場における優越的な関係を背景とした言動の防止その他当該言動に起因する問題（「優越的言動問題」）に対するその労働者の関心と理解を深め、労働者間で言動に必要な注意が払われるよう、研修の実施その他の必要な配慮をし、国の施策に協力する努力義務を負う（改正労働施策総合推進法30条の３第２項)。また、事業主は、自ら（法人においては役員）も、優越的言動問題に対する関心と理解を深め、労働者に対する言動に必要な注意を払うように努める義務（同条３項）を負う。

各労働者も、優越的言動問題に対する関心と理解を深め、他の労働者に対する言動に必要な注意を払い、パワーハラスメント防止のために事業主が講ずる措置に協力する努力義務を負う（同条４項)。

なお、改正法に係る衆議院の附帯決議において、ハラスメントの根絶に向け、損害賠償請求の根拠となり得るハラスメント行為そのものを禁止する規定の法制化の必要性を検討することとされている。

(3) 紛争解決制度の整備

改正労働施策総合推進法は、30条の2第1項及び第2項に定める事業主の雇用管理上の措置についての労働者と事業主との間の紛争について、都道府県労働局長による助言、指導又は勧告（30条の5）、紛争調整委員による調停（30条の6）を定めている。調停の手続については、育児介護休業法と同様に、均等法の規定が準用される（30条の7）。

(4) 履行確保

厚生労働大臣は、もともとこの法律の施行に関し必要があるときは、事業主に対して助言、指導又は勧告をすることができる（改正前労働施策総合推進法33条）。改正後は、措置義務に違反している事業主に対し、勧告をしても従わないときは、その旨を公表することができる（改正労働施策総合推進法33条2項）。

3 職場におけるパワーハラスメントに関して雇用管理上講ずべき措置等に関する指針

(1) 指針の制定状況

厚生労働大臣は、前記の事業主の措置義務及び不利益取扱いの禁止に関して、その適切かつ有効な実施を図るために必要な指針を定める（改正労働施策総合推進法30条の2第3項）。2019年12月1日現在、同指針は未制定であるが、2019年11月20日の第22回労働政策審議会雇用環境・均等分科会における配布資料として、「事業主が職場における優越的な関係を背景とした言動に起因する問題に関して雇用管理上講ずべき措置等についての指針（案）（修正案）」（以下「指針案」という。）が公表されている（厚生労働省ウェブサイトhttps://www.mhlw.go.jp/stf/shingi/shingi-rousei_126989.html）。指針は、2020年1月上旬の告示が予定されている。なお、改正法に係る国会の附帯決議には、指針の策定に当たり、①包括的に行為類型を明記する等、職場におけるあらゆるハラスメントに対応できるよう検討すること、②措置義務の前提として、職場のパワーハラスメントの具体的な定義等を示すこと、③自社の労働者が取引先、顧客等の第三者から受けたハラスメント及び自社の労働者が取引先に対して行ったハラスメント（いわゆる「カスタマーハラスメント」）にも雇用管理上の配慮が求められることを明記すること、④性的指向・性自認に関するハラスメント及び性的指向・性自認の望まぬ暴露（いわゆる「アウティング」）も対象になり得ること等が含まれており、指針案は、これらの附帯決議を反映した内容となっている。

(2)　指針案の概要

ア　職場におけるパワーハラスメントの内容

(ア)　職場におけるパワーハラスメントとは、職場において行われる①優越的な関係を背景とした言動であって、②業務上必要かつ相当な範囲を超えたものにより、③労働者の就業環境が害されるものであり、①ないし③の全てを満たすものをいう。但し、客観的にみて、業務上必要かつ相当な範囲で行われる適正な業務指示や指導は、職場におけるパワーハラスメントには該当しない。

(イ)「職場」とは、事業主が雇用する労働者が業務を遂行する場所を指し、当該労働者が通常就業している場所以外の場所であっても、当該労働者が業務を遂行する場所については、「職場」に含まれる。

(ウ)「労働者」とは、いわゆる正規雇用労働者のみならず、パートタイム労働者、契約社員等いわゆる非正規雇用労働者を含む、事業主が雇用する労働者の全てをいう。派遣労働者については、派遣元事業主のみならず、労働者派遣の役務の提供を受ける者との関係でも労働者に含まれる。

(エ)「優越的な関係を背景とした」言動とは、事業主の業務を遂行するに当たって、当該言動を受ける労働者が当該言動の行為者に対して抵抗又は拒絶することができない蓋然性が高い関係を背景として行われるものを指し、例えば、以下のもの等が含まれる。

(i)職務上の地位が上位の者による言動

(ii)同僚又は部下による言動で、当該言動を行う者が業務上必要な知識や豊富な経験を有しており、当該者の協力を得なければ業務の円滑な遂行を行うことが困難であるもの

(iii)同僚又は部下からの集団による行為で、これに抵抗又は拒絶することが困難であるもの

(オ)「業務上必要かつ相当な範囲を超えた」言動とは、社会通念に照らし、当該言動が明らかに当該事業主の業務上必要性がない、又はその態様が相当でないものを指し、例えば、以下のもの等が含まれる。

(i)業務上明らかに必要のない言動

(ii)業務の目的を大きく逸脱した言動

(iii)業務を遂行するための手段として不適当な言動

(iv)当該行為の回数、行為者の数等、その態様や手段が社会通念に照らして許容される範囲を超える言動

(カ)「業務上必要かつ相当な範囲を超えた」言動に該当するかどうかの判断に当たっては、様々な要素（当該言動の目的、当該言動を受けた労働者の問題

行動の有無や内容・程度を含む当該言動が行われた経緯や状況、業種・業態、業務の内容・性質、当該言動の態様・頻度・継続性、労働者の属性や心身の状況、行為者との関係性等）を総合的に考慮する。その際には、個別の事案における労働者の行動が問題となる場合は、その内容・程度とそれに対する指導の態様等の相対的な関係性が重要な要素となる。

(キ)「労働者の就業環境を害される」とは、当該言動により労働者が身体的又は精神的に苦痛を与えられ、労働者の就業環境が不快なものとなったため、能力の発揮に重大な悪影響が生じる等当該労働者が就業する上で看過できない程度の支障が生じることを指す。この判断に当たっては、「平均的な労働者の感じ方」、すなわち、同様の状況で当該言動を受けた場合に、社会一般の労働者の多くが、就業する上で看過できない程度の支障が生じたと感じるような言動であるかどうかを基準とする。

イ　類型ごとの職場におけるパワーハラスメントの該当例及び非該当例（優越的な関係の存在が前提）

個別の事案について、職場におけるパワーハラスメント該当性を判断するに当たっては、「業務上必要かつ相当な範囲を超えた」言動に関する上記の考慮要素のほか、当該言動により労働者が受ける身体的又は精神的な苦痛の程度等を総合考慮して判断することが必要である。

このため、個別の事案の判断に際しては、相談窓口の担当者等がこうした事項に十分留意し、相談を行った労働者（以下「相談者」という。）の心身の状況や当該言動が行われた際の受け止めなどその認識にも配慮しながら、相談者及び行為者の双方から丁寧に事実確認等を行うことも重要であり、これらのことを十分踏まえて、予防から再発防止に至る一連の措置を適切に講じることが必要である。

類型	該当すると考えられる例	該当しないと考えられる例
身体的な攻撃（暴行・傷害）	・殴打、足蹴りを行うこと。 ・怪我をしかねない物を投げつけること。	・誤ってぶつかること。
精神的な攻撃（脅迫・名誉棄損・侮辱・ひどい暴言）	・人格を否定するような言動を行うこと。（例えば、相手の性的指向・性自認に関する侮辱的な言動を行うことを含む。） ・業務の遂行に関する必要以上に長時間にわたる厳しい叱責を繰り返し行うこと。 ・他の労働者の面前における大声での威圧的な叱責を繰り返し行うこと。 ・相手の能力を否定し、罵倒するような内容の電子メール等を当該相手を含む複数の労働者宛てに送信すること。	・遅刻など社会的ルールを欠いた言動が見られ、再三注意してもそれが改善されない労働者に対して一定程度強く注意をすること。 ・その企業の業務の内容や性質等に照らして重大な問題行動を行った労働者に対して、一定程度強く注意をすること。

人間関係からの切り離し（隔離・仲間外し・無視）	・自身の意に沿わない労働者に対して、仕事を外し、長期間にわたり、別室に隔離したり、自宅研修させたりすること。 ・一人の労働者に対して同僚が集団で無視をし、職場で孤立させること。	・新規に採用した労働者を育成するために短期間集中的に個室で研修等の教育を実施すること。 ・懲戒規定に基づき処分を受けた労働者に対し、通常の業務に復帰させるために、その前に、一時的に別室で必要な研修を受けさせること。
過大な要求（業務上明らかに不要なことや遂行不可能なことの強制・仕事の妨害）	・長期間にわたる、肉体的苦痛を伴う過酷な環境下での勤務に直接関係のない作業を命ずること。 ・新卒採用者に対し、必要な教育を行わないまま到底対応できないレベルの業績目標を課し、達成できなかったことに対し厳しく叱責すること。 ・労働者に業務とは関係のない私的な雑用の処理を強制的に行わせること。	・労働者を育成するために現状よりも少し高いレベルの業務を任せること。 ・業務の繁忙期に、業務上の必要性から、当該業務の担当者に通常時よりも一定程度多い業務の処理を任せること。
過少な要求（業務上の合理性なく能力や経験とかけ離れた程度の低い仕事を命じることや仕事を与えないこと）	・管理職である労働者を退職させるため、誰でも遂行可能な業務を行わせること。 ・気にいらない労働者に対して嫌がらせのために仕事を与えないこと。	・労働者の能力に応じて、一定程度業務内容や業務量を軽減すること。
個の侵害（私的なことに過度に立ち入ること）	・労働者を職場外でも継続的に監視したり、私物の写真撮影をしたりすること。 ・労働者の性的指向・性自認や病歴、不妊治療等の機微な個人情報について、当該労働者の了解を得ずに他の労働者に暴露すること。	・労働者への配慮を目的として、労働者の家族の状況等についてヒアリングを行うこと。 ・労働者の了解を得て、当該労働者の性的指向・性自認や病歴、不妊治療等の機微な個人情報について、必要な範囲で人事労務部門の担当者に伝達し、配慮を促すこと。

ウ　職場におけるパワーハラスメントに起因する問題に関し、事業主が雇用管理上講ずべき措置の内容

㈠　事業主の方針等の明確化及びその周知・啓発

事業主は、職場におけるパワーハラスメントに関する方針の明確化、労働者に対するその方針の周知・啓発として、次の措置を講じなければならない。

周知・啓発に際しては、職場におけるパワーハラスメントの防止の効果を高めるため、その発生の原因や背景について労働者の理解を深めることが重要である。職場におけるパワーハラスメントの発生の原因や背景には、労働者同士のコミュニケーションの希薄化などの職場環境の問題もあると考えられるので、これらを幅広く解消していくことが職場におけるパワーハラスメントの防止の効果を高める上で重要であることに留意が必要である。

(i)職場におけるパワーハラスメントの内容及び職場におけるパワーハラスメントを行ってはならない旨の方針を明確化し、管理・監督者を含む労働者に周知・啓発すること。

（事業主の方針等を明確化し、労働者に周知・啓発していると認められる例）

①就業規則その他の職場における服務規律等を定めた文書において、職場におけるパワーハラスメントを行ってはならない旨の方針を規定し、当該規定と併せて、職場におけるパワーハラスメントの内容及びその発生の原因や背景を労働者に周知・啓発すること。

②社内報、パンフレット、社内ホームページ等広報又は啓発のための資料等に職場におけるパワーハラスメントの内容及びその発生の原因や背景並びに職場におけるパワーハラスメントを行ってはならない旨の方針を記載し、配布等すること。

③職場におけるパワーハラスメントの内容及びその発生の原因や背景並びに職場におけるパワーハラスメントを行ってはならない旨の方針を労働者に対して周知・啓発するための研修、講習等を実施すること。

(ii)職場におけるパワーハラスメントに係る言動を行った者については、厳正に対処する旨の方針及び対処の内容を就業規則その他の職場における服務規律等を定めた文書に規定し、管理・監督者を含む労働者に周知・啓発すること。

（対処方針を定め、労働者に周知・啓発していると認められる例）

①就業規則その他の職場における服務規律等を定めた文書において、職場におけるパワーハラスメントに係る言動を行った者に対する懲戒規定を定め、その内容を労働者に周知・啓発すること。

②職場におけるパワーハラスメントに係る言動を行った者は、現行の就業規則その他の職場における服務規律等を定めた文書において定められている懲戒規定の適用の対象となる旨を明確化し、これを労働者に周知・啓発すること。

(イ)　相談（苦情を含む。）に応じ、適切に対応するために必要な体制の整備

事業主は、労働者からの相談に対し、その内容や状況に応じ適切かつ柔軟に対応するために必要な体制の整備として、次の措置を講じなければならない。

(i)相談への対応のための窓口（相談窓口）をあらかじめ定め、労働者に周知すること。

（相談窓口をあらかじめ定めていると認められる例）

①相談に対応する担当者をあらかじめ定めること。

②相談に対応するための制度を設けること。

③外部の機関に相談への対応を委託すること。

(ii)相談窓口の担当者が、相談に対し、その内容や状況に応じ適切に対応できるようにすること。また、相談窓口においては、被害を受けた労働者が萎縮するなどして相談を躊躇する例もあること等も踏まえ、相談者の心身の状況や当該言動が行われた際の受け止めなどその認識にも配慮しながら、職場におけるパワーハラスメントが現実に生じている場合だけでなく、その発生のおそれがある場合や、職場におけるパワーハラスメントに該当するか否か微妙な場合であっても、広く相談に対応し、適切な対応を行うようにすること。例えば、放置すれば就業環境を害するおそれがある場合や、労働者同士のコミュニケーションの希薄化などの職場環境の問題が原因や背景となってパワーハラスメントが生じるおそれがある場合等が考えられる。

（相談窓口の担当者が適切に対応することができるようにしていると認められる例）

①相談窓口の担当者が相談を受けた場合、その内容や状況に応じて、相談窓口の担当者と人事部門とが連携を図ることができる仕組みとすること。

②相談窓口の担当者が相談を受けた場合、あらかじめ作成した留意点などを記載したマニュアルに基づき対応すること。

③相談窓口の担当者に対し、相談を受けた場合の対応についての研修を行うこと。

(ウ)　職場におけるパワーハラスメントに係る事後の迅速かつ適切な対応

事業主は、職場におけるパワーハラスメントに係る相談の申出があった場合において、その事案に係る事実関係の迅速かつ正確な確認及び適正な対処として、次の措置を講じなければならない。

(i)事案に係る事実関係を迅速かつ正確に確認すること。

（事案に係る事実関係を迅速かつ正確に確認していると認められる例）

①相談窓口の担当者、人事部門又は専門の委員会等が、相談者及び行為者の双方から事実関係を確認すること。その際、相談者の心身の状況や当該言動が行われた際の受け止めなどその認識にも適切に配慮すること。また、相談者と行為者との間で事実関係に関する主張に不一致があり、事実の確認が十分にできないと認められる場合には、第三者からも事実関係を聴取する等の措置を講ずること。

②事実関係を迅速かつ正確に確認しようとしたが、確認が困難な場合などにおいて、法30条の６に基づく調停の申請を行うことその他中立な第三者機関に紛争処理を委ねること。

(ii)職場におけるパワーハラスメントが生じた事実が確認できた場合においては、速やかに被害を受けた労働者（以下「被害者」という。）に対する配慮のための措置を適正に行うこと。

（措置を適正に行っていると認められる例）

①事案の内容や状況に応じ、被害者と行為者の間の関係改善に向けての援助、被害者と行為者を引き離すための配置転換、行為者の謝罪、被害者の労働条件上の不利益の回復、管理監督者又は事業場内産業保健スタッフ等によ

る被害者のメンタルヘルス不調への相談対応等の措置を講ずること。
②法30条の6に基づく調停その他中立な第三者機関の紛争解決案に従った措置を被害者に対して講ずること。
(iii)職場におけるパワーハラスメントが生じた事実が確認できた場合においては、行為者に対する措置を適正に行うこと。
（措置を適正に行っていると認められる例）
①就業規則その他の職場における服務規律等を定めた文書における職場におけるパワーハラスメントに関する規定等に基づき、行為者に対して必要な懲戒その他の措置を講ずること。あわせて、事案の内容や状況に応じ、被害者と行為者の間の関係改善に向けての援助、被害者と行為者を引き離すための配置転換、行為者の謝罪等の措置を講ずること。
②法30条の6に基づく調停その他中立な第三者機関の紛争解決案に従った措置を行為者に対して講ずること。
(iv)改めて職場におけるパワーハラスメントに関する方針を周知・啓発する等の再発防止に向けた措置を講ずること。なお、職場におけるパワーハラスメントが生じた事実が確認できなかった場合においても、同様の措置を講ずること。
（再発防止に向けた措置を講じていると認められる例）
①職場におけるパワーハラスメントを行ってはならない旨の方針及び職場におけるパワーハラスメントに係る言動を行った者について厳正に対処する旨の方針を、社内報、パンフレット、社内ホームページ等広報又は啓発のための資料等に改めて掲載し、配布等すること。
②労働者に対して職場におけるパワーハラスメントに関する意識を啓発するための研修、講習等を改めて実施すること。
(v)上記の各措置と併せて講ずべき措置
①職場におけるパワーハラスメントに係る相談者・行為者等の情報は当該相談者・行為者等のプライバシーに属するものであることから、相談への対応又は当該パワーハラスメントに係る事後の対応に当たっては、相談者・行為者等のプライバシーを保護するために必要な措置を講ずるとともに、その旨を労働者に対して周知すること。
　なお、相談者・行為者等のプライバシーには、性的指向・性自認や病歴、不妊治療等の機微な個人情報も含まれる。
（相談者・行為者等のプライバシーを保護するために必要な措置を講じていると認められる例）
・相談者・行為者等のプライバシーの保護のために必要な事項をあらかじめ

マニュアルに定め、相談窓口の担当者が相談を受けた際には、当該マニュアルに基づき対応するものとすること。

・相談者・行為者等のプライバシーの保護のために、相談窓口の担当者に必要な研修を行うこと。

・相談窓口においては相談者・行為者等のプライバシーを保護するために必要な措置を講じていることを、社内報、パンフレット、社内ホームページ等広報又は啓発のための資料等に掲載し、配布等すること。

②法30条の２第２項、30条の５第２項、30条の６第２項の規定を踏まえ、労働者が職場におけるパワーハラスメントに関し相談をしたこと若しくは事実関係の確認等の事業主の雇用管理上講ずべき措置に協力したこと、都道府県労働局に対して相談、紛争解決の援助の求め若しくは調停の申請を行ったこと又は調停の出頭の求めに応じたこと（以下「パワーハラスメントの相談等」という。）を理由として、解雇その他不利益な取扱いをされない旨を定め、労働者に周知・啓発すること。

（不利益な取扱いをされない旨を定め、労働者にその周知・啓発することについて措置を講じていると認められる例）

・就業規則その他の職場における職務規律等を定めた文書において、パワーハラスメントの相談等を理由として、労働者が解雇等の不利益な取扱いをされない旨を規定し、労働者に周知・啓発をすること。

・社内報、パンフレット、社内ホームページ等広報又は啓発のための資料等に、パワーハラスメントの相談等を理由として、労働者が解雇等の不利益な取扱いをされない旨を記載し、労働者に配布等すること。

エ　事業主が職場における優越的な関係を背景とした言動に起因する問題に関し行うことが望ましい取組の内容

(ア)　職場におけるパワーハラスメントは、セクシュアルハラスメント、妊娠、出産等に関するハラスメント、育児休業等に関するハラスメントその他のハラスメントと複合的に生じることも想定されることから、事業主は、例えば、セクシュアルハラスメント等の相談窓口と一体的に、職場におけるパワーハラスメントの相談窓口を設置し、一元的に相談に応じることのできる体制を整備することが望ましい。

（一元的に相談に応じることのできる体制の例）

(i)相談窓口で受け付けることのできる相談として、職場におけるパワーハラスメントのみならず、セクシュアルハラスメント等も明示すること。

(ii)職場におけるパワーハラスメントの相談窓口がセクシュアルハラスメント

等の相談窓口を兼ねること。

(イ)　事業主は、職場におけるパワーハラスメントの原因や背景となる要因を解消するため、次の各取組を行うことが望ましい。なお、取組を行うに当たっては、労働者個人のコミュニケーション能力の向上を図ることは、職場におけるパワーハラスメントの行為者・被害者の双方になることを防止する上で重要であることや、業務上必要かつ相当な範囲で行われる適正な業務指示や指導については、職場におけるパワーハラスメントには該当せず、労働者が、こうした適正な業務指示や指導を踏まえて真摯に業務を遂行する意識を持つことも重要であることに留意することが必要である。

(i)コミュニケーションの活性化や円滑化のために研修等の必要な取組を行うこと。

(コミュニケーションの活性化や円滑化のために必要な取組例)

①日常的なコミュニケーションを取るよう努めることや定期的に面談やミーティングを行うことにより、風通しの良い職場環境や互いに助け合える労働者同士の信頼関係を築き、コミュニケーションの活性化を図ること。

②感情をコントロールする手法についての研修、コミュニケーションスキルアップについての研修、マネジメントや指導についての研修等の実施や資料の配布等により、労働者の感情をコントロールする能力、コミュニケーションを円滑に進める能力等の向上を図ること。

(ii)適正な業務目標の設定等の職場環境の改善のための取組を行うこと。

(職場環境の改善のための取組例)

・適正な業務目標の設定や適正な業務体制の整備、業務の効率化による過剰な長時間労働の是正等を通じて、労働者に肉体的・精神的負荷を強いる職場環境や組織風土を改善すること。

(iii)事業主は、前記ウの措置を講じる際に、必要に応じて、労働者や労働組合等の参画を得つつ、アンケート調査や意見交換等を実施するなどにより、その運用状況の的確な把握や必要な見直しの検討等に努めることが重要。なお、労働者や労働組合等の参画を得る方法として、例えば、労安衛法18条1項に規定する衛生委員会の活用なども考えられる。

オ　事業主が自らの雇用する労働者以外の者に対する言動に関し行うことが望ましい取組の内容

事業主及び労働者の責務の趣旨に鑑みれば、事業主は、当該事業主が雇用する労働者が、他の労働者（他の事業主が雇用する労働者及び求職者を含む。）のみならず、個人事業主、インターンシップを行っている者等の労働者以外の者に対する言動についても必要な注意を払うよう配慮するとともに、事業主（その者が法人である場合にあっては、その役員）自らと労働者も、労働者以外の者に対する言動について必要な注意を払うよう努めることが望ましい。

職場におけるパワーハラスメントを行ってはならない旨の方針の明確化等を行う際に、当該事業主の雇用する労働者以外の者（他の事業主が雇用する労働者、就職活動中の学生等の求職者及び労働者以外の者）に対する言動についても、同様の方針を併せて示すことが望ましい。また、これらの者から職場におけるパワーハラスメントに類すると考えられる相談があった場合には、その内容を踏まえて、必要に応じて適切な対応を行うように努めることが望ましい。

カ　事業主が他の事業主の雇用する労働者等からのパワーハラスメントや顧客等からの著しい迷惑行為に関し行うことが望ましい取組の内容

事業主は、取引先等の他の事業主が雇用する労働者又は他の事業主（その者が法人である場合にあっては、その役員）からのパワーハラスメントや顧客等からの著しい迷惑行為（暴行、脅迫、ひどい暴言、著しく不当な要求等）により、その雇用する労働者が就業環境を害されることのないよう、雇用管理上、次の各取組を行うことが望ましい。

(ア)　相談に応じ、適切に対応するために必要な体制の整備

事業主は、他の事業主が雇用する労働者等からのパワーハラスメントや顧客等からの著しい迷惑行為に関する労働者からの相談に対し、その内容や状況に応じ適切かつ柔軟に対応するために必要な体制の整備として、次の各取組を行うことが望ましい。また、併せて、労働者が当該相談をしたことを理由として、解雇その他不利益な取扱いを行ってはならない旨を定め、労働者に周知・啓発することが望ましい。

(i)相談先（上司、職場内の担当者等）をあらかじめ定め、これを労働者に周知すること。

(ii)相談を受けた者が、相談に対し、その内容や状況に応じ適切に対応できるようにすること。

(イ)　被害者への配慮のための取組

事業主は、相談者から事実関係を確認し、他の事業主が雇用する労働者等からのパワーハラスメントや顧客等からの著しい迷惑行為が認められた場合には、速やかに被害者に対する配慮のための取組を行うことが望ましい。

（被害者への配慮のための取組例）

(i)事案の内容や状況に応じ、被害者のメンタルヘルス不調への相談対応、著しい迷惑行為を行った者に対する対応が必要な場合に、一人で対応させない等の取組を行うこと。

(ウ)　他の事業主が雇用する労働者等からのパワーハラスメントや顧客等からの著しい迷惑行為による被害を防止するための取組

上記(ア)及び(イ)の取組のほか、他の事業主が雇用する労働者等からのパワーハラスメントや顧客等からの著しい迷惑行為からその雇用する労働者が被害を受けることを防止する上では、事業主が、こうした行為への対応に関するマニュアルの作成や研修の実施等の取組を行うことも有効と考えられる。

(3)　指針案のポイント

ア　保護すべき労働者の範囲

指針案は、事業主が講ずる雇用管理上の措置により保護の対象となる労働者には、いわゆる正規雇用労働だけでなく、パートタイム労働者、契約社員、派遣労働者等のいわゆる非正規労働者を含め、事業主が雇用する労働者の全てであることを明らかにしている。派遣労働者については、派遣元事業主だけでなく派遣先事業主との関係でも、パワーハラスメントの相談を行ったこと等を理由とする不利益取扱いが禁止されることが明記されている。

また、指針案は、パワーハラスメントの要件の１つである「優越的な関係を背景とした」言動に関し、職務上の地位が上位の者による言動だけでなく、状況によっては、同僚又は部下による言動も含まれることを明らかにしている。

さらに、指針案は、①自社の労働者が取引先、顧客等の第三者から受けたハラスメント（いわゆる「カスタマーハラスメント」）、並びに②自社の労働者が、他の労働者（他の事業主が雇用する労働者及び求職者）や、個人事業主、インターンシップ中の者等、労働者以外の者に対して行ったハラスメントについても、雇用管理上の配慮（望ましい取組）が求められるとしている。

以上を総合すると、指針案は、事業主に対し、自らが実際に使用する全ての労働者を対象に、上司から部下に対する一方向だけでなく、同僚同士の間や部下から上司に対する方向でも、また、社内の者だけでなく社外の者との関係でも、パワーハラスメントが生じうることを前提に、かつ、労働者が被害者にも加害者にもなりうることを想定して、雇用管理上の措置を講じること求めているものと評価できよう。念の為であるが、事業主は、社外の者（自らが雇用していない者）に対して直接、雇用管理上の措置を採ることを求められているわけではない。但し、自社の労働者が、他社の労働者や、求職者、個人事業主、インターンシップ中の者等に対してパワーハラスメントを行わないように周知・啓発等を行うことは、まさに自社の労働者に関する措置義務の内容である。また、例えば、自社の労働者が取引先の労働者からパワーハラスメントを受けた場合に、当該取引先に対しパワーハラスメントを止めるよう求めることは、自社の労働者に関する措置義務の内容に含まれうると考えられる（セクシュアルハラスメントに関するものであるが、2019.5.8衆議院本会議における根本匠厚労大臣の発言）。

イ　「業務上必要かつ相当な範囲を超えた」の判断要素

指針案では、パワーハラスメントの要件の１つである「業務上必要かつ相当な範囲を超えた」言動の認定に関し、当該言動の目的、当該言動を受けた労働者の問題行動の有無や内容･程度を含む当該言動が行われた経緯や状況、業種･業態、業務の内容・性質、当該言動の態様・頻度・継続性、労働者の属性や状況、行為者との関係性、そして、当該言動により労働者が受ける身体的又は精神的な苦痛の程度等、様々な要素を総合考慮して判断することが必要であるとしている。また、個別の事案における労働者の行動が問題となる場合は、その内容・程度とそれに対する指導の態様等の相対的な関係性が重要な要素となるとする。以上の記載からすると、「業務上必要かつ相当な範囲を超えた」かどうかの判断に当たっては、個々の言動の態様よりも、当該言動が行われた文脈が重視されていると考えられる。

パワーハラスメントに関連する過去の裁判例では、パワーハラスメントと主張される行為の違法性に関し、当該行為がなされた状況全体を検討し考慮するものが多い（例えば、N社事件・東京地判平26.8.13労経速2237号24頁（「具体的にはパワハラを行ったとされた者の人間関係、当該行為の動機･目的、時間･場所、態様等を総合考慮の上、企業組織もしくは職務上の指揮命令関係にある上司等が、職務を遂行する過程において、部下に対して、職務上の地位・権限を逸脱・濫用し、社会通念に照らし客観的な見地からみて、通常人が許容し得る範囲を著しく超えるような有形・無形の圧力を加える行為をしたと評価される場合に限り、被害者の人格権を侵害するものとして民法709条の所定の不法行為を構成する」)、損害賠償等請求事件・神戸地判平29.5.31裁判所ウェブサイト、ザ・ウィンザー・ホテルズインターナショナル（自然退職）事件・東京地判平24.3.9労判1050号68頁、東京高判平25.2.27労判1072号５頁で控訴棄却など。また、「2018年労働事件ハンドブック」514頁参照）。指針案は、過去の裁判例に現れた考慮要素を整理し列挙したものといえよう。

ウ　「就業環境が害される」の判断基準

指針案は、パワーハラスメントの別の要件である「就業環境が害される」について、当該言動により労働者が身体的又は精神的に苦痛を与えられ、労働者の就業環境が不快なものとなったため、能力の発揮に重大な悪影響が生じる等当該労働者が就業する上で看過できない程度の支障が生じることであるとした上で、この判断に当たっては、「平均的な労働者の感じ方」を基準とするとしている。パワーハラスメントによる身体的又は精神的な苦痛は主観的なものであり、その程度も人によると考えられるが、「就業環境が害される」の判断に際しては、苦痛の程度も客観的に判断するということであろう。なお、身体的又は精神的な苦痛の程度は、上記のとおり、「業務上必要かつ相当な範囲を超えた」かどうかの判断の要素でもあるが、その際にも「平均的な労働者の感じ方」が基準となるのかどうかは明らかでない。

指針案には、相談者の「認識にも配慮しながら」という表現があり（上記(2)イの第２段落）、これは、改正法に係る参議院の附帯決議９-１（「パワーハラスメントの判断に際しては、「平均的な労働者の感じ方」を基準としつつ、「労働者の主観」にも配慮すること。」）を受けたものであると説明されている（第22回労働政策審議会雇用環境・均等分科会における厚生労働省雇用機会均等課長の発言）。但し、「認識」と「主観」の異同については、必ずしも明確に説明されていない。

この点に関し、セクシュアルハラスメントでは、「労働者の意に反する性的な言動」及び「就業環境を害される」の判断について、労働者の主観を重視しつつも、一定の客観性が必要であり、男女の認識の違いを踏まえ、「平均的な女性労働者の感じ方」又は「平均的な男性労働者の感じ方」を基準とするとされている（厚生労働省雇用均等・児童家庭局長「改正雇用の分野における男女の均等な機会及び待遇の確保等に関する法律の施行について」平18.10.11雇児発第1011002号、平28.8.2雇児発0802第１号）。また、公務員に関しては、「性に関する言動に対する受け止め方には個人間で差があり、セクシュアル・ハラスメントに当たるか否かについては、相手の判断が重要であること」とされている（人事院事務総長発「人事院規則10-10（セクシュアル・ハラスメントの防止等）の運用について」平10.11.13職福－442、平28.12.1職職－272）。

以上を踏まえると、パワーハラスメントとセクシュアルハラスメントでは、ハラスメント行為を受けた労働者の主観の位置付けについて、若干の違いが生ずる可能性があると考えられる。２つのハラスメント類型における主観の位置付けの違いについて、立法担当者は、セクシュアルハラスメントの場合は、対象となる言動（性的言動）自体から客観的に該当性を判断しやすいが、パワーハラスメントの場合には、「業務上必要な相当な範囲を超えた」ことが要件なので、受け手の感覚ではなく、平均的な労働者の感じ方を基準とする必要があると説明している（2019.5.23参議院厚生労働委員会における小林洋司政府参考人の発言）。

エ　パワーハラスメント行為の具体的例示

指針案は、パワーハラスメントを、①暴行・傷害（身体的な攻撃）、②脅迫・

名誉棄損・侮辱・ひどい暴言（精神的な攻撃)、③隔離・仲間外し・無視（人間関係からの切り離し)、④業務上明らかに不要なことや遂行不可能なことの強制、仕事の妨害（過大な要求)、⑤業務上の合理性なく能力や経験とかけ離れた程度の低い仕事を命じることや仕事を与えないこと（過小な要求)、及び⑥私的なことに過度に立ち入ること（個の侵害）の６類型に整理し、類型ごとに、該当すると考えられる例と該当しないと考えられる例とを例示している。しかしながら、例示されたケースは、その大半がおそらく容易に判断できるようなケースであり、指針案の素案段階から、より判断が難しい例が削除ないし修正されている。例えば、「過少な要求」に該当しないと考えられる例に関し、素案にあった「経営上の理由により、一時的に、能力に見合わない簡易な業務に就かせること」は削除され、「精神的な攻撃」に該当しない例に関し、「強く注意をする」が「一定程度強く注意する」に変更されている。また、パワーハラスメント該当性判断に当たっては、「質的にも量的にも一定の違法性を具備していることが必要」と考えられているところ（前掲N社事件・東京地判平26.8.13労経速2237号24頁及び神戸地判平29.5.31裁判所ウェブサイト、けん責処分無効確認等請求事件・東京地判平27.3.18D1-Law.com判例体系)、質的な側面はともかく、量的な側面に関し、指針案は判断基準を提示していない。従って、指針案の該当例・非該当例は、実務上、必ずしも明確な指針を提供しているとはいいがたいと考えられる。

指針案は､「私的なことに過度に立ち入ること（個の侵害)」の例として､「労働者の性的指向・性自認や病歴、不妊治療等の機微な個人情報について、当該労働者の了解を得ずに他の労働者に暴露すること」(いわゆる「アウティング」)を挙示している。これは、前記の改正法に係る衆議院の附帯決議を受けたものと考えられる。

セクシュアルハラスメントの関係で、「事業主が職場における性的な言動に起因する問題に関して雇用管理上講ずべき措置についての指針」（平18厚生労働省告示第615号、平28.8.2厚生労働省告示第 314号）は、「性的な言動」には、性的な事実関係を尋ねること、性的な内容の情報を意図的に流布すること等を含むとし、「環境型セクシュアルハラスメント」の例として「同僚が取引先において労働者に係る性的な内容の情報を意図的かつ継続的に流布したため、当該労働者が苦痛に感じて仕事が手につかないこと」を挙げている。厳密には性的な事実関係・情報ではないが、同様に秘匿性が高い機微な個人情報はほかにも存在することから、指針素案は、性的な事実関係・情報以外の機微な個人情報を対象に、これを流布する行為をパワーハラスメントとして整理したものであると考えられる。

但し、アウティングは、本人以外の第三者に対して情報を暴露する行為であり、労働者本人に対する言動ではない。にもかかわらず、それを常に「優越的な関係を背景とした」言動であると評価できるのかどうか、理論上の課題が残っているように思われる。

オ　職場のコミュニケーションの再構築

指針案は、「職場におけるパワーハラスメントの発生の原因や背景には、労働者同士のコミュニケーションの希薄化などの職場環境の問題もあると考えられる」との問題意識に立ち、コミュニケーションの希薄化などの問題を幅広く解消していくことが職場におけるパワーハラスメントの防止の効果を高める上で重要であるとしている。その上で、指針案は、コミュニケーションの活性化や円滑化のための取組として、①日常的なコミュニケーションを取るよう努めることや定期的に面談やミーティングを行うことにより、風通しの良い職場環境や互いに助け合える労働者同士の信頼関係を築く、②感情をコントロールする手法についての研修、コミュニケーションスキルアップについての研修、マネジメントや指導についての研修等の実施や資料の配布等により、労働者の感情をコントロールする能力、コミュニケーションを円滑に進める能力等の向上を図るといった施策を例示している。

一般論として、上記のような施策に反対する者はおそらくいないであろうが、パワーハラスメントは、例えば、行き過ぎた指導・教育や私的なことへの過度な立ち入り等、コミュニケーションの過剰に伴って生じることもあり、コミュニケーションの希薄化とパワーハラスメントの発生とを直接関連付けるかのような認識には、やや疑問がある。立法過程で参考にされた「職場のパワーハラスメントに関する実態調査報告書」（平成28年度厚生労働省委託事業）によれば、パワーハラスメントを受けたと感じた場合の心身への影響として「職場でのコミュニケーションが減った」こと、及び、パワーハラスメントの予防・解決のための取組を進めた結果、「職場のコミュニケーションが活性化する」という効果が報告されており、両者の間に相関関係があることは推定されるが、コミュニケーションの希薄化によってパワーハラスメントが生じるという因果関係は観察されていない。上記報告書を素直に読めば、事業主の措置義務として重要なのは、パワーハラスメントを防止・予防するための事業主の方針等の明確化及びその周知・啓発等であり、職場のコミュニケーションの再構築自体を目的とする施策は、あくまで副次的な位置付けに留まると考えられよう。

各種ハラスメントに係る事業者の措置義務等の比較（条文は改正後のもの）

	セクシュアルハラスメント	マタニティハラスメント
根拠法	均等法	均等法
定義	職場において行われる性的な言動（11条１項）	職場において行われるその雇用する女性労働者に対する当該女性労働者が妊娠したこと、出産したこと、産前産後休業を請求し、又は産前産後休業をしたことその他の妊娠又は出産に関する事由であって厚生労働省令で定めるものに関する言動（11条の３第１項、同法施行規則２条の３）
事業主の措置義務	性的な言動に対する労働者の対応により、労働者が労働条件につき不利益を受け、又は性的な言動により労働者の就業環境が害されることのないよう、労働者からの相談に応じ、適切に対応するために必要な体制の整備その他の雇用管理上必要な措置を講ずる義務（11条１項）	妊娠、出産等に関する言動により、女性労働者の就業環境が害されることのないよう、女性労働者からの相談に応じ、適切に対応するために必要な体制の整備その他の雇用管理上必要な措置を講ずる義務（11条の３第１項）
不利益取扱いの禁止	労働者が相談を行ったこと、又は事業主による相談への対応に協力した際に事実を述べたことを理由とする、解雇その他不利益な取扱いの禁止（11条２項）	労働者が相談を行ったこと、又は事業主による相談への対応に協力した際に事実を述べたことを理由とする、解雇その他不利益な取扱いの禁止（11条の３第２項による11条２項の準用）
	紛争解決の援助を求め、又は調停の申請をしたことを理由とする不利益取扱いの禁止（17条２項、18条２項）	
他の事業主への協力の努力義務	他の事業主から当該事業主の講ずる措置の実施に関し必要な協力を求められた場合には、これに応ずる努力義務（11条３項）。	なし
啓発に関する努力義務	性的言動問題に対する労働者の関心と理解を深め、労働者が他の労働者に対する言動に必要な注意を払うよう、研修の実施その他の必要な配慮をする努力義務（11条の２第２項） 自らも、性的言動問題に対する関心と理解を深め、労働者に対する言動に必要な注意を払う努力義務（11条の２第３項）	妊娠・出産関係言動問題に対する労働者の関心と理解を深め、労働者が他の労働者に対する言動に必要な注意を払うよう、研修の実施その他の必要な配慮をする努力義務（11条の４第２項） 自らも、妊娠・出産関係言動問題に対する関心と理解を深め、労働者に対する言動に必要な注意を払う努力義務（11条の４第３項）
労働者の努力義務	性的言動問題に対する関心と理解を深め、他の労働者に対する言動に必要な注意を払うとともに、事業者の講ずる措置に協力する努力義務（11条の２第４項）	妊娠・出産関係言動問題に対する関心と理解を深め、他の労働者に対する言動に必要な注意を払うとともに、事業者の講ずる措置に協力する努力義務（11条の４第４項）
措置義務に係る指針	「事業主が職場における性的な言動に起因する問題に関して雇用管理上講ずべき措置についての指針」（11条４項）	「事業主が職場における妊娠、出産等に関する言動に起因する問題に関して雇用管理上講ずべき措置についての指針」（11条の３第３項）
業務担当者選任の努力義務	男女雇用機会均等推進者を選任する努力義務（13条の２）	
紛争解決の援助	都道府県労働局長による助言、指導又は勧告（17条１項）	
調停	紛争調整委員会による調停（18条１項）	
公表	措置義務に違反し、かつ、是正勧告に従わない事業者の公表（30条）	

	育児介護休業ハラスメント	パワーハラスメント
根拠法	育児介護休業法	労働施策総合推進法
定義	職場において行われる育児休業、介護休業その他この養育又は家族の介護に関する厚生労働省令で定める制度又は措置の利用に関する言動（25条1項、同法施行規則76条）	職場において行われる優越的な関係を背景とした言動であって、業務上必要かつ相当な範囲を超えたもの（30条の2第1項）
事業主の措置義務	育児休業等に関する言動により、労働者の就業環境が害されることのないよう、労働者からの相談に応じ、適切に対応するために必要な体制の整備その他の雇用管理上必要な措置を講ずる義務（25条1項）	職場において行われる優越的な関係を背景とした言動であって、業務上必要かつ相当な範囲を超えたものにより、その雇用する労働者の就業環境が害されることのないよう、労働者からの相談に応じ、適切に対応するために必要な体制の整備その他の雇用管理上必要な措置を講ずる義務（30条の2第1項）
不利益取扱いの禁止	労働者が相談を行ったこと、又は事業主による相談への対応に協力した際に事実を述べたことを理由とする、解雇その他不利益な取扱いの禁止（25条2項）	労働者が相談を行ったこと、又は事業主による相談への対応に協力した際に事実を述べたことを理由とする、解雇その他不利益な取扱いの禁止（30条の2第2項）
	紛争解決の援助を求め、又は調停の申請をしたことを理由とする不利益取扱いの禁止（52条の4第2項、52条の5第2項）	紛争解決の援助を求め、又は調停の申請をしたことを理由とする不利益取扱いの禁止（30条の5第2項、30条の6第2項）
他の事業主への協力の努力義務	なし	なし
啓発に関する努力義務	育児休業等関係言動問題に対する労働者の関心と理解を深め、労働者が他の労働者に対する言動に必要な注意を払うよう、研修の実施その他の必要な配慮をする努力義務（25条の2第2項） 自らも、育児休業等関係言動問題に対する関心と理解を深め、労働者に対する言動に必要な注意を払う努力義務（25条の2第3項）	優越的言動問題に対する労働者の関心と理解を深め、労働者が他の労働者に対する言動に必要な注意を払うよう、研修の実施その他の必要な配慮をする努力義務（30条の3第2項） 自らも、優越的言動問題に対する関心と理解を深め、労働者に対する言動に必要な注意を払う努力義務（30条の3第3項）
労働者の努力義務	育児休業等関係言動問題に対する関心と理解を深め、他の労働者に対する言動に必要な注意を払うとともに、事業者の講ずる措置に協力する努力義務（11条の4第4項）	優越的言動問題に対する関心と理解を深め、他の労働者に対する言動に必要な注意を払うとともに、事業者の講ずる措置に協力する努力義務（30条の3 第4項）
措置義務に係る指針	「子の養育又は家族介護を行い、又は行うこととなる労働者の職業生活と家庭生活との両立が図られるようにするために事業主が講ずべき措置に関する指針」（28条）	「事業者が職場における優越的な関係を背景とした言動に起因する問題に関して雇用管理上講ずべき措置等についての指針」（30条の2第3項）
業務担当者選任の努力義務	職業家庭両立推進者を選任する努力義務（29条）	なし
紛争解決の援助	都道府県労働局長による助言、指導又は勧告（52条の4第1項）	都道府県労働局長による助言、指導又は勧告（30条の5）
調停	紛争調整委員会による調停（52条の5第1項）	紛争調整委員会による調停（30条の6）
公表	措置義務に違反し、かつ、是正勧告に従わない事業者の公表（56条の2）	措置義務に違反し、かつ、是正勧告に従わない事業者の公表（33条2項）

第3章

副業・兼業

第１　背景等

就業規則上、会社の許可なく副業・兼業してはならない旨定め、その違反を懲戒事由としているものは相当数あり（菅野「労働法」713頁）、これまで副業・兼業については、許可を得ずに副業・兼業した労働者に対する懲戒処分の効力を中心に議論がなされてきた（許可を得ずに副業・兼業した労働者に対する懲戒処分の効力については「2018年労働事件ハンドブック」231～233頁参照）。

しかしながら、2017年３月の働き方改革実行計画において、「柔軟な働き方がしやすい環境整備」として、副業・兼業の推進が明記されたことを受け、2018年１月、厚労省により「副業・兼業の促進に関するガイドライン」が策定され、また、モデル就業規則が改正され、許可制から届出制に規定振りが変更されるなど、副業・兼業の推進が図られることとなった。

以下では、副業・兼業の推進に関する実務上の留意点を述べる。

第２　副業・兼業の許可制・届出制

厚労省のモデル就業規則では、これまで「許可なく他の会社等の業務に従事しないこと」との文言が労働者の遵守事項として定められ、副業・兼業を許可制とし、許可を得ない限り禁止する旨の定めとなっていたが、2018年１月改正のモデル就業規則（以下、「改正モデル就業規則」という。）では、当該文言が削除され、以下のとおり副業・兼業についての規定が新設された。改正モデル就業規則では、原則として副業・兼業が認められるものの（第１項）、事前に届出を行い（第２項）、例外的に禁止又は制限できる場面を定めており（第３項）、原則と例外が転換されている。

> 改正モデル就業規則
> （副業・兼業）
> 第○条　労働者は、勤務時間外において、他の会社等の業務に従事することができる。
> 2　労働者は、前項の業務に従事するにあたっては、事前に、会社に所定の届出を行うものとする。
> 3　第1項の業務に従事することにより、次の各号のいずれかに該当する場合には、会社は、これを禁止又は制限することができる。
> ①労務提供上の支障がある場合
> ②企業秘密が漏洩する場合
> ③会社の名誉や信用を損なう行為や、信頼関係を破壊する行為がある場合
> ④競業により、企業の利益を害する場合

就業規則において、副業･兼業につき許可制が定められた場合であっても、副業･兼業は基本的には使用者の労働契約上の権限の及びえない労働者の私生活における行為であるため、会社の職場秩序に影響せず、かつ会社に対する労務の提供に格別の支障を生ぜしめない程度・態様のものは懲戒処分の対象とはしないとするなど､許可制の規定が限定的に解釈される傾向にある（菅野「労働法」713～714頁）。また、改正モデル就業規則の上記改訂部分も、従来の裁判例で許容されてきた例を反映したものであるとされている。そのため、改正モデル就業規則により、副業･兼業を禁止又は制限できる場面が直ちに狭まったとは解されないが、今後、副業・兼業が更に推進されることにより、就業規則において副業･兼業を制限する規定が、さらに緩やかに解釈されてゆく可能性があることに留意すべきである。

第3　労働時間管理

副業・兼業を推進するに当たり、問題となるのが労働時間管理である。

労基法38条は、「労働時間は、事業場を異にする場合においても、労働時間に関する規定の適用については通算する」と定め、「事業場を異にする場合」とは、同一の使用者の下で異なった事業場で労働する場合だけでなく、使用者を異にする事業場において労働する場合も含まれるとされている（昭23.5.14基

発769号）。そのため、労働者が副業･兼業した場合、使用者は、（事業場が異なる）本業と副業・兼業についての労働時間を通算することとなり、労働時間を通算した結果、法定時間外労働が発生するのであれば、自社について三六協定の締結・届出が必要となり、また、労基法37条の割増賃金を支払う必要がある。そして、これらの労基法上の義務を負うのは、当該労働者を使用することにより、法定労働時間を超えて当該労働者を労働させるに至った（すなわち、それぞれの法定外労働時間を発生させた）使用者であるが、厚労省「『副業・兼業の促進に関するガイドライン』Ｑ＆Ａ」によれば、以下のとおりとされている。

> ①一般的には、通算により法定労働時間を超えることとなる所定労働時間を定めた労働契約を時間的に後から締結した使用者が、契約の締結に当たって、当該労働者が他の事業場で労働していることを確認した上で契約を締結すべきことから、同法上の義務を負うこととなる。
> ②通算した所定労働時間が既に法定労働時間に達していることを知りながら労働時間を延長するときは、先に契約を結んでいた使用者も含め、延長させた各使用者が同法上の義務を負うこととなる。

上記①については、従前からの行政解釈（平成22年版「労働基準法　上」530頁）と同一であり、副業・兼業先の使用者としては、労働者が他の事業場で労働していることを「確認した上で契約を締結すべき」であったことを理由に、「時間的に後から締結した」副業・兼業先の使用者に労基法上の義務が課せられている。そして、上記②では、本業の使用者、副業･兼業先の使用者が、通算した所定労働時間が既に法定労働時間に達していることを了知している場合には、それぞれが労基法上の義務を負うとされている。

問題は、本業の使用者、副業・兼業先の使用者のいずれも了知していない場合であるが、上記①が適用され、「時間的に後から締結した」副業・兼業先の使用者が義務を負うと考えられる。

なお、使用者は、（Ⅰ）労働契約締結時に、労働者に対して、他の使用者との労働契約締結の有無及び当該労働契約の所定労働時間に関する情報を求める義務、（Ⅱ）労働契約締結時に、就業規則の規定又は合意により、「将来別の使用者と労働契約を締結したり別の使用者との所定労働時間を変更する場合は、その事実と所定労働時間等に関する情報を使用者に提供する」旨の義務を設定し､所定労働時間を把握する義務､（Ⅲ）労働契約締結後の実労働時間について、各労働週、各労働日について、当該労働者に他の使用者の下での実労働時間を確認する義務を負っており、一方、労働者は、これらの情報を提供する信義則上の義務（労働契約法3条4項、ただし上記（Ⅱ）については契約上の義務）を負うと解すべきとする見解がある（川口美貴「複数の使用者と労働契約を締結している労働者の労働時間規制―通算規定の解釈と適用を中心として―」労判1200号11～12頁（2019年））。かかる見解は、使用者が、労働者を労働させることにより、法定時間外労働をさせることとなることを知らず、かつ、上記で述べた労働者の信義則上又は契約上の義務違反があったために知らなかった場合には、特段の事情がある場合を除き、労働者は使用者に対して、信義則上、当該法定時間外労働に対する割増賃金支払いを請求することができないと解している。

以上のとおり、副業・兼業の労働時間管理については未解決の論点や実務上の問題点が多い。

内閣総理大臣の諮問機関である規制改革推進会議において、（a）本業の使用者が副業・兼業先での労働時間を把握し、通算することは、労働者の自己申告を前提としても、実務上、相当の困難が伴うこと、（b）法定時間外労働は「後から結ばれた労働契約」で発生するという解釈により、主に副業・兼業先の使用者が労基法上の割増賃金支払義務等を負うとすることは、副業・兼業先の使用者の負担感を生ぜしめることを理由として、企業が副業･兼業の許容や副業･兼業者の受入れに関して過度に消極的な姿勢に陥ってしまっているおそれがあるとの指摘がなされており、「時間外労働に対する使用者の割増賃金支払義務は、同一の使用者が過度に時間外労働に依存することの防止にあると考えるべきであり、労働者の自由な選択に基づく副業・兼業についての現行の通達の解釈は適切ではな」く、「労働者の健康確保の重要性には十分留意しつつも、労働者にとって大きな利点のある副業・兼業の促進の視点から、労働時間の通算に関する現行制度の解釈・運用を適切に見直すべきである」との改正の方向性が示されており（規制改革推進会議「規制改革推進に関する第5次答申」54頁（2019年6月6日））、今後の改正動向を注視する必要がある。

その後、「副業・兼業の場合の労働時間管理の在り方に関する検討会」による報告書（2019年8月8日付け）においても、労働法制の歴史的経緯、企業等へのヒアリング、諸外国の視察結果等を踏まえ、健康管理、上限規制、及び割増賃金に関する労働時間管理の在り方について、考えられる選択肢が例示された。同報告書は、上記論点について現行制度の内容及びその課題を整理しており、参考になる。また、同報告書の議論を踏まえ、労働政策審議会において更なる議論がなされている。

第5部

最新判例の紹介

第1章

最新の最高裁判決

労働事件では、法律の定めが抽象的なことが多く、具体的な事案に対する見通しを立てるためには、関連する多数の裁判例をフォローし、どのような事案に対してどのような判断がなされたのかを理解する必要がある。そのため、2018年労働事件ハンドブックでは、同書出版時点までの裁判例を、下級審裁判例も含めて、多数紹介した。

同書出版後も、実務上フォローしておくべき重要な労働事件裁判例が相次いでいる。本書では、同書出版以降の重要な裁判例を、以下の方針で紹介することとした。

まず、労働事件に関する最高裁判決は、先例としての価値が高く、その内容を十分に理解しておく必要性が高い。そこで、本章（第1章）では、2018年（平成30年）1月から2019年（令和元年）10月までに言い渡された労働事件に関する最高裁判決のうち、実務上参考になると思われるものを取り上げ、それぞれ「事案」、「判旨」及び「実務上のポイント」を解説することとした。なお、ハマキョウレックス事件・最二小判平30.6.1民集72巻2号88頁及び長澤運輸事件・最二小判平30.6.1民集72巻2号202頁については、第2部を参照されたい。

次に、下級審裁判例については、近時、注目すべき判決が多く示されている6つのトピックを厳選し、関連する近時の裁判例をまとめて紹介することとした。多数の判決が出されていることは、実務上よく問題となることの現れでもある。今回選択したのは、①労働時間該当性、②固定残業代、③「自由な意思」論、④就業規則の不利益変更、⑤休職・復職、⑥ハラスメントの6つのトピックであり、これらを順に、第2章において紹介した。2018年労働事件ハンドブック同様、その判断がどのような事案に対してなされたものであるかを、可能な限り詳しく紹介している。

第１　イビデン事件・最一小判平30.2.15労判1181号５頁

1　事案

⑴　X（被上告人）は、Y社（上告人）の子会社であるZ社の契約社員としてY社の事業場内で就労していたZ社の元労働者である。

⑵　Y社では、自社及び子会社等から成るグループ会社（以下「本件グループ会社」）の業務の適正等を確保するためのコンプライアンス体制（以下「本件法令遵守体制」）を整備し、その一環として、本件グループ会社の役員、社員、契約社員等本件グループ会社の事業場内で就労する者が法令等の遵守に関する事項を相談することができる窓口（以下「本件相談窓口」）を設けてこれを周知し、利用を促すとともに、現に相談の申出に対応していた。

⑶　Xは、同じ事業場内の工場（以下「本件工場」）で就労していた他の子会社（W社）の労働者であるAと知り合い、遅くとも平成21年11月頃から肉体関係を伴う交際を始めたが、次第に関係が疎遠になり、平成22年７月末頃までに、Aに対し、関係を解消したい旨の手紙を交付した。しかし、Aは、平成22年８月以降、本件工場で就労中のXに近づいて自己との交際を求める旨の発言を繰り返し、Xの自宅に押し掛けるなどした（以下、XがZ社を退職するまでのAの上記各行為を「本件行為１」という）。

Xは、平成22年９月に、上司に本件行為１について相談したが、上司は朝礼の際に、「ストーカーや付きまといをしているやつがいるようだが、やめるように」などと発言したが、それ以上の対応はなく、その後も上司に相談したものの、対応してもらえなかったことから、Xは、平成22年10月12日にZ社を退職した。そして、Xは、同年10月18日以降、派遣会社を介してY社の別の事業場内における業務に従事した。

⑷　XがZ社を退職した平成22年10月12日から同月下旬頃までの間や平成23年１月頃にも、AがXの自宅付近で、数回自己の自動車を停車させるなどした（以下「本件行為２」）。

XのZ社における元同僚Bは、Xから本件行為２について聞き、平成23年10月、Xのために、本件相談窓口に対し、X及びAに対する事実確認等の対応をしてほしい旨の申出（以下「本件申出」）を行った。Y社はW社及びZ社に依頼してAその他の関係者の聞き取り調査を行わせるなどしたが、Z社から本件申出にかかる事実は存しない旨の報告があったこと等を踏まえ、Xに対する事実確認は行わず、本件申出に係る事実は確認できなかった旨をBに伝えた。

(5)　XはY社が本件法令遵守体制を整備したことによる相応の措置を講ずるなどの信義則上の義務に違反したと主張して、Y社に対し、債務不履行又は不法行為に基づき、損害賠償を求めた。原審（名古屋高判平28.7.20労判1157号63頁）がXの損害賠償請求を認容したため、Y社が上告・上告受理申立て。

2　判旨

最高裁は、Y社のXに対する信義則上の義務違反の有無を検討するに当たり、①Z社が、Xに対する雇用契約上の付随義務（使用者が就業環境に関して労働者からの相談に応じて適切に対応すべき義務。以下「本件付随義務」）に基づく対応を怠ったことに関する判示と、②Y社が本件相談窓口を設置し、周知・対応していたことに関する判示とに分けて論じている。そして、それぞれ以下のとおり判示し、損害賠償請求を棄却した第一審判決は結論において是認できるとして、原審におけるY社の敗訴部分を破棄した。

(1)　①の点について

「Y社は、本件当時、……本件法令遵守体制を整備していたものの、Xに対しその指揮監督権を行使する立場にあったとか、Xから実質的に労務の提供を受ける関係にあったと見るべき事情はない」。「また、Y社において整備した本件法令遵守体制の仕組みの具体的内容が、Z社が使用者として負うべき雇用契約上の付随義務をY社自らが履行し又はY社の直接間接の指揮監督の下でZ社に履行させるものであったとみるべき事情はうかがわれない」。「以上によれば、Y社は、自ら又はXの使用者であるZ社を通じて本件付随義務を履行する義務を負うものということはできず、Z社が本件付随義務に基づく対応を怠ったことのみをもって、Y社のXに対する信義則上の義務違反があったものとすることはできない」。

(2)　②の点について

ア　Y社が本件相談窓口を設けた趣旨が、本件グループ会社の業務に関する法令等違反行為の予防・対処をすることにあると解されることに照らすと、「本件グループ会社の事業場内で就労した際に、法令等違反行為によって被害を受けた従業員等が、本件相談窓口に対しその旨の相談の申出をすれば、Y社は、相応の対応をするよう努めることが想定されていたものといえ、上記申出の具体的状況いかんによっては、当該申出をした者に対し、当該申出を受け、体制として整備された仕組みの内容、当該申出に係る相談の内容等に応じて適切に対応すべき信義則上の義務を負う場合がある」。

イ　「Xが本件行為1について本件相談窓口に対する相談の申出をしたなどの事情がうかがわれないことに照らすと、Y社は、本件行為1につき、本件相談窓口に対する相談の申出をしていないXとの関係において、上記アの義務を負うものではない」。

ウ　本件行為2について、BがXのためとして本件相談窓口に対して行った相談の申出（本件申出）に関しては、(a)「本件申出は、Y社に対し、Xに対する事実確認等の対応を求めるというものであったが、本件法令遵守体制の仕組みの具体的内容が、Y社において本件相談窓口に対する相談の申出をした者の求める対応をすべきとするものであったとはうかがわれない」、(b)「相談の内容も、Xが退職した後に本件グループ会社の事業場外で行われた行為に関するものであり、Aの職務執行に直接関係するものとはうかがわれない」、(c)「本件申出の当時、Xは、既にAと同じ職場では就労しておらず、本件行為2が行われてから8箇月以上経過していた」。「したがって、Y社において本件申出の際に求められたXに対する事実確認等の対応をしなかったことをもって」、Y社のXに対する上記アの義務違反があったとはいえない。

3　実務上のポイント

本判決は、子会社の労働者も利用できるものとして親会社が設置していた本件相談窓口について、上記「2判旨」の下線部のとおり、親会社において「適切に対応すべき信義則上の義務を負う場合がある」と判断した点が、実務上重要である。本判決は、本件申出について、結論としてY社の信義則上の義務違反を否定したが、上記「2判旨」の(2)ウ記載の(a)〜(c)の事情を前提とする事例判断である点に注意を要する。相談窓口制度の仕組みの内容や申出の内容（労働者の職務執行との関係性、対応の必要性の程度、対象行為の発生時期など）によっては、申出に対する対応の適切性について、相談窓口を設置した親会社の責任が問われる場合もあり得るということになる。同様のグループ相談・通報窓口を設けている会社においては、申出に対して親会社がどのような対応をとるのかが制度規程上明確となっているか、いま一度点検しておくべきであろう。

なお、第一審判決（岐阜地大垣支判平27.8.18労判1157号74頁）と原審判決（名古屋高判平28.7.20労判1157号63頁）とでは、AのXに対するセクハラ行為の有無に関する判断が分かれた（前者は消極、後者は積極）。その主たる理由は、XとAの供述のいずれが信用できるかの判断が異なったことにある。セクハラ事案においては、加害者と被害者の供述内容が対立し、それらの信用性判断が結論を左右することも多く、この点の第一審判決及び原審判決の判示も、実務上参考になると思われる（詳細は第２章第６・２⑶を参照）。

第2　日本ケミカル事件・最一小判平30.7.19労判1186号５頁

1　事案

⑴　X（労働者・被上告人）とY社（使用者・上告人）との間の雇用契約（以下「本件雇用契約」）において、①契約書には、賃金について「月額562,500円（残業手当含む）」、「給与明細書表示（月額給与461,500円、業務手当101,000円）」との記載があった。また、②本件雇用契約に係る採用条件確認書には、「月額給与461,500」、「業務手当101,000　みなし時間外手当」、「時間外勤務手当の取り扱い　年収に見込み残業代を含む」、「時間外手当は、みなし残業時間を超えた場合はこの限りではない」との記載があった。③Y社の賃金規程には、「業務手当は、一賃金支払い期において時間外労働があったものとみなして、時間手当の代わりとして支給する。」との記載があった。

⑵　Y社とX以外の各従業員との間で作成された確認書には、業務手当月額として確定金額の記載があり、また、「業務手当は、固定時間外労働賃金（時間外労働30時間分）として毎月支給します。一賃金計算期間における時間外労働がその時間に満たない場合であっても全額支給します。」等の記載があった。

⑶　Y社は、タイムカードにより従業員の労働時間を管理していたが、タイムカードに打刻されるのは出勤時間と退勤時間のみであった。Xは、休憩時間に30分間業務に従事していたが、これについてはタイムカードによる管理がされていなかった。また、Y社がXに交付していた給与支給明細書には、時間外労働時間や時給単価を記載する欄は、ほぼ全ての月において空欄であった。

⑷　Xの時間外労働等の時間を１か月間ごとにみると、全15回のうち30時間以上が３回、20時間未満が２回であり、その余の10回は20時間台であった。

⑸　XがY社に対し、業務手当はみなし時間外手当として無効であるとして、時間外労働、休日労働及び深夜労働（以下「時間外労働等」）に対する賃金並びに付加金等の支払を求めた。原審（東京高判平29.2.1労判1186号11頁）は、定額残業代の支払を法定の時間外手当の全部又は一部の支払とみなすことができるのは、「定額残業代を上回る金額の時間外手当が法律上発生した場合にその発生の事実を労働者が認識して直ちに支払を請求できる仕組み（発生してい

ない場合には発生していないことを労働者が認識できる仕組み）が備わっており、これらの仕組みが雇用主により誠実に実行されており、基本給と定額残業代の金額のバランスが適切であり、その他法定の時間外手当の不払や長時間労働による健康状態の悪化など労働者の福祉を損なう出来事の温床となる要因がない場合」に限るとして、Xの請求を認容したため、Y社が上告受理申立て。

2　判旨

労働基準法37条は、同条並びに政令及び厚生労働省令の関係規定に定められた方法により算定された額を下回らない額の割増賃金を支払うことを義務付けるにとどまるから、「労働者に支払われる基本給や諸手当にあらかじめ含めることにより割増賃金を支払うという方法自体が直ちに同条に反するものでは」なく、「使用者は、労働者に対し、雇用契約に基づき、時間外労働等に対する対価として定額の手当を支払うことにより、同条の割増賃金の全部又は一部を支払うことができる」。

「そして、雇用契約においてある手当が時間外労働等に対する対価として支払われるものとされているか否かは、雇用契約に係る契約書等の記載内容のほか、具体的事案に応じ、使用者の労働者に対する当該手当や割増賃金に関する説明の内容、労働者の実際の労働時間等の勤務状況などの事情を考慮して判断すべきである」。「労働基準法37条や他の労働関係法令が、当該手当の支払によって割増賃金の全部又は一部を支払ったものといえるために、……原審が判示するような事情が認められることを必須のものとしているとは解されない」。

本件では、本件雇用契約に係る契約書及び採用条件確認書並びにY社の賃金規程の記載内容や、Y社とX以外の各従業員との間で作成された確認書の記載内容から、「Y社の賃金体系においては、業務手当が時間外労働等に対する対価として支払われるものと位置付けられていたということができる」とした。そして、Xに支払われた業務手当は、約28時間分の時間外労働に対する割増賃金に相当するものであり、Xの実際の時間外労働等の状況と大きくかい離するものでないことから、「Xに支払われた業務手当は、本件雇用契約において、時間外労働等に対する対価として支払われるものとされていたと認められるから、上記業務手当の支払をもって、Xの時間外労働等に対する賃金の支払とみることができる」とした。

3　実務上のポイント

固定残業代の支払が時間外労働等に対する割増賃金の支払と認められるため

には、①判別要件（明確区分性要件）と②対価性要件を満たす必要があると解される。①判別要件（明確区分性要件）とは、労働契約における賃金の定めにつき、通常の労働時間の賃金に当たる部分と割増賃金に当たる部分とを判別することができるか否かという問題である（国際自動車事件・最三小判平29.2.28労判1152号５頁等）。他方、②対価性要件とは、固定残業代に該当するか否かが争われている賃金（本件では業務手当）が、時間外労働等に対する対価の性質を有するか否かという問題である。

本件では、基本給とは区分されて支払われていた業務手当が、②対価性要件を満たすか否かが問題となっており、この点に関連して、上記「２判旨」の下線部のとおり、対価性の判断基準を示した点が、実務上重要である。当該判断基準について、池原桃子最高裁調査官は、「雇用契約に基づいて支払われる手当が､時間外労働等に対する対価として支払われるものとされているか否かは、契約の内容によって定まり、その他に何らかの独立の要件を必要とするものではないことを明らかにするとともに､契約の内容がどのようなものであるかは、契約書等の記載内容のほか、具体的事案に応じ、使用者の労働者に対する当該手当や割増賃金に関する説明の内容、労働者の実際の労働時間等の勤務状況などの事情を考慮して総合的に判断すべきことを明らかにしたものといえる」と解説している（池原桃子「時の判例」ジュリスト1532号76頁、78～79頁）。

このように、基本給と区分された手当が対価性を満たすためには、労働契約の内容として、当該手当が割増賃金として支払われるものであることが明確になっている必要がある。使用者側の立場からは、雇用契約書や賃金規程の記載内容として、①手当の名称から割増賃金の趣旨であることが分かるようにする（｢固定残業手当｣、｢みなし残業手当」など)、②当該手当は割増賃金として支払うものであることを条項に書き込む、といった対応が考えられる。また、労働者に対する説明として、労働契約締結の際に、当該手当が割増賃金として支払われるものであることを明確に説明しておくことも有益である。

なお、本判決は、固定残業代に相当する時間外労働時間（約28時間）と実際の時間外労働時間に大きな乖離がないことを対価性判断の考慮に加えた。ある手当に相当する時間外労働時間が、実際の労働時間とおよそ乖離しているような場合には、そもそも、割増賃金の趣旨で支払われているのか自体が疑問であるということも当然あり得るだろう。他方で、約28時間の時間外労働を見込んで固定残業代を支払っているとしても、労働者において業務を効率的に処理した結果として、実際の時間外労働時間が過小となることもあり得るところであり、そのような場合、必ずしも対価性を否定すべきとは言えないように思われる。池原調査官も、「実際の時間外労働等の時間が固定残業代の額に比して過小であることが、対価として支払われたことを否定する事情に当たるか否かについては、慎重な検討を要する」と指摘している（前掲ジュリスト1532号79頁）。

第3　日本郵便（更新上限）事件・最二小判平30.9.14労判1194号５頁

1　事案

(1)　Y社（被上告人）は、郵政民営化に伴って日本郵政公社（以下「旧公社」）の業務を承継した会社のうち、２社が合併して発足した株式会社である。X_1～X_9（上告人）のうち、X_4を除く８名は、平成19年９月30日まで旧公社の非常勤職員であったが、同年10月１日、Y社との間で有期労働契約を締結し、これを７回から９回更新し、平成23年９月30日又は平成24年３月31日まで、それぞれ時給制の期間雇用社員として郵便関連業務に従事していた。X_4は、平成21年１月20日、Y社との間で有期労働契約を締結して、これを６回更新し、平成23年９月30日まで、時給制の期間雇用社員として郵便関連業務に従事していた。

(2)　Y社は、平成19年10月１日、期間雇用社員就業規則（以下「本件規則」）を制定した。本件規則10条１項は、Y社が必要とし、期間雇用社員が希望する場合、有期労働契約を更新することがある旨定めており、同条２項（以下「本件上限条項」）は、「会社の都合による特別な場合のほかは、満65歳に達した日以後における最初の雇用契約期間の満了の日が到来したときは、それ以後、雇用契約を更新しない。」と定めている。本件規則は、平成19年10月１日から施行されたが、本件上限条項については、同規則附則２条により、平成22年10月１日から適用することとされていた。日本郵政グループ労働組合は、平成22年２月頃、Y社に対し、本件上限条項の適用開始時期を延期するよう申し入れ、Y社はこれを受けて、その適用開始時期を６か月延期することとした。

(3)　なお、Y社においては、期間の定めのない労働契約を締結している社員の定年は満60歳とされているが、Y社は、定年退職後に継続して就労する者について、高齢再雇用社員就業規則に基づき、雇用期間を１年として再雇用し、これを更新することとしている。同規則は、高齢再雇用社員について、満65歳に達した日以後の最初の３月31日が到来したときには有期労働契約の更新を行わない旨定めている。

(4)　Y社は、平成23年８月、同年９月30日をもって雇用契約が満了する期間雇用社員に対し、期間満了予告通知書を交付したが、同日時点で満65歳に達している期間雇用社員（X_7及びX_9以外のXらを含む。）に対しては、本件上限条項により契約を更新しない旨を記載した雇止め予告通知書を交付して、その有期労働契約を更新しなかった。同日時点で満65歳に達していなかったX_7及びX_9については、本件上限条項に基づき、平成24年３月31日をもって、その有期労働契約を更新しなかった（以下、Xらについての雇止めを「本件各雇止め」といい、XらとY社との間の最後の更新後の各有期労働契約を「本件各有期労働契約」と総称する。）。

(5) Xらは、Y社による本件各雇止めは無効であるとして、Y社に対し、労働契約上の地位の確認及び雇止め後の賃金の支払等を求めた。原審（東京高判平28.10.5労判1153号25頁）は、①XらとY社との間の労働契約は、実質的に無期労働契約と同視し得る状態になっていたものであり、Xらにつき期間満了を理由に雇止めすることは合理的な理由を欠き、社会通念上相当であるということもできず、本件各雇止めは、解雇に関する法理の類推によれば無効である、②本件上限条項に基づく更新拒否の適否の問題は、別の契約終了事由に関する問題として捉えるべきである、③旧公社の非常勤職員につき年齢による再任用の制限がないという労働条件は、旧公社からY社に引き継がれており、本件上限条項は、従前の労働条件を不利益に変更する面があるので、就業規則の不利益変更に準じて検討すべきであるが、変更の合理性が認められ、これを周知させる手続が採られていることを踏まえると、本件上限条項は、本件各有期労働契約の内容になっており、本件各雇止めは、本件上限条項により根拠づけられた適法なものであると判断して、Xらの請求をいずれも棄却した。Xらが上告・上告受理申立て。

2 判旨

(1) 本件上限条項が本件各有期労働契約の内容になっているか

本判決は、旧公社とY社の法的性格の違いや、旧公社の非常勤職員（国家公務員）とY社の期間雇用社員との法的地位の違い等を指摘し、旧公社の労働条件がY社に引き継がれたといえないとして、本件上限条項を定めたことにより労働条件が変更された場面（労契法10条）と捉えるのではなく、新たに労働契約を締結する際に就業規則が定められていた場面（労契法７条）と捉えた。そして、以下のとおり判示して、労契法７条の合理性を肯定し、周知要件も満たすとして、本件上限条項が本件各有期労働契約の内容になっているものと判断した。

「本件上限条項は、期間雇用社員が屋外業務等に従事しており、高齢の期間雇用社員について契約更新を重ねた場合に事故等が懸念されること等を考慮して定められたものであるところ、高齢の期間雇用社員について、屋外業務等に対する適性が加齢により逓減し得ることを前提に、その雇用管理の方法を定めることが不合理であるということはできず、Y社の事業規模等に照らしても、加齢による影響の有無や程度を労働者ごとに検討して有期労働契約の更新の可否を個別に判断するのではなく、一定の年齢に達した場合には契約を更新しない旨をあらかじめ就業規則に定めておくことには相応の合理性がある。そして、……本件上限条項の内容は、同法（注：高年法）に抵触するものではない」。

「旧公社の非常勤職員について、……満65歳を超えて郵便関連業務に従事していた非常勤職員が相当程度存在していたことがうかがわれるものの、これらの事情をもって、旧公社の非常勤職員が、旧公社に対し、満65歳を超えて任用される権利又は法的利益を有していたということはできない。また……Y社が、期間雇用社員の労働条件を定めるに当たり、旧公社当時における労働条件に配慮すべきであったとしても、Y社は、本件上限条項の適用開始を３年６か月猶予することにより、旧公社当時から引き続き郵便関連業務に従事する期間雇用社員に対して相応の配慮をしたものとみることができる。」

「これらの事情に照らせば、本件上限条項は、Y社の期間雇用社員について、労働契約法７条にいう合理的な労働条件を定めるものであるということができる」。

⑵　本件各雇止めの適法性

原審は、本件上限条項に基づく更新拒否の適否の問題は、別の契約終了事由に関する問題として捉えるべきであるとしていたのに対し、本判決は、Xらが本件各有期労働契約の期間満了時において満65歳に達していることは、本件各雇止めの理由にすぎず、本件各有期労働契約の独立の終了事由には当たらないとして、通常の雇止めと同様に、以下のとおり、雇止め法理に照らした判断を行った。

「本件上限条項の定める労働上限が労働契約の内容になっており、Xらは、本件各雇止めの時点において、いずれも満65歳に達していたのであるから、本件各有期労働契約は、更新されることなく期間満了によって終了することが予定されたものであった」のであり、「XらとY社との間の各有期労働契約は、本件各雇止めの時点において、実質的に無期労働契約と同視し得る状態にあったということはできない」。

本件上限条項は周知の措置がとられていたこと、X_7・X_9以外のXらについては、本件上限条項により満65歳以降の契約は更新されない旨説明された書面が交付されていたこと、X_7・X_9については、既に周囲の期間雇用社員が本件上限条項による雇止めを受けていたことからすれば、「Xらにつき、本件各雇止めの時点において、本件各有期労働契約の期間満了後もその雇用関係が継続されるものと期待することに合理的な理由があったということはできない」。

「したがって、本件各雇止めは適法であり、本件各有期労働契約は期間満了によって終了したものというべきである」。

3 実務上のポイント

本判決は、有期労働契約の更新上限を65歳とする就業規則の定めについて、労契法7条の「合理的な労働条件」といえるかを検討し、これを肯定して契約内容補充効を認めた点が重要である。本判決は、本件上限条項の趣旨や、本件上限条項を適用するに当たってのY社の対応（労働組合からの申入れを受けた適用開始時期の延期）を踏まえて、本件上限条項の合理性を肯定したが、無期労働契約の定年制（ただし60歳以上）が適法であり（高年法8条）、高年法上の継続雇用確保措置義務が65歳までとされていることからすると（同法9条1項）、本件上限条項の合理性は肯定しやすかったものと思われる。他方、本判決が、「屋外業務等に対する適性が加齢により逓減し得ること」を本件上限条項の合理性を肯定する理由として掲げていること、高年法9条1項は無期契約労働者に対する継続雇用確保措置を求めるものであるとはいえ（厚労省「高年齢者雇用安定法Q&A」Q1-11参照）、無期契約労働者に対しては65歳までの継続雇用確保措置を義務付けていることを踏まえると、一般論として、有期労働契約の更新上限年齢を65歳未満とする就業規則の定めが「合理的な労働条件」といえるかについては、本判決から直ちに導かれるものではない点に注意を要する。

また、本判決は、本件上限条項に基づく更新拒否につき、解雇権濫用法理の類推適用（現行法では労契法19条）により無効となるか否かとは別の契約終了事由と捉える考え方を否定した。この考え方によれば、更新上限条項や不更新条項に基づく更新拒否も、現行法では労契法19条の審査を受けることになる。ただし、本判決は、実質無期状態の該当性又は更新の合理的期待の有無の審査（第1段階審査）において、本件上限条項の存在も考慮に入れた上で、いずれも否定した。そのため、客観的合理的理由・社会的相当性の審査（第2段階審査）に入るまでもなく、雇止めは適法とされた。

更新上限条項や不更新条項に基づく更新拒否については、①かかる条項の効力として当然に契約が終了するとするのか、②かかる条項の存在を第１段階審査において考慮するのか、③第１段階審査は通過させた上で、かかる条項の存在を第２段階審査で考慮するのか、雇止めの有効性の判断手法につき下級審裁判例は分かれている状況にあった（「2018年労働事件ハンドブック」396〜399頁参照）。本判決は、本件上限条項に基づく更新拒否につき、①の考え方を否定し、②の判断枠組みで処理したものであり、参考になる。

第４　加古川市事件・最三小判平30.11.6労経速2372号３頁

1　事案

⑴　X（被上告人）は、平成３年にY市（上告人）に採用された一般職に属する男性の公務員であり、平成22年４月から自動車運転士として、主に一般廃棄物の収集及び運搬の職務に従事していた。

⑵　Xは、平成22年頃から、勤務時間中、Y市の市章の付いた作業着である制服を着用して、兵庫県Y市に所在するコンビニエンスストア（以下「本件店舗」）を頻繁に利用するようになり、その利用の際、Xは、本件店舗の女性従業員らを不快にさせる不適切な言動をしており（本判決では「行為２」と定義されている。）、これを理由の一つとして退職した女性従業員もいた。

⑶　Xは、勤務時間中である平成26年９月30日午後２時30分頃、上記制服を着用して本件店舗を訪れ、顔見知りであった女性従業員（以下「本件従業員」）に飲物を買い与えようとして、自らの左手を本件従業員の右手首に絡めるようにしてショーケースの前まで連れて行き、そこで商品を選ばせた上で、自らの右腕を本件従業員の左腕に絡めて歩き始め、その後間もなく、自らの右手で本件従業員の左手首をつかんで引き寄せ、その指先を制服の上から自らの股間に軽く触れさせた（以下、一連の行為を「行為１」という。）。本件従業員は、Xの手を振りほどき、本件店舗の奥に逃げ込んだ。

⑷　平成26年11月７日のA新聞にY市の職員（氏名は伏せられていた。）が勤務時間中にコンビニエンスストアでセクシュアル・ハラスメントをしたが、Y市においては店側の意向を理由に職員の処分を見送っている旨の記事が掲載された。これを受けて、Y市は記者会見を開き、今後事情聴取をして当該職員に対する処分を検討する旨の方針を表明したところ、同月８日の新聞各紙に、上記記者会見に関する記事が掲載された。Y市は、平成26年11月８日以降、関係

者からXの行為に関する事情聴取を行った。その際、Xは、下半身を触らせようという意識はなく、本件従業員の手が下半身に近づきはしたが触れてはいないなどと弁解した。他方、本件従業員は、Xの処罰は望んでいないが、同じようなことが起こらないようにしてほしい、これはオーナーも同じである旨を述べた。市長は、行為1及び行為2を理由として、平成26年11月26日付で、Xに対し、停職6月の懲戒処分（以下「本件処分」）をした。なお、Y市は、本件処分の直接の対象は行為1であり、行為2は行為1の悪質性を裏付ける事情である旨を主張している。

(5) Xは、本件処分は重きに失するものとして違法であると主張して、Y市を相手に、その取消しを求めた。原審（大阪高判平29.4.26労経速2372号6頁）は、Xの行為1は、①以前からの顔見知りに対する行為であり、本件従業員は身体的接触をされながら終始笑顔で行動しており、これについて渋々ながらも同意していたと認められること、②本件従業員及び本件店舗のオーナーはXの処罰を望んでおらず、Xの行為1は警察の捜査の対象にもされていないこと、③Xが常習として行為1と同様の行為をしていたとは認められないこと、④Xの行為1が社会に与えた影響は公権力の行使に当たる公務員が同様の行為をした場合ほど大きいとはいえないこと等の事情を考慮すると、停職6月とした本件処分は重きに失するものとして社会観念上著しく妥当を欠くと判断し、Xの請求を認容した。

2 判旨

本判決は、まず、原審判決が斟酌した上記①～④の事情について、それぞれ以下のような評価を加えた。

「上記①については、Xと本件従業員はコンビニエンスストアの客と店員の関係にすぎないから、本件従業員が終始笑顔で行動し、Xによる身体的接触に抵抗を示さなかったとしても、それは、客との間のトラブルを避けるためのものであったとみる余地があり、身体的接触についての同意があったとして、これをXに有利に評価することは相当でない。上記②については、本件従業員及び本件店舗のオーナーがXの処罰を望まないとしても、それは、事情聴取の負担や本件店舗の営業への悪影響等を懸念したことによるものとも解される。さらに、上記③については、行為1のように身体的接触が伴うかどうかはともかく、Xが以前から本件店舗の従業員らを不快に思わせる不適切な言動をしており（行為2）、これを理由の一つとして退職した女性従業員もいたことは、本件処分の量定を決定するに当たり軽視することができない事情というべきである。そして、上記④についても、行為1が勤務時間中に制服を着用してされたものである上、複数の新聞で報道され、Y市において記者会見も行われたことからすると、行為1により、Y市の公務一般に対する住民の信頼が大きく損なわれたというべきであり、社会に与えた影響は決して小さいものということはできない」。

そして、以下のとおり判示して、停職6月の本件処分は有効であるとした。

「本件処分は、懲戒処分の種類としては停職で、最も重い免職に次ぐものであり、停職の期間が本件条例において上限とされる6月であって、Xが過去に懲戒処分を受けたことがないこと等からすれば、相当に重い処分であることは否定できない。しかし、行為1が、客と店員の関係にあって拒絶が困難であることに乗じて行われた厳しく非難されるべき行為であって、Y市の公務一般に対する住民の信頼を大きく損なうものであり、また、Xが以前から同じ店舗で不適切な言動（行為2）を行っていたなどの事情に照らせば、本件処分が重きに失するものとして社会観念上著しく妥当を欠くものであるとまではいえず、市長の上記判断が、懲戒権者に与えられた裁量権の範囲を逸脱し、又はこれを濫用したものということはできない」。

3　実務上のポイント

公務員に対する懲戒処分の有効性について、本判決は、「懲戒権者は、諸般の事情を考慮して、懲戒処分をするか否か、また、懲戒処分をする場合にいかなる処分を選択するかを決定する裁量権を有しており、その判断は、それが社会観念上著しく妥当を欠いて裁量権の範囲を逸脱し、又はこれを濫用したと認められる場合に、違法となる」という判断枠組みに従って判断しており、これまでの最高裁判例（神戸税関事件・最三小判昭52.12.20民集31巻7号1101頁等）に沿ったものである（「2018年労働事件ハンドブック」548～549頁参照）。

本件では、公務員が、職場外で、コンビニエンスストアの客として店員に行った行為が問題とされており、コンビニエンスストアの側から見れば、いわゆる「カスタマーハラスメント」の事案とも見ることができる。本判決は、このような客と従業員との間の関係においては、「本件従業員が終始笑顔で行動し、Xによる身体的接触に抵抗を示さなかったとしても、それは、客との間のトラブルを避けるためのものであったとみる余地があ」ると指摘しており、参考になる。職場におけるセクハラ行為についても、最高裁は、「被害者が内心でこれに著しい不快感や嫌悪感等を抱きながらも、職場の人間関係の悪化等を懸念して、加害者に対する抗議や抵抗ないし会社に対する被害の申告を差し控えたりちゅうちょしたりすることが少なくないと考えられる」と指摘している（L

館事件・最一小判平27.2.26労判1109号５頁)。

現に、本件ではXの行為を理由の一つとして退職した女性従業員がいるし、前掲L館事件においても加害者のセクハラ行為が一因となって派遣会社を退職した派遣従業員が存在している。被害者が明示的に拒否していないことだけをもって、会社の「企業秩序や職場規律に及ぼした有害な影響」(L館事件）ないし「公務一般に対する住民の信頼」の毀損の程度（本件）を軽視すべきではないことには留意すべきであろう。

第5　平尾事件・最一小判平31.4.25労経速2385号３頁

1　事案

⑴　Y社（被上告人･使用者）は、貨物自動車運送等を業とする株式会社である。X（上告人・労働者）はY社の生コンクリートを運送する自動車の運転手として勤務していた。XとY社との間の労働契約では、月例賃金は毎月20日締めの末日払いとされ、毎年７月と12月に賞与を支払うとされていた。Xは、全日本建設交運一般労働組合関西支部（以下「建交労組」）に所属している。

⑵　Y社は、経営状態が悪化していたことから、建交労組及びその神戸中央合同分会（以下「建交労組等」）との間で、平成25年８月28日、①建交労組等は、Y社が提案した年間一時金を含む賃金カットに応じる。カット率は20％とする、②上記①の期間は、平成25年８月支給分の賃金から12か月とし、その後の取扱いについては労使双方協議の上、合意をもって決定する、③Y社は、上記①によるカット分賃金の全てを労働債権として確認し、カットした金額は賃金明細に記載する等の内容の労働協約（以下「第１協約」）を書面により締結した。Y社は、Xに対し、平成25年８月から平成26年７月までの月例賃金及び賞与について、それぞれ20％相当額を減額して支給した（以下「本件未払賃金１」)。

⑶　Y社は、経営状態が改善しなかったことから、建交労組等との間で、平成26年９月３日、賃金カットの期間を平成26年８月支給分の賃金から12か月とするほかは、第１協約と同旨の労働協約（以下「第２協約」）を書面により締結した。Y社は、Xに対し、平成26年８月から、同年11月までの支給分の月例賃金について、20％相当額を減額して支給した（以下「本件未払賃金２」といい、本件未払賃金１と併せて「本件各未払賃金」という。)。Xは、平成27年３月20日、定年退職した。

⑷　Y社は、経営状態が改善しなかったことから、建交労組等との間で、平成27年

８月10日、賃金カットの期間を平成27年８月支給分の賃金から12か月とするほかは、第１協約と同旨の労働協約（以下「第３協約」）を書面により締結した。

⑸　Y社の生コンクリート運送業務を行う部門は、平成28年12月31日をもって閉鎖され、Xが所属していた営業所に勤務していた建交労組に所属する組合員２名がY社を退職した。Y社と建交労組は、第１協約及び第２協約によって賃金カットの対象とされた賃金債権の取扱いについて協議し、これを放棄する旨の合意をした（以下「本件合意」）。

⑹　原審（大阪高判平29.7.14労経速2385号６頁）は、第１協約・第２協約にいう賃金カットとは賃金の支払の猶予を意味し、本件未払賃金１及び本件未払賃金２は、第３協約により更に支払が猶予された後、本件合意により賃金債権が放棄され、消滅したというべきであるとして、Xの請求を棄却した第一審判決を維持した。

2　判旨

⑴　本件合意によって、本件各未払賃金に係る債権が放棄されたか

「本件合意はY社と建交労組との間でされたものであるから、本件合意によりXの賃金債権が放棄されたというためには、本件合意の効果がXに帰属することを基礎付ける事情を要するところ、本件においては、この点について何ら主張立証はなく、建交労組がXを代理して具体的に発生した賃金債権を放棄する旨の本件合意をしたなど、本件合意の効果がXに帰属することを基礎付ける事情はうかがわれない。」「そうすると、本件合意によってXの本件各未払賃金に係る債権が放棄されたものということはできない」。

⑵　本件各未払賃金の弁済期

「具体的に発生した賃金請求権を事後に締結された労働協約の遡及適用により処分又は変更することは許されない……ところ、Xの本件未払賃金１に係る賃金請求権のうち第１協約の締結前及び本件未払賃金２に係る賃金請求権のうち第２協約の締結前にそれぞれ具体的に発生していたものについては、Xによる特別の授権がない限り、労働協約により支払を猶予することはできない」。

「本件各未払賃金のうち、第１協約により支払が猶予されたものについては第２協約及び第３協約が締結されたことにより、第２協約により支払が猶予されたものについては第３協約が締結されたことにより、その後も弁済期が到来しなかったものであり、これらについては、第３協約の対象とされた最後の支給分（平成28年７月支給分）の月例賃金の弁済期であった同月末日の経過後、支払が猶予された賃金のその後の取扱いについて、協議をするのに通常必要な期間を

超えて協議が行われなかったとき、又はその期間内に協議が開始されても合理的期間内に合意に至らなかったときには、弁済期が到来するものと解される」。

「第１協約、第２協約及び第３協約は、Y社の経営状態が悪化していたことから締結されたものであり、Y社の経営を改善するために締結されたものというべきであるところ、平成28年12月31日にＹ社の生コンクリート運送業務を行う部門が閉鎖された以上、その経営を改善するために同部門に勤務していた従業員の賃金の支払を猶予する理由は失われたのであるから、遅くとも同日には第３協約が締結されたことにより弁済期が到来していなかったXの賃金についても弁済期が到来したというべきであり、原審口頭弁論終結時において、本件各未払賃金の元本221万2720円の弁済期が到来していたことは明らかである」。

3　実務上のポイント

本件では、本件各未払賃金の賃金債権を放棄する旨の本件合意が労働協約（労組法14条）であるとは認定されていないため、組合員の既発生の賃金債権につき、労働協約の規範的効力（同法16条）によって放棄の効力が生じるかという点は問題となっていない。仮に本件合意が労働協約により行われたとしても、具体的に発生した賃金請求権を事後に締結された労働協約の遡及適用により処分又は変更することは許されないとするのが最高裁判例（香港上海銀行事件（最一小判平元.9.7労判546号６頁、朝日火災海上保険（高田）事件・最三小判平8.3.26民集50巻４号1008頁）の立場であるため、既発生の賃金債権の放棄の効力は否定されることになろう。

本判決のポイントの１つは、組合員の既発生の賃金債権の放棄ではなく、支払猶予についても、上記の「処分又は変更」に該当し、労働協約の規範的効力が否定されることを明らかにした点にある。

また、本判決は、労働協約により既発生の賃金債権の支払猶予を行うには、Xによる「特別の授権」が必要であるとした。この点については、学説上も、組合員個々人の既発生の権利の処分は、「労働組合の一般的な労働協約締結権限の範囲外であり、当該個々人の特別の授権を得ることが必要となる」と解されていたところである（菅野「労働法」931～932頁参照）。

上記のとおり、既発生の権利であるか否かは、労働協約の規範的効力が及ぶか否かにとって極めて重要であるため、労働協約を締結する際には、この点に十分注意する必要がある。

第2章 トピック別・最新裁判例

第１ 不活動時間の労働時間該当性が問題とされた裁判例

1 はじめに

労基法が規制する「労働時間」は、休憩時間を除き、現に「労働させ」た時間（実労働時間）である（労基法32条）。労基法上の労働時間とは、労働者が使用者の指揮命令下に置かれている時間をいい、これに該当するか否かは、労働者の行為が使用者の指揮命令下に置かれたものと評価することができるか否かにより客観的に定まるものであって、労働契約、就業規則、労働協約等の定めのいかんにより決定されるべきものではない（三菱重工業長崎造船所事件・最一小判平12.3.9民集54巻３号801頁）。

労働時間該当性が争われる場面の一つとして、手待、待機、仮眠時間等の実作業に従事していない時間（不活動時間）がある。大林ファシリティーズ事件・最二小判平19.10.19民集61巻７号2555頁は、「不活動時間において、労働者が実作業に従事していないというだけでは、使用者の指揮命令下から離脱しているということはできず、当該時間に労働者が労働から離れることを保障されていて初めて、労働者が使用者の指揮命令下に置かれていないものと評価することができる」とし、「当該時間において労働契約上の役務の提供が義務付けられていると評価される場合には、労働からの解放が保障されているとはいえず、労働者は使用者の指揮命令下に置かれているというのが相当である」と判示している（不活動仮眠時間について、大星ビル管理事件・最一小判平14.2.28民集56巻２号361頁も同旨）。

2　トラック等の運転手の待機時間

トラック、タクシー、バス等の運転手に関して、実際に自動車を運転している時間以外の待機時間につき、労働時間にあたるかどうかが争われることがある。待機時間であっても、使用者の指示があれば直ちに作業に従事しなければならない時間として使用者の作業上の指揮監督に置かれていると評価できる場合には、「手待時間」として労働時間に該当する。他方、待機時間において、使用者の作業上の指揮監督から離脱し（労働から解放され）、労働者が自由に利用できる時間と評価できる場合には、「休憩時間」として、労働時間から除外される。

以下では、トラックやバスの運転手の待機時間について、労働時間該当性が争われた近時の裁判例を紹介する。

⑴　田口運送事件・横浜地相模原支判平26.4.24労判1178号86頁（控訴後和解）

トラック運転手の出荷場や配送先における待機時間が実労働時間に該当するか否かが争われた事案である。

裁判所は、①荷積みを待つトラックの列に加わって停車させる間も、行列が前に進む毎にトラックを前進させなければならないため、トラックを離れることができない、②荷積みのための移動をトラック内で待つ間も、荷積みの開始時刻が概ね午前７時とされているものの、日によって10分程度前後することもある、③１回目の配送を終えて２回目の配送の荷物の伝票が出るまで待機する間についても、伝票が出る時刻は概ね午後２時30分頃であるが、必ずしも特定されておらず、原告らは、その日の伝票が何時出るか知らされず、かつ、担当者から伝票を渡されたなら、直ちに伝票を持って出荷場に移動しなければならない、④出荷場でも常に荷出し担当者に注目して担当の荷物が出てきた時は遅滞なく自分のトラックに運び、また、自分以外の労働者の担当する荷物が出て来た時にも、その荷運びやラップ作業等を手伝ったりしている、⑤配送先でも、荷下ろしのための駐車スペースがないときに一旦配送先近くの国道側道にトラックを駐車させ待機するが、その際もいつ配送先からの連絡があるか分からずトラックと荷物を継続的に管理保管するため、トラックから離れることもできず携帯電話を手放すこともできない、等といった実態に照らして、出荷場や配送先における待機時間を指揮命令下に置かれていたと評価できるとして実労働時間該当性を認めた。

⑵　大島産業事件・福岡地判平30.9.14労経速2367号10頁

長距離トラック運転手の回送運行中の停車時間について、使用者が、回送運行中は使用者の時間管理から解放されており、自由に休憩を取ることができるため、長時間の停車は休憩時間とみるべきであると主張した事案である。

裁判所は、「回送運行中のタコグラフ（証拠略）のうち、別紙C１記載の時間帯は、10分間から数時間にわたって走行が全くなかったことが記録されており、その一部には駐車（Parking）を意味すると思われる「P」や仮眠（Zzz...）を意味すると思われる「Z」との記載もある。さらに、証拠（証拠略）によれば、回送運行は、積荷を降ろした後の走行であって、翌日の点呼の時間までに車庫に帰着していれば足り、被告会社は労働時間として管理していなかったことが認められる。これらの事情に照らすと、別紙C１記載の時間帯は、原告が被告会社からの指示を待っていた手待ち時間であったとはいえず、休憩時間であったと認めるのが相当である。」と認定し、「労働時間として管理されていた積荷の運送業務中の休憩時間（各日２時間20分）とは別に、実労働時間から控除されるべきである。」と判断した（福岡高判平31.3.26労経速2393号24頁で維持）。

⑶　北九州市・市交通局（市営バス運転手）事件・福岡地判平27.5.20労判1124号23頁（控訴後和解）

市営バスの乗務員が、転回場所において、遺留品確認及び車内清掃等の定められた業務を終えた後、バスの車内又はバスの付近で休憩をとっている時間（飲食、携帯電話の操作、喫煙等も許容されている。以下「待機時間」）について、実労働時間該当性が争われた事案である。

裁判所は、①待機時間中、乗務員が行先案内等の乗客対応を拒否すれば、北九州市交通局への不満や批判を誘発することになり、また、同局は、乗務員らに対し、待機時間中の乗客対応を免除する旨の特別の指示ないし通知をしていたわけでもないことから、乗務員らは、乗客対応をすることを少なくとも黙示的に義務付けられていた、②待機期間中、休憩に必要な範囲を超えてバスから離れることはなく、原告の一人は、上司から、始点となる乗り場でバスを待っている乗客がいる場合には、乗り場へ早めにバスを移動させることを求める趣旨の指示を受け、それ以外の原告も、出発時刻より前にバスを移動させて乗客をバスに乗せるようにしており、そして、待機時間中の乗客対応が特別に免除されていたわけではないことから、原告ら乗務員には、待機時間中であっても、バス乗り場に乗客がいれば、当該乗客の要望に応じて、臨機応変に対応することが事実上求められていたと指摘した。そして、これらのことから、「結局のところ、乗務員らは、待機時間中の全ての時間において、乗客対応を行うことを黙示的に義務付けられていた」と評価し、待機時間の実労働時間該当性を肯定した。

なお、その後、同じく北九州市交通局の嘱託乗務員が待機時間の労働時間該当性を争った事件として、**福岡地判令1.9.20裁判所HP**がある。前掲福岡地判平27.5.20は、上記のとおり、北九州市交通局が乗務員らに対して、待機時間は休憩時間であるから待機時間中に乗客の対応をする必要はないとする趣旨の通知ないし指示はしたことがないという認定を前提としたものであった。これに対し、前掲福岡地判令1.9.20は、北九州市が平成24年２月20日付で待機時間を休憩時間とする旨の通知をし、周知されたことなども踏まえ、原告らが待機時間中に乗客対応を行うことを義務付けられていたことにはならないなどとして、待機時間一般についての労働時間該当性は否定した。ただし、待機時間とされている時間の中で、「なお労働時間と考えられる時間が全く存在しないとまでは見受けられ」ないなどと指摘し、「このような労働時間を存しないものとして割り切ることには躊躇を感じざるを得ない」として、「各待機場所の性質及び待機時間の長さに鑑みて、待機時間の１割を労基法上の労働時間に当たるものと認めるのが相当である」と判断した。

⑷　南海バス事件・大阪高判平29.9.26労経速2351号３頁（上告不受理により確定）

路線バスの乗務員につき、バスターミナル到着後、次の運行開始までの間に、バスの移動、乗客対応、車内確認・清掃が義務付けられており、これらの作業を、バスターミナル到着後２分間、次の運行開始前４分間の合計６分間で行うこととされ、その６分間は労働時間として扱われていたところ、これを超える待機時間の労働時間該当性が問題となった事案である。本判決は、当該待機時間を労働時間と認定しなかった原審（大阪地判平29.3.24労経速2351号６頁）の判断を維持した。

すなわち、裁判所（原審）は、①上記作業は、基本的にはバスターミナル到着後２分間及び次の運行開始時間前４分間で行うことが可能であり、それ以外の待機時間について、乗務員は、休憩を取ることが可能であったこと、②被告、乗務員が休憩するための施設として一部のバスターミナルに詰所を設置しており、被告を含む多くの乗務員がこれを使用していたこと、③休憩中にはバスを離れて自動販売機等に飲料を買いに行くことも許されていたこと、④乗務員がバスから離れることができるようバスには施錠可能なケースや運転台ボックスが設置されていたこと、⑤原告自身もバスを離れてトイレや詰所に行っていたこと等の事実に照らして、「乗務員が待機時間中にバスを離れて休憩することを許されていたことは明らかである」とした。

その上で、「被告は、乗務員が休憩中であることを理由に乗客対応を断ることや貴重品や忘れ物をバス車内に置いてバスを離れることを認めて」いたことを指摘し、乗客対応等を行うことを義務付けられていたとは認められないとした。

これらの点から、待機時間の多くをバス車内で過ごしていた乗務員についても上記の待機時間は労働時間に該当しないと結論付けた。

⑸　K社事件（東京高判平30.8.29労経速2380号3頁）

夜行バスの交代運転手としてバスに乗っていた時間（非運転時間）が労働時間にあたるか争われた。

本判決は、国土交通省自動車局の「貸切バス交替運転者の配置基準（解説）」によれば運転者が一人では運行距離等に上限があることを指摘し、そのため、会社は交代運転手を同乗させているのであって、不活動仮眠時間において業務を行わせるために同乗させているとは認められないとした。また、厚生労働省労働基準局の「バス運転者の労働時間等の改善基準のポイント」においても、交代運転手の非運転時間は拘束時間には含まれるものの、休憩時間であって労働時間ではないことが前提とされていることを指摘した。

そして、「交代運転手はリクライニングシートで仮眠できる状態であり、飲食することも可能である」ので、「労働から離れることが保障されている」とし、「休憩や仮眠を指示したことによって、労働契約上の役務の提供が義務付けられたとはいえないから」、不活動仮眠時間において「指揮命令下に置かれていたものと評価することはできない」とした。

その他、交代運転手の休憩場所がバス車内に限られ、制服の上着の着用は義務付けられていたとする交代運転手の主張に対しては、「交代運転手の職務の性質上、休憩する場所がバス車内であることは、やむを得ないことであるし」、「その際に、制服の着用は義務付けられていたものの、」、「制服の上着を脱ぐことを許容して」、「可能な限り」「指揮命令下から解放されるように配慮していたものである」等として、結論として、交代運転手としてバスに乗っていた時間（非運転時間）は、労基法上の労働時間にあたらないと判断した。

3　警備員の不活動仮眠時間

不活動仮眠時間の労働時間該当性について、前掲大星ビル管理事件・最一小判平14.2.28は、「不活動仮眠時間であっても労働からの解放が保障されていない場合には労基法上の労働時間に当たるというべきであ」り、「当該時間において労働契約上の役務の提供が義務付けられていると評価される場合には、労働からの解放が保障されているとはいえず、労働者は使用者の指揮命令下に置かれているというのが相当である。」という一般論を示した上で、その当てはめにおいて、「上告人らは、本件仮眠時間中、労働契約に基づく義務として、仮眠室における待機と警報や電話等に対して直ちに相当の対応をすることを義務付けられているのであり、実作業への従事がその必要が生じた場合に限られるとしても、その必要が生じることが皆無に等しいなど実質的に上記のような義務付けがされていないと認めることができるような事情も存しないから、本件仮眠時間は全体として労働からの解放が保障されているとはいえず、労働契約上の役務の提供が義務付けられていると評価することができる。」という判断を示していた。

以下では、警備員の不活動仮眠時間の労働時間該当性が問題とされた近時の裁判例を紹介する。

(1) ビソー工業事件・仙台高判平25.2.13労判1113号57頁（「2018年労働事件ハンドブック」82頁参照）

本判決は、①最低４名以上の警備員が配置され、仮眠・休憩時間帯においても、２名によって突発的な業務が生じた場合にこれに対応する態勢がとられていたこと、②警備員は仮眠時間に守衛室と区画された仮眠室で制服を脱いでパジャマ等に着替えて就寝しており、未払賃金請求の対象期間である２年８か月半の係争期間中に警備員が仮眠時間中に実作業に従事した件数は１人あたり平均１年１件に満たず、このうち仮眠時間を中断して実作業を行ったのは僅か４件にすぎなかったこと、③被控訴人ら警備員においても、仮眠・休憩時間中に原則的、一般的に労働を義務付けられているとの意識はなく、例外的に実作業に従事した場合にはこれに見合う時間外手当を請求すれば足りると認識していたと認められること等から、「少なくとも仮眠・休憩時間中に実作業に従事しなければならない必要性が皆無に等しいなど、実質的に被控訴人らに対し仮眠・休憩時間中の役務提供の義務付けがされていないと認めることができる事情があった」として実労働時間該当性を否定した。

(2) 日本総業事件・東京地判平28.9.16労判1168号99頁（確定）

本判決は「①夜間の業務は、防災センターでの防災盤や監視カメラの確認、日誌作成、データ整理、IDの打ち込み等の他、火気や侵入者を検知した場合やエレベーター及びエスカレーターが停止した場合の現場確認であること、②従業員は、夜間勤務の場合、仮眠時間は、防災センター奥の仮眠室（警報装置はなく、完全な個室である。）で制服を脱ぎ、自由な服装で休んでいたこと、③夜間、Aアウトレットのセンサーは、蛇腹ゲートへの酔っ払いのよりかかり、のぞき、大雨、ポスターの落下、カブトムシ程度の大きさの昆虫の通過に反応して発報することがあり、その度に現場確認に行ったこと、④夜間勤務の一人が現場確認に赴く場合、仮眠時間であっても起きて防災センターで待機したことがあったこと、⑤震度４までの地震があった際、エレベーターは一時停止するが、自動的に復旧し、エレベーターの状況は防災センターの機器で確認できること、⑥平成23年12月から平成25年12月までの間、原告に仮眠時間の短縮が起きた月毎の回数は、０回から４回（０回の月が12か月、１回の月が７か月、２回の月が５か月、４回の月が１か月、月の当務・夜勤の回数は４回から19回である。）であることが認められる。これらによれば、仮眠時間中は個室で過ごし、仮眠中に起こされる頻度も少なかったといえ、実質的に警備員として相当の対応をすべき義務付けがされていないと認めることができるような事情があるというべきである。そうすると、仮眠時間は労働時間に当たると認めることはでき（ない)」とした。

⑶　イオンディライトセキュリティ事件・千葉地判平29.5.17労判1161号５頁（「2018年労働事件ハンドブック」81頁参照）

本判決は、警備員の勤務割で定められた仮眠時間又は休憩時間について、以下のとおり判示して、労働時間該当性を肯定した。

「葛西店の夜間の警備体制は、Ａ１勤務、Ａ２勤務及びC勤務の３名体制であり、その勤務割は、常に１名は勤務時間となるように組まれており」、また、被告が、葛西店の営業時間外における外向き防犯警報発報時に警備員がとるべき対応として定めていた手順書（本件手順書）等の記載や実際の運用、そして、休憩時間に防災センターを離れる場合には、防災センターにいる警備員と防災センターを離れる警備員とが連絡が取れる状態を確保するようにしていたこと等から、原告は、「労働契約に基づく義務として、葛西店又はその近辺における待機と発報等に対して直ちに相当の対応をすることが義務付けられていた」。

次に、仮眠時間又は休憩時間において、「実作業への従事の必要が生じることが皆無に等しいなど実質的に上記のような義務付けがされていないと認めることができるような事情が存するか否か」を検討すると、「葛西店において、１名の警備員が仮眠中に発報等に対する対応を求められる頻度は、１年間に平均２回ないし４回程度であったというのであり、実際にも、原告は、葛西店に勤務していた約１年の間に、仮眠時間中に発報に対する対応を求められたことが少なくとも２回あり、他にも、原告の仮眠時間中ではないものの、深夜の発報が少なくとも３回あったというのであって、原告が葛西店に勤務していた期間の直後の時期には、冷凍機の発報対応により仮眠者が対応を求められる事態が集中して15件発生したというのである。」「これらの事実関係に照らすと、葛西店においては、原告が勤務していた期間又はこれに近接した時期において、仮眠時間中又は休憩時間中の警備員が発報等により対応を求められる事態が、一定の頻度で生じていたというべきである。そうすると、客観的に見て、本件仮眠時間及び本件休憩時間の間、発報等により警備員が対応を求められる可能性が著しく乏しい状況にあったということはできないから、本件仮眠時間及び本件休憩時間について、警備員が実作業に従事する必要が生じることが皆無に等しい状況にあったとまでいうことはできない。」

以上から、「原告は、本件仮眠時間及び本件休憩時間の間は不活動時間も含めて被告の指揮命令下に置かれていたものであるから、本件仮眠時間及び本件休憩時間は労基法上の労働時間に当たるものというべきである。」

⑷　富士保安警備事件・東京地判平30.1.30労経速2345号27頁

本件では、被告（使用者）により、シフトに応じて５時間又は６時間の仮眠時間が指定されていたところ、被告において、警備員である原告ら（労働者）が、これを超えて２時間又は３時間の休憩時間を適宜取得しており、それらの時間は労働時間に該当しないと主張した事案である。裁判所は、本件センターにおける勤務について、下表のとおり、夜勤１名体制か夜勤２名体制に応じて、場合分けして判断を示した。

請求対象期間	夜勤１名体制	夜勤２名体制
平成25年６月10日～平成26年３月31日までの平日	下記(A)	下記(B)
平成27年１月26日から同年２月28日までの平日及び休日	下記(A)	下記(C)

⒜夜勤１名体制の場合

裁判所は、「原告らは、巡回時以外には、警備ボックス又は守衛室での常駐を義務付けられており、仮眠時間以外に定められた休憩の時間帯はなく、仮眠時間帯であっても、守衛室から離れることは許されていなかった。そして、実際にも、本件センターは、150名弱の留学生が学生寮において生活を送っていたため、トラブル等が発生することも多く、近隣住民（とりわけ、パイロットマンションの住人）から直接苦情の電話が入ったり、近隣住民からの通報を受けた警察が来訪するなど、仮眠時間帯であっても、対応（実作業）を要する事態が発生することも少なくなかったものである（例えば、平成26年６月には、近隣住民からの午前０時以降の電話だけで４回……あり、苦情報告書も作成されている……)。」と指摘し、原告らが労働時間に該当しないことを自認する休憩時間（概ね、食事に要した程度の時間）以外は労働時間に該当すると判断した。

(B)夜勤２名体制①の場合

裁判所は「警備員が２名体制となる午後５時から午前８時までの15時間のうち、午後５時から午後６時まで及び午前６時から午前８時までの３時間を除く12時間については、いずれかの警備員が仮眠に入っていたものであるから、警備員１名による勤務と基本的に相違がないと考えられる。」「仮眠時間帯であっても２名での対応を要したり、仮眠を取る警備員が交代する際の引継ぎに時間を要する場合もあると考えられ（る)」として、結論として、原告らが労働時間に該当しないことを自認する休憩時間以外は労働時間に該当すると判断した。

(C)夜勤２名体制②の場合

裁判所は、「被告が、平成27年１月26日以降２名体制となるに当たり、原告らに対し、仮眠や休憩の取得について何らかの指示を出していた形跡は全く窺われない」こと、同日以降の２名体制については、「午前１時、３時、５時に臨時で巡回を行うとともに、常時防犯モニターを注視して監視を行い、１名が巡回等で不在とする際にも、残りの１名が守衛室で防犯モニターを監視するなどして警備を強化したことに伴うものであり、２名とも巡回時以外は守衛室に常駐して勤務し、仮眠室で仮眠を取ることはできなかったものであり、２名体制が続いた期間も窃盗事件発生直後の１か月強にとどまる」ことから、原告らが労働時間に該当しないことを自認する休憩時間以外は労働時間に該当すると判断した。

第２　固定残業代に関する近時の判例の動向

1　固定残業代（定額残業代）

固定残業代（定額残業代）とは「時間外労働、休日および深夜労働に対する各割増賃金（残業代）として支払われる、あらかじめ定められた一定の金額」をいう（労働関係訴訟の実務115頁参照)。

割増賃金の支払いに代えて一定の手当を支給する類型（手当型）と、基本給の中に割増賃金を組み込んで支給する類型（基本給組込型）がある。

最高裁は、基本給組込型の固定残業代の有効要件について、通常の労働時間の賃金に当たる部分と時間外の割増賃金に当たる部分とを判別できることを掲げている（テックジャパン事件・最一小判平24.3.8労判1060号５頁、医療法人社団康心会事件・最二小判平29.7.7労判1168号49頁参照。以下、「判別要件」という。）。手当型の固定残業代の有効要件については、時間外労働等に対する対価として支払われたものであることを掲げている（日本ケミカル事件・最一小判平30.7.19労判1186号５頁参照。以下、「対価性要件」という。）。

また、下級審では、判別要件、対価性要件以外の観点からも、固定残業代の有効性を問題にする裁判例が多数言い渡されている。

代表的な紛争類型としては、①時間外労働の時間数の多さを問題にするもの、②三六協定の欠缺を問題にするもの、③合意の欠缺や効力を問題にするもの、④固定残業代が労基法所定の計算方法に従った割増賃金の額を下回っていることを問題にするものなどがある（詳細は「2018年労働事件ハンドブック」114頁以下参照）。

濫用的な利用が多いことから、固定残業代の有効性をめぐる紛争は頻発している。

以下、固定残業代の有効性が問題となった近時の裁判例を紹介する。

2　判別要件が問題となった裁判例

(1)　サンフリード事件

サンフリード事件・長崎地判平29.9.14労判1173号51頁（控訴後和解）では、職務手当・物価手当・現場手当等を固定残業代に変更したことが問題となった。

判決は「本件給与規程③は、固定残業代として『１か月の所定労働時間を超えて勤務した従業員に支給する割増賃金のうち、一定金額を固定残業代として支給する。』と定めるにとどまり、支給する金額や対応する時間外労働の時間数が明示されておらず、無効というほかない。」と固定残業代の有効性を否定した。

なお、後述するとおり、本件では就業規則の不利益変更に際し適切な手続が履践されていないことも問題になっている。

(2)　医療法人社団康心会（差戻審）事件

医療法人社団康心会（差戻審）事件・東京高判平30.2.22労判1181号11頁（確定）は、前掲医療法人社団康心会事件・最二小判平29.7.7の差戻審である。

差戻審は最高裁判決と同趣旨の判示をしているため、より実務的に参照頻度が高いと思われる最高裁の判示を中心に紹介する。

最高裁判決は「①時間外手当の対象となる業務は、原則として、病院収入に直接貢献する業務又は必要不可欠な緊急業務に限ること、②医師の時間外勤務に対する給与は、緊急業務における実働時間を対象として、管理責任者の認定によって支給すること、③時間外手当の対象となる時間外勤務の対象時間は、勤務日の午後９時から翌日の午前８時30分までの間及び休日に発生する緊急業務に要した時間とすること、④通常業務の延長とみなされる時間外業務は、時間外手当の対象とならないこと、⑤当直･日直の医師に対し、別に定める当直･日直手当を支給すること等を定めていた」時間外規程に基づき支払われるもの以外の時間外労働等に対する割増賃金を年俸1700万円に含ませる合意（本件合意）について、「本件合意によっては、上告人に支払われた賃金のうち時間外労働等に対する割増賃金として支払われた金額を確定することすらできないのであり、上告人に支払われた年俸について、通常の労働時間の賃金に当たる部分と割増賃金に当たる部分とを判別することはできない。」と判示した。

上述の最高裁判決の趣旨に沿って、差戻審は固定残業代の有効性を否定した。

⑶　クルーガーグループ事件

クルーガーグループ事件・東京地判平30.3.16労経速2357号３頁では、みなし残業代５万円の判別要件が問題となった。

判決は、残業時間数の根拠が不明確であることや、「営業成績や精勤の程度によって支給されないことがある」とされていることを指摘し「残業代以外の趣旨も含んでいたと認められ、残業代とそれ以外の部分が明確に区分されていたとはいえない」として、判別要件が具備されていることを否定した。

⑷　阪急トラベルサポート（派遣添乗員・就業規則変更）事件

阪急トラベルサポート（派遣添乗員・就業規則変更）事件・東京高判平30.11.15労判1194号13頁では、賃金通知書の「日当は８時間の所定労働時間及び４時間（４時間×125％）の残業見合分を含んだ金額」との記載を前提に、日当に固定残業代が含まれているかが問題となった。

判決は一審（東京地判平30.3.22労判1194号25頁）による「日当で支払われる賃金のうち、所定労働時間８時間を超える４時間の賃金部分は、労基法37条の定める割増賃金に当たるといえ、通常の労働時間の賃金に当たる部分と同上の定める割増賃金に当たる部分とに判別することができる」「原告らの主張（明確区分性があるというためには、労働契約において所定労働時間に対する対価の具体的金額及び割増賃金に当たる部分の具体的金額並びに固定残業代として支払われた額は何時間分の労働の対価であるかが示され、かつ、支給時に支給対象の時間外労働の時間数と当該額が労働者に明示されていなければならない等　筆者注）は採用することはできない。」との判断を踏襲した。

しかし、後述のジャパンレンタカー事件・名古屋高判平29.5.18労判1160号５頁（確定）は、「控訴人と被控訴人間の雇用契約書では、就業時間は午後（ママ）20時より午前８時までとされ、休憩時間については記載がなかったこと、賃金は１万2000円とされていたことが認められる」との認定のもと、「割増賃金算定における基礎時給の認定においては、休憩時間は０時間と扱うほかなく、１日８時間を超える合意は無効であるから、所定労働時間は８時間として計算することになる。また、控訴人の就業規則等に上記日給１万2000円の中に時間外割増賃金分及び深夜早朝割増賃金分（以下「固定残業代」という。）が含まれていることはうかがえないから、その全額が基礎賃金となる。」と判示している。

阪急トラベルサポート（派遣添乗員・就業規則変更）事件では、国土交通省が平成20年当時に旅行業法12条の３に基づいて公示していた標準旅行業約款の募集型企画旅行契約の部では、添乗員が業務に従事する時間帯は原則として午前８時から午後８時までとされていた。E（被告の完全親会社　筆者注）が定める旅行業約款においても、上記標準旅行業約款に従い、添乗員が業務に従事する時間帯は原則として午前８時から午後８時までとしており、Eがツアー参加者に配布していた『海外旅行出発までのご案内とご注意』と題する冊子においても、添乗員が添乗業務に従事する時間帯は原則として午前８時から午後８時までであることが記載されていた。」との事実が認定されている。

阪急トラベルサポート（派遣添乗員・就業規則変更）事件の判決は実質的には所定労働時間を12時間と定めているに等しく、これが規定の書きぶりのみの差で是認されてしまうのはジャパンレンタカー事件との関係で不均衡ではないかとの疑問がある。

⑸　大島産業事件

大島産業事件・福岡地判平30.9.14労経速2367号10頁では、基本給に深夜割増賃金が含まれているかが問題となった。固定残業代では時間外労働に対する割増賃金との関係で問題になることが多いが、本件は深夜割増賃金との関係が問題になった点に特徴がある。

判決は「基本給に深夜労働等の割増賃金が含まれていると認めるには、通常の労働時間の賃金に当たる部分と深夜等の割増賃金に当たる部分とが判別できることが必要となるところ（最高裁平成６年６月13日第二小法廷判決・集民172号673頁）、原告に交付されていた給与明細（甲７）にはそのような判別ができる記載はない。」として給与明細への記載の欠如を理由に判別要件が具備されていることを否定した。

なお、後述するとおり、判決は上記判示に続けて合意の成否に触れ、合意が成立していないことを理由に被告に割増賃金の支払いを命じている（福岡高判平31.3.26労経速2393号24頁で維持)。

3 対価性要件が問題となった裁判例

(1) クルーガーグループ事件

クルーガーグループ事件・東京地判平30.3.16労経速2357号3頁では、みなし残業代5万円の固定残業代としての有効性が問題となった。

判決は、上述のとおり、判別要件を否定した後、「5万円という金額からみなすこととする時間を逆算し…基本給の一部を名目的に残業代扱いにしたにすぎない」ことに加え「金額と時間の対応が明確ではないこと、適切にみなし残業代の精算が行われていたとは認められないことを併せると、被告のみなし残業代は、みなし残業代に当たる部分がそれに対応する労働の対価としての実質を有するとはいえない。」と対価性を否定した。

(2) WINatQUALITY事件

WINatQUALITY事件・東京地判平30.9.20労経速2368号15頁では「時給802円×8時間」に月の勤務日数を乗じて算出される部分以外（時間外手当、無事故手当として表示されている金額を含む）は全て時間外労働に対する対価であるとの被告主張の当否が問題となった。

判決は「被告の主張を前提とした場合、上記「時間外手当」のほかに、雇用契約書上『無事故手当』として基本給に含まれるとされる部分も、時間外労働等に対する割増賃金として支払われたものということになる。しかし、本件規定及びこれに整合する『時間外手当』の定めがありながら、これとは別個の手当として定められた『無事故手当』が、その名称にかかわらず、やはり時間外割増賃金等の趣旨で合意されたものとはにわかに解し難く、…これが時間外割増賃金等の実質を有するものであったとは認め難い。」と被告の主張を排斥し、無事故手当の時間外労働に対する対価としての性格を否定した。また「雇用契約書の記載に沿わない賃金支払の実態があったことに照らすと、…雇用契約書上に『時間外手当』とある部分に限って、なお時間外労働等に対する対価として支払うとの合意が労使間に有効に存在し、これに沿った現実の取扱いがなされていたとも認め難く、この部分に限り固定残業代として有効なものと認めることも困難である」と「時間外手当」の対価性も否定した。

4 合意の欠缺・効力が問題となった事件

(1) ジャパンレンタカー事件

ジャパンレンタカー事件・名古屋高判平29.5.18労判1160号5頁（確定）では、

基本給を減額し、その減額分を固定残業代に振り替えることを内容とする合意の効力が問題となった。

元々の雇用契約書では「就業時間は午後（ママ）20時より午前８時までとされ、休憩時間については記載がなかったこと、賃金は日給１万2000円」とされていた。この記載について、判決は「休憩時間は０時間と扱うほかなく、１日８時間を超える合意は無効であるから、所定労働時間は８時間として計算することになる。また、控訴人の就業規則等に上記日給１万2000円の中に時間外割増賃金分及び深夜早朝割増賃金分（以下「固定残業代」という。）が含まれているとはいえないから、その全額が基礎賃金となる。」との理解を示し、基礎時給を1500円（１万2000円÷８時間）と認定した。

本件で問題視されたのは、これを前提に新たに交わされた「就業時間は20時から翌５時まで（うら休憩時間１時間）とされ、賃金については、所定労働時間分の賃金が6400円（800円×８時間)、深夜割増賃金として1200円（800円×0.25×６時間）が、時間外割増賃金として3000円（800円×1.25×３時間）が支給される」との合意（変更合意）の効力である。

判決は「上記変更は、基本給を減じ、その減額分を労働基準法及び同法施行規則の除外賃金とし、又は割増賃金とすることによって、残業代計算の基礎となる賃金の額を減ずることに主たる目的があったものと認めるのが相当であるところ、前記…のとおり、控訴人がアルバイト従業員に対しそのような目的自体の合理性や必要性について詳細な説明をしていないことからすると、形式的に被控訴人が同意した旨の雇用契約書が作成されているとしても、その同意が被控訴人の自由な意思に基づくものであると認めることはできない。したがって、上記変更はその効力を認めることができない」と自由な意思の法理を用いて変更合意の効力を否定した。

⑵　東京エムケイ事件

東京エムケイ事件・東京地判平29.5.15労判1184号50頁（なお、東京高判平30.9.12.D1-Law28264599登載において、弁済により原判決一部取消、請求棄却）では、「基準外手当」の固定残業代としての有効性が問題になった。

本件で問題となったのは採用時の合意である。

被告が原告らに交付していた給与明細には「基準外手当」として一定の金銭が支払われていることが表示されていた。

しかし、入社時の説明会資料には「固定給35万円は、月の税込支給額に相当いたします。このため、35万円を基本給や各種手当に振り分け、また税金や各種控除を差引いて支払うこととなります。交通費は上限３万円まで支給します。」といった漠然とした記載がなされていただけであった。

以上の事実関係のもと、判決は「入社時の説明会資料（甲４）によれば、月額35万円が税金や諸手当を含むものであるとされているものの、その細目については不明であり、固定残業代が含まれていることは明示されていない。また、原告らに交付された給与明細には、『基準外手当』の表示があるが、『基準外手当』が時間外手当、深夜手当、休日出勤手当の三者（以下『時間外手当等』という。）を含むものであることについては、給与明細の文言上直ちに明らかでなく、これらにつき固定残業代として予定される時間数又は計算方法も明らかでない。したがって、上記…の事実は、被告と固定給原告らとの間で、月額35万円の中に時間外手当等を含む旨の個別の合意があったことを認めるに足りるものではなく、仮にそのような合意があったとしても、時間外手当等の具体的内容が明らかでない以上、有効な合意とは認められない。」と抽象性を理由に「月額35万円」に固定残業代が含まれているとの合意の効力を否定した。

⑶　PMKメディカルラボ事件

PMKメディカルラボ事件・東京地判平30.4.18労判1190号39頁（控訴後和解）でも、採用時の合意の成否が問題となった。

被告らは、会社説明会、入社説明会及び事前研修において、本件固定残業代について説明しており、本件固定残業代（特殊勤務手当、技術手当、役職手当）に関する規定は、原告らと被告らとの間の労働条件として合意されていたと主張した。

しかし、判決は、説明会で原告が手帳にとっていたとされるメモに特殊勤務手当に関する記載が一切ないこと、労働条件通知書や労働契約書が作成されていないこと、技術手当の性質について被告の準備書面上の主張と被告代表者や証人の供述が整合しないことなどを指摘したうえ、「本件固定残業代に関する規定が、原告らと被告らとの間の労働契約の内容として合意されていたことを裏づける的確な証拠は存在しない。」と合意の認定を否定した。

⑷　ビーダッシュ事件

ビーダッシュ事件・東京地判平30.5.30労経速2360号21頁では、固定残業代の導入に伴い雇用条件を変更する合意の効力が問題となった。

固定残業代の導入前、原告は被告から基本給50万円で雇用されていた。

その後、被告は、固定残業制度を就業規則に明記するとして、原告との間で、基本給を39万円、固定時間外勤務手当を12万1875円、固定深夜手当を6094円すること等を内容とする雇用契約書（本件雇用契約書）を取り交わした。

本件で問題となったのは、本件雇用契約書に雇用条件の変更の合意としての効力が認められるか否かである。

固定残業代の導入にあたり、被告の顧問社労士は「従前、被告では、基本給を12倍した金額を年収として、年収に割増賃金を含める取扱いをしており、被告代表者からは、各従業員の採用面接の際に、それぞれ上記の取扱いについて説明済みで、従業員は納得しているとの説明を受けた。従業員が納得しているとしても、上記取扱いは、労基法又は裁判例に照らし、違法になる可能性がある。そこで、被告代表者と話し合い、本件固定残業制度を採用し、それを就業規則に明記することとした。」「従前は、割増賃金も含めて全て基本給という形にしていたが、今後は基本給と固定時間外手当及び固定深夜手当を分けて定めることになる。これまでの基本給は割増賃金を含めた形での基本給であり、今後の基本給は割増賃金を含めない形の基本給なので、その性質が異なり、形式的な基本給の数字は減るが、支給額総額でみれば、これまでより増えることはあっても減ることはない。」との説明を行った。

判決は「本件固定残業制度採用前の本件雇用契約の基本給に一定の割増賃金が含まれていることを認めることは困難である」との認定のもと「本件説明会においては、漠然と従前の賃金体系又は割増賃金が支払われていないことが違法である可能性があることの説明がされた…のみであって、本来的には当該基本給に応じた割増賃金が支払われるはずであったことなどについて原告に対し、明確に説明がされたとはいえない。」「原告の新賃金体系と従前の賃金体系を比較すれば、正に割増賃金の基礎となる基本給が減少するのであり、基本給の減少は、形式的なものにとどまるものではない。その上、原告の新賃金体系においては､基本給（引いては発生する割増賃金の額）が減少するのみならず、発生した割増賃金についても、固定時間外勤務手当分は既払となるのであるから、総額として支給額が減少することがないという説明も誤っているといわざるを得ない。」「原告が本件雇用契約書に押印し…、本件固定残業制度の内容の説明を受け、従業員代表として被告の就業規則に意見を述べたこと…が認められるとしても、原告の新賃金体系への変更は、…原告に著しい不利益をもたらすものであるところ、…被告の原告に対する説明内容は不正確かつ不十分なものであったことから、原告が本件雇用契約書に押印したとしても、これが原告の自由な意思に基づいてされたものと認めるに足りる合理的な理由が客観的に存在したとはいえず、原告による有効な同意があったとは認められない。」と固定残業代の導入に係る個別合意の効力を否定した。

⑸　グレースウィット事件

グレースウィット事件・東京地判平29.8.25労経速2333号３頁では、出向手当との用語の手当を固定残業代に振り替える合意の有効性が問題となった。

判決は「いったん雇用契約書（甲12）の内容で労働契約が成立している以上、出向手当を固定残業代とすることは、従前、基本給及び出向手当から構成されていた所定労働時間の賃金を基本給のみに切り下げる労働条件の不利益変更に当たるから、その賃金減額が有効となるためには、原告Ｂの同意があり、かつ、その同意が原告Ｂの自由な意思に基づいてされたものと認めるに足りる合理的な理由が客観的に存在すること・・・又は従前の労働条件を変更する就業規則を労働者に周知し、かつ、その労働条件変更が合理的なものであること・・・のいずれかを要するが、乙12の就業規則の内容に加え、不利益変更の内容、その理由等に関する適切な説明や協議がされて、原告Ｂが労働条件の不利益変更が生じることを正確に理解した上で、署名押印したことを示すなど、合理的な理由の客観的な存在を認めるに足りる的確な証拠はない」「労働条件変更の合理性を認めるに足りる主張立証もない。」と合意の効力を否定した。

⑹　大島産業事件

「２　判別要件が問題となった裁判例－⑸」で紹介した裁判例である（大島産業事件・福岡地判平30.9.14労経速2367号10頁）。

判別可能性がないことに言及した後、判決は「証拠（甲８、乙14）によれば、路線には深夜労働時間帯（午後10時～午前５時）が含まれるものとそうでないものがあり、同一の路線でも日ごとに深夜労働時間が異なったりするにもかかわらず、路線単価を決定するについて、深夜労働の有無や長さを厳密に検討することはされていないことが認められる。」「そうすると、基本給に深夜労働に対する割増賃金を含むとの合意が成立していたとは認められないから、被告会社は、原告に対し、基本給とは別に深夜割増賃金を支払わなければならない。」と合意の成立が否定されることを理由に、被告に割増賃金の支払いを命じた。

5　就業規則の不利益変更との関係が問題となった事件

⑴　サンフリード事件

サンフリード事件・長崎地判平29.9.14労判1173号51頁（控訴後和解）では、固定残業代の導入に係る就業規則の変更の効力が問題となった。

判決は、固定残業代の導入が労働条件の不利益変更であること認定したうえ、「労働者代表の意見書は、労基則６条の２第１項所定の手続によって選出された者ではない者が、被告の『労働者の過半数を代表する者』として署名押印したものであ」るなどとして固定残業代の有効性を否定した。なお、固定残業代の有効性を否定する結論を導くにあたっては、上述のとおり、判別要件が欠けていることも言及されている。

(2) グレースウィット事件

上述のとおり、グレースウィット事件・東京地判平29.8.25労経速2333号３頁（控訴後和解）でも、就業規則の不利益変更との関係は問題になっている。

6 時間数が問題となった裁判例

(1) ビーエムホールディングスほか１社事件

ビーエムホールディングスほか１社事件・東京地判平29.5.31労判1167号64頁では、「時間外労働82時間相当分として支給」するとされていたサービス手当・ライフデザイン手当（LD手当）の固定残業代としての有効性が問題となった。

判決は、脳血管疾患及び虚血性心疾患等に関する労災の認定基準に言及したうえ、「月80時間を超える長時間の時間外労働を恒常的に行わせることが上記法令の趣旨及び上記36協定に反するものであることは明らかであるから、法令の趣旨及び36協定に反する恒常的な長時間労働を是認する趣旨で、原告・被告１間の労働契約においてサービス手当及びＬＤ手当の支払が合意されたとの事実を認めることは困難である。仮に、事実としてかかる合意をしたとしても、上記法令の趣旨に反する合意は、公序良俗に反するものであり、無効と解するのが相当である（民法90条）。」と固定残業代としての有効性を否定した。

また、サービス手当・ライフデザイン手当が割増賃金の対価として認められないことを前提に、賃金総額を維持したまま42時間分の固定残業代を導入する就業規則の変更（新賃金規定）の効力について「新賃金規定によって、42時間分の時間外労働の対価が従前の賃金総額に含まれることになることは、労働者にとって不利益の程度が大きいというべきである。しかるに、被告１は、新賃金規定の導入に当たり、経過措置や代償措置を何ら講じておらず、工場長が本件改定を十分理解していないなど労働者に対する説明手続も不十分であったことが認められる（証人D）。他に、新賃金規定が合理的なものであると認めるに足りる的確な主張立証はない。」「したがって、新賃金規定は、原告との間では、就業規則の不利益変更として無効であると言わざるを得ないから、上記固定残業代が42時間分の時間外労働の対価であると認めることはできない。」と判示し、その効力を否定した。

(2) イクヌーザ事件

イクヌーザ事件・東京高判平30.10.4労判1190号５頁（最二小決令元.6.21により確定）では、月80時間分に相当する固定残業代の有効性が問題となった。

この判決も、脳血管疾患及び虚血性心疾患等に関する労災の認定基準に言及したうえ「このような長時間の時間外労働を恒常的に労働者に行わせることを予定して、基本給のうちの一定額をその対価として定めることは、労働者の健康を損なう危険のあるものであって、大きな問題があるといわざるを得ない。そうすると、実際には、長時間の時間外労働を恒常的に労働者に行わせることを予定していたわけではないことを示す特段の事情が認められる場合はさておき、通常は、基本給のうちの一定額を月間80時間分相当の時間外労働に対する割増賃金とすることは、公序良俗に違反するものとして無効とすることが相当である。」と固定残業代の定めを無効とした。

また、被控訴人・被告からは「本件固定残業代の定めが公序良俗に反すると判断される場合であっても、月45時間の残業に対する時間外賃金を定額により支払う旨の合意があったと解することが控訴人及び被控訴人の合理的意思に合致する」との主張が提示されたが、判決は「本件告示において、労働基準法36条1項の協定で定める労働時間の延長につき、1か月につき45時間の限度時間を超えないものとしなければならないこととされていることを踏まえても、被控訴人主張のような合意についてはこれを認定する根拠に欠ける」とし、部分的無効の考え方を採用しなかった。

第3　労働者の「自由な意思」が問題とされた裁判例

1　はじめに

山梨県民信用組合事件・最二小判平28.2.19民集70巻2号123頁以降、労働者が労働条件に関して行った意思表示（合意・同意）について、「労働者の自由な意思に基づいてされたものと認めるに足りる合理的な理由が客観的に存在する」か否かを問題にする裁判例が増加している。

従来、最高裁は、賃金債権を放棄する労働者の意思表示（シンガー・ソーイング・メシーン事件・最二小判昭48.1.19民集27巻1号27頁、北海道国際空港事件・最一小判平15.12.18労判866号14頁）や、賃金債権を合意相殺する労働者の意思表示（日新製鋼事件・最二小判平2.11.26民集44巻8号1085号）について、「労働者の自由な意思に基づいてされたものと認めるに足りる合理的な理由が客観的に存在する」ことを要する旨の判断を行ってきた。ただし、これらの事案は、労働者の意思表示が賃金全額払の原則（労基法24条1項）に違反して無効となるかの文脈で判断したものであった。

このような状況において、最高裁は、合併により消滅する信用協同組合の職員が、合併前の就業規則に定められた退職金の支給基準を変更することに同意する旨の記載のある書面に署名押印した事案である前掲山梨県民信用組合事件・最二小判平28.2.19において「就業規則に定められた賃金や退職金に関する労働条件の変更に対する労働者の同意の有無については、当該変更を受け入れる旨の労働者の行為の有無だけでなく、当該変更により労働者にもたらされる不利益の内容及び程度、労働者により当該行為がされるに至った経緯及びその態様、当該行為に先立つ労働者への情報提供又は説明の内容等に照らして、当該行為が労働者の自由な意思に基づいてされたものと認めるに足りる合理的な理由が客観的に存在するか否かという観点からも、判断されるべきものと解するのが相当である」と判示した。

労働者の意思表示が強行法規である賃金全額払の原則（労基法24条１項）に違反して無効となるか否かが問題となった前掲シンガー・ソーイング・メシーン事件・最二小判昭48.1.19ほかと、賃金・退職金に関する労働条件の変更に対する労働者の同意の有無が問題となった前掲山梨県民信用組合事件・最二小判平28.2.19とでは、場面を異にするものといえる。ただし、前掲山梨県民信用組合事件・最二小判平28.2.19の調査官解説（清水知恵子「判解」法曹時報70巻１号306頁）は、労働契約における合意原則の実質的意義を踏まえて検討すると、「労働者の自由な意思に基づいてされたものと認めるに足りる合理的な理由が客観的に存在する」ことが必要とされる背景にある視点は、両者の場面に共通であると捉えているようである。そして、労働契約における合意原則の実質的意義については、「労働契約においては、労働者の従属性から、労働者と使用者との合意が必ずしも対等な立場においてされず、使用者により一方的に労働条件が決定されることも少なくないという労働契約関係に特有の事情を踏まえ、労働者と使用者との合意が真の意味において『自主的な交渉の下で』された『対等の立場における』ものとなることを要請する趣旨である」と解している（同318～319頁参照）。

以上の点を踏まえて、労働者の「自由な意思」が問題とされた近時の裁判例を紹介する。

2　賃金減額に対する労働者の同意の事案

(1)　Chubb損害保険事件・東京地判平29.5.31労判1166号42頁（確定）

責任の大きさと業績により従業員の給与が決定される職務給制度を導入していた会社において、職務グレードを引き下げるという降格を２度にわたって行い、それに伴って基本給を減額した事案であり、会社は原告が給与減額に同意していた等としてこれを争った。

裁判所は１度目の降格（本件降格１）につき「原告（従業員）が本件降格について明示の同意をしたことを認めるに足りる客観的証拠は存在しない。かえって、証拠によれば、平成19年12月、内部監査部への異動及び本件降格１を告知された際、原告はＭ人事部長（当時）に対し、内部監査部への異動及び降格に納得がいかないと異議を述べたことがうかがわれる。」「そうすると、原告が、平成19年12月内部監査部に異動して以降７年以上にわたり本件降格１に対して明示的に異議を述べたことがなかったことや、本件降格１による引下げ後のグレード（６S）であることを前提とするような行動（社内公募の応募用紙に自身のグレード及び応募するポジションを「６S」と記載したこと）を取っていたことを踏まえても、本件降格１による賃金減額について、原告の自由な意思に基づく同意があったと認めることはできないし、原告が平成27年２月以降本件降格１について異議を述べるに至ったことが信義則に反するということもできないというべきである。」として、「原告の同意があった旨の被告の主張には理由がない」とした。

また、２度目の降格につき、「被告は、原告が、平成25年２月PIPの実施中に作成した書面において、PIPの結果業務改善ができなかった場合には『判定に従って、就業規則通りボーナス、給与の（ママ）減額する』と記載したことをもって、本件降格２について原告が同意していたと主張する。」「しかし、原告は、本件降格２がされた際、降格は納得できない旨をＰ次長に伝えて降格に対して明確に異議を述べていること、前記認定のとおり、原告は平成24年７月頃からＯ部長との対人関係に伴うストレス等により適応障害及び抑うつ状態を発症し、医師から配置転換など職務上の配慮が必要と診断されていたにもかかわらず、被告はこれを認識しながら配置転換等の適切な措置を取らずに原告への退職勧奨を繰り返していた中で、原告に対しPIPを実施したものであるから、かかる状況下において原告が上記文言を記載したことをもって、本件降格２について原告の自由な意思に基づく同意があったものと認めることはできない」とした。

⑵　グレースウィット事件・東京地判平29.8.25労経速2333号３頁（控訴後和解）

本件では、就業規則において、「出向手当は、固定残業代として支給する」旨が定められており、これが、労働契約成立時から労働契約の内容になっているか自体が争われた事案である。会社は労働者に対し、入社時に就業規則を読み聞かせて、出向手当は28時間分の残業代であることを説明した上、サインリストに原告Bの署名押印を得たのであるから、労働契約成立時から、「出向手当は、固定残業代として支給する」ことが労働契約の内容になっているとの主張をしたが、裁判所はサインリストへの署名は雇用開始・雇用契約書作成後になされたと推認できるから雇用契約書の内容で労働契約が成立したと判断し、出向手当を所定内賃金とする契約内容から、固定残業代とする契約内容への変更の主張と捉えた。すなわち、裁判所は、「出向手当を固定残業代とすることは、従前、基本給及び出向手当から構成されていた所定労働時間の賃金を基本給のみに切り下げる労働条件の不利益変更に当たる」として、その賃金減額が原告Bの同意により有効となるためには、「その同意が原告Bの自由な意思に基づいてされたものと認めるに足りる合理的な理由が客観的に存在すること」を要するとした。

その上で、裁判所は、「サインリストには、『私どもが会社の最新就業規則の内容について、会社の通知と説明を十分に受け、理解した上で了承しました。』との不動文字による記載があるが、これのみでは合理的な理由の客観的な存在を認めるには足りない。」とした。

(3) ビーダッシュ事件・東京地判平30.5.30労経速2360号21頁

年俸制の基本給に割増賃金を含むものとして給与が支払われていた会社において、C社労士から法的に問題がある旨の指摘を受けて、法的に問題ない形にするため、就業規則上、固定残業制度を採用して、従前の年俸制の基本給を、基本給と固定時間外勤務手当に分けて支給することとした事案である。その際、C社労士又は会社代表者から原告（労働者）に対し、漠然と従前の賃金体系又は割増賃金が支払われていないことが違法である可能性があることの説明はなされた一方、本来的には当該基本給に応じた割増賃金が支払われるはずであったことなどについては明確に説明がなされず、本件固定残業制度の採用に伴う基本給の減少が形式的なものにとどまる、総額としては支給される額は変わらないなどといった説明がなされ、これを受けて、原告が、新賃金体系に基づく新たな労働条件に関する雇用契約書に押印した。原告が、従前の雇用契約の内容に基づく未払賃金を請求し、会社は、雇用契約書への押印により新たな労働条件に対する同意があったとしてこれを争った。

裁判所は、「原告の新賃金体系と従前の賃金体系を比較すれば、正に割増賃金の基礎となる基本給が減少するのであり、基本給の減少は、形式的なものにとどまるものではない。その上、原告の新賃金体系においては、基本給（引いては発生する割増賃金の額）が減少するのみならず、発生した割増賃金についても、固定時間外勤務手当分は既払となるのであるから、総額として支給額が減少することがないという説明も誤っているといわざるを得ない」「そうすると、C社労士及び個別の面談における被告代表者の説明は、従前の制度に関する誤った理解を前提としたものであり、原告に対し、原告の新賃金体系が適用されることによって、原告が受ける不利益の程度について正確かつ十分な情報を提供するものとはいえない」と認定して「原告が本件雇用契約書に押印したとしても、これが原告の自由な意思に基づいてされたものと認めるに足りる合理的な理由が客観的に存在したとはいえず、原告による有効な同意があったとは認められない。」とした。

⑷　ニチネン事件・東京地判平30.2.28労経速2348号12頁

中途採用の営業職として被告（会社）に入社した原告（労働者）が、被告から、営業の業績が上がっていないとして、このままでは雇用を継続することができないため、退職してもらうか、現在の業績に見合った給与として現在の半額の給与とするかという対応をとらざるを得ない旨を伝えられ、給与半減に応じた事案である。

裁判所は、賃金減額を受け入れる旨の原告の行為があったものと認められるとしながら、「本件賃金減額は、年俸制がとられていた原告の賃金を期間中に月額50万円から月額25万円に半減するというものであり、具体的な減額期間が予め決められていたものでもなく、これにより原告にもたらされる不利益の程度は著しいものである。」「さらに、使用者は従業員の業績が上がらないことなどから当然に同従業員を解雇したり、その賃金を減額したりできるわけではなく、本件においては、原告の自由な意思に基づく同意を得る以外に本件賃金減額を行うことができる法的根拠はなかった…にもかかわらず、被告は、…面談の中で、原告に対して、解雇予告手当さえ支払えば原告をすぐに解雇できるとの不正確な情報を伝えた上で、退職か本件賃金減額のいずれを選択するのかを同日中に若しくは遅くとも翌日までに決断するように迫ったものである」「原告は、…十分な熟慮期間も与えられない中で…最終的には、その場での退職を回避し、今後の業績の向上により賃金が増額されることを期待しつつ、やむを得ず本件賃金減額を受け入れる旨の上記行為をしたものと認められる」等として、原告の自由な意思による同意を否定した。

⑸　ネクスト・イット事件・東京地判平30.12.5LEX/DB25562362

被告（会社）に雇用されていた営業社員である原告の入社当時の賃金は、固定給として月額30万円、歩合給として月間粗利の12%とされていたところ、原告が、固定給として20万円、歩合給として月間粗利の18%とする旨の給与確認書に署名押印して被告に提出した事案である（なお、原告と被告との間で雇用契約書は作成されていない)。

裁判所は、「原告の粗利目標達成率は、平成26年度には８％から32％であり、良いとはいえないものの、平成26年度を通じて一度も粗利目標の60％を達成しなかった営業社員は原告を含めて２名存在したこと、原告は、Bから本件給与体系の変更を告げられた際、給与の減額になることを明確に認識した上で、入社前に聞いていないなどとして受け入れない意思を表明し、その後Ａから送信されてきた給与についての確認書には、職を失わないために渋々署名押印したことなどを踏まえると、原告の本件給与体系変更に対する同意が自由な意思に基づくものであると認めるに足りる合理的な理由が客観的に存在するとは認められない。」とした（同判示は東京高判令1.6.5D1-Law登載で維持）。

3　配転に対する同意の事案

(1)　KSAインターナショナル事件・京都地判平30.2.28労判1177号19頁（確定）

60歳の定年後、被告（会社）に嘱託社員として再雇用され経営管理本部A監査室長を務めていた原告（労働者）に対し、①A監査室長から外して経営管理本部本部長付参事に異動させる旨の配転命令が行われ、さらに、②関西営業本部B事業部参事に異動させる配転命令が行われた事案である。被告は、原告が、平成27年１月16日にA監査室長業務を外した嘱託契約書を、いったん持ち帰った後に署名捺印しており、同月26日には経営管理本部・本部長付としての業務の引継ぎもしていることから、上記各配転命令に対する同意があったと主張した。これに対し、裁判所は、被告は、原告が嘱託契約書に署名捺印する前の同月14日付けで、既に原告をＡ監査室長から外す旨の配転命令を発していること、同月16日には原告が一度提出した始末書を書き直させることもしていること、さらに原告は同月22日に労働組合に加入して本件配転命令の撤回を求めていることからすると、原告が同月16日に嘱託契約書に署名捺印したのは、「本件配転命令に不服があったものの、業務命令であるのでやむなく従ったにすぎず、自由な意思に基づく同意がされたと認めることはできない」「また、被告では、同月26日に、同年２月１日付けで原告を関西営業本部B事業部参事に異動させる配転命令をしたのであるから、それに基づいて原告が引き継ぎをしたことについても、業務命令であるのでやむなく従ったにすぎず、自由な意思に基づく同意がされたと認めることはできない。」とした。そして、「配転命令が、その本来の適法性いかんにかかわらず、労働者の同意によって有効とされるためには、配転命令が違法なものであってもその瑕疵を拭い去るほどの自由意思に基づく同意であることを要すると解するのが相当であるから、本件では、原告がこのような同意をしたとは認められない。」と判示した。

4 契約形態の変更に対する労働者の同意の事案

⑴ 社会福祉法人佳徳会事件・熊本地判平30.2.20労判1193号52頁（控訴後和解）

NPO法人と原告が無期労働契約を締結していたところ、NPO法人から被告に対する事業移管に伴う被告による原告の新規採用について、被告は、原告が契約期間の定めのある本件労働条件通知書に署名･押印していることを理由に、有期労働契約であると主張した事案である。

裁判所は、まず、被告は、本件労働組合から申し入れをされるまで、職員に対し労働条件通知書を交付しておらず、本件労働条件が通知されたのは、原告らが被告に雇用されてから１か月を経過した後になってからであり、原告が被告に雇用される経緯において、有期雇用についての説明がなかったとして、一旦、無期労働契約が成立したとした上で、本件労働条件通知書への署名・押印については、無期労働契約から有期労働契約への変更の問題と捉えた。

その上で、裁判所は、労働契約における期間の定めの有無は、原告にとって、賃金及び退職金等と同様に重要な事項であるとして、山梨県民信用組合事件・最二小判平28.2.19民集70巻２号123頁の判断基準に照らして判断するとした。そして、上記労働契約の変更が自由な意思に基づくかにつき、勤務条件などの説明が、極めて短時間であったことや、被告が正職員の保育士について、期間の定めのある雇用形態に変更した理由について、保育士は入れ替わりが多く、有期雇用期間でのほうが雇用をしやすいためとのことであり、労働者の雇用形態を配慮した変更とは考えられないこと、原告が被告に雇用された経緯に照らすと、本件労働条件通知書に署名・押印しなければ解雇されると思ったためこれに署名したとする原告の供述も合理的であることから、原告が本件労働条件通知書へ署名した行為は、原告の自由な意思に基づいてされたものと認めるに足りる合理的な理由が客観的に存在するとはいえない、とした。

5 賃金控除・相殺、賃金放棄等の事案

⑴ 凸版物流・フルキャスト事件・東京高判平30.2.7労判1183号39頁

人材紹介・派遣会社である被控訴人Ｙ２に登録して日雇派遣労働者として稼働していた控訴人が、被控訴人Ｙ１において、労働者派遣ないしＹ２による日々職業紹介（会社）により就労していた事案である。被控訴人らは、就労者が、就労した翌日に税・保険料を控除した給与を受け取れる「即給サービス」と呼

ばれるサービスを利用させており、同サービスを利用した場合には、振込手数料が賃金と相殺される仕組みであった。かかる相殺について、賃金全額払原則(労基法24条1項) との関係で、控訴人の自由な意思に基づいてされたものであると認めるに足る合理的理由が客観的に存在するか否かが争いになった。

裁判所は、即給サービスの利用につき、被控訴人Y1において、登録社員に対し、その利便性を強調したというべき「「即給サービス」ご利用案内」と題する書面を交付した上、更に、即給システムを利用するか否かについての申告を求める「銀行口座振込依頼書（兼　即給サービス利用申込書)」を交付しており、被控訴人Y2においては、「労働条件通知書」自体に即給サービスの利用が可能であるとし、その利便性を説明する文言が記載されており、現に約45パーセントに及ぶ就業者が即給サービスを利用していた等の事実から、本件の場合、被控訴人らは、控訴人ら就業者に対し、即給サービスの利用を誘導しているといわざるを得ないとし、また、被控訴人らは現金による賃金支払の事務の負担を免れることができる一方、控訴人ら就業者は、日雇派遣及び日々職業紹介という不安定な雇用に置かれている者であり、不本意ながら即給サービスを利用せざるを得ない立場にあるといえ、現に約45パーセントに及ぶ就業者が即給サービスを利用しているのであるから、控訴人ら就業者の同意があるとしても、それが労働者の自由な意思に基づいてされたものであると認めるに足る合理的理由が客観的に存在する場合には当たらないとした。

(2)　ジー・イー・エス事件・大阪地判平31.2.28LEX/DB25562507

被告（会社）は、平成25年2月頃、取引先のスポーツ施設との契約に基づく浄水設備等のメインテナンス作業の不手際を契機に、同取引先から契約関係を打ち切られた上、損害賠償請求訴訟を提起されたところ、原告は、被告の元従業員であり、当時メインテナンス作業の責任者であった。原告は、被告に対し、「私は、自らの職務怠慢で、会社の指示・命令・約束に背き、その結果、会社やお客様に対して重大な問題を招いたことを深く反省し、お詫び申し上げます。つきましては、2015年6月分の給与を頂くことはできませんので、自らの意思で会社に全額返金をさせて頂きます」などと印字した念書に署名押印をして提出するなどしており、平成27年6月分の給与も含めて、被告から原告に対して給与が支払われていない月があった。それらの月の給与について、原告による放棄ないし返納の有効性が争われた事案である。

裁判所は、「一般に労働者が賃金を自主的に放棄ないし返納する場合、その日々の生活に大きな不利益を生じさせることになる反面、労使間の交渉力の格差を原因として形式上賃金の放棄ないし返納とみられる行為を強いられる危険がある」として、給与の放棄ないし返納につき、労働者の自由な意思に基づくと認められる合理的な理由が客観的に存在する必要があるとした上で、「本件全証拠によっても、給与を返納する前提として、原告が被告に対し上記事件について損害賠償責任等を負うのか、どれほどの金額を負担すればよいのかについて当事者間で話し合いが行われていた形跡はうかがわれず、原告の作成した念書にも、給与を自主返納するに至った具体的な事情は書かれていない。それにもかかわらず、上記事件から２年以上経過した後になって、その責任をとって給与の自主返納を行うのは、不自然ないし唐突の感が否めず、むしろ、上記事件を契機として給与の自主返納を迫ろうとする、被告側からの働きかけの存在がうかがわれる」として、「平成27年６月分についての賃金放棄が、自由な意思に基づくものと認められる客観的合理的理由があると評価するに足りる事実があるとはいえない」とした。

⑶　佐世保配車センター協同組合事件・福岡高判平30.8.9労判1192号17頁

被控訴人（被告）は協同組合であり、控訴人（原告）はその常務理事の肩書を持つ者である。また、H社は、被控訴人の組合員企業２社が出資して設立された会社であり、被控訴人の代表理事であるJがH社の代表取締役を、被控訴人の理事であるKがH社の取締役を、控訴人がH社の従業員を務めていた。被控訴人のH社に対する貸付金1900万円が回収困難となったため、Jが毎月12万円、Kと控訴人が毎月５万円ずつ、２年間支払うこととした（当初の合意）。しかし、最終的に控訴人は７年以上にわたり返済を行うこととなった。本件は、控訴人の労働者性（すなわち、報酬の賃金該当性）と、返済金の報酬からの控除に対する合意の有無が争われた事案である。

裁判所は、まず、控訴人（原告）が被控訴人の常務理事に就任した後も、引き続き、労働契約に基づく職員たる地位を継続的に有していたとする一審判決を維持した上で、返済金の報酬（賃金）からの控除については、控訴人はH社の役員ではなく、H社の経営責任を負うものではないこと、そして、K元理事、J元代表理事及び控訴人（原告）の当初の合意は、返済期間を２年とするもの（控訴人の返済額は総額120万円となり、H社から受領した給与220万円の約半分となる。）であったが、最終的に控訴人は７年以上にわたり返済をし、K元理事及びJ元代表理事の返済分と併せて、H社の被控訴人に対する売掛金残金が完済されたこと、控訴人が最終的に支払った金額の合計（431万8182円）は、控訴人がH社から受領した給与の約２倍であったこと等を踏まえ、「控訴人は、当初の合意とは異なる支払をすることについては、承認をしていたと推認されるものの、これは、H社についての経営責任の所在やH社からの支払賃金の総額及びH社への支払と本件支払の総額に照らすと、かかる承認は、控訴人の自由意思に基づいてなされたものであると認めるに足りる合理的な理由が客観的に存在するとはいえないから、賃金の性格を有する報酬から控除することによる本件支払は、労働基準法24条１項に違反するものというべきであって無効である」とした。

6 労働者の妊娠・出産等や育児・介護等に伴う使用者の取扱いに対する同意が問題となった裁判例

広島中央保健生協（C生協病院）事件・最一小判平26.10.23民集68巻８号1270頁は、妊娠中の女性労働者の軽易業務への転換（労基法65条３項）を契機として行った降格につき、均等法９条３項の禁止する取扱いに該当するか否かが問題となった事案であるが、最高裁は原則として同項の禁止する取扱いに該当するとしつつ、例外の一つとして、当該労働者が「自由な意思に基づいて降格を承諾したものと認めるに足りる合理的な理由が客観的に存在するとき」には、同項の禁止する取扱いに該当しないとした。そして、「上記の承諾に係る合理的な理由に関しては、…（軽易業務への転換及び降格措置により労働者が受ける）有利又は不利な影響の内容や程度の評価に当たって、上記措置の前後における職務内容の実質、業務上の負担の内容や程度、労働条件の内容等を勘案し、当該労働者が上記措置による影響につき事業主から適切な説明を受けて十分に理解した上でその諾否を決定し得たか否かという観点から、その存否を判断すべきものと解される。」とした。

その後、労働者の妊娠・出産等や育児・介護等に伴う使用者の取扱いに対する同意が問題となった裁判例としては、以下のようなものがある。

⑴ TRUST事件・東京地立川支判平29.1.31労判1156号11頁（「2018労働事件ハンドブック」274頁、486頁）

被告（会社）に期限の定めなく、正社員として雇用されており、建築測量や墨出し工事等に従事していた（女性）につき、妊娠が判明し、被告代表者の勧めで派遣会社に登録を受け入れたところ、被告から退職合意があったと扱われたため、原告が、被告に対して、労働契約上の地位確認等を求めた事案である。

裁判所は、まず、「妊娠中の退職の合意があったか否かについては、特に当該労働者につき自由な意思に基づいてこれを合意したものと認めるに足りる合理的な理由が客観的に存在するか慎重に判断する必要がある。」とした。

そして、原告は、現場の墨出し等の業務ができないことの説明を受けたうえで、株式会社Ｂへの派遣登録を受け入れ、その後、平成27年６月10日に、被告代表者から退職扱いとなっている旨の説明を受けるまで、被告に対し、社会保険の関係以外の連絡がないことからすると、原告が退職を受け入れていたと考える余地がないわけではないが、社会保険について、原告の退職を前提に、被告の下では既に加入できなくなっている旨の明確な説明や、退職届の受理、退職証明書の発行、離職票の提供等の、客観的、具体的な退職手続がなされていないこと、原告側は、被告に対し、継続して、社会保険加入希望を伝えており、被告代表者から退職扱いとなっている旨の説明を受けて初めて、離職票の提供を請求した上で、自主退職ではないとの認識を示していること、被告の主張を前提としても、退職合意があったとされる時に、被告は、原告の産後についてなんら言及をしていないことから、原告は、産後の復帰可能性のない退職であると実質的に理解する契機がなかったと考えられ、また、原告には、被告に残るか、退職の上、派遣登録するかを検討するための情報がなかったという点においても、自由な意思に基づく選択があったとは言い難いとした。

⑵　フーズシステム事件・東京地判平30.7.5労判1200号48頁（確定）

被告会社に期間の定めなく雇用され、事務統括という役職にあった原告が、自身の妊娠、出産を契機として、被告会社の取締役及び被告会社の従業員から、意に反する降格や退職強要等を受けた上、有期労働契約への転換を強いられ、最終的に解雇されたと主張し、上記降格、有期労働契約への転換及び解雇がいずれも無効であると主張した事案である。このうち、無期労働契約から有期労働契約であるパート契約への変更については、原告が、育児のため時短勤務を希望したところ、被告の取締役から、勤務時間を短くするためにはパート社員になるしかないと言われ、パート契約書に署名押印している。

裁判所は、まず、育介法23条の２は、育児のための所定労働時間の短縮申出（同法23条）をした労働者に対する不利益取扱いを禁止しているところ、労働者と事業主の合意に基づき労働条件を不利益に変更したような場合には、直ちに違法、無効とはいえないとしつつ、当該合意の成立及び有効性についての判断は慎重にされるべきであり、「上記短縮申出に際してされた労働者に不利益な内容を含む使用者と労働者の合意が有効に成立したというためには、当該合意により労働者にもたらされる不利益の内容及び程度、労働者が当該合意をするに至った経緯及びその態様、当該合意に先立つ労働者への情報提供又は説明の内容等を総合考慮し、当該合意が労働者の自由な意思に基づいてされたものと認めるに足りる合理的な理由が客観的に存在することが必要であるというべきである。」とした。

そして、パート契約の締結については、被告会社は、産休に入る前の面談時をも含めて、原告に対し、被告会社の経営状況を詳しく説明したことはなかったこと、勤務時間を短くするためにはパート社員になるしかないと説明したのみで、嘱託社員のまま時短勤務にできない理由についてそれ以上の説明をしなかったものの、実際には嘱託社員のままでも時短勤務は可能であったこと、パート契約の締結により事務統括手当の不支給等の経済的不利益が生ずることについて、被告会社から十分な説明を受けたと認めるに足りる証拠はないこと、原告は、同契約の締結に当たり、釈然としないものを感じながらも、第1子の出産により他の従業員に迷惑をかけているとの気兼ねなどから同契約の締結に至ったことなどの事情を総合考慮し、パート契約が原告の自由な意思に基づいてされたものとは認めるに足りる合理的な理由が客観的に存在すると認めることはできないとした。

さらに、その後、更新の度に面談の上でパート契約書に署名しても、自由な意思によりパート契約をしたとは認められないとされた。

⑶ ジャパンビジネスラボ事件・東京地判平30.9.11労判1195号28頁

被告（会社）から正社員として雇用されていた原告が、育児休業終了日に、被告との間で、期間1年、1週間3日勤務の契約社員となる有期労働契約を内容とする雇用契約書（本件合意）を取り交わし、復職したが、その後間もなくから、被告に対し、正社員に戻すよう求めた。しかし、被告は、これに応じず、原告に対し、契約社員契約を更新しない旨通知をした事案である。

原告は、本件合意によっても本件正社員契約は解約されておらず、又は、本件合意が本件正社員契約を解約する合意であったとしても、本件合意は雇用の分野における男女の均等な機会及び待遇の確保等に関する法律（均等法）及び育児休業、介護休業等育児又は家族介護を行う労働者の福祉に関する法律（育介法）に違反する、原告の自由な意思に基づく承諾がない、錯誤に当たるなどの理由により無効であり、本件正社員契約はなお存続すると主張した。

裁判所は、原告は、本件合意当時、育児休業が終了するのに子を入れる保育園が決まっていない状況にあり、1週間5日・1日7時間の就労義務を履行することが不可能又は相当困難であったものであるから、原告には、その自由な意思に基づいて、上記就労義務を緩和させるために、1週間3日・1日4時間の就労をもってその義務の履行として足りる本件契約社員契約を締結したと認めるに足りる合理的な理由が客観的に認められる等として、原告の自由な意思による合意を肯定した。

第4　就業規則の不利益変更に関する裁判例

 はじめに

使用者が、全従業員に統一的に新たな労働条件を適用する場合、就業規則の変更の方法による場合が多い。この方法により労働条件を変更する場合、「変更後の就業規則を労働者に周知させ」たこと、及び、就業規則の変更が「合理的なものである」ことの２つの要件を満たすことにより、「労働契約の内容である労働条件は、当該変更後の就業規則に定めるところによる」という効果が発生する（労契法10条本文）。

そして、労契法10条は、就業規則の変更の合理性の判断要素について、①労働者の受ける不利益の程度、②労働条件の変更の必要性、③変更後の就業規則の内容の相当性、④労働組合等との交渉の状況、⑤その他の就業規則の変更に係る事情を掲げている（労契法10条については、「2018年労働事件ハンドブック」132頁以下参照）。

以下、労契法10条の適用が問題となった近時の裁判例を紹介する。

 年功序列型賃金体系から成果主義型賃金体系への変更に関する裁判例

1990年代半ばまで、日本企業の正社員の賃金は、「年齢・勤続年数に応じて賃金額が上昇する年功的賃金制度を主要モデルとしてきた」ところ、「1990年代初頭のバブル経済崩壊後の長期経済低迷とグローバル競争時代の到来」のなか、年功的賃金制度を修正して、「仕事の成果や仕事に発揮された能力を重視して賃金額を決定する」という成果主義の基本給制度が広まった（菅野「労働法」429頁、432頁）。成果主義型賃金体系に変更した場合、労働者の毎年の賃金額が増減し得るため、このような賃金体系の変更自体の合理性が争われることがある。

東京商工会議所（給与規程変更）事件・東京地判平29.5.8労判1187号70頁（確定）は、経営難からの人件費削減目的ではなく、職員の能力や成果を適正に評価した上、その評価に応じた報酬を支給する目的で、年功序列型賃金体系から成果主義型賃金体系に変更した事案である。裁判所は、まず、賃金体系をどのようなものにするかは「使用者側の経営判断に委ねられている部分が大きい」等と述べた上で変更の必要性は肯定した。ただし、「これはあくまで経営判断として合理的な範囲内であるという観点からの変更の必要性にとど

まり、事業継続のために変更せざるを得ないという意味での必要性は認められない」と指摘して、他の判断要素の検討に進んだ。そして、当該変更により原告の賃金額が（暫定的に支給される調整給を除くと）11％減少しているが、評価次第で増額・減額のいずれもあり得る制度変更であり、原告のように一度減額されてもその後の努力次第で増額の余地も残されていること、賃金制度が公平・公正なものとして機能するための合理的な評価制度が存在していること、不利益緩和措置として調整給が３年間支給されること、労働組合や職員に対する説明が行われ、その意見も取り込みながら制度改正を行っていること等を指摘して、労契法10条の変更の合理性を肯定した。

また、**トライグループ事件・東京地判平30.2.22労経速2349号24頁**は、旧制度の下で賃金の大部分を占めていた基本給を、基本給と職能手当とに分け、職能手当部分について、人事評価の結果によって、半年に１度、最大１万円から１万5000円の降給の可能性があり得る制度に変更した事案であり、結論として、労契法10条の変更の合理性を肯定した。その際、成果主義・能力主義型の賃金制度への変更の判断基準を示している点が参考になる。すなわち、賃金原資総額が減少しない場合、「個々の労働者の賃金を直接的、現実的に減少させるのは、賃金制度変更の結果そのものというよりも、当該労働者についての人事評価の結果である」と指摘し、①労働者の受ける不利益の程度、②労働条件の変更の必要性及び③変更後の就業規則の内容の相当性を判断するに当たって、「給与等級や業務内容等が共通する従業員の間で人事評価の基準や評価の結果に基づく昇給、昇格、降給及び降格の結果についての平等性が確保されているか否か、評価の主体、評価の方法及び評価の基準、評価の開示等について、人事評価における使用者の裁量の逸脱、濫用を防止する一定の制度的な担保がされているか否かなどの事情」を総合的に考慮すべきとした。

これらの裁判例では、成果主義型賃金体系の下で個々の労働者の賃金の増額・減額を発生させるのは、制度変更自体ではなく人事評価の結果であることに着目し、一般論としては、人事評価の裁量逸脱・濫用を防止するための制度的担保が存在するのかを検討している。しかし、その具体的検討に当たっては、「どのような人事評価制度を策定し、いかなる基準で昇級を行うかは、基本的に使用者に広い裁量があ」るとか（前掲東京商工会議所（給与規程変更）事件・東京地判平29.５.８)、「評価項目や、給与への反映において各項目のうちどの項目をどの程度重視するかは、原則として使用者の裁量に委ねられる」としており（前掲トライグループ事件・東京地判平30.2.22)、必ずしも踏み込んだ審査は行っていない。

これに対し、成果主義型賃金体系の下で備えるべき人事評価制度の内容について、踏み込んだ判断を行ったのが**名古屋地岡崎支判平30.4.27判時2407号97頁**である。裁判所は、新制度の下において、従業員が人事評価で最低のD評価を受けると、賃金が少なくない割合で減額され、その減額の効果が次年度以降にも継続し、降格の詮議対象となる可能性があるという非常に大きな不利益が生じるため、特にD評価については、公正な評価が制度的に担保されている必要が高いとした。そして、新制度への変更について、①D評価の具体的基準が定められていない点と、②第一次評価と第二次評価を同一の者が行う可能性があるにもかかわらず、その場合の修正の可能性を担保する制度や措置が設けられていない点について、著しく合理性を欠くとし、少なくとも第一次評価と第二次評価を同一の者が行う場合のD評価に係る部分を違法とした。その上で、第一次評価と第二次評価を同一の者（部長）が行った上でなされたD評価による賃金の減額分の損害につき、制度変更の違法な部分との間の相当因果関係を肯定した。使用者側では、制度設計及び就業規則変更の際に注意すべき裁判例であり、また、労働者側では、成果主義賃金体系への変更に対する争い方として参考になる裁判例である。

このほか、**トーマツ事件・東京地判平30.10.18労経速2375号14頁**では、従来降格が予定されていなかったスタッフの従業員につき、人事評価の結果によってジュニアスタッフへの降格を可能とする旨の人事制度変更について、労契法10条の変更の合理性が肯定された。

3　賃金・退職金の額の変更に関する裁判例

農業協同組合の合併に伴う退職給与規程の不利益変更の事案である大曲市農協事件・最三小判昭63.2.16民集42巻２号60頁において、最高裁は、「特に、賃金、退職金など労働者にとって重要な権利、労働条件に関し実質的な不利益を及ぼす就業規則の作成又は変更については、当該条項が、そのような不利益を労働者に法的に受忍させることを許容できるだけの高度の必要性に基づいた合理的な内容のものである場合において、その効力を生ずるものというべきである」という判断を示しており、この考え方はその後の裁判例においても踏襲されている。

ジブラルタ生命労働組合事件・東京地判平29.3.28労判1180号73頁は、労働組合の合同に伴い、合同後の「書記局規則」及び「組合書記局人事制度」により、合同前の労組当時とは異なる給与及び所定労働時間の定めが適用されることとなった事案である。裁判所は、月額約45万円の給与から年間150万円程度の減額となる給与減額について、不利益は甚大であるなどとして労契法10条の合理性を否定した。また、勤務時間を９時～17時から９時～17時半とする所定労働時間変更についても、高度の必要性を認めるに足る主張立証はなされていないとして労契法10条の合理性を否定した（同判示は東京高判平30.1.16D1-Law登載で維持）。

また、**九水運輸商事事件・福岡高判平30.9.20労判1195号88頁（上告棄却・上告不受理により確定）**は、パート社員について、皆勤手当（月額5000円、原告らの賃金総支給額の５％程度）を廃止する就業規則の変更につき、不利益の程度が僅少とは言い難く、また廃止の必要性があったか疑わしいなどとして、労契法10条の合理性を否定した。

他方、**紀北川上農業協同組合事件・大阪高判平30.2.27労経速2349号９頁**においては、一定の年齢に達した職員の処遇としてのスタッフ職制度につき、賞与の支給及び定期昇給ができるとの規定を、賞与は原則として支給せず、定期昇給は実施しない旨に就業規則を変更した事案である。裁判所は、農協の経常収支において赤字が恒常化していなくても、高年齢層の人件費が事業収支を圧迫しており、その問題を先送りすれば早晩事業経営に行き詰まることが予想されたことや、事業収益が連続して赤字となったことを深刻な事態と捉えて、支店数を削減したこと等から、「労働条件を変更する高度の必要性があった」と判断した。そして、賞与の支給及び定期昇給の実施につき、変更前の就業規則においても具体的な権利として定められていないことに鑑み不利益の程度は小さい等として、労契法10条の合理性を肯定した。

なお、このほか、国立大学法人の事案について、退職手当規程の改正による退職手当の減額につき労契法10条の合理性を肯定した**国立大学法人佐賀大学事件・福岡高判平29.11.10労経速2361号49頁（上告棄却・上告不受理により確定）**や、教職員の給与・退職手当を引き下げる内容の就業規則変更につき、労契法10条の合理性を肯定した**国立大学法人新潟大学事件・東京高判平30.10.16労経速2366号35頁**もある。これらの裁判例でも、労契法10条の合理性の判断枠組みや判断要素は同様であるが、国立大学法人に特有な事情（財源の相当部分は国からの運営交付金等に依存しているなど）も判断に影響している点に注意が必要である。

4　就業規則変更の合理性を部分的に肯定できるかが問題となった裁判例

学校法人札幌大学（給与支給内規変更）事件・札幌高判平29.10.4労判1174号５頁（確定）は、大学が、旧内規においては、勤務延長する教授の賃金額を、66歳～68歳は800万円（勤務延長者Ａ１）又は640万円（同Ａ２）、69歳～70歳は516万円（同B）と定めていたところ、平成24年11月１日付で旧内規を変更し、平成25年４月１日から、勤務延長教員の給与を一律年額480万円とした事案である。それに至る過程の中で、大学は教職員組合に対し、平成23年３月１日付提案（段階的に年額60万円ずつ年俸額を引き下げる旨の提案）を行ったが、平成24年９月13日の団体交渉でこれを撤回したという経緯がある。

本件では、本件内規変更の合理性が争点となったほかに、大学側が、平成23年３月１日付提案に依拠して、勤務延長者Ａ１の賃金年額800万円から、平成25年度は740万円、平成26年度は680万円、平成27年度は620万円、平成28年度以降は560万円とする限度で有効である旨の確認請求を行った点に特色がある。

裁判所は、「就業規則の不利益変更は、その全体につき合理性・有効性を判断するのが原則であり、全体としては合理性を欠くものの、部分的に変更の合理性が承認できるとして当該部分のみを有効と認めることには慎重であるべきであり、これが認められるためには、少なくとも、一部有効と判断される部分をもって労働者と使用者との間の新たな労働条件として労使間の法律関係を規律するものとすることが客観的に相当であると判断でき、かつ、それが当事者の合理的意思にも反するものではないと評価できることが必要である」との判断基準を示した上、結論としては、大学側の主張を排斥した（第一審判決：札幌地判平29.3.30労判1174号12頁を控訴審判決が維持）。

このような判断については、①使用者が、相対的に不利益の小さい労働条件変更をまず提示した後に、実際にはより不利益の大きい就業規則変更を行った上で、紛争になってから最初に提示した労働条件の限度で拘束力を持つという主張が可能となり得ることになり、就業規則変更前の労使協議が十分に行われなくなる懸念があること、②労働契約に対して拘束力を持つ労働条件が不明確となってしまうことなどから、「理論的には、そもそも変更後の就業規則の一部が拘束力を持つことを認めるべきではなかった」という指摘もなされている（土岐将仁「判批」ジュリスト1530号130頁）。

なお、**前掲名古屋地岡崎支判平30.4.27**は、年功序列型賃金体系から成果主義型賃金体系への制度変更について、「少なくとも第一次評価と第二次評価を同一の者が行う場合のD評価に係る部分」が違法であるとして、労働者がD評価を受けたことに基づく賃金の減額分の損害につき、制度変更の違法な部分との間の相当因果関係を肯定した。

5　登録型派遣労働者の就業規則制定に関する裁判例

阪急トラベルサポート（就業規則変更ほか）事件・東京高判平30.11.15労判1194号13頁は、派遣会社において、派遣添乗員のみを対象とする就業規則を制定し、従前は１日８時間の所定労働時間に対する対価であった日当について、１日８時間の所定労働時間分及び４時間の時間外労働時間分が含まれることとした労働条件の不利益変更が問題となった事案である。

派遣労働者の場合、形式的には個別の労働契約が繰り返し締結されることになるため、就業規則制定後の個別の労働契約との関係では、存続中の労働契約の労働条件を変更しているというわけではない。しかし、裁判所は、本件の就業規則が、一定期間継続して登録派遣添乗員との間の労働契約の内容を一律に規律する効力を果たしている実情にあることを踏まえ、労契法９条及び10条の「趣旨に照らして」、登録派遣添乗員と派遣会社の労働契約の特性を前提とした上ではあるが、労契法10条の各考慮要素に照らして合理性判断を行った（結論として合理性肯定）。

登録型派遣労働者の就業規則の変更と個別の労働契約の内容との関係を考える上で、参考になる判断枠組みを示した裁判例である。

6　労契法10条ただし書の適用が問題となった裁判例

労契法10条本文は、周知要件と合理性要件の２つを満たすことによって、「労働契約の内容である労働条件は、当該変更後の就業規則に定めるところによる」という効果を発生させる条文であるところ、そのただし書において、「労働契約において、労働者及び使用者が就業規則の変更によっては変更されない労働条件として合意していた部分については、第十二条に該当する場合を除き、この限りでない。」と定められている。

ここにいう「就業規則の変更によっては変更されない労働条件として合意していた部分」といえるか否かが問題となった裁判例として、**トライグループ事件・東京地判平30.2.22労経速2349号24頁**（賃金額について消極）、及び、**ジブラルタ生命労働組合事件・東京地判平29.3.28労判1180号73頁**（賃金額及び所定労働時間について消極。東京高判平30.1.16D1-Law登載で維持）がある。

第５　休職・復職

　はじめに

休職とは、労働者を就労させることが不能または不適当な事由が生じた場合に、労働関係を存続させつつ労務への従事を免除ないし禁止する措置である（労働関係訴訟の実務239頁、「2018年労働事件ハンドブック」241頁参照）。休職制度のなかでも、傷病を理由とする休職及び復職に関する裁判例は近時増加傾向にあるが、とりわけメンタルヘルスの不調による休職及び復職に関する裁判例が急増している。「治療と職業生活の両立等支援対策事業」（平成25年度厚生労働省委託事業）における調査によると、傷病を理由として１か月以上連続して休業（休職を含む）している労働者がいる企業の割合は、メンタルヘルスの不調が38％、がんが21％、脳血管疾患が12％と、メンタルヘルス不調者の休業が多いことが見てとれ、休職及び復職にまつわる紛争の多くがメンタルヘルス不調のケースによるものであることが推測される。

一般的に、業務外の傷病による休職は、休職期間中に回復して就労が可能となれば復職するが、回復できずに休職期間が満了となった場合は自然退職または解雇となる。したがって、業務外の傷病休職における紛争の多くは、就労可能な状態に回復したかどうか、すなわち復職の可否に関するものである。特に、メンタルヘルスの不調は、回復の程度がわかりにくく、また、回復後に再発するケースも少なくないなどの特有の問題があり、復職の可否をめぐってしばしば紛争に発展することから裁判例も多い。また、傷病休職者が復職する際に、リハビリ勤務やトライアル出社などの仕組みを設けている企業が増え、こうした段階的な勤務体制の取扱いが問題となるケースもある。

以下、メンタルヘルス不調を理由とする傷病休職を中心に、近時の裁判例を紹介する。なお、本稿においては、業務起因性の有無の争点についてはとりあげない。

　復職の可否の判断に関する裁判例

(1)　復職の要件

復職の要件である「治癒」とは、当該労働者が従前の職務を通常の程度に行うことができる（労働契約上の債務の本旨にしたがった労務の提供ができる）健康状態に回復したことと解される（菅野「労働法」744頁参照）。

しかし、裁判例においては、従前の職務を通常程度に行うことができる状態

にまで回復していない場合であっても、相当の期間内に回復が見込める場合は休職事由が消滅したとするものがある。

ア　綜企画設計事件・東京地判平28.9.28労判1189号84頁（控訴後和解）は、うつ病により休職していた原告について、休職期間を延長し復職の可否を判断する試し出勤を実施した後に、休職期間満了により解雇とした事案である。裁判所は、休職事由の消滅について、「基本的には従前の職務を通常程度に行うことができる状態にある場合をいうものであるが、それに至らない場合であっても、当該労働者の能力、経験、地位、その精神的不調の回復の程度に照らして、相当の期間内に作業遂行能力が通常の業務を遂行できる程度に回復すると見込める場合を含むものと解するのが相当」との一般論を示したうえで、原告の試し出勤中の業務遂行を検討し、「従前の業務を通常程度行うことができる状態に至っていたか、仮にそうでないとしても相当の期間内に（中略）回復すると見込まれる状況にあった」として、原告の地位確認請求を認めた。

イ　また、復職の可否の判断に際し、従前の職務を通常程度に行うことができる程の回復に至っていない場合に、他業務への配置の可能性を検討すべきとする裁判例もある。**片山組事件・最一小判平10.4.9労判736号15頁**は、「労働者が職種や業務内容を特定せずに労働契約を締結した場合においては、現に就業を命じられた特定の業務について労務の提供が十全にはできないとしても、その能力、経験、地位、当該企業の規模、業種、当該企業における労働者の配置・異動の実情および難易等に照らして、当該労働者が配置される現実的可能性があると認められる他の業務について労務の提供をすることができ、かつ、その提供を申し出ているならば、なお債務の本旨に従った履行の提供があると解するのが相当である」と判示した。同判決は、休職の事案ではないが、職種を限定しない労働契約の債務の本旨に従った労務提供に関する判断であることから、職種限定がない労働者の休職からの復職に関する裁判例においても、この考え方を踏襲した検討がなされるケースがある（「2018年労働事件ハンドブック」249頁参照）。

ウ　東京電力パワーグリッド事件・東京地判平29.11.30労判1189号67頁（確定）は、休職事由の消滅について、前掲綜企画設計事件・東京地判平28.9.28と同様、従前の職務を通常程度に行える健康状態、又は当初軽易作業に就かせればほどなく当該職務を通常の程度に行える健康状態に回復した場合とし、更に、前掲片山組事件・最一小判平10.4.9の判断枠組みを斟酌するのが相当として、他の業務への配置可能性も検討すべきとした。そのうえで、原告が仕事上の対人関係に精神的な負担を感じること、休職期間満了時においても自己のストレス対処が不十分な状況にあったことなどを指摘して、従前の職務を通常程度に行える健康状態ではなく、ほどなくこうした健康状態に回復する状態でもなかったと判断した。他の業務への配置可能性についても、原告が配置可能性のある部署としてあげた部署の業務を具体的に検討したうえで、「原告にとっては、新たに配属された部署で業務を覚えたり、一から人間関係を構築すること自体が大きな精神的負担となり、精神状態の悪化や精神疾患の再燃を招く可能性があるというべきであるから、いずれの部署も、原告が配置される現実的な可能性があったということはできない」とし、復職可能だったとする原告の主張を斥けた。

⑵　医師の診断書に関する認定の事例

傷病休職をしている労働者が、休職事由が消滅したとして復職を申し出る際には、医師による復職可能の診断書が提出されることがほとんどである。一方で、使用者の指定する医師や産業医などから異なる内容の診断書が出されるケースもあり、こうした場合の復職の可否判断の事例をいくつか紹介する。

ア　コンチネンタル・オートモーティブ事件・東京高判平29.11.15労判1196号63頁（上告棄却、上告不受理により確定）は、適応障害の診断を受けて休職していた原告について、主治医による復職可能との診断書が提出されていたが、休職期間満了による自然退職を有効とした原審の判断が維持された事案である。一旦は自宅療養を要する内容の主治医の診断書が提出されたが、使用者より休職期間満了により退職となる旨の説明を受け、最初の診断書作成日から18日後に通常勤務可能との診断書が提出された経緯であり、原審において、裁判所は、通常勤務可能と診断された理由が「もっぱら退職となることを避けたいという原告の希望にあった」とし、最初の診断書に基づき復職を不可とした使用者の判断は正当とした。

イ　幻冬舎コミックス事件・東京地判平29.11.30労経速2337号16頁は、精神的障害によって休職していた原告について、主治医による復職可能とする診断書が提出されていたが、別の専門医が原告の生活リズムや睡眠時間の記録に基づき復職不可能との診断をした事案である。裁判所は、使用者が主治医と面談して原告の生活リズムや睡眠時間の記録等を示したところ主治医も通常の勤務ができないと述べたこと、産業医も復職不可と判断したことを認定し、主治医による復職可能の診断書などによっても、労働契約の債務の本旨にしたがった労務を提供ができる程度にまで回復したものとはいえないとして、原告による地位確認請求を退けた。

ウ　前掲東京電力パワーグリッド事件・東京地判平29.11.30は、精神疾患等により休職していた原告について主治医より復職可能の診断書が提出されていたが、使用者が産業医、リワークプログラム担当医、専門医らの意見に基づき復職不可とし、休職期間満了による退職の有効性が争われた事案である。裁判所は、リワークプログラム担当医の診断等から、休職前に勤務していた部門に復職したとしても就労に支障が出るおそれが大きい状態だったと認定、主治医の復職可能の診断書についても、リワークプログラムの結果や担当医見解をふまえていないうえ、必ずしも職場の実情や従前の原告の職場での勤務状況を考慮した上での判断ではないとし、原告の請求を棄却した。

エ　名港陸運事件・名古屋地判平30.1.31労判1182号38頁、名古屋高判平30.9.26（上告棄却、上告不受理により確定）は、胃癌（手術により胃を全摘）により休職していた原告が休職期間満了による退職の有効性を争った事案であり、原告労働者は休職期間満了にあたり復職可能との医師の診断書を提出していたが、使用者は当該診断書が原告の強い希望に従って作成されたものと主張した。裁判所は、復職の可否の判断につき「医師の診断書の内容が有力な資料の一つとなることはもちろんであるが、それのみによるのではなく、原告の休職事由となった私傷病の内容や症状、治癒の経過、原告の業務内容やその負担の程度、原告の担当医や産業医の意見その他の事情を総合的に斟酌して、客観的に判断することが相当」としたうえで、原告の症状や治癒の経過、業務内容や負担の程度、医師らの意見を詳細に検討し、治癒を認めて原告の地位確認請求及び慰謝料請求を認容した。

オ　神奈川ＳＲ経営労務センター事件・横浜地判平30.5.10労判1187号39頁は、それぞれうつ状態、適応障害を発症して休職していた原告２名について、いずれも主治医による復職可能の診断書が提出されたが、使用者が産業医の復職不可との意見書を根拠に復職を認めず、休職期間満了による自然退職としたため、退職の有効性が争われた事案である。裁判所は、復職不可との産業医の意見につき、従前の職務を通常程度行える健康状態に回復していたことを否定したわけではなく、「職場の他の職員に多大な影響が出る可能性が高い」ことを理由にするものであると指摘したうえで、それは「従前の職務を通常の程度に行える健康状態に回復したか否かとは無関係な事情」として、休職期間満了時には復職可能だったと認定、退職無効の判断を示した（同判断は東京高判平30.10.11LEX/DB25561854で維持）。

3　リハビリ勤務・トライアル出社等に関する裁判例

企業においては、特にメンタルヘルス不調による休職者の増加を背景に、復職にあたってリハビリ勤務やトライアル出社などの仕組みを導入するケースが増えている。こうした制度は、復職の可否の判断を目的とするものから、復職後、段階的な勤務を可能とするためのものなど、企業によりその内容は様々である。また、休職期間中、医療機関などが実施するリワークプログラムに参加させ、その結果を復職の可否の判断に使用する場合もある。

⑴　**前掲綜企画設計事件・東京地判平28.9.28**は、うつ病により休職した原告が試し出勤（いわゆるリハビリ勤務）をしていたが、その後、休職期間満了による退職とされた事案であり、試し出勤の法的性質が争われた。裁判所は、被告会社において試し出勤が復職可能かの審査を行う期間とされていたことを指摘したうえで、「試し出勤は休職期間を延長し、原告が復職可能か否かを見極めるための期間という趣旨で行われたものであると認めるのが相当であり、試し出勤の開始をもって原告が復職したものと認めることはできない」と判示した。

⑵　**Chubb損害保険事件・東京地判平29.5.31労判1166号42頁（確定）**は、うつ病、適応障害によって休職（長期有給欠勤）していた原告が、リハビリ勤務により復職した際の賃金減額の有効性を争った事案である。リハビリ勤務は１日５時間の短時間勤務で賃金が１割減額されるものであり、原告の同意を得たうえで実施されたが、リハビリ勤務開始後４か月程度経過した時点で復職可能との診断書が提出された以降も約３か月半にわたってリハビリ勤務が継続された。裁判所は、原告の同意を得た賃金の減額について正当としつつ、復職可能の診断書が提出された後のリハビリ勤務及び賃金の減額の継続につき、人事上の裁量権を逸脱した違法な措置として、減額の根拠を欠き無効と判断した。

⑶　**前掲東京電力パワーグリット事件・東京地判平29.11.30**においては、リワークプログラムは、生活リズムの回復、作業能力の回復、疾病理解、発症要因分析、対人関係の能力回復等が目的であり、復職可能かの判断に使用する場合は、プログラムに時間通り出席できているか、自身の病気と向き合い、自己のストレス対処を分析し、復職した場合のストレスに対し対処可能なまでに回復しているかが重要であるとされた。

⑷　**NHK（名古屋放送局）事件・名古屋高判平30.6.26労判1189号51号**は、就業規則上無給とされたテスト出局（いわゆるリハビリ勤務）の違法性及びテスト出局中の賃金について争われた事案である。裁判所は、テスト出局の目的について「単に休職者のリハビリのみを目的としているものではなく、職場復帰の可否の判断をも目的として行われる試し出勤（勤務）の性格をも有している」として、その必要性及び相当性を認め、無給であることは問題としつつも傷病手当金が支給されていることに鑑み違法とまでは言えないと判断した。ま

た、テスト出局中の賃金につき、債務の本旨にしたがった労務提供があったとはいえないとして給与規程による賃金支払請求権を否定したうえで、テスト出局中の休職者が上司の指示のもとで制作に関与したニュースが放映され、休職者の作業の成果を使用者が享受しており、テスト出局中の時間は使用者の指揮監督下にあったものとみられることから、当該時間は労基法11条の規定する「労働」に従事しているものであり、無給の合意があっても、最低賃金法の適用により、当該労働について最低賃金額相当の賃金請求権が認められると判断して、賃金請求権を否定した原審（名古屋地判平29.3.28労判1161号46頁）を一部変更した。

4　休職中の配慮義務、復職時の職場環境整備義務が問題となった裁判例

メンタルヘルス不調による休職者の復職時の取扱いについては、厚労省が公表している「心の健康問題により休業した労働者の職場復帰支援の手引き」がガイドラインとして参考になる。同手引きにおいては、病気休業開始および休業中のケアや、職場復帰支援、職場復帰後のフォローアップの手順等が示されている。

また、「事業者が講ずべき労働者の健康の保持増進のための措置に関する指針」（労安法69条１項、70条１項参照）においては、心の健康問題により休業した労働者への職場復帰支援が求められている。

近時の裁判例においては、こうした休職中の労働者に対する使用者の配慮義務や復職時の職場環境整備義務が問題となるものも散見される。

⑴　**学校法人専修大学（差戻審）事件・東京高判平28.9.12労判1147号50頁（上告棄却・上告不受理により確定）**は、休職期間満了後に行われた打切補償による解雇が労基法19条１項に違反しないと判断した最二小判平28.6.8労判1118号18頁の差戻審であり、当該解雇が解雇権濫用にあたるかどうかが争われた。原告は、部分的又はリハビリ的な就労が可能であり、使用者は解雇回避義務の観点からも部分就労に協力すべきだったと主張したが、裁判所は、使用者には、労働者の安全や健康に配慮し、健康を損なった労働者の回復・復職に向けて配慮すべき信義則上の義務があるとしつつ、「健康を害した労働者に対し使用者がすべき配慮の内容は具体的事情を離れて一義的に決まるものではなく、信義則を根拠として事情の如何を問わず一律に部分的就労をさせるべき法的義務が発生するものとも解されない」として原告の主張を斥けた。

⑵　**さいたま市（環境局職員）事件・東京高判平29.10.26労判1172号26**

頁（確定）は、前掲の指針に鑑み、地方公共団体である被告の職員に対する安全配慮義務に「精神疾患により休業した職員に対し、その特性を十分理解したうえで、病気休業中の配慮、職場復帰の判断、職場復帰の支援、職場復帰後のフォローアップを行う義務が含まれる」とした。

⑶　**ビーピー・カストロールほか事件・大阪地判平30.3.29労判1189号118頁**は、うつ病による休職をしていた労働者が、復職の許可を受けたものの、職場環境が整備されていないことを理由に復職を拒否して解雇された事案である。原告は、上司からのパワーハラスメントによりうつ病を発症して休職に至ったとして、当該上司の下に復職させようとしたことに職場環境調整義務違反があると主張した。裁判所は、上司によるパワハラを否定したうえで、「休業期間中の従業員が復職をするに際しては、使用者においても、復職のための環境整備等の適切な対応をとることが求められる」としつつ、「その個別具体的な内容については、法令等で明確に定められているものではなく、使用者が事業場の実情等に応じて、個別に対応していくべきもの」とし、被告会社が一定の配慮を行っていたことを指摘して、職場環境調整義務違反を否定した。

第６　ハラスメントに関する裁判例

1　ハラスメント行為を理由とする懲戒処分

事業主は、セクハラについては均等法に基づく防止措置義務（「2018年労働事件ハンドブック」493頁）、マタハラについては均等法・育児介護休業法に基づく防止措置義務を負う（同483頁）。そして、2019年６月の労働施策総合推進法の改正によりパワハラについても措置義務を負うことが明記された。法改正後は行為者に対する懲戒処分が行われることが多くなり、ハラスメントを理由とする懲戒処分の有効性が争われる事案も増加することが予想される。

⑴　**懲戒解雇**

懲戒解雇は懲戒処分の最たるもので、労働者の地位を失い大きな社会的経済的損失を伴うものであるから、その有効性の判断は慎重になされる。

ア　東京高判平31.1.23判タ1460号91頁は、学科長の経験もある女子大学の教授Ｘ（第１審原告）が女性職員等に対するセクハラ行為等を理由に懲戒解雇され、その有効性が争われた事案である。裁判所は、Ｘの懲戒事由該当行為が多数に及び、その内容も第１審被告である学校法人の教育機関（女子大学）としての信用・評判を著しく低下させるもの（女子学生との個人的交際の試みなど）が複数含まれていること、Xには十分な反省がみられず、懲戒事由の多くに常習性がみられて同種行為の再発リスクも非常に高かったこと、Xは学科長の地位にもあったベテラン教授であり学科内のハラスメント防止を主体的に推進していくべき地位にあったこと、Xのパワハラ体質がハラスメント行為の表面化が著しく遅れた一因であること等の事情から懲戒解雇処分は有効と判断した。セクハラ事案で懲戒事由に強制わいせつに類する行為がないにもかかわらず懲戒解雇処分が有効と判断された点が特徴である（もっとも、認定されたハラスメントの多くが助手に対するものではあるものの解雇権濫用の判断では女子学生との個人的交際の試み、女子学生の保護者への信用の失墜に重きが置かれてているとも読め、セクハラ・パワハラの懲戒事例として評価する際には注意を要すると思われる）。

イ　国立大学法人群馬大学事件・前橋地判平29.10.4労判1175号71頁は、大学（被告）の大学院教授（原告）が複数の教員に対し、仕事が遅いことや実験の失敗を理由とした叱責、性的なからかい等のパワハラ・セクハラを行ったこと等を理由として諭旨解雇処分とされ、応ずるかどうかは持ち帰って検討したい旨を告げたところ、その約１時間後に勧告に応じないものとして懲戒解雇処分された事案である。原告が教室に着任してから２年間のうちに１名を除く全ての構成員が退職ないし異動し、４名が何らかの精神疾患に罹患したと認定されたが、他方使用者側主張のパワハラ・セクハラ行為の大部分が認定されないか違法性を否定された。

裁判所は、懲戒事由に該当するハラスメントの内容及び回数は限定的であること、原告のパワハラ行為はいずれも業務の適正な範囲を超えるものの業務上の必要性を全く欠くとはいい難く、セクハラ行為が殊更に嫌がらせをする目的に基づいてされたものとはいえないことからすれば悪質性が高いとは言い難いこと、原告が過去に懲戒処分を受けたことをうかがわせる事情はなく、反省の意思を示していたこと等から、懲戒解雇は無効であると判断した。パワハラはセクハラと異なり業務の範囲、業務上の必要性との線引きが難しく、懲戒処分の有効性判断も慎重にされやすい傾向にあると言える。

本件懲戒解雇は解雇の日から３年前の事実に係るものであることから処分をすべき時期が遅きにすぎ時機を失しているか否かも争点になったが、裁判所は、ハラスメント被害の申告及び関係人が多数に及んでいたことから調査等に一定の時間を要することはやむを得ない、被告は被害の申告があった早期の段階から原告と面談をして注意を促していたことから、本件懲戒解雇が原告の不意打ちになるものであったとは言い難いとして懲戒処分をすべき時機を失しているとは言えないと判断した。

本件における諭旨解雇から懲戒解雇への切替については、諭旨解雇の勧告に応じる機会は法律上保護に値する利益であるとして不法行為の成立を認めた(慰謝料15万円)。

⑵　停職

ア　X大学事件・東京地判平30.8.8労経速2367号３頁は、X大学（被告）の准教授（原告・男性）が女子学生Bとの深夜における約３時間にわたるLINEのやり取りにおける言動がセクハラに該当するとして停職１か月の懲戒処分を受けた事案である。裁判所は原告の言動は懲戒事由に該当するとしながら、原告はBにLINEを打ち切らせないための意図的な行動をしたとは認めがたいこと、Bに対して教員とゼミへの所属を希望する学生という上下関係を利用してデートすることを目論んだものとは認めがたいこと、Bが困惑していないと誤信して調子づいて一連の発言をしたことを過剰に非難するのは相当ではない事情があること、原告には懲戒処分歴がないこと、反省の弁を述べ今後同様の行為を繰り返さないという趣旨のことを述べていること等の事情から、被告が懲戒解雇に次ぐ重い懲戒処分として停職を選択したことは重きに失するとして本件懲戒処分は無効であると判断した（東京高判平31.1.17D1-Law登載で維持）。

イ　加古川市事件・最三小判平30.11.6労経速2372号３頁は、地方公務員が職場外でのセクハラ行為（わいせつ行為）により停職６か月の懲戒処分を受けた事件である。最高裁は第１審及び控訴審の判断を覆して懲戒処分有効と判断した。公務員の懲戒処分に対する有効性の判断枠組みは私企業の場合とは異なること（「2018年労働事件ハンドブック」548頁）、職場外での行為であることから、私企業の社内でのハラスメントの場面にそのまま当てはめることはできないが、その判断手法は参考になる。

2　事実認定

ハラスメント事件は、事実認定が特に大きな意味を持つ。しかし、ハラスメントの中でも特にセクハラは密室でなされることが多く、客観的証拠が乏しく立証が難しい。また、職場の上下関係を利用して行われることが多いため、被害者が助けを求めない、加害者に迎合的な態度をとることが少なくない。合意の有無を認定するにあたり、このような被害者の行動をどのように評価するか判断が分かれるところである。

以下、地裁と高裁とで事実認定が分かれ、結論が分かれた近時のセクハラの裁判例を紹介する。

⑴　航空自衛隊自衛官（セクハラ）事件・東京高判平29.4.12労判1162号9頁、静岡地浜松支判平28.6.1労判1162号21頁は、非常勤隊員のX（第1審原告）が、上官であった幹部職員のY（第1審被告）から性的関係の強要などのセクハラ行為を継続的に受け、PTSDを発症するなど心身に不調を来したなどと主張して、Yに対して不法行為に基づく損害賠償を請求した事案である。

地裁はXの主張を裏付ける客観的証拠がなく、むしろ、XがYにボールペンを贈ったことからするとXとYの間には情緒的人間関係が形成されていたことがうかがわれること、いかに人事上の影響力を有するといっても無理に接吻してくるような者と映画鑑賞に行くとは考えられないこと、長女と動物園に行く際に強姦犯と同行することは考えにくいこと等からYが継続的にXを強姦していたと認定するには疑問が残るとし、唐突な接吻のみ認定してその他の行為は否定した。

これに対し、高裁は以下の通り認定した。セクハラ行為が始まった当時、Xは自らの収入だけで長女を育てなければならない状況にあり雇用と収入の確保がXと長女の生活維持にとって最も重要な事項であった。Xは、Yが自分の人事に影響力を有する職場の有力な幹部であると思っていたこと、関係を拒否すると雇用と収入を失うのではないかと思っていたこと、自衛隊内ではセクハラ問題を上司に訴えても取り上げてもらえないと思っていたこと、Yに恐怖感を抱いていたことから性的関係を持つことを拒否できなかった。自衛隊退職後も、YはXの交際相手Bの人事配置等に影響力を有しておりYの要求を断ると人事上Bに不利益な取扱いがされるのではないかと思い込み、精神の衰弱、気力・行動力の低下が進んでいたこともあって相変わらずYの性的奴隷のような状態にとどまっていた。ボールペンを贈ったことについては、他の友人へのプレゼントとして購入したものであり当日機嫌が悪かったYの機嫌をとるため贈り物としただけで両者間の親密さや相互の好意的感情の存在を推認させるものではないと評価した。結論として、XのみならずBの人事への影響力をちらつかせ、当時母子家庭で雇用や収入の確保に敏感になっているXの弱みにつけこんで性的関係を強要し継続したYの行為は違法行為であるとし、その悪質性とXがYの行為に起因してPTSDを発症するなど被害も深刻であることから、慰謝料800万円の支払を命じた。

なお、本件では、被害が平成23年7月までであり、Xはその頃から精神科を受診していたが、平成26年9月22日（提訴の3日前）から受診したクリニックで平成27年7月27日にPTSDと診断されたという経緯で、高裁が加害行為とPTSDの因果関係を認めている点も実務上注目される。

⑵　**東京高判平31.1.23判タ1460号91頁、東京地判平29.10.20 LEX/DB25548825**では、地裁では被告（学校法人）がハラスメント被害の立証につき被害者の申立書や査問委員会等における事情聴取書等を提出するのみであったところ「聴取された者らは本法廷で証言していないことを考慮すると、上記事情聴取書等の記載は客観的裏付けのある部分、原告の供述と一致する部分、原告が明確に争わない限度において信用することができるとするのが相当である」としてハラスメント行為の大半が認定されなかった。これに対し、高裁においてはハラスメント被害者の証人尋問と行為者である第１審原告Xの再度の本人尋問が実施された結果、懲戒事由に該当するハラスメント行為が多く認定され、懲戒解雇処分を有効とする判断につながった。高裁は被害者がXと不快なメールのやり取りを続けたことについて、Xから怒鳴られるのではないか、嫌われると仕事がしにくくなって困るのではないかと考えて抗議することができなかった、上司であるXにはやめてほしいとは言い出せなかったという被害者の証言を採用し、着衣や身体への接触について、仮に明確に拒否または抵抗をしなかったとしても相手が上司であることを考慮すると着衣や身体に触れることを承諾したと認めることはできないなどとして被害者心理にも言及している。

⑶　**イビデン事件・最一小判平30.2.15労判1192号67頁**は、第一審判決（岐阜地大垣支判平27.8.18労判1157号74頁）と原審判決（名古屋高判平28.7.20労判1157号63頁）とでセクハラ行為の有無に関する判断が分かれた事案である（第１章第１・１参照）。過去に親密な関係にあった男女間でのセクハラは事実認定が特に難しい。

地裁は原告X（被害者）が被告A（加害者）との個人的交際を否認したことから、両名の交際経過を示す写真や、XがAに送信したメール等のすべてがXの真意に反するもので、Aに迎合したものにすぎないなどとするXの主張及びそれに沿うX本人の供述を採用する余地はまったくないとして、セクハラ行為を認めなかった。これに対し、高裁は、平成22年２月頃からは客観的に親密な交際関係は存在しておらず、むしろAがXに主観的かつ一方的な思いを抱き続けて交際関係を持ちかけ又は復活させようと働きかけていたにすぎない、同じグループ会社に勤務する正社員の管理職であるAと契約社員であるXとの間の仕事上明らかな上下関係、私的なグループ内でも年長者で会長と呼ばれていたAとの上下関係、XがAに家庭内の深刻な問題を相談して借金までしていることの負い目等からXは借入金を完済できるようになった同年７月頃まではAからの一方的な働きかけに耐えていたにすぎないと認定し、Xへの付きまとい行為やセクハラ行為は一切なかったというAの供述は著しく信用性が低いとした。

また、高裁はXが尋問の際に、XがAに送った深い恋慕情を示す内容のメールについてそれ自体に記憶がないと述べたり十分な返答ができずに苦慮している箇所が多数あることについて、「このような場面における記憶の欠落は、例えば心理的監禁状態での慢性ストレス状況下における無意識の防衛反応としての意識狭窄であるとか、嫌なことは忘れ去りたいという抑圧に基づく記憶の欠落（一種のPTSDにおける回避症状）であるなどと説明することもでき（これらの知見は性暴力被害者やDV被害者等の心理として普遍的なものであるといえる。）、本件ではそのような可能性も否定できない」などとして、Xの供述の個別部分に矛盾があったり記憶の欠落があったりしても全体としての信用性に影響はないものと判断した。

高裁は、上記メールについて、Aの携帯電話にわずか２か月間における受信メールとして残されていたものに限られており、これに対応するAのXに対するメールは提出されておらず、それ以外に一切残存していないということから、このように極めて限定的な上記メールの文面だけで両者の親密な関係性を即断することは相当でないとした。この判断の前提として、高裁は、Aの携帯電話に受信メールが残存していることからすれば少なくとも数日分の送信メールが残存していることの方がむしろ自然であると考えられるのに、Aは自らの送信メールは残存していなかったとして提出していないことからすると、それらが残存していたのに敢えて提出しなかったか、意図的に消去したために残存していない疑いが残り、それらAの送信メールの内容は同人にとって不利なものであった可能性があるから、この点もAの主張及び供述の信用性自体に影響すると述べている。証拠の選別、評価にあたって実務上参考になる。

3　マタハラに関する裁判例

広島中央保健生協（C生協病院）事件・最一小判平26.10.23民集68巻８号1270頁労判1100号５頁（「2018年労働事件ハンドブック」487頁）以降、マタハラに関する裁判例は増えているが、同事件の射程や同事件などを踏まえて出された厚労省の均等法及び育児介護休業法の解釈通達（平27.1.23雇児発0123第１号）が裁判でどのように扱われるかは判断が固まっておらず、裁判例の蓄積が待たれる。

(1)　解雇の有効性、退職合意の成立等に関するもの

ア　シュプリンガー・ジャパン事件・東京地判平29.7.3労判1178号70頁（控訴後和解）は妊娠等を理由とする不利益取扱いの中でも解雇の有効性が問題となった事案である。実務上、妊娠等と時間的に近接した時期に外形上は妊娠等以外の理由で解雇する事例は多く、参考になる。また、本件では解雇の効力に

ついて均等法９条３項及び育児介護休業法10条に基づく解雇と労契法16条に基づく解雇の関係について考え方を示している点が注目される。

裁判所は、客観的に合理的な理由・社会通念上相当性を欠く解雇であっても妊娠等と近接して行われたというだけで当該解雇が妊娠等を理由として行われたものとみなしたり推認したりして均等法及び育児介護休業法違反に当たるものとするのは相当とはいえない。事業主において、外形上、妊娠等以外の解雇事由を主張しているが、それが客観的に合理的な理由を欠き、社会通念上相当であると認められないことを認識しており、あるいは、当然に認識すべき場合において、妊娠等と近接して解雇が行われたときは、均等法９条３項及び育児介護休業法10条に違反するとの判断を示した。他方、上記解釈通達では妊娠・出産・育休等を「契機として」不利益取扱いが行われた場合は、原則として妊娠・出産・育休等を「理由として」不利益取扱いがなされたと解され、法違反であるという解釈が示されている。「契機として」は、基本的に時間的に近接しているか否かで判断され（同解釈通達）、原則として妊娠・出産・育休等の事由の終了から１年以内の不利益取扱いは均等法又は育児介護休業法に違反するとされている（厚労省作成平成27年3月「妊娠・出産・育児休業等を契機とする不利益取扱いに係るQ&A」）。

また、裁判所は、被告会社が解雇理由として、待遇に不満を持ち上司に執拗に対応を求め協力的な態度で対応せずときに感情的になって極端な言動を取るなどの原告の問題行動を挙げていることについて、労働者に何らかの問題行動があって、職場の上司や同僚に一定の負担が生じ得るとしても、例えば、精神的な変調を生じさせるような場合も含め、上司や同僚の生命・身体を危険にさらし、あるいは、業務上の損害を生じさせるおそれがあることにつき客観的・具体的な裏付けがあればともかく、そうでない限り、事業主はこれを甘受すべきものであって、復職した上で、必要な指導を受け、改善の機会を与えられることは育児休業を取得した労働者の当然の権利といえ、原告との関係でも、こうした権利が奪われてよいはずがないと述べている。マタハラの場面に限らず労働者の問題行動を理由とする解雇の有効性を考えるにあたり実務上重要な指摘である。

本件の結論として、裁判所は、原告の問題行動が業務妨害や業務命令違反、業務遂行能力及び資質の欠如にあたるという被告会社主張の解雇理由を否定し、被告会社は本件解雇は妊娠等に近接して行われており、かつ客観的に合理的理由・社会通念上相当性を欠くことを少なくとも当然に認識するべきであったとして、均等法９条３項及び育児介護休業法10条に違反し、少なくともその趣旨に反したものであるとして、地位確認及び慰謝料50万円を認めた。

イ　医療法人社団充友会事件・東京地判平29.12.22労判1188号56頁（確定）は産休後の退職扱いの有効性が問題となった事案である。

裁判所は退職の意思表示の認定には慎重を期する必要があると指摘した上で、均等法９条３項・育児介護休業法10条が禁止する「不利益な取扱い」には退職の強要が含まれ、労働者の表面上の同意があっても真意に基づかない勧奨退職はこの退職の強要に該当するから、退職の意思表示があったこと、その意思表示が労働者の真意（自由な意思）に基づくことの認定は慎重に行うべきであるとの判断を示した。結論として、原告は退職の意思表示をしていないとして地位確認請求を認めた。

解雇期間中の賃金請求について、原告が第１子出産から約１年間は育児休業を取得する予定であったこと、訴訟係属中に第２子を出産したこと等から原告に就労の意思及び能力が認められる期間を限定し、その期間についてのみ賃金支払請求権の発生を認めた点、予備的請求の育児休業給付金相当額の損害賠償を認めた点も実務上重要である。理由なく退職扱いにした慰謝料200万円と賞与相当の損害も認めている。

⑵　労働契約内容の変更に関するもの

均等法及び育児介護休業法の定める妊娠等や育児休業取得等を理由とする「不利益取扱い」の例には、正社員をパートタイム労働者等の非正規社員とするような労働契約内容の変更の強要を行うことが含まれている。このような労働契約内容の変更は、労働者の表面上の同意を得ていたとしても、これが労働者の真意に基づくものではないと認められる場合には「強要」として不利益取扱いに該当する（労働者に対する性別を理由とする差別の禁止等に関する規定に定める事項に関し、事業主が適切に対処するための指針（平成18年厚生労働省告示第614号）、子の養育又は家族の介護を行い、又は行うこととなる労働者の職業生活と家庭生活との両立が図られるようにするために事業主が講ずべき措置に関する指針（平成21年厚生労働省告示第509号））。

フーズシステム事件・東京地判平30.7.5労判1200号48頁（確定）は育児のための所定労働時間短縮申出を理由とする期間の定めのない労働契約から有期雇用契約（パート契約）への変更合意、解雇の有効性等が問題となった事案である。

裁判所は育児のための所定労働時間短縮申出を理由とする不利益取扱い禁止を定めた育児介護休業法23条の２の対象を事業主単独の一方的な措置により労働者を不利益に取り扱った場合に限定し、労働者と事業主との合意に基づき労働条件を不利益に変更したような場合はこれに当たらず直ちに違法無効であるとはいえないと判断した。その上で、従前の期間の定めのない契約と変更後のパート契約の内容を比較し、雇用契約に期間の定めが付されたことにより長期間の安定的稼働という観点からも経済的にも原告に相当の不利益を与えること等から同パート契約は自由な意思に基づくものではないとし、同条に反して無効であると判断して地位確認請求を認めた。また、被告が産休、育休の取得という法律上当然の権利を認めないという明白に違法な態度を執り、結果的に原告の解雇にまで至っているなどの事情を考慮し慰謝料50万円も認めた。

⑶　昇給に関するもの

近畿大学事件・大阪地判平31.4.24労判1202号39頁は育児休業取得を理由に昇給を実施しなかったことが育児介護休業法10条に違反し不法行為に当たるか否か等が争われた事案である。

被告である学校法人は給与規程に基づき前年度の12か月間に勤務した職員に対し昇給停止事由がない限り一律に定期昇給を実施しているが、旧育休規程では育児休業期間は昇給の基礎となる勤務期間に含めないものとしており、原告は前年度に5か月間育児休業を取得したため昇給が実施されなかった。裁判所は、この取扱いは育児休業を取得したことを理由に当該休業期間に不就労であったことによる効果以上の不利益を与えるものであり同法10条の「不利益な取扱い」に該当する、同条に違反し不法行為に当たると判断した。定期昇給がなされたことを前提とした号俸による賃金及び賞与と現実の支給額との差額を損害として認定した。

本件に類似した事件として**医療法人稲門会（いわくら病院）事件・大阪高判平26.7.18労判1104号71頁**（「2018年労働事件ハンドブック」486頁）がある。同事件は3か月以上育児休業を取得した労働者について翌年の職能給の昇給をしないという不昇給規定は育児休業を私傷病以外の他の欠勤、休暇、休業に比べて合理的理由なく不利益に取り扱うものであるから同法10条に禁止する不利益取扱いに当たり、公序に反し無効であると判断された。他方、本件は育児休業を他の事由による欠勤等と別異に取り扱うものではないにもかかわらず上記判断が出された点が実務上重要である。

第6部

資料編

働き方改革関連法関係の通達一覧（令和元年12月27日現在）

労働基準法関係

	日付・番号	名称	概要
1	令和元年7月12日 基発0712第2号 雇均発0712第2号	「働き方改革を推進するための関係法律の整備に関する法律による改正後の労働基準法関係の解釈について」の一部改正について	高度プロフェッショナル制度（改正労基法41条の2関係）、高度プロフェッショナル制度の対象労働者に対する医師による面接指導（改正労安衛法66条の8の4及び改正労安衛則52条の7の4関係）及び高プロ指針（平成31年厚生労働省告示第88号）の解釈について。
2	平成31年3月25日 基発0325第1号	働き方改革を推進するための関係法律の整備に関する法律による改正後の労働基準法及び労働安全衛生法の施行について（新労基法第41条の2及び新安衛法第66条の8の4関係）	高度プロフェッショナル制度（改正労基法41条の2関係）、高度プロフェッショナル制度の対象労働者に対する医師による面接指導（改正労安衛法66条の8の4及び改正労安衛則52条の7の4関係）及び高プロ指針（平成31年厚生労働省告示第88号）の内容等について。
3	平成30年12月28日 基発1228第15号	働き方改革を推進するための関係法律の整備に関する法律による改正後の労働基準法関係の解釈について	改正後の労働基準法、労働基準法施行規及び改正労基法36条1項の協定で定める労働時間の延長及び休日の労働について留意すべき事項等に関する指針（平成30年厚生労働省告示第323号）の解釈について。
4	平成30年9月7日 基発0907第1号	働き方改革を推進するための関係法律の整備に関する法律による改正後の労働基準法の施行について	改正後の労働基準法、労働基準法施行規及び改正労基法36条1項の協定で定める労働時間の延長及び休日の労働について留意すべき事項等に関する指針（平成30年厚生労働省告示第323号）の内容等について。

労働安全衛生法関係

	日付・番号	名称	概要
1	平成31年３月29日 基発0329第２号	「働き方改革を推進するための関係法律の整備に関する法律による改正後の労働安全衛生法及びじん肺法関係の解釈等について」の一部改正について	高度プロフェッショナル制度対象労働者に対する面接指導等（改正労安衛法66条の８の４）の解釈について。
2	平成31年３月29日 基発0329第４号	働き方改革を推進するための関係法律の整備に関する法律の施行に伴う労働安全衛生法及びじん肺法関係通達の整備について	働き方改革を推進するための関係法律の整備に関する法律の施行に伴う、関係通達（「地域産業保健センターにおける面接指導等の相談窓口における運用について」（平成20年３月14日付け基安労発第0314001号）、「当面のメンタルヘルス対策の具体的推進について」（平成21年３月26日付け基発第0326002号）等）の整備について。
3	平成30年12月28日 基発1228第16号	働き方改革を推進するための関係法律の整備に関する法律による改正後の労働安全衛生法及びじん肺法関係の解釈等について	改正後の労働安全衛生法、労働安全衛生規則及び改正後のじん肺法、じん肺法施行規則並びに「労働者の心身の状態に関する情報の適正な取扱いのために事業者が講ずべき措置に関する指針」（平成30年９月７日労働者の心身の状態に関する情報の適正な取扱い指針公示第１号）の解釈について。
4	平成30年９月７日 基発0907第２号	働き方改革を推進するための関係法律の整備に関する法律による改正後の労働安全衛生法及びじん肺法の施行等について	改正後の労働安全衛生法、労働安全衛生規則及び改正後のじん肺法、じん肺法施行規則並びに「労働者の心身の状態に関する情報の適正な取扱いのために事業者が講ずべき措置に関する指針」（平成30年９月７日労働者の心身の状態に関する情報の適正な取扱い指針公示第１号）の内容等について。

労働時間等の設定の改善に関する特別措置法関係

	日付・番号	名称	概要
1	平成30年9月7日 基発0907第12号 雇均発0907第2号	働き方改革を推進するための関係法律の整備に関する法律による改正後の労働時間等の設定の改善に関する特別措置法の施行について	改正後の労働時間等の設定の改善に関する特別措置法（平成4年法律第90号）及び改正後の労働時間等の設定の改善に関する特別措置法施行規則（平成4年労働省令第26号。）の内容等について。

パートタイム・有期雇用労働法関係

	日付・番号	名称	概要
1	平成31年1月30日 基発0130第1号 職発0130第6号 雇均発0130第1号 開発0130第1号	短時間労働者及び有期雇用労働者の雇用管理の改善等に関する法律の施行について	改正後の「短時間労働者及び有期雇用労働者の雇用管理の改善等に関する法律」（平成5年法律第76号）、改正後の短時間労働者及び有期雇用労働者の雇用管理の改善等に関する法律施行規則」（平成5年労働省令第34号）、改正告示による改正後の「事業主が講ずべき短時間労働者及び有期雇用労働者の雇用管理の改善等に関する措置等についての指針」（平成19年厚生労働省告示第326号。）及びガイドラインの主たる内容及び取扱いについて。

働き方改革全般について

	日付・番号	名称	概要
1	平成30年7月6日 基発0706第1号 職発0706第2号 雇均発0706第1号	働き方改革を推進するための関係法律の整備に関する法律について	働き方改革を推進するための関係法律の整備に関する法律の主たる内容及び同法の各規定の施行日等について。

働き方改革関連法関係の政令･省令･告示･公示一覧（令和元年12月27日現在）

パートタイム・有期雇用労働法、労働者派遣法関係（令和元年4月2日施行分）

	種類	公布日等	名称	概要
1	政令	令和元年4月17日 政令 第155号	働き方改革を推進するための関係法律の整備に関する法律の一部の施行に伴う関係政令の整備及び経過措置に関する政令	私立学校教職員共済法施行令（第一条関係）、行政手続法施行令（第二条関係）、労働政策審議会令（第二条関係）等の関係政令について一部改正。
2	省令	平成30年12月28日 厚生労働省令 第153号	働き方改革を推進するための関係法律の整備に関する法律の一部の施行に伴う厚生労働省関係省令の整備及び経過措置に関する省令	労働者派遣事業の適正な運営の確保及び派遣労働者の保護等に関する法律施行規則、短時間労働者の雇用管理の改善等に関する法律施行規則、健康保険法施行規則等の関係省令について一部改正。
3	告示	平成30年12月28日 厚生労働省告示 第427号	派遣元事業主が講ずべき措置に関する指針の一部を改正する件	協定対象派遣労働者に対して行う安全管理に関する措置及び給付、派遣労働者の待遇に関する説明等に関し、派遣元事業主が講ずべき措置に関する指針を一部改正。
4		平成30年12月28日 厚生労働省告示 第428号	派遣先が講ずべき措置に関する指針の一部を改正する件	派遣労働者に対する便宜の供与の措置等について、派遣先が講ずべき措置に関する指針の一部を改正。
5		平成30年12月28日 厚生労働省告示 第429号	事業主が講ずべき短時間労働者の雇用管理の改善等に関する措置等についての指針の一部を改正する件	指針の題名を「事業主が講ずべき短時間労働者及び有期雇用労働者の雇用管理の改善等に関する措置等についての指針」に改め、待遇の相違の内容及び理由の説明に関し、同指針の内容を一部改正。
6		平成30年12月28日 厚生労働省告示 第430号	短時間・有期雇用労働者及び派遣労働者に対する不合理な待遇の禁止等に関する指針	通常の労働者と短時間・有期雇用労働者及び派遣労働者との間に待遇の相違が存在する場合に、いかなる待遇の相違が不合理と認められるものであり、いかなる待遇の相違が不合理と認められるものでないのか等の原則となる考え方及び具体例を示したもの。

労働基準法、労働安全衛生法関係等（平成31年4月1日施行分）

	種類	公布日等	名称	概要
1	政令	平成30年9月7日 政令 第253号	働き方改革を推進するための関係法律の整備に関する法律の施行に伴う関係政令の整備及び経過措置に関する政令	労働者派遣事業の適正な運営の確保及び派遣労働者の保護等に関する法律施行令、行政手続法施行令、青少年の雇用の促進等に関する法律第十一条の労働に関する法律の規定等を定める政令等の関係政令について一部改正。
2	省令	平成31年3月25日 厚生労働省令 第29号	労働基準法施行規則及び労働安全衛生規則の一部を改正する省令	労働基準法施行規則、労働安全衛生規則の一部改正。
3		平成30年9月7日 厚生労働省令 第112号	働き方改革を推進するための関係法律の整備に関する法律の施行に伴う厚生労働関係省令の整備等に関する省令	労働基準法施行規則、健康保険法施行規則、労働安全衛生規則、じん肺法施行規則等の関係省令について一部改正。
4	告示	平成31年3月25日 厚生労働省告示 第 88号	労働基準法第41条の2第1項の規定により同項第1号の業務に従事する労働者の適正な労働条件の確保を図るための指針	高度プロフェッショナル制度において、労使委員会が決議すべき事項等について具体的に明らかにするとともに、高度プロフェッショナル制度の実施に関し、使用者及び当該事業場の労働者等並びに労使委員会の委員が留意すべき事項等について定めたもの。
5		平成30年10月30日 厚生労働省告示 第375号	労働時間等設定改善指針改正条文	労働時間等の設定の改善に関する特別措置法4条1項の規定に基づく、労働時間等設定改善指針の一部改正について定めたもの。
6		平成30年9月7日 厚生労働省告示 第323号	労働基準法第36条第1項の協定で定める労働時間の延長及び休日の労働について留意すべき事項等に関する指針	労基法36条 1項の協定で定める労働時間の延長及び休日の労働について留意すべき事項、当該労働時間の延長に係る割増賃金の率その他の必要な事項等について定めたもの。
7		平成30年9月7日 厚生労働省告示 第322号	働き方改革を推進するための関係法律の整備に関する法律の施行に伴う厚生労働省関係告示の整理に関する告示	自動車運転者の労働時間等の改善のための基準、日雇派遣労働者の雇用の安定等を図るために派遣元事業主及び派遣先が講ずべき措置に関する指針等について一部改正。
8	公示	平成30年9月7日 労働者の心身の状態に関する情報の適正な取扱い指針公示 第1号	労働者の心身の状態に関する情報の適正な取扱いのために事業者が講ずべき措置に関する指針	労働安全衛生法に基づき実施する健康確保措置や任意に行う労働者の健康管理活動を通じて得た労働者の心身の状態に関する情報の取扱いに関する原則を明らかにし、事業者が策定すべき取扱規程の内容、策定の方法、運用等について定めたもの。

労働施策の総合的な推進並びに労働者の雇用の安定及び職業生活の充実等に関する法律関係
(旧雇用対策法)(平成30年7月6日施行分)

	種類	公布日等	名称	概要
1	政令	平成30年7月6日 政令 第200号	働き方改革を推進するための関係法律の整備に関する法律の一部の施行に伴う関係政令の整備に関する政令	雇用対策法施行令、予算決算及び会計令臨時特例、地方税法施行令、公害健康被害の補償等に関する法律施行令等の関係政令について一部改正。
2	省令	平成30年7月6日 厚生労働省令 第83号	働き方改革を推進するための関係法律の整備に関する法律の一部の施行に伴う厚生労働省関係省令の整備等に関する省令	雇用対策法施行規則、社会保険労務士法施行規則、高年齢者等の雇用の安定等に関する法律施行規則等の関係省令について一部改正。
3	告示	平成30年7月6日 厚生労働省告示 第261号	派遣先が講ずべき措置に関する指針等の一部を改正する告示	派遣先が講ずべき措置に関する指針の一部改正、厚生労働大臣が定める大量の雇用変動の通知の様式を定める件、外国人労働者の雇用管理の改善等に関して事業主が適切に対処するための指針等の一部改正。

労働者派遣事業の適切な運営の確保及び派遣労働者の保護等に関する法律関係

	種類	公布日等	名称	概要
1	政令	平成30年8月31日 政令 第251号	働き方改革を推進するための関係法律の整備に関する法律の一部の施行に伴う経過措置に関する政令	高年齢者等雇用安定法第38条第5項等の規定による労働者派遣事業に関する経過措置等。

判例索引

平安学園事件（大阪高判昭33.9.10）…… 277
日本青年会議所事件（東京高判昭42.1.24）…… 277
シンガー・ソーイング・メシーン事件（最二小判昭48.1.19）…… 363, 364
神戸税関事件（最三小判昭52.12.20）…… 341
大日本印刷事件（最二小判昭54.7.20）…… 250
大曲市農協事件（最三小判昭63.2.16）…… 377
香港上海銀行事件（最一小判平1.9.7）…… 344
日新製鋼事件（最二小判平2.11.26）…… 363
山口製糖事件（東京地決平4.7.7）…… 255, 257
朝日火災海上保険（高田）事件（最三小判平8.3.26）…… 344
片山組事件（最一小判平10.4.9）…… 382
三菱重工業長崎造船所事件（最一小判平12.3.9）…… 345
大星ビル管理事件（最一小判平14.2.28）…… 345
北海道国際空港事件（最一小判平15.12.18）…… 363
かんでんエンジニアリング事件（大阪地判平16.10.22）……23
外国人公務員東京都管理職選考受験訴訟（最大判平17.1.26）…… 256, 259
ゴムノイナキ事件（大阪高判平17.12.1）……24
東京海上日動火災保険（契約係社員）事件（東京地判平19.3.26）…… 262
大林ファシリティーズ事件（最二小判平19.10.19）…… 345
信用組合関西興銀事件（最二小判平23.4.22）…… 288
産業医賠償命令事件（大阪地判平23.10.25）……93
デーバー加工サービス事件（東京地判平23.12.6）…… 257
テックジャパン事件（最一小判平24.3.8）…… 354
ザ・ウィンザー・ホテルズインターナショナル（自然退職）事件（東京地判平24.3.9）… 317
フェデラルエクスプレスコーポレーション事件（東京地判平24.3.21）……36
アールエフ事件（長野地判平24.12.21）……24
ビソー工業事件（仙台高判平25.2.13）…… 350
ザ・ウィンザー・ホテルズインターナショナル（自然退職）事件（東京高判平25.2.27）… 317
ニヤクコーポレーション事件（大分地判平25.12.10）…… 134, 135, 137
田口運送事件（横浜地相模原支判平26.4.24）…… 346
医療法人稲門会（いわくら病院）事件（大阪高判平26.7.18）…… 395
N社事件（東京地判平26.8.13）…… 317, 319
広島中央保健生協（C生協病院）事件（最一小判平26.10.23）…… 372, 392
L館事件（最一小判平27.2.26）…… 341
けん責処分無効確認等請求事件（東京地判平27.3.18）…… 319
北九州市・市交通局（市営バス運転手）事件（福岡地判平27.5.20）…… 347, 348
イビデン事件（岐阜地大垣支判平27.8.18）…… 331, 391
山梨県民信用組合事件（最二小判平28.2.19）…… 201, 363, 364, 369

航空自衛隊自衛官（セクハラ）事件（静岡地浜松支判平28.6.1）…………………… 390
学校法人専修大学（差戻審）事件（最二小判平28.6.8）……………………………… 386
イビデン事件（名古屋高判平28.7.20）………………………………………… 330, 331, 391
学校法人専修大学（差戻審）事件（東京高判平28.9.12）…………………………… 386
日本総業事件（東京地判平28.9.16）…………………………………………………… 350
トヨタ自動車ほか事件（名古屋高判平28.9.28）……………………………………… 197
綜企画設計事件（東京地判平28.9.28）………………………………………… 382, 385
日本郵便（更新上限）事件（東京高判平28.10.5）…………………………………… 336
学校法人渡辺学園事件（東京地判平29.10.20）……………………………………… 391
TRUST事件（東京地立川支判平29.1.31）…………………………………………… 372
日本ケミカル事件（東京高判平29.2.1）……………………………………………… 332
メトロコマース事件（東京地判平29.3.23）…………………………… 132, 155, 167
南海バス事件（大阪地判平29.3.24）…………………………………………………… 348
ジブラルタ生命労働組合事件（東京地判平29.3.28）………………………… 377, 380
NHK（名古屋放送局）事件（名古屋地判平29.3.28）……………………………… 386
ヤマト運輸事件（仙台地判平29.3.30）……………………………………………… 166
学校法人札幌大学（給与支給内規変更）事件（札幌地判平29.3.30）……………… 379
航空自衛隊自衛官（セクハラ）事件（東京高判平29.4.12）………………………… 390
加古川市事件（大阪高判平29.4.26）…………………………………………………… 340
乙山彩色工房事件（京都地判平29.4.27）……………………………………………21
東京商工会議所（給与規程変更）事件（東京地判平29.5.8）……………………… 375
東京エムケイ事件（東京地判平29.5.15）…………………………………………… 358
イオンディライトセキュリティ事件（千葉地判平29.5.17）………………………… 351
ジャパンレンタカー事件（名古屋高判平29.5.18）…………………………… 356, 357
損害賠償等請求事件（神戸地判平29.5.31）………………………………………… 317
ビーエムホールディングスほか１社事件（東京地判平29.5.31）…………………… 362
Chubb損害保険事件（東京地判平29.5.31）…………………………………… 364, 385
シュプリンガー・ジャパン事件（東京地判平29.7.3）……………………………… 392
医療法人社団康心会事件（最二小判平29.7.7）……………………………………… 354
平尾事件（大阪高判平29.7.14）……………………………………………………… 343
グレースウィット事件（東京地判平29.8.25）………………………… 360, 362, 365
九州惣菜事件（福岡高判平29.9.7）…………………………………………………… 198
日本郵便（休職）事件（東京地判平29.9.11）……………………………………… 172
サンフリード事件（長崎地判平29.9.14）……………………………………21, 354, 361
日本郵便（東京）事件（東京地判平29.9.14）……………… 121, 123, 131, 169, 171, 172
京都市立浴場運営財団ほか事件（京都地判平29.9.20）……………… 134, 135, 136, 137
南海バス事件（大阪高判平29.9.26）…………………………………………………… 348
学校法人札幌大学（給与支給内規変更）事件（札幌高判平29.10.4）……………… 378
国立大学法人群馬大学事件（前橋地判平29.10.4）………………………………… 388

さいたま市（環境局職員）事件（東京高判平29.10.26）…………………………… 386
国立大学法人佐賀大学事件（福岡高判平29.11.10）……………………………………… 378
コンチネンタル・オートモーティブ事件（東京高判平29.11.15）…………………… 383
東京電力パワーグリッド事件（東京地判平29.11.30）……………………… 382, 383, 385
幻冬舎コミックス事件（東京地判平29.11.30）…………………………………………… 383
医療法人社団充友会事件（東京地判平29.12.22）……………………………………… 394
ナック事件（東京地判平30.1.5）…………………………………………………………… 20, 21
大阪医科薬科大学事件（大阪地判平30.1.24）…………………… 169, 170, 172, 173, 174
学究社事件（東京地立川支判平30.1.29）……………………………………… 161, 193
富士保安警備事件（東京地判平30.1.30）……………………………………………… 352
名港陸運事件（名古屋地判平30.1.31）………………………………………………… 384
九水運輸商事事件（福岡地小倉支判平30.2.1）…………………………………… 156, 199
凸版物流・フルキャスト事件（東京高判平30.2.7）……………………………………… 369
グリーンディスプレイ（和解勧告）事件（横浜地川崎支決平30.2.8）…………………38
日本郵便（大阪）事件（大阪地判平30.2.21）……………………… 121, 157, 169, 172
イビデン事件（最一小判平30.2.15）……………………………………………… 329, 391
社会福祉法人佳徳会事件（熊本地判平30.2.20）……………………………………… 369
医療法人社団康心会（差戻審）事件（東京高判平30.2.22）………………………… 354
トライグループ事件（東京地判平30.2.22）………………………………………… 376, 380
ニチネン事件（東京地判平30.2.28）…………………………………………………… 367
KSAインターナショナル事件（京都地判平30.2.28）………………………………… 368
医療法人A会事件（新潟地判平30.3.15）………………………………………………… 166
クルーガーグループ事件（東京地判平30.3.16）…………………………………… 355, 357
阪急トラベルサポート（派遣添乗員・就業規則変更）事件（東京地判平30.3.22）… 355
クロスインデックス事件（東京地判平30.3.28）…………………………………………24
ビーピー・カストロールほか事件（大阪地判平30.3.29）…………………………… 387
五島育英会事件（東京地判平30.4.11）………………………… 121, 161, 194, 195
PMKメディカルラボ事件（東京地判平30.4.18）……………………………………… 359
井関松山製造所事件（松山地判平30.4.24）…………………………………………… 157
Y社事件（名古屋地岡崎支判平30.4.27）……………………………………… 377, 379
神奈川ＳＲ経営労務センター事件（横浜地判平30.5.10）…………………………… 384
日本郵便（佐賀）事件（福岡高判平30.5.24）……………………… 145, 148, 161, 166
ビーダッシュ事件（東京地判平30.5.30）…………………………………………… 359, 366
ハマキョウレックス事件（最二小判平30.6.1）…………………………………………
…………… 116, 123, 129, 130, 131, 142, 145, 150, 151, 152, 154, 156, 157, 173, 174, 328
長澤運輸事件（最二小判平30.6.1）
…… 122,123,126,131,136,140,141,142,149,150,153,157,158,162,164,165,173,192,193,328
ナック事件（東京高判平30.6.21）……………………………………………………… 20, 21
NHK（名古屋放送局）事件（名古屋高判平30.6.26）………………………………… 385

フーズシステム事件（東京地判平30.7.5）…… 373, 394
日本ケミカル事件（最一小判平30.7.19）…… 332, 354
X大学事件（東京地判平30.8.8）…… 389
佐世保配車センター協同組合事件（福岡高判平30.8.9）…… 371
K社事件（東京高判平30.8.29）…… 349
ジャパンビジネスラボ事件（東京地判平30.9.11）…… 374
日本郵便（更新上限）事件（最二小判平30.9.14）…… 335
大島産業事件（福岡地判平30.9.14）…… 347, 356, 361
九水運輸商事事件（福岡高判平30.9.20）…… 156, 199, 201
WINatQUALITY事件（東京地判平30.9.20）…… 357
イクヌーザ事件（東京高判平30.10.4）…… 362
五島育英会事件（東京高判平30.10.11）…… 194
国立大学法人新潟大学事件（東京高判平30.10.16）…… 378
トーマツ事件（東京地判平30.10.18）…… 377
日本郵便（休職）事件（東京高判平30.10.25）…… 172
加古川市事件（最三小判平30.11.6）…… 339, 389
阪急トラベルサポート（派遣添乗員・就業規則変更）事件（東京高判平30.11.15）…… 355, 380
日本ビューホテル事件（東京地判平30.11.21）…… 121, 161, 195
産業医科大学事件（福岡高判平30.11.29）…… 126, 162
ネクスト・イット事件（東京地判平30.12.5）…… 367
日本郵便（東京）事件（東京高判平30.12.13）…… 121, 131, 145, 148, 151, 153, 154, 155, 166, 169, 171, 172
北日本放送事件（富山地判平30.12.19）…… 118, 120, 153, 161, 164, 194, 196
ハマキョウレックス事件（大阪高判平30.12.21）…… 142
学校法人渡辺学園事件（東京高判平31.1.23）…… 387, 391
日本郵便（大阪）事件（大阪高判平31.1.24）……
…… 122, 126, 145, 148, 149, 151, 153, 154, 155, 157, 158, 166, 169, 170, 171, 172
大阪医科薬科大学事件（大阪高判平31.2.15）…… 121, 132, 162, 164, 166, 169, 170, 172, 174
メトロコマース事件（東京高判平31.2.20）
…… 120, 130, 131, 132, 145, 147, 151, 152, 154, 155, 161, 163, 164, 165, 167, 168, 174
学校法人X事件（京都地判平31.2.28）…… 149
ジー・イー・エス事件（大阪地判平31.2.28）…… 370
九水運輸商事事件（最二小決平31.3.6）…… 199
大島産業事件（福岡高判平31.3.26）…… 347, 356
近畿大学事件（大阪地判平31.4.24）…… 395
平尾事件（最一小判平31.4.25）…… 342
学校法人中央学院事件（東京地判令1.5.30）…… 152, 163, 166
井関松山製造所事件（高松高判令1.7.8）…… 142, 153, 154, 157, 158, 166
井関松山ファクトリー事件（高松高判令1.7.8）…… 143, 166
北九州市・市交通局（未払賃金請求）事件（福岡地判令1.9.20）…… 348

事項索引

あ

アウティング……306
安全委員会……94,99
安全衛生委員会……94,96,98,99
安全管理……173

い

育児介護休業ハラスメント……302
育児休業等関係言動問題……303
意見聴取（年休）……28
１号特定技能外国人支援計画……239
一般事業主行動計画……296

う

上乗せ残業代……147
運営規程（高プロ・労使委員会）……62

え

衛生委員会……94,96,98,99,102
えるぼし……297

か

ガイドライン（同一労働同一賃金・パート有期関係）……138
ガイドライン（同一労働同一賃金・派遣関係）……210
過少な要求……309
カスタマーハラスメント……306,341
家族手当……157
過大な要求……309
過半数代表者……19
完成猶予（時効）……286
管理監督者……62,108

き

企画業務型裁量労働制……57
期間の定めのある雇用の解除……275
期間の定めのない雇用の解約……276
危険負担……278
基準年間平均給与額（高プロ）……71
基準日（年休）……25,34
基本給……159
休日確保措置（高プロ）……74,84
休日手当……147
休職……381
教育訓練……173
行政による履行確保措置……188
均衡待遇規定……115
勤続給……159
均等待遇規定……132
勤務間インターバル制度……37
勤務間インターバル制度普及促進のための有識者検討会報告書……37

く

苦情処理措置（高プロ）……79
具体的な指示（高プロ）……65

け

計画的付与制度（年休）……25,35
慶弔休暇……170
契約内容補充効……338
決議の有効期間……80,81
研究開発業務従事者……105,107,108
健康管理時間……57,72,84
健康情報……101
健康診断……97,101
健康診断に伴う勤務免除……170
健康福祉確保措置（特別条項）……17
健康・福祉確保措置（高プロ）……76
限度基準告示……3,4

こ

合意するための書面……………… 70,83
更新（時効）…………………………… 286
更新上限………………………………… 338
高プロ適用者……………………… 97,105
固定残業代……………………… 333,353
個の侵害………………………………… 309

さ

裁判外紛争解決手続（行政ADR）の整備
…………………………………… 189,216
裁量労働制………………………………57
錯誤………………………………………… 291
三六協定………………………………… 8
三六協定の記載事項……………………15
三六協定の有効期間……………………16
差別的取扱いの禁止（パート有期法９条）
…………………………………………… 132
産業医………………………………………92
産業医の権限………………………………95

し

資格手当………………………………… 144
時間外手当……………………………… 149
時間単位年休……………………………27
事業者（労安衛法）……………………94
事業場外において労働した時間… 57,72
事業場内にいた時間……………… 57,72
時効の中断・停止…………………… 286
仕事給…………………………………… 159
就業規則の不利益変更………… 361,375
就業上の措置………………………… 104
住宅手当………………………………… 150
住宅費手当……………………………… 150
住宅料補助……………………………… 150
自由な意思……………………………… 363
主観的起算点………………………… 284,288
祝日給…………………………………… 148
出張旅費………………………………… 155
巡視…………………………………………96
昇給……………………………… 55,159,160
常時雇用する労働者………………… 296
使用者代表委員…………………………62
使用者による時季指定…………………25
情報取扱規程………………… 101,102,103
消滅時効に係る改正の時的適用関係… 287
消滅時効の期間……………………… 284
賞与……………………………………… 164
職業家庭両立推進者………………… 301
食事手当………………………………… 156
職能給…………………………………… 159
職場環境整備義務…………………… 386
職場における育児休業等に関する言動
…………………………………………… 302
職場における性的な言動…………… 300
職場における妊娠、出産等に関する言動
…………………………………………… 300
職務給…………………………………… 160
職務の内容……………………………… 124
職務の内容及び配置の変更の範囲… 125
除斥期間………………………………… 285
心身の状態に関する情報……… 100,101
身体的な攻撃………………………… 308
心的外傷後ストレス障害（PTSD）… 289
じん肺法………………………………… 100

す

ストレスチェック……………… 95,97,101

せ

成果給…………………………………… 159
成果主義型賃金体系………………… 375
正規雇用労働者の待遇の引下げの可否…
…………………………………………… 198
精皆勤手当……………………………… 141
清算期間における総労働時間…………47
清算期間……………………………………48

精神的機能の侵害による損害賠償請求権……………………………………… 289
精神的な攻撃………………………… 308
性的言動問題………………………… 301
生命又は身体の侵害による損害賠償請求権……………………………………… 286
セクシュアルハラスメント（セクハラ）………………………… 300,331,387,389
説明義務(パート有期法) ……… 176,211
説明義務(パート有期法)違反の効果… 184
選択的措置（高プロ）…………… 75,85
専門業務型裁量労働制…………………57

そ

総合給………………………………… 159
属人給………………………………… 159
その他の事情（パート有期法８条）… 192

た

大学の付属病院の医療補助措置…… 174
大学夜間担当手当…………………… 150
対価性要件………………… 334,354,357
待遇…………………………………… 117
待遇の性質…………………………… 128
待遇の相違の比較方法……………… 122
待遇の相違の不合理性……………… 123
待遇を行う目的……………………… 128
対象業務（高プロ）……………………65
対象労働者の範囲（高プロ）…………69
対象労働者の書面による同意(高プロ) …82
退職金………………………………… 167
短期消滅時効………………………… 284
短時間・有期雇用労働者及び派遣労働者に対する不合理な待遇の禁止等に関する指針……………………………………… 138
男女雇用機会均等推進者…………… 301
単身赴任手当………………………… 143

ち

地域手当……………………………… 142
遅延損害金…………………………… 282
中間利息控除…………………… 280,283
中小事業主…………………………7,19,24
超勤手当……………………………… 149
賃金債権の消滅時効………………… 289
賃金全額払の原則…………………… 363

つ

通勤手当……………………………… 155
通常の労働者…………………… 119,180
通常の労働者（正社員）…………… 195

て

定型約款……………………………… 293
定年後再雇用………………… 153,191,197
定年後再雇用者……………………… 196
手待時間……………………………… 346
転勤者用社宅………………………… 151

と

同一労働同一賃金…………………… 114
同意の撤回（高プロ）…………………78
同意の対象となる期間（高プロ）……82
同意を得るための書面（高プロ）……83
特定産業分野………………………… 227
登録支援機関………………………… 242
特定技能……………………………… 220
特定技能１号………………………… 222
特定技能外国人……………………… 230
特定技能雇用契約…………………… 238
特定技能所属機関…………………… 233
特定技能２号………………………… 222
特別休暇……………………………… 27,36
特殊勤務手当………………………… 146
特定高度専門業務・成果型労働制(高度プロフェッショナル制度)………56

特殊作業手当…………………………145
特別条項……………………………4,17
特定条項（高プロ）……………………64
特別割増率………………………51,54
特例措置対象事業場……………………47
特例認定一般事業主…………………299
トライアル出社…………………381,384

に

人間関係からの切り離し……………309
妊娠・出産関係言動問題……………301

ね

年休取得計画表…………………………35
年休の確実な取得………………………25
年休を取得させる義務…………………25
年功序列型賃金体系…………………375
年次有給休暇（年休）……………25,55
年次有給休暇管理簿（年休管理簿）
……………………………………30,33
年収要件…………………………69,71

は

派遣先均等・均衡方式………………203
早出勤務等手当………………………148
早出残業手当…………………………148
ハラスメント…………………387,389
パワーハラスメント（パワハラ）…305,387
半日単位年休……………………………27
判別要件（固定残業代）………334,354

ひ

病気休暇………………………………171

ふ

不活動時間……………………………345
副業・兼業…………………………4,6,323
復職……………………………………381
福利厚生施設等………………………173
不更新条項……………………………338
不合理な待遇の禁止（パート有期法8条）
…………………………………………115
物価手当………………………………143
不法行為………………………………197
扶養手当………………………………157
プラチナえるぼし（仮称）…………299
不利益取扱いの禁止（高プロ）………79
不利益取扱いの禁止
（パート有期法・説明義務）………185
フレックスタイム制……………………46
紛争調整委員会………………………301

へ

別居手当………………………………144

ほ

報告義務（高プロ）……………………87
褒賞……………………………………174
法定外休暇……………………………168
法定利率………………………………280
保健師……………………………92,97,99
本給……………………………………159
本人給…………………………………159
本人同意の対象となる期間（高プロ）…81

ま

マタニティハラスメント（マタハラ）
………………………………300,387,392

む

無期転換権……………………………149
無事故手当……………………………174

め

面接指導……………88,97,101,103,104

や

役職手当………………………………140

ゆ

優越的言動問題………………………… 305

よ

要配慮個人情報………………… 101,102

り

リハビリ勤務…………………… 381,384
リワークプログラム………………… 385

ろ

労基法上の労働時間………………… 345
労使委員会………………………………61
労使協定方式………………………… 206
労働時間該当性……………………… 345
労働時間等設定改善委員会……………43
労働時間の状況………………106,107,108
労働時間の上限規制…………………… 2
労働時間の上限規制の適用除外・適用猶予
……………………………………………22
労働時間の絶対的上限……………… 4,17
労働者代表委員…………………………62
労働者（労安衛法）……………………94
労働条件……………………………… 117
労働協約の遡及適用………………… 344
労働協約の規範的効力……………… 344

わ

割合的な報酬請求…………………… 274

執筆者一覧

【編集担当】

沢崎 敦一（全体編集）
東京大学卒業、2001年弁護士登録（54期）。アンダーソン・毛利・友常法律事務所所属。当委員会副委員長（2012年４月～現在）。経営法曹会議会員。

久保田 淳哉（全体編集）
東京大学卒業、2006年弁護士登録（59期）。EY弁護士法人所属。当委員会副委員長（2019年４月～現在）。経営法曹会議会員。

亀田 康次（第１部・第５部編集・第５部第２章・第４執筆）
東京大学卒業、東京大学法科大学院修了、2009年弁護士登録（62期）。横木増井法律事務所所属。当委員会副委員長（2019年４月～現在）。

町田 悠生子（第１部編集、第１部第３章執筆）
慶應義塾大学卒業、慶應義塾大学法科大学院修了、2009年弁護士登録（62期）。第一芙蓉法律事務所所属。当委員会副委員長(2017年４月～現在)。経営法曹会議会員。

南部 恵一（第２部編集・第２部第３章執筆）
東京大学卒業、2003年弁護士登録（56期）。あさひ法律事務所所属。

遠山 秀（第３部・第４部編集、第４部第２章執筆）
東京大学卒業、早稲田大学法科大学院修了、2007年弁護士登録（60期）。柏木総合法律事務所所属。当委員会副委員長（2011年４月～現在）。

伊東 良徳（第５部編集）
京都大学卒業、1985年弁護士登録（37期）。大手町共同法律事務所所属。当委員会委員長（2013年４月～2015年３月）、当委員会副委員長（2011年４月～2013年３月、2015年４月～現在）。

栗宇 一樹（第５部編集・第５部第２章・第１・第３執筆）
東北大学卒業、1981年弁護士登録（33期）。はる法律事務所所属。

【執筆担当】

［第１部］

芝村 佳奈（第１章・第１・第２）
東京大学卒業、2017年弁護士登録（70期）。森・濱田松本法律事務所所属。

松本 亮孝（第１章・第１・第２）
京都大学卒業、京都大学法科大学院修了、2017年弁護士登録（70期）。森・濱田松本法律事務所所属。

川井 悠暉（第１章・第３）
大阪大学卒業、京都大学法科大学院修了、2017年弁護士登録（70期）。森・濱田松本法律事務所所属。

安藤 亮（第１章・第４）
慶應義塾大学卒業、明治大学法科大学院修了、2010年弁護士登録（63期）。山崎哲法律事務所所属。

狩野 友哉（第２章）
京都大学卒業、京都大学法科大学院修了、2016年弁護士登録（69期）。本間合同法律事務所所属。

［第２部］

渡邉 玄輝（第１章、第６章）
一橋大学卒業、2017年弁護士登録（70期）。アンダーソン・毛利・友常法律事務所所属。

渡邊 悠人（第２章）
早稲田大学卒業、慶應義塾大学法科大学院修了、2014年弁護士登録（67期）。アガルート法律会計事務所所属。経営法曹会議会員。

西中山 竜太郎（第３章）
中央大学卒業、早稲田大学法科大学院修了、2014年弁護士登録（67期）。佐藤・西浦・西中山法律事務所所属。

平井 孝典（第３章）
立命館大学卒業、慶應義塾大学法科大学院修了、2015年弁護士登録（68期）。法律事務所フロンティア・ロー所属。

芥川 壮介（第４章）
慶應義塾大学卒業、2008年弁護士登録（61期）。那須・本間法律事務所所属。

竹内 亮（第５章）
東京大学卒業、東京大学法科大学院修了、2008年弁護士登録（61期）。鳥飼総合法律事務所所属。

備藤 拓也（第６章）
中央大学卒業、中央大学法科大学院修了、2016年弁護士登録（69期）。東京グリーン法律事務所所属。

［第３部］

森 円香（第１章）
慶應義塾大学卒業、2002年弁護士登録（55期）。新都総合法律事務所所属。

石田 拡時（第２章）
早稲田大学卒業、首都大学東京法科大学院修了、2007年弁護士登録（60期）。曙橋共同法律事務所所属。

南谷 健太（第２章）
東京大学卒業、慶應義塾大学法科大学院修了、2015年弁護士登録（68期）。森・濱田松本法律事務所所属。

［第４部］

塚本 健夫（第１章、第３章）
慶應義塾大学卒業、東京大学法科大学院修了、2012年弁護士登録（65期）。西村あさひ法律事務所所属。

杉浦 起大（第１章）
東京大学卒業、2015年弁護士登録（68期）。西村あさひ法律事務所所属。

［第５部］

小出 雄輝（第１章）
立教大学卒、明治大学法科大学院終了、2012年弁護士登録（65期）。有村総合法律事務所所属。

師子角 允彬（第２章・第２）
一橋大学卒業、一橋大学法科大学院修了、2007年弁護士登録（60期）。師子角総合法律事務所所属。日本労働弁護団会員。

濱田 浩司（第２章・第３）
國學院大學卒業、國學院大學法科大学院修了、2016年弁護士登録（69期）。濱田法律事務所所属。

友野 直子（第２章・第５）
早稲田大学卒業、立教大学法科大学院修了、2008年弁護士登録（61期）。T&Tパートナーズ法律事務所所属。

橋本 佳代子（第２章・第６）
一橋大学卒業、中央大学法科大学院修了、2008年弁護士登録（61期）。ウェール法律事務所所属。当委員会副委員長（2014年４月～現在）。日本労働弁護団会員。

【執筆協力】

鈴木 郁子（第１部・第２章）
東京大学卒業、京都大学卒業、2002年弁護士登録（55期）。本間合同法律事務所所属。

労働事件ハンドブック　追補
働き方改革関連法 その他 重要改正のポイント

2020年3月4日　第1版1刷発行

編　著　第二東京弁護士会 労働問題検討委員会
発行者　江曽政英
発行所　株式会社労働開発研究会
〒162-0812　東京都新宿区西五軒町8-10
電話　03-3235-1861　FAX　03-3235-1865
https://www.roudou-kk.co.jp
info@roudou-kk.co.jp

ISBN978-4-903613-24-6
2020　Printed in Japan
印刷・製本　第一資料印刷株式会社